解码

高职院校
创新发展与治理

杨群祥 ◎ 著

天津社会科学院出版社

图书在版编目（ＣＩＰ）数据

解码高职院校创新发展与治理 / 杨群祥著. -- 天津：
天津社会科学院出版社，2022.8
ISBN 978-7-5563-0856-9

Ⅰ．①解… Ⅱ．①杨… Ⅲ．①广东农工商职业技术学
院－学校管理－文集 Ⅳ．①G649.286.51-53

中国版本图书馆 CIP 数据核字(2022)第 180755 号

解码高职院校创新发展与治理
JIEMA GAOZHI YUANXIAO CHUANGXIN FAZHAN YU ZHILI
选题策划：韩　鹏
责任编辑：杜敬红
责任校对：王　丽
装帧设计：高馨月
出版发行：天津社会科学院出版社
地　　址：天津市南开区迎水道 7 号
邮　　编：300191
电　　话：（022）23360165
印　　刷：英格拉姆印刷(固安)有限公司
开　　本：787×1092　　1/16
印　　张：27.5
字　　数：510 千字
版　　次：2022 年 8 月第 1 版　　2022 年 8 月第 1 次印刷
定　　价：78.00 元

本书是广东省普通高校创新团队项目
"'同伴互助'卓越教学科研团队建设"（2017GWC×TD002）
系列研究成果之一
谨此献给
广东农工商职业技术学院建校 70 周年

内 容 提 要

　　近些年，国家致力于完善治理体系、提升现代化治理能力。作为社会事业重要组成部分的高职院校在这个背景下，在完成国内高等教育扩招的同时，实现了从外延式发展转为内涵式建设、粗放管理转为完善内部治理的目标，并向精细化治理、改革赋能发展。本书作为《解码高职院校国际化探索创新》的姊妹专著，以广东农工商职业技术学院举办高等职业教育二十年（1999—2019）的改革发展实践为基础，以完善治理、创办特色、为党育人、为国育才为主线，从促进改善政策环境、确立蓝海战略、完善治理体系、推进校企合作、注重内涵建设、强化师资队伍、聚焦学生能力培养、树立党建品牌和提高教学质量等十个方面，收录了包括提交给全国人大教科委"职业教育法修订座谈会"的发言提纲、有关部委"关于中国高职'走进东盟'的作用与建议"和《省情研究》专辑稿"关于公办高职高专院校公共财政政策之思考"，以及发表在《中国高教研究》《中国职业技术教育》《高教探索》等学术刊物上的主要文稿等。

　　本书对于研究了解中国高职教育改革发展路径及治理体系有一定的帮助，适合职业教育工作者及高等院校教育科学类研究生等阅读参考。

序　言

　　教育乃立国之本，强国之基。习近平总书记在全国教育大会上提出"坚持以人民为中心发展教育"，这为我们办好教育，落实好立德树人根本任务，提供了思想武器和前进动力。职业教育作为我国现代教育体系的重要组成部分，为社会提供了丰富、优质、多样的教育资源。党和国家高度重视职业教育的改革发展，全社会对职业教育的关注程度也与日俱增。如今，职业教育作为一种类型教育的特殊地位已经稳固确立，一个崭新的、前所未有的中国特色职业教育高质量发展的新局面已经呈现在我们面前。而作为实践主体的职业院校，其自身发展创新与治理赋能自然也成为当下职业教育领域改革的热门话题。

　　《解码高职院校创新发展与治理》一书的作者杨群祥教授，是国家级教学成果奖获得者，曾任广东农工商职业技术学院（以下简称：广东农工商学院）党委书记。作为教育部首批全国高职高专院校人才培养工作水平评估专家理论研修班的同学，我们在工作中多有交集、在业务上多有交流。在多年深入交往的过程中，深感杨群祥教授是一名乐于学习、勤于思考、善于研究、勇于创新的教育研究的先行者、教育实践的开拓者。为了更好地总结、介绍和推广广东农工商学院在质量立校、内涵发展过程中取得的经验和成果，杨群祥教授将自己多年来的办学治校的所闻、所思、所感与所悟进行了系统归纳总结，为我们献上了这部体裁多样、内容丰富、质量上乘的职教专著。

　　《解码高职院校创新发展与治理》一书，以广东农工商学院实践探索为例，以"创新、治理"为题，以完善治理、创办特色、为国育才为线，以政策环境、治理体系、校企合作等十个方面为纲，以报告、提案、论文等多种形式为体，为我们多角度、全方位地再现了广东农工商学院励精图治、实现跨越发展的全过程；为我们精准定位、精确聚焦到广东农工商学院彰显特

色、取得丰硕成果的"火力点":

"农垦精神"特色"农"。广东农工商学院是广东农垦创办的一所高职院校,也是广东省唯一"农"字头的涉农高职院校,其与生俱来地传承了南泥湾精神的革命传统、继承了农垦精神的红色基因。建校以来,广东农工商学院承载着"立足农垦、服务农垦"的使命,在办学过程中落实立德树人根本任务,注重传承和弘扬农垦精神,为培养德智体美劳全面发展的社会主义建设者和接班人,注入了强大的精神动力。栉风沐雨、砥砺前行,如今广东农工商学院已成为全国唯一以热带、亚热带农业为特色的综合性高职院校,"农"字特色已经成为学校一张亮丽的名片。在我看来,也正是因为广东农工商学院在办学过程中秉承农垦精神,所以才能在遇到困境时,不断克服困难;才能在面对挑战时,不断开拓创新;才能乘势而上,坚持特色方向;才能接续奋斗,实现跨越发展,其经验被业内人士赞誉为"农工商"奇迹。

"开放办学"赢在"融"。开放办学是现代教育的基本特征和内在要求,融合发展则是开放办学的成功方略。广东农工商学院在服务国家"一带一路"倡议方面做出了不菲的成绩,连续几年被《中国高等职业教育质量年度报告》评为全国高职院校"国际影响力50强",先后荣获"社会服务50强""教学资源50强"等称号。广东农工商学院面向"一带一路"沿线国家,发挥专业技能优势,按照"请进来""走出去"的国际化战略实施路径,从办学理念国际化、专业课程国际化、教师培养国际化、学生培养国际化、社会服务国际化、标准体系国际化等模式上进行了探索创新,融通开放办学渠道、融汇优质教育资源、融合多元教育主体,尤其是在引进优质资源、输出职教标准等方面取得了显著的成效。

《解码高职院校创新发展与治理》一书,是广东农工商学院在以习近平总书记关于职业教育系列重要论述指引下发展实践的结晶与升华,系统地总结了广东农工商学院构建治理体系、推进治理能力现代化过程中的可行路径,凝练了广东农工商学院办学治校所取得的经验成果。透过本书,能让我们更深层次地理解"艰苦奋斗、自强不息"精神背景下的治理思维、治理逻辑和治理效能。透过本书,能让我们更深层次地认识到,这些实践举措、经验成果是可参考、可借鉴、可推广的,是可反哺到高职院校办学发展实践中的。

党的领导是制胜法宝。广东农工商学院坚持社会主义办学方向,在办学定位上方向明确、目标清晰。"十三五"收官,学校完成了朝着向"省内一流、全国知名、东南亚有影响的具有南亚热带产业特色的高职院校"迈进的目标。"十四五"启程,学校凝心聚力提质量,接续奋斗绘蓝图。

立德树人是根本使命。广东农工商学院大力推进"三全育人",聚焦教师队伍能力建设,坚持将思想政治工作体系贯穿管理体系、教学体系、教材体系,构建一体化育人体系,积极引导教师把科研成果写在大地上。

　　产教融合是关键要素。广东农工商学院坚持"依托农垦、面向广东、服务社会"的办学理念,主动将产教融合作为办学治校的发展大计和人才培养质量提高的必由之路,充分发挥行业办学优势,推动学校与产业对接、融合发展工作的有效开展。

　　交流合作是大道通途。广东农工商学院积极开展具有战略高度的国际交流与合作,致力于打造具备国际化视野、通晓国际化规则的师资队伍,培养满足合作企业国际化发展需要的具有跨文化交际能力和服务能力的高素质技术技能人才,推动中国职教名片享誉海外。

　　总的来说,广东农工商学院成功的办学实践为本书的出版奠定了坚实的素材基础,大量的一手资料和富有启迪意义的思想观点,为我们坚持走中国特色高等职业教育发展道路坚定了信心,提供了有价值的参考,也让我对广东农工商学院未来的发展有了更多的期待。

　　愿广东农工商学院的明天灿烂美好,愿广东农工商学院的前景更加辉煌!愿中国职业教育肩负起历史使命与时代重任,培养出更多高素质的技术技能人才、能工巧匠、大国工匠,为全面建设社会主义现代化国家、实现中华民族伟大复兴的中国梦提供有力的人才和技能支撑。

全国职业高等院校校长联席会议主席
原天津职业大学校长、教授

2021 年 7 月 20 日

新时代农垦职业教育的探路先锋

赖诗仁

欣闻杨群祥同志的《解码高职院校创新发展与治理》一书即将付梓，甚感欣慰。

广东农工商职业技术学院是广东省农垦集团公司（广东省农垦总局）举办的高等职业院校，1952年创建，到现在有69年历史了。2000年，学校由农垦管理干部学院转制为职业技术学院，进入发展快车道。也是在2000年初，我重返广东农垦担任主要领导。过了几年，群祥任职广东农工商学院的党委书记。随着我与他的工作交集越来越多，彼此了解也越来越深入。

群祥可以说是地地道道的农垦培养的干部。从学生、普通教师到党委书记，群祥学习、工作均在广东农工商学院，他与学院之间不是个人之于单位的简单工作关系，而是一种矢志不渝的忠诚、一种踏实笃行的坚持、一种我将无我的奉献。现在，他退休了，相信这份情缘非但不会减退，反而会随着岁月的积累和记忆的沉淀而越发醇厚。从这本书里，我们便能深深体会到这一点。

都说职业教育不好办，其实企业特别是农业企业办职业教育更是难上加难。国有企业办学虽然有一定优势，比如连接产业更为紧密、更能够培养出适应市场需求的人才，但也面临不少挑战，比如政策资源、办学资金没有政府办学那么有保障，办学机制又没有民营资本办学那么灵活。因此，国企办职业教育搞得好，能够两头占优；搞不好，也会两头都够不上。群祥深刻认识到这一点，在办学实践中努力争取政策支持，开拓市场空间的最大公约数和最准平衡点，成功将一个一度面临生存危机的学校建设成了一所在国内有一定知名度的广东省示范性高职院校。其中的制胜法宝，在我看来，有三点很重要。

党建引领，把好政治方向。坚持党的领导，加强党的建设，这是农工商学院事业发展的根和魂。上千人的教师队伍、两万多人的学生规模，思想政治工作要想真正做到深入人心、落地有声，并不容易。面对意识形态等领域

1

的诸多风险挑战，群祥作为学院党委一把手，肩上的担子很重。作为军垦薪火的传承人，他坚定理想信念、忠实履行职责，将"艰苦奋斗、勇于开拓"的农垦精神融入办学实践中，转化为学院宝贵的无形财富和学生的成长养料，凝结为良好校风、教风、学风。

创新驱动，提高办学水平。逆水行舟，不进则退。职业教育竞争日趋激烈，办学水平不高，就业出路不广，学校就可能关门大吉。群祥深谙"大学者，非谓有大楼之谓也，有大师之谓也"的道理，通过平台引人、事业聚人、保障留人等多种方式，让学院师资水平在短时间内有了较大提升。同时，立足自身实际，借鉴成功经验，大刀阔斧、改革创新，探索出了人才培养的一系列新模式。群祥对广东农工商学院的另一大贡献是推动建设了广州增城新校区。为此，他多方奔走、呕心沥血、攻坚克难，那里的一砖一瓦都凝聚了他的智慧和汗水。现在看来，这是决定学院命运、发展蝶变的关键一招。

依托农垦，办出鲜明特色。长远来看，产教融合的深度和广度，将是决定职业教育学校竞争力越来越重要的核心因素。在这一点上，广东农工商学院优势得天独厚，广东农垦正是学院发展的坚强后盾和广阔天地。群祥主持广东农工商学院工作期间，在夯实服务垦区能力上作了很多努力，不仅在学院成立了不少"垦字头"的机构实体，还在高产高糖甘蔗品种开发、优质菠萝种植推广等方面与广东农垦兄弟单位实现了共建共享的深度融合。同时，在广东农垦"走出去"海外再造新农垦发展中，广东农工商学院同步将中国职业教育的种子播撒到了"一带一路"沿线国家和地区。

伴随现代产业体系建设全面推进，职业教育发展又迎来了一个春天。农工商学院作为中国南亚热带农业职业教育的领航者，使命更加光荣，前景更加广阔。祝广东农工商学院事业蒸蒸日上！祝广东农垦在新征程上再创辉煌！

作者为广东省农垦集团公司（农垦总局）原党组书记、董事长、局长
原广东省政协常委、政协人口资源环境委员会主任

2021 年 7 月 9 日

目 录

第一篇 致力促进完善高职教育政策环境是责任担当 ……… 1

　高等职业教育政策与制度设计的思考 ……………………… 3

　构建现代职业教育体系的思考 …………………………… 8

　中国高职"走进东盟"的作用与建议 ……………………… 13

　公办高职高专院校公共财政政策之思考 ………………… 17

　从技术创新看我国高等职业教育 ………………………… 28

　探讨：如何更好地开展评估工作 ………………………… 35

　创新落实扩招，助力乡村振兴 …………………………… 38

第二篇 因势利导实施高职院校蓝海发展战略 …………… 43

　高等职业技术教育探析 …………………………………… 45

　立足行业、难中求进、自强发展 ………………………… 51

　高职院校走国际化的策略与模式 ………………………… 58

　实施蓝海战略行动，圆梦新的五年规划 ………………… 65

　高职教育改革发展轨迹下的广东农工商学院办学路线图 …… 70

　中国高职院校国际化创新发展将成为世界职业教育高地 …… 88

第三篇　优化治理赋能办学高效发展 …………………… 97

高职院校发展"做就有，做就好" …………………… 99

300 天见证奇迹 …………………………………………… 104

新的一年新的精彩 ………………………………………… 107

高职院校当自强，迎难而上勇担当 ……………………… 110

"管理建设之年"优治理、增赋能 ……………………… 115

陶行知"生活教育"思想的校本化探索 ………………… 126

艰苦创新业，勤政为师生 ………………………………… 134

第四篇　校企合作是高职院校办学的必由之路 ………… 145

"强强联手"逐梦"商界黄埔军校" …………………… 147

"云山模式"对高职院校校内实训基地建设的启示与借鉴 … 150

校企共建"商学院"，深度融合"织双赢" ……………… 157

高职院校校内生产性实训基地建设的历程及思考 ……… 161

高职院校实践教学模式的创新 …………………………… 169

高职院校国际合作能力提升研究 ………………………… 178

第五篇　专业建设是高职院校特色发展的重要抓手 …… 187

首创省级高职教育专业建设蓝皮书 ……………………… 189

以市场为导向，创高职教育品牌 ………………………… 193

加强产学研结合，提升市销学生就业竞争力 …………… 199

高职高专市场营销专业人才能力结构分析与培养 ……… 207

创新人才培养模式，推动学院内涵发展 ………………… 219

第六篇　课程资源建设是人才培养质量的重要基础 …… 223

基于工作过程的高职教育课程开发研究 ………………… 225

理实结合，打造国家级精品课程 ………………………… 231

以技术应用能力为导向创新教材设计 …………………… 239

创设教材导读，巧用教学资源 ·················· 242

"商务谈判" 课程建设探索与实践 ················ 251

第七篇　学生能力培养是高职院校办学的根本指向 ·········· 263

以优秀校园文化培养高素质技术技能人才的思考 　265

高职教育实行导师制的探索与实践 ··············· 273

高职教育培养学生职业能力教学模式的创新 ········· 280

精彩人生，绿遍天涯 ····················· 288

三十载薪火相传，三十载桃李芬芳 ·············· 291

榜样风采谱华章，乘风前行献能量 ·············· 293

手脑并用，德技双馨 ····················· 296

协力提振精神勇担当，开创创业教育新气象 ········· 298

第八篇　师资队伍是高职院校核心竞争力 ·············· 307

高职院校核心竞争力与师资队伍建设 ············· 309

以身立教，为人师表 ····················· 318

恪尽师责忠职守，厚德载物育桃李 ·············· 320

高校教师深入社会调研的探索 ················· 327

砥砺奋进数十载，立德树人谱新篇 ·············· 334

第九篇　党建品牌建设引领人才培养 ················ 343

以科学发展观进一步夯实学校党建工作 ············ 345

"艰苦奋斗、自强不息" 背景下的校园文化建设创新 ······· 356

坚定理想信念，争当精神楷模 ················· 362

高校党建工作机制的构建与创新 ··············· 367

规范基层组织建设，树立特色党建品牌 ············ 375

第十篇　教学质量提升是高职院校内涵发展的核心标准 ……… 385

实践先进文化代表，扎实提高教育质量 ………………… 387

高职院校教学质量自我控制的认识与实践 ……………… 395

从评估整改成效看高职院校的建设与发展 ……………… 401

红英山翠中新天蓝，治学育人天高云淡 ………………… 407

校友相伴，弦歌不辍 ………………………………… 416

不懈追求，心存感恩 ………………………………… 420

后　记 ……………………………………………… 422

第一篇

致力促进完善高职教育政策环境是责任担当

　　作为教育部全国高职高专院校人才培养水平评估首批专家之一，作者自2004年起，先后作为专家组组员、副组长、组长参与了顺德职院、山东英才、广西职院、广州航海等全国20多所高职高专院校评估，深感"高职教育人"努力拼搏精神与高职院校快速发展的同时，也深为高职教育缺乏应有的政策支持而困惑、焦虑与呼吁！与此同时，作为学院主要领导，作者主持工作10多年，经历了教职工"勒紧裤头"办万余人大学、置地新建占地600多亩、20多万平方米建筑的校园却靠自筹经费发展的艰辛与愧疚，更能体会出对政策支持的渴望与改善外部环境的迫切希望！2007年、2010年，作者先后被选派参加了两个月的广东省委党校市厅领导干部学习班、一个月的国家教育行政学院高职院校正职领导培训班，面对难得的学习机会和平台，特别是众多的政府职能部门领导学员，以及部长、司长面对面座谈会、全国人大调研组座谈会等，作者深度思考、积极发言。多份学习作业悉数公开刊发。这里选载其中几篇文章。

高等职业教育政策与制度设计的思考

摘　要

　　尽快修订完善《中华人民共和国职业教育法》，功在当代、利在千秋。通过立法与执法检查，进一步明确高等职业教育的主体责任，以及现代职业教育体系框架和基本内容，尽快落实公办高职院校办学综合经费生均财政拨款制等相关配套政策法规。此文是 2011 年 10 月 26 日，作者参加全国人民代表大会教育科学卫生委员会"职业教育法修订座谈会"的发言提纲，部分内容被刊发于《河南科技学院学报》2012 年第 4 期，第 5—6 页。

　　党中央国务院召开 21 世纪以来第一次全国教育工作会议及颁布实施《国家中长期教育改革和发展规划纲要（2010—2020 年）》（以下简称《纲要》）已一年有余。一年来，全国上下积极贯彻落实全国教育工作会议和《纲要》精神，理思路、定政策、抓落实，有效促进教育事业健康发展和人才培养质量提升。然而，教育发展类型、区域的不平衡，尤其是触及教育政策深层次的热点难点问题，如"高等职业教育政策与制度设计"亟待解决和完善。

　　2011 年 8 月 23 日，在广东省农垦总局局长赖诗仁等陪同下，时任广东省副省长刘昆率省府办公厅、省发改委、农业厅、财政厅、人社厅等部门负责人到农工商学院视察指导

我认为，尽快修订完善《中华人民共和国职业教育法》（以下简称《职业教育法》），是功在当代、利在千秋的大事。因此，期待新的《职业教育法》能够站得高、看得远，能够为职业教育尤其是高等职业教育健康可持续发展提供有力保障。现有的《职业教育法》自 1996 年实施以来，对推动我国职业教育发展起到了重要作用，但也存在不足，主要表现在高等职业教育主体责任不明确、职业教育体系不科学、保障条件不易落实等。换句话说，当年或许鲜为人知的高等职业院校今天不仅占据高等教育的"半壁江山"，而且已成为职业教育的主力军，引领着职业教育发展。但法律对高等职业院校所赋予的责、权、利却不明晰，对未履行法定义务的法律责任缺乏监督、缺乏问责、缺乏处罚。因此，既然是修订职业教育法，是法律，就要有刚性，但也不可能包罗万象，防止把一般性政策推行的条款、措施当作法律条文来制定。

第一，要进一步明确高等职业教育主导是政府，责任在各级政府。因为，职业教育对于推动经济发展、促进就业、改善民生、解决"三农"问题具有特殊的意义与作用，而高等职业教育在职业教育中起到科学引领的作用，是区域或社区经济、产业发展的主要服务力量，是重要的公益事业。这在一些发达国家被认为是"政权"的基础，其主导包括经费都由联邦政府、地方政府负责。结合我国现有财政体制，我认为，新的《职业教育法》可以按照"法定标、省统筹、中央资助"的思路，并明确公办高等职业院校办学经费由国家、省（包括计划单列城市）负责与统筹，以体现教育公平、实现高职教育功能。

第二，尽快明确现代职业教育体系框架和基本内容。现有的《职业教育法》"第十三条，职业学校教育分为初等、中等、高等职业学校教育"，初期认识上把高等职业教育定位于专科层次，目前实践上导致职业教育"断头"。事实上，职业教育作为一种类型的教育体系，包含两条线，一条是非学历教育包括职前岗位培训、转岗培训和岗位培训等；另一条是学历教育，包括初等、中等、高等职业学校教育。高等职业教育，不仅包括专科层次的职业教育，还包括应用型本科、专业硕士和专业博士的职业教育。所以，新修订的《职业教育法》要注意"职业教育、高等职业教育、高等职业学校教育"三者的区别。以此重新界定"职业教育体系"内涵，根据《纲要》精神明确"发挥中职教育的基础作用，发挥高职教育的引领作用，探索培养高端技能型人才的新途径，努力建设适应需求、有机衔接、多元立交的现代职业教育体系"。必须明确高等职业教育是"类型"不是层次；高等职业教育与普通高等教育必须"贯通"。这是职业教育发展的必然，是受教育者需求的使然，也是国际职业教育的经验。

第三，尽快实施公办高职院校办学综合经费生均财政拨款制。必须统一制定高等职业教育综合生均经费基本标准、生均财政拨款基本标准，并向社会予以公布。这是高等职业教育公益性所决定的，也是履行政府责任的具体表现。然而，当前仍有几个核心问题值得关注：一是高职院校有明确的办学条件，包括生均设备金额、生均图书、生均行政用房等，但恰恰对生均办学成本不明确。二是对高职教育认识的相对滞后。作为准公共事业的高职教育，既有"高等教育"属性，又有"职业教育"特性。集两者之重要，理应处于同等地位甚至优先。但在实际运行中却是被忽视的群体。同属高等教育，本科院校生均经费明确，高职院校要么没有、要么是"打折"。从普通高等教育的预算内财政拨款看，有"半壁江山"的高职高专教育所得到的是极少的，即使是强调发展职业教育，政府和媒体关心的焦点也主要在中等职业教育。一个典型的说明是，"城市教育费附加安排用于职业教育"实际都只用于中等职业教育。无论是政府财政部门还是教育主管部门也都是这样理解与执行的。三是同属公办高职院校的投入不平衡。作为公共财政，实现教育公平是其基本责任。构建和谐、公平的高等职业教育财政投入体系，不仅是对教育公平的实践，也是体现和谐社会的重要举措。但由于"建立以举办者投入为主……的经费机制"，各公办院校所依托的财政部门和地区、行业经济发展程度不同，导致同属公办院校但投入极不平衡，如建新校区有的一掷数亿乃至十多亿元，而有的只有千万元；年生均财政拨款有的三万元，有的则一分都没有。而且有一个让人警醒的事实：欠发达地区和行业投入办学，为发达地区和行业培养人才，农村、农业"反哺"城市、工业，这是否有失公平？四是缺乏财政拨款的公办高职院校收费无法补偿办学成本。从经济学角度讲，产品售价至少要能够补偿生产成本，否则将无法维持运营，更谈不上扩大再生产。公办高职院校办学经费主要靠财政拨款和收取学生学费。根据教育部高职（专科）合格条件标准测算，高职教育年生均培养成本普遍在 12000 元，但公办高职院校的学费标准普遍在 4500~6000 元，采取"非成本收费"形成的巨大"差额"，是无法用奉献服务、管理创新与效率提升来解决的，必须由政府财政拨款来解决。否则，公办高职院校很难可持续发展。

第四，要尽快落实高等职业教育责任制。目前，基础教育（包括中等职业教育）被列入各级政府党政领导干部工作责任考核及向社会公布的主要内容，中等职业教育得到比较强势的推进；而本科及以上的学历教育由于历史长、有基础、在社会视野中广受关注与重视，政府投入较为明确（也有不足）。而恰恰是处于新兴的、需要优先发展的高等职业教育，却似乎"无人负责"，更多的是处于"自我发展"状态，以致《职业教育法》实施15年，第二十七条中有关职业教育经费保障条件的"四个应当"都落实不了。因此，从高等职业教育的特性看，必须列入各级政府党政领导干部工作责任考核的内容，分清责任、分级落实。被考核责任人包括国家到省、市政府，也包括高职院校领导班子。地市省政府的考核主要是对高等职业教育经费的投入，高职院校领导班子的考核主要是师资队伍的建设。这是落实高等职业教育责任的核心。

第五，要尽快理顺相关配套政策法规。修订完善《职业教育法》是必然，但政府部门尽快理顺或出台相关配套政策法规也是当务之急。目前主要有以下几个方面：

一是明确各级政府及其职能部门、事业单位、行业组织、企业、社会团体以及其他社会组织必须依法履行实施职业教育的责任和义务；规定企事业必须接收高职学生的实习；加快推进"校企合作促进法"的出台，对校企合作、企业接受职业院校学生实习等方面予以奖励、税收减免，如按接收学生人数和实际工作日直接减免，使企业在参与职业教育活动中的利益得到保障；允许行业专家、企事业单位技术能手、业务骨干（包括公务员）在高职院校担任兼职教师一定时间（如两年以上）后，参与高职院校专业教师职称评审。

二是强化政府职能部门对就业准入制度的监管力度，引导社会公民先培训、后就业的意识；规范公务员招考制度，不仅要防止类似"报考公务员必须是全日制本科毕业生"的"歧视性"规定，而且应该优先录取有服务农村基层经历的高职院校毕业生。

三是国家、省级科研项目包括自然基金项目应该向高职院校"放开"而不能"歧视"。因为以目前高职院校的师资力量、科研能力，尤其是应用性研究能力都有比较好的基础，应当也能够承担国家、省级科研项目。

四是国家、政府要加大对欠发达及贫困地区高职教育投入的力度；提高高职教育农林矿专业帮扶力度；对入读涉农专业并毕业服务农村基层的高职学生进行学费补偿，引导学生更好地服务农村、建设新农村。

五是依据构建与探索现代职业教育体系的思

路，允许并扶持部分有条件的高职院校创设本科甚至研究生层次的特色或骨干专业，逐步完善应用型人才培养机制。

六是组建省（区）高等职业教育发展联席会议制度。现有高职院校分属教育、社会团体、行业、企业，又涉及规划、财政、税务、劳动、人事等部门，必须明晰各方尤其是政府各部门职责，加强部门协调联系，整合多方办学力量。同时，加强高职教育执法检查和督导工作的制度建设，促进高职教育依法行政、依法管理、依法办学。

此外，高等职业教育政策规划要慎提"口号"、慎提"概念"。我认为，研究无禁区、政策要审慎；理念是必要、行动要务实。就今天来看，我们所倡导的"种种概念"都没有离开人民教育家陶行知的"教、学、做合一""生活即教育、社会即学校"的理念。只要我们踏踏实实地推进教育教学改革，求真务实搞内涵建设，就能够持续提升人才培养质量。

构建现代职业教育体系的思考

摘 要

尽快构建现代职业教育体系，是适应经济发展方式转变和产业结构调整的外在要求，是遵循技能型人才成长规律的客观要求，是促进职业教育科学发展、完善国民教育体系的重要举措。在做好中高职衔接的基础上，尽快推进高职专科与本科乃至与专业学位研究教育贯通是当务之急！其途径包括：积极扶持高职院校办本科专业班；专、本院校三二分段，"2+2""4+0"等协同育人专业班；建立职业教育"学分银行"，建立中职学校、高职院校、本科院校学分逐级互认机制，形成人才培养的"立交桥"。此文是 2011 年 10 月参加国家教育行政学院第四十期高校领导干部进修班（首期高职院校正职领导培训班）学习的第三次作业，刊于国家教育行政学院教育管理杂志社《职业教育改革动态〈内部参考〉》2012 年第 9 期，第 28—30 页。

《国家中长期教育改革和发展规划纲要（2010—2020 年）》（以下简称《规划纲要》）提出"到 2020 年，形成适应经济发展方式转变和产业结构调整要求，体现终身教育理论、中等和高等职业教育协调发展的现代职业教育体系"，2011 年 10 月 13 日，时任教育部副部长鲁昕在"现代职教体系建设国家专项规划编制座谈会上的讲话"中明确提出，2020 年建成"中国特色、世界水准"的现代职教体系，并启动了现代职教体系建设国家专项规划的制定工作。这些表明建设现代职业教育体系已上升为国家战略，以构建现代职业教育体系为目标，一系列与职业教育相关的制度、机制、政策、法规也将陆续出台。这种对我国职业教育开展的顶层设计必将为我国高等职业教育改革创新，并为职业教育科学发展提供一个难得的机遇。现就构建中国特色的现代职业教育体系谈一点体会和思考。

2011年12月20日，时任广东省委教育工委副书记景李虎率队莅临广东农工商学院调研指导

2012年8月22日，评估专家组组长、教育部原高教司副司长朱传礼教授再次考察广东农工商学院新校区建设

一、构建现代职业教育体系的现实意义

1. 构建现代职教体系是完善国民教育体系的重要举措。《国家中长期教育改革和发展规划纲要（2010—2020年）》把我国教育分为学前教育、义务教育、高中阶段教育、高等教育、继续教育、民族教育，除了继续教育和民族教育外，前面四种教育体现的是按层次来划分教育类型，职业教育既包含在高中阶段教育（中职），又包含在高等教育（高职），明显地表现出没有把职业教育真正地作为一种类型纳入《规划纲要》中，这是《规划纲要》的缺陷所在，也表明我国国民教育体系有不完善、不合理的部分，建立现代职教体系有利于厘清职业教育和普通教育这两种类型，职业教育和普通教育是两种不同的类型，它们都有初等、中等、高等（高等又有专科、本科、硕士、博士）层次。

2. 构建现代职教体系是顺应国际职业教育发展的重要体现。从理论体系上看，当前国际流行的现代职业教育体系的突出特点是完整与灵活。所谓完整，是指职业教育是与普通教育相对应的一个教育类型，而非普通教育的一个层次，因此，职业教育具有从中专到研究生学历的完整体系；所谓灵活，是指国外职业教育在开展各层次学历教育的同时，还保障职业教育各层次之间、职业教育与普通教育之间充分贯通。要与国际职业教育接轨，我国现代职业教育体系必须破解原有的"职业教育=终结式教育"的命题，开展包括中职、大专、本科乃至专业学位研究生的一系列学历教育，使职业教育与普通教育一起支撑起完整的国民教育体系。

3. 构建现代职教体系是适应经济发展方式转变、产业结构调整及促进产业升级的客观要求。随着知识经济时代到来，我国的产业结构、行业结构和各行业的技术结构将面临重新调整和升级。这就要求有更多更高级、更专业的应用型技术人才与之相适应，从而对高等职业教育提出更高的要求。未来职业教育培养出来的人才不仅要技能纯熟，也要有一定的专业文化修养，不仅要能制造，更要有创造力，这样原有三年的专科层次高职教育培养出来的技能型人才必将面临知识、能力、素质提升的问题，因此高等职业教育结构的高层次发展已成趋势。

4. 构建现代职教体系是遵循技能型人才成长规律的客观要求。技能型人才成长要经历从初级到高级逐渐提升的过程，从"新手""熟手"到"专家"逐渐转化的过程，从初级工、中级工、高级工向技师、高级技师转变的过程，而目前高等职业教育是"终结式的专科层次的教育"，培养的技能型人才最多只能达到高级工水平，不利于他们的成长。这些技能型人才都有提升需求，职业教育必须树立系统培养技能型人才、高端技能型人才、应用型人才、高端应用型人才的理念，以遵循技能型人才成长规律。

5. 构建现代职教体系是职业教育科学发展的必然要求。目前高职教育是"终结式教育"，无法走向更高层次的学历教育，使得高等职业教育的发展受到了很大的限制，社会地位也难以提高，只有建立"中职、高职专科、高职本科、专业学位研究比（专业硕士、专业博士）"的现代职业教育体系，才能发展与普通高等教育并行的，以培养应用型、技能型人才为目标的高层次职业教育，进而满足人民群众接受职业教育的需求，满足社会经济社会对高素质劳动者和技能型人才的需要。

2018 年，广东农工商学院与嘉应学院协同育人首届"创新班（2+2）"学位授予合影

6. 构建现代职教体系是适应建设现代产业体系的客观要求。国家"十

二五"规划纲要提出"发展结构优化、技术先进、清洁安全、附加值高、吸纳就业能力强的现代产业体系，是我国未来更长时期产业发展的根本方向和核心内容"，国家建设现代产业体系，离不开职业教育的科学发展，离不开覆盖整个产业链技能型人才的有力支撑，因此急需建立现代职业教育体系。

二、构建现代职业教育体系的策略

1. 建立完善的现代职业教育理论体系。构建现代职业教育体系首先必须有理论支撑。目前职业教育仅限于中职、高职专科层次的研究与实践，更高层次的高等职业教育理论还不成体系，甚至一片空白，现代职业教育理论主要解决如下几个问题：

（1）遵循技能型人才成长规律建立职业教育体系模型，包括职业教育的架构、层级划分，明确职业教育各层级的人才培养目标、规格、定位、人才培养模式、质量评价标准等。

（2）归类人才类型，目前人才类型主要是四种：学术研究型、工程型、应用型、技能型，前两种属于普通本科院校培养，后两种属于高等职业院校培养。根据培养人才的类型不同对现有的普通高等教育进行重组，培养学术研究型、工程型人才的院校仍然属于普通高等教育，而培养技术应用型人才的院校划归为高等职业教育。

（3）制定设置高等职业本科层次及专业硕士点、专业博士点的具体标准、办学具体规范。

2. 宣传引导全社会提高对现代职业教育的认识。目前，社会上有相当一部分人甚至教育系统内部针对职业教育有两大误区：一是认为职业教育就是技能培训；二是认为职业教育就是低层次教育、就专科教育，这对构建现代职业教育体系极其不利。因此，必须加强宣传引导，提高认识，特别要采取有效的措施，统一政府、行业、企业等对现代职业教育的认识，摒弃上述两大误区。

3. 建立支持现代职业教育发展的国家制度及法律法规，主要包括：①制定职业教育企业参与制度；②完善劳动就业准入制度；③制定职业教育经费保障制度；④制定职业教育招生制度；⑤建立学位一体化制度。高等职业教育从专科、本科到专业学位研究生，可以设准学士、专业学士、专业硕士、专业博士，构建与普通高等教育对应的学位一体化体系。

4. 构建现代职业教育体系的有效途径

（1）充分发挥引领作用，踏实做好中、高职的衔接。做好中、高职十大衔接是构建现代职业教育体系的前提，中高职衔接的成功经验可以作为高职专、本科乃至与专业学位研究衔接的参考。

（2）积极扶持高职院校办本科专业班，进行本科层次的高职教育试点。

①借鉴广东等省开展的中高职三二分段自主招生试点工作经验，允许条件好的高职院校的重点专业与本科院校建立对口合作关系，开展专、本科三二分段自主招生的试点工作，改变传统的专插本（有的称专接本）选拔考试方式，探索"知识+技能"或"考、推"相结合的转段选拔考核方式，选拔部分专科学生进入对口本科学校学习两年，成绩考核合格拿对口学校本科毕业证。

②积极扶持高职院校与应用型本科院校合作，根据一定标准选择相关专业直接在高职院校举办合作本科院校的本科班，由高职院校根据应用型本科院校的专业人才培养方案实施教学，考核合格颁发本科院校的毕业证书。

③参照本科院校设立硕士点、博士点的做法，建立高职院校根据条件申请开设本科专业教学点的机制，让有条件的部分高职院校试点办本科专业，在开设本科专业的基础上，申报专业硕士点、专业博士点。

④建立具有行业背景的职教集团，由职教集团举办各级层次的职业教育，构建符合高职人才培养规律的专、本、硕培养的"立交桥"，实施"专本硕"全系列、互通化联合培养，打通中等层次、专科层次、本科层次、专业学位研究生（专业硕士、专业博士）的人才成长路线。

⑤建立职业教育"学分银行"，建立中职学校、高职院校、本科院校学分逐级互认机制，即中职部分核心课程能得到高职院校认可、高职院校部分核心课程能得到本科院校的认可，学生修满相应层次的学分后可获得相应层次的毕业证（也允许本科学生不继续完成学业而申请拿专科毕业证），使不同层次之间可以相互流动，形成人才培养的"立交桥"。

⑥应用型本科选择部分专业按照职业教育规范试办高职本科专业，高职本科专业不再遵循学科体系的培养模式，而应以能力培养为核心构建工学结合的培养模式。

⑦稳步推进，实施本科层次及以上职业教育。通过上一阶段的试点积极经验，使理论体系不断完善，稳步发展本科及以上层次的高等职业教育。

2019 年 9 月 10 日，梅州职业技术学院专业设置论证会

中国高职"走进东盟"的作用与建议

摘 要

2016年7月11至13日，由中国高等教育学会职业技术教育分会主办的"供给侧结构性改革与高等职业教育创新发展专题研讨会"在深圳职业技术学院举行。来自中国高等教育学会、《光明日报》《中国高教研究》《职教论坛》以及全国43所高职院校的领导、专家学者共100余人出席本次大会。作者应邀参加，并以《供给侧结构性改革与高职院校国际化——基于广东农工商职业技术学院实践思考》为题作发言，得到了与会同仁的共鸣和赞许。会后根据与会专家及领导建议，向有关部委提交政策性建议。

广东农工商职业技术学院（以下简称"广东农工商学院"）是广东农垦集团举办的高职院校，前身为创办于1952年的华南垦殖局机务学校，1984年升格为大专学历教育，2000年转制为职业技术学院，为央属普通高校；同时是农业部（今农业农村部）华南农垦培训中心。拥有一校两区；教育部试点专业（绿色食品加工）1个、教育部"高等职业学校提升专业服务产业发展能力项目"重点专业（作物生产技术、市场营销）2个，省级示范专业等16个；省级优秀教学团队5个；每年承担全国农垦各类人员培训20多期，承担各项科研项目100多项；现有全日制在校生18854人，累计为各类企事业单位培养输送了7万多名各类专业技术人才和经营管理人才；先后获全国高职高专院校人才培养工作水平评估优秀院校，广东省"文明单位"，广东省"依法治校"示范校，广东省示范性高职院校等。目前，学院正在大力实施"创新强校"工程，努力实现"省内一流、全国知名、东南亚有影响，具有南亚热带产业特色的应用性大学；成为中国南亚热带农业重要的技术推广基地"的建设目标。

一、农工商学院国际化办学的探索历程

60多年以来，广东农工商学院秉承"艰苦奋斗，自强不息"的办学精神，坚持"农垦产业发展到哪，学院专业服务就到哪"的办学宗旨，充分发挥地处改革开放前沿和毗邻港澳的区位优势，积极开展教育的对外合作与交

流。20 世纪 80 年代中期起，学院先后与世界银行经济发展学院举办外向型经济管理培训班，与丹麦举办中丹种子培育技术培训班，与美国、英国、德国等大学及教育机构开展交流合作。近 5 年来，广东农垦在泰国、马来西亚和印尼等建立 7 家橡胶加工厂、在马来西亚和柬埔寨种植胶园 100 多万亩等项目落地，在广东农垦橡胶集团海外企业建立"泰国学习中心"和"柬埔寨学习中心"，培养当地企业员工，以及接受海外优秀员工来华培训；为作物生产技术、旅游英语等专业在校生，开设泰语、柬埔寨语、马来西亚语等东南亚语种课程；选派师生到农垦泰国公司、柬埔寨公司挂职锻炼和顶岗实习；推动毕业生到广东农垦东南亚企业就业等。此外，为了持久开展师生赴东南亚实习，学院正在推进对口帮扶泰国沙墩农业职业学院，以及与泰国博仁大学国际合作项目等工作；计划在广东农垦海外企业基础上创办一所海外大学等。

2018 年 1 月 18 日，中国亚太学会 2018 年会论坛在广东农工商学院举行　　　2018 年 11 月 5 日，中国职业教育国际合作峰会·新职教广东论坛

二、广东农工商学院开展与东南亚职业教育合作交流的几点启示

农工商学院在东南亚开展高职教育教学的探索证明，中国高职教育"走进东盟"是非常必要和可行的，意义是深远的，它们表现在：有利于落实国家"一带一路"，助力推进优势产业"走出去"，并在"探索对发展中国家开展职业教育援助的渠道和政策，积极参与职业教育国际标准与规则的研究制定，开发与之对应的专业标准和课程体系，扩大国际话语权、增强国家软实力"等方面起到积极的作用。事实上，尽管"一带一路"是以商贸、经济、产品、服务作为核心，但我认为，"一带一路"最基础的，或者说必须先行并且能够更为持续深入地为之服务的应该还是教育、文化领域的交流合

作。高职院校通过输出优质职业教育产能，建立海外学习中心，在传授职业技术技能的同时，宣传中华传统文化，帮助提升当地人文素养，实现较好的文化认同。这一点，从某种意义讲，海外办职业教育比办传统汉语学习中心，更能深入人心、更具影响力、更为持久性！这是其一。

其二，高职院校较普通本科院校更接近产业，更能满足当地产业及社会需求。特别是当前我国优势产业包括热带农业、高铁、通信、家电等进入东南亚后，急需相应的技术技能人才支撑，如深职院为华为公司的东南亚客户提供服务，顺德职院在马来西亚办中国餐饮大学等。换句话说，高职教育能够更好地助推我国优势产业"走出去"。

其三，东南亚教育存在潜在需求。按照教育梯度发展规律，中国高职教育"走进东盟"是非常可行的。通过高职院校在东南亚办学习中心、分校、职教集团，将更好地实现我国文化教育"走出去"的构想。

可以说，高职院校到东南亚开展教育教学的探索实现了多赢目标，不仅服务了产业发展，而且对自身教学、科研工作，以及对学生的成长和对社会的发展均具有明显的促进功能。一位实习生在实习总结中写道："非常感谢学院给我这次机会来到泰国广垦公司进行实习，也非常感谢海外员工给予的帮助与指导……现在，我们的实习结束了，我们没有辜负学院对我们的教导，在公司遵守公司的规章制度，在外面遵守相关国家的法律规定和风俗习惯，团结友爱，互相帮助。我们这次实习，不仅仅代表了自己的形象，还代表了学院的形象，更代表了中国当代大学生的形象……"

三、中国高职教育"走进东盟"的主要形式

中国高职教育服务"一带一路"，"走进东盟"的形式主要有：与国内优势企业合作，为产业走出去培养高素质的技术技能人才；与东南亚职业院校合作办学建立海外教育分支机构；与东道国政府、院校、企业（中国海外企业）等在海外创办大学；招收东南亚留学生；对口帮扶东南亚同业职业院校；开设东南亚语种；建立海外培训基地和海外实习基地；推动毕业生到海外企业就业等。

四、中国高职教育"走进东盟"的主要问题

就目前来看，中国高职教育"走进东盟"尚处于初步探索阶段，或还只是高职院校的"自娱自乐"，要真正而有效地实现"走进东盟"还存在一定

的问题，主要表现在：一是缺乏"关于高职院校国际化"的国家考量。虽然国家及教育主管部门先后出台了不少"关于高职院校国际化"的文件，但"可操作性"的文件仍显不足。二是缺乏中国高职教育在东南亚地区开展国际化的顶层设计与规划。三是缺乏对高职院校"走进东盟"的工作指引及政策帮扶，目前的政策导向或关注重点仍然是本科院校。四是高职院校招收东盟留学生缺乏经费支持。五是高职院校"走进东盟"属自我作为，难免会有"病急乱投医"或"盲目合作"等问题。

五、中国高职教育"走进东盟"的决策建议

破解难题，进一步推动中国高职教育"走进东盟"、服务"一带一路"的几点建议：

一是要把中国高职教育"走进东盟"作为"一带一路"的重要组成部分，加以重视，使之更加可为，这需要社会共识。

二是要加强中国高职教育"走进东盟"的规划设计，统筹安排，使之错位推进、更加有效。包括区域、国家与高职院校的选择；成立协调机构。

三是要完善中国高职教育"走进东盟"的配套政策和工作指南，尤其是经费资源的合理配置。可以说，职业技能培养要比语言类培训更符合国家战略。

四是要加大国内高校对东南亚语种人才的培养。就以作者近年所见，要招聘到一位硕士研究生毕业的泰语老师是件很不容易的事；泰语翻译的市场报价也见涨，与西班牙语、阿拉伯语等居最高价。

五是高职院校必须充分发挥专业优势、依托产业，为国家优势产业"走出去"提供智力支撑。只有这样，中国高职教育才能走得实、走得远、走得高。

2017 年 8 月 12 日，第三届中国职业教育国际合作峰会中外专家对话

公办高职高专院校公共财政政策之思考

摘　要

高职高专教育是高等教育的重要组成部分，是实现高等教育大众化的生力军。它为社会培养了大量高素质技术技能型专门人才，在社会经济发展中扮演着极其重要的角色。但目前高职高专教育发展情况并不乐观，此文以广东为例，通过解读高职高专教育的地位与作用，以及公办高职高专院校当前发展中的问题，对省级公共财政政策提出建议：高度重视且落实到具体措施，积极推行公办院校统一生均拨款；创新高职高专教育投融资政策，建立高等职业教育"输血"的长效机制；落实企业责任，政府和院校共为；实施智力扶贫，加大政策导向；建立联席会议制度，加强管理协调等。

这是2007年5月参加广东省委党校市厅级领导干部进修班学习的调研报告，在结业汇报交流会上代表小组发言内容，并刊于《省情研究》第14期专辑，后修改公开发表于《广东农工商职业技术学院学报》2007年第4期，第1—5页。2007年12月19日，作为广东部分行业（企业）类高职高专院校领导联合提案讨论稿提交广东省政协会议。以下内容略有删减。

广东省第十次党代会提出，要"努力建设经济强省、文化大省、法治社会、和谐广东"，更好地发挥排头兵的作用。教育是基础和先导。作为高等教育重要组成部分的高职高专教育，肩负着为广东经济社会发展特别是产业结构调整和优化升级培养高技能人才的重任，在迅速成长中得到社会的认可，但也存在不足。除了高职高专院校自身要继续加强内涵建设、提高人才培养质量外，政府如何调整公共财政政策、加大投入、改善公办高职院校办学条件，特别是如何具体贯彻落实广东省委、省人民政府《关于大力发展职业技术教育的决定》（粤发〔2006〕21号）的精神是一个值

得探讨的问题。

一、广东高职高专教育的地位与作用

高职高专教育的性质和人才培养目标的定位，决定了其在广东高等教育大众化的贡献，以及在人才培养、促进区域经济社会发展和建设社会主义新农村等方面的作用。

1. 高职高专教育是高等教育的重要组成部分，占据着广东省高等教育的"半壁江山"，是实现高等教育大众化的生力军

从 1998 年扩招到现在，广东高等教育在不到十年的时间里实现了跨越式大发展。2006 年，广东普通高等学校数 105 所，较 1998 年增加了 62 所；高等教育在校生达 100.9 万人，是 1998 年（扩招前）的 5.5 倍，平均每年以 10 万人的增量增长；2006 年高等教育毛入学率是 1998 年的 3 倍，如图 1。

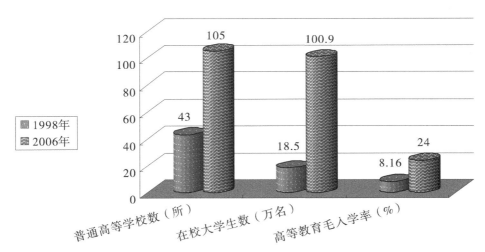

数据来源：《广东统计年鉴 1999》和广东 2007 年统计公报，下同。

图 1　1998—2006 年广东高等教育发展比较

广东高等教育的快速发展得益于广东高职高专教育的发展：2006 年，广东高职高专院校为 68 所，占全省普通高校的 64.8%，且大部分是新办院校；年末高职高专教育在校生为 49.3 万人，占全日制普通本专科在校生人数的近 50%；2006 年高职高专招生达 18.4 万人，占广东高等教育招生总人数的 55%，如图 2。

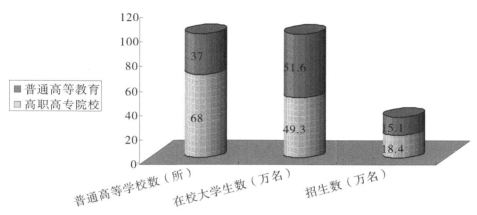

图 2　2006 年广东高职高专占高等教育比重

　　从以上数据可知，无论从院校数量还是学生数量上，广东高职高专教育都已撑起广东高等教育的"半壁江山"。广东高等教育大众化目标的实现更大程度上是来自高职教育的贡献。高职教育对高等教育的贡献，不仅是数量上的，更是"体制、模式的创新"，不仅体现在办学规模迅速扩大，更重要的是结构更加合理，办学条件明显改善，办学质量与水平不断提升，规范程度日益提高，社会知名度日益扩大。根据广东省教育"十一五"发展规划，到 2010 年，广东高等教育毛入学率达 28% 以上，高等教育在校生人数达 130 万人，其中高职教育在校生达 65 万人，占高等教育在校生总数的 50% 以上。可见，广东高职高专教育任重而道远。

　　2. 高职高专教育的目标是培养大量高素质技能型专门人才，在社会经济发展中扮演着极其重要的角色

　　2006 年 8 月，广东省委、省政府出台的《关于大力发展职业技术教育的决定》和《广东发展职业技术教育实施纲要（2006—2020 年）》明确提出：大力发展职业技术教育，是加快新型工业化进程、实现经济大省向经济强省跨越战略大计，是推进农村劳动力转移、建设社会主义新农村的重要途径，

是促进就业再就业、建设和谐广东的重要举措。经济社会发展特别是企业技术创新所需要的人才是多元的。既需要有接受尖端科学教育的开发人才和基础操作工人，也需要精通日益复杂的生产工艺和管理技巧的高技能人才。就目前看，经济社会发展特别是产业结构调整和优化升级等最缺的是高技能人才。而高职高专院校在这方面具有不可替代的重要作用。因为，高职教育首先是"高等教育"，办学特色强调的是"职业教育"。它是培养高技能人才的摇篮，是职业技术教育的"龙头"。所以，高职教育的贡献，不仅是对广东高等教育大众化的贡献，更重要的是在人才培养、促进区域经济社会发展等方面发挥的作用。

2007 年 5—6 月，广东省委党校市厅班学员合影

3. 高职高专教育是解决东西两翼和粤北山区农村劳动力转移的主要途径之一，是智力扶贫工程

广东新成立的六七十所高职高专院校，为区域适龄青年学子提供了大量的大学学习机会，是农村劳动力转移的一个主要途径，也为新农村建设做出了很大贡献。以广东农工商职业技术学院为例，据不完全统计，每年招生4000 余名，来自东西两翼和粤北山区的生源占 40%多；而毕业后在珠三角就业的占 90%以上。也就是说，仅此一所高职院就使 1000 余名山区学生从农村转移到经济发达地区。这一方面提升了农村人口的文化素质，另一方面也改善了山区农村家庭的生活水平。

二、广东公办高职高专院校发展中的问题

尽管高职高专教育在广东省高等教育大众化，以及在人才培养、促进区

域经济社会发展和新农村建设等方面的作用是显著的，发展的速度也是有目共睹的。然而，广东部分公办高职高专院校目前的发展状况又不容乐观，突出表现在对高职教育的认识和公共财政投入问题，教育资源分配不公、办学条件不均衡。

2010 年 7 月广东省教育工作会议，作者与张连绪校长、耿静超书记、刘安华校长合影

1．对高职高专教育的认识相对滞后

作为准公共事业的高职教育，既有"高等教育"属性，又有"职业教育"特性。集两者之重要，理应处于同等地位甚至优先发展。在美国，基本每个社区都有一所高等职业技术教育机构——社区学院。美国的社区学院是为社区经济和社区发展服务的，被认为是"政权"的基础，所以经费主要由联邦政府、地方政府负责；在澳大利亚，公立职业教育学院资金 97% 由政府提供，3% 由学校自筹。在政府拨款中联邦政府占 1/3 左右，州政府则占 2/3 左右。从国内看，江浙等省对高职高专教育也比较重视。如浙江省政府对公办高职高专院校实行生均拨款制度，对没有政府财政拨款的行业办学，均视为"民办"，让其享受较优惠的政策（如享受民办高校较高的收费标准）。此外，早在 2001 年就开始设立省级财政专项经费（较广东早了整整 7 年时间），使全省职业院校的办学条件大为改善。高职院校平均每所投入 2 亿元用于校园建设和改善办学条件；校均占地、校舍面积、生均教学科研仪器设备值等指标都高于全国平均水平。

相对而言，广东高职高专教育是被忽视的群体。从普通高等教育省预算内财政拨款看，有"半壁江山"的高职高专教育所得到的是极少的，即使是强调发展职业教育，政府和媒体关心的焦点也主要在中等职业教育。重普教、轻职教；重中职、轻高职。如高职教育生均拨款问题，江浙等省可以做到，甚至经济欠发达的内蒙古自治区也都早已实现了生均拨款，但我们还未落实。这是公共财政能力还是政策导向问题，是制度问题还是认识问题？笔者认为，广东对高职教育经费投入不足的原因是多方面的，而实行不积极的高职教育公共财政政策是主要原因。

2. 对公办高职院校的投入不平衡

作为公共财政，实现教育公平是其基本责任。构建和谐、公平的高等职业教育财政投入体系，不仅是对教育公平的实践，也是体现和谐广东、和谐社会的重要举措。目前，广东公办高职高专院校根据主管部门，可用分为省教育厅、地市政府和行业或国有企业主管三类。尽管都是公办高职高专院校，都是为广东经济社会建设培养高技能人才，但由于所依托的财政口和地区、行业（企业）经济发展程度不同，导致同属公办高职高专院校但政府财政投入极不平衡，如建新校区有的一掷数亿乃至十多亿元，而有的只有千万元；日常经费政府拨款有的每年数千万元，有的一分都没有。

2007 年 6 月 22 日，广东省委政策研究室副主任张劲松等一行到广东农工商学院调研

因体制原因，公共财政在不同院校间的投入差别巨大。以广东农工商职业技术学院为例，它是一所由广东省农垦集团公司主办的省属高职院校，前身是广东农垦管理干部学院。目前，学院设专业及其方向 58 个，在校生11115 人（办学规模在全省同类院校排名第 5 位），是 1998 年（扩招前）的 6 倍；扩招以来，累计为广东省培养 20298 名高技能应用型人才。学院发展除了广东省农垦集团公司的部分经费支持外，没有省级财政拨款（同规模的

公办院校，每年至少可获得 5000 万的政府拨款），主要靠自筹经费。学院不仅要维持学院日常运行，还要艰苦创业、积极发展：解决校园校舍建设、教学设备增加等投入问题。八年来，学院通过自筹资金累计投入 15738.2 万元，使办学各项指标逐年提高。2005 年学院被广东省委、省政府授予"文明单位"称号，2006 年被教育部评为全国高职高专教育人才培养水平评估"优秀"院校。

广东农垦企业集团，以强烈的社会责任支持办大学为地方培养人才，但由于企业办学的特殊性，不可能举债来负担大量的教育投入，因为毕竟企业有企业的经济目标，何况是农业类的企业。同时，有一个与情理相悖的事实，欠发达地区和行业（如农垦）投入办学，为发达地区和行业培养人才，农村、农业（农垦）"反哺"城市、工业是否有失公平？

3. 缺乏财政拨款的公办高职院校收费无法补偿办学成本

从经济学角度讲，产品售价至少要能够补偿生产成本，否则将无法维持运营更谈不上扩大再生产、可持续发展。根据教育部高职（专科）合格条件标准测算，高职教育年生均培养成本为 10844 元。公办高职院校办学经费主要靠财政拨款和收取学生学费。

高职教育不同专业学费每学年标准为，公办高职院校在 4500～6000 元/生之间，民办高职院校在 9500～11800 元/生。如果说民办高职院校学费基本可以补偿成本，那么公办高职院校的缺口除了通过不断提高管理效能外，就必须由政府财政拨款来解决。否则，学院要能够继续办学，只能有两种选择：一是给缺少政府财政拨款的公办高职院校提高收费标准。但在构建和谐社会的今天，仅通过提高学生学杂费来解决公办高职院校的经费不足也是不现实的。因为这样做的结果，会导致教育的更加不公平：由于高考分数原因就读高职院校、毕业后又主要为本省经济社会发展服务的人、从事产业基础工作、相对低收入的学生要"多缴学费"，而读名牌本科院校、毕业出国或从事相对优越职业、收入相对高的学生可以多享受政府的财政，这是否合理？又有谁愿意报读高职教育？如果这样，高职院校怎么会不争"升本"寻求出路？二是缺少政府财政拨款的公办高职院校除了强调艰苦朴素、讲奉献精神外，要么降低教职工福利，要么弱化部分办学条件，但这能长久吗？

另外，缺乏财政拨款的公办高职院校所面临的不仅是无法补偿办学成本，造成这类公办高职院校骨干教师的流失，而且这类院校由于财政"捉襟见肘"，将直接影响化解矛盾的能力，最终影响社会稳定。如当前物价上涨导致学生饭堂饭菜价格偏贵，而这类院校又没有更多的经费来补贴，怎么办？

所以问题解决在于，省政府应按照教育成本确定经费配置比例的原则，提供公平的教育财政政策，改变经济发展的不平衡而导致部分公办高职院校经费投入的不平衡现象，从而构建科学合理的高职院校成本投入体系。

4. 不积极的高职教育公共财政政策导致高等教育发展的相对落后

高职高专教育占据着我省高等教育的"半壁江山"，是实现高等教育大众化的生力军，但其所得到的省级公共财政却是极少的。这种状况导致的最终结果是高等教育发展的相对落后。前面说到，从纵向看，广东高等教育在不到十年的时间里实现了跨越式大发展。但是，如果从横向比，广东与兄弟省（如江苏、浙江等省）相比，高等教育发展的差距还比较大，与经济大省的地位很不相称。早在2001年，广东就提出要追赶江苏、浙江等省。但实际情况是广东高等教育发展与江苏、浙江等省的差距似乎是在扩大：如2006年每万人普通高校在校生广东为135.5人，全国排列第18名（较上年又退后一名）；2006年，广东高等教育毛入学率为24%，仅高于全国平均数2个百分点，远低于江苏35.6%、浙江36%、辽宁35.3%；全日制本专科在校生，广东是100.9万人，远低于江苏130.62万人。从今后发展规划看，到2010年，浙江省的高等教育毛入学率计划达到45%，而广东是28%。无论是从过去五年发展还是今后五年规划看，广东和浙江的高等教育毛入学率差距在逐步扩大（如下图3）。

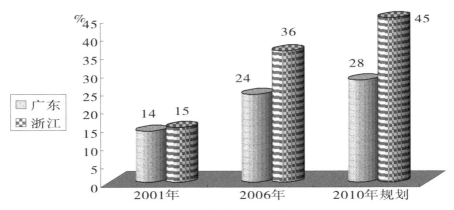

图3　三省高等教育毛入学率比较

三、广东公办高职高专院校公共财政投入政策建议

高素质技术技能人才是我国人才队伍的重要组成部分，在加快产业优化升级、提高企业竞争力、推动技术创新和科技成果转化等方面具有不可替代的作用。而高职高专院校在培养高技能人才方面更是具有不可替代的作用。尤其是面对兄弟省市你追我赶的发展态势，如何认识自我、寻找差距、取长补短，是摆在广东面前的一大现实问题。我们认为，解决广东公办高职高专院校公共财政投入等政策问题，首先要解决认识问题、观念问题。

广东省第十次党代会报告中明确指出"加大公共财政对社会事业的投入力度，逐步实现基本公共服务均等化、促进机会公平。坚持优先发展教育事业，深化教育改革，注重素质教育。全面实现城乡义务教育，普及高中阶段教育，加快发展职业技术教育，提高高等教育质量，保持高等教育规模合理增长"。上述要求的实现都涉及高等职业教育。伊士曼柯达公司首席执行官兼总裁彭安东先生就认为，基础创新人才（掌握经验技术、操作技能即高技能人才）的短缺将影响企业的创新能力和可持续发展能力。他建议广东省政府适时调整高等教育和职业技术教育的比重，投入更多的资源培养具有基础创新能力的高级技术和工程技术人才。他还指出，人力资本既需要企业投资，也需要政府投入。政府需要积极作为，加强区域人才资源的开发。如果政府为公共教育和培训领域增加投入，由此产生的对区域经济的投资回报将非常显著。国外高职教育公共财政政策值得广东省借鉴。构建和谐社会，强调教育的公平是全面的。承担全省人才培养任务的公办院校仅仅靠地方政府或行业主管部门来解决办学经费，特别是经济欠发达地区和行业主管的院校靠自我发展是不现实的。如果从公共财政的角度来看，中央和地方政府均应发挥公共财政的转移支付和引导资源配置的职能，不仅加大财政投入，更应制定各种激励政策吸引和鼓励民间资本投向高职高专教育。具体讲，广东省政府要在"投钱、筹钱、减税"等方面下功夫，在不断加大政府对高职高专教育领域投入力度的同时，积极进行融资、税收等各项改革。具体有：

1. 高度重视必须落实到具体措施，积极推行公办院校统一生均拨款

根据广东省委广东省人民政府《关于大力发展职业技术教育的决定》（粤发〔2006〕21号），"从2008年起，公办职业院校（含技工学校）经费按照学校类别和现有的财政预算关系，以在校生人数为基数，鼓励实行生均综合定额为主的预算管理体制"。但在实施时要注意两个问题：一是生均综合定额的标准，能否充分考虑高职教育的实际成本。二是"按照学校类别和

现有的财政预算关系"，是不是又人为地把公办职业院校分为三种，即省政府、地市政府和行业或企业的院校。如果这样，"由于经济发展的不平衡而导致部分公办高职院校经费投入的不平衡现象"的问题仍然没有解决。在高等职业教育办学体系没有全面解决的情况下，我们认为应该按照《国务院关于大力发展职业教育的决定》（国发〔2005〕35号）所指出的："十一五"期间，职业教育继续完善"在国务院领导下，分级管理、地方为主、政府统筹、社会参与"的管理体制，省级财政负起应有的责任，"不求所有但求所用"，既已用就要有所"扶"、有所"投"，甚至可以实行省与市、省与行业（企业）共建模式。而且都是公办院校，财政拨款转化为教学条件，最终形成的仍然是国有教育资源，完全由政府监管与使用，更不存在国有资产流失问题。

2. 创新高职高专教育投融资政策，建立高职教育"输血"的长效机制

良好的融资政策可弥补政府从社会筹集到高职教育发展所需资金，通过"借鸡生蛋"，减轻政府日益沉重的财政负担。可以采取以下措施：一是建立广东省高等职业教育发展基金会，鼓励社会各界和海外人士对高技能人才培养提供捐赠，积蓄社会民间资本的力量，使高等职业院校的发展获得更多的资金支持，弥补教育资源配置经费不足的缺口，逐步缩小高职院校之间的发展差距。二是由省政府发行教育债券。由于财政投融资教育债券属于公债，其信用度高、对民间闲散资金的吸引力强，而且债券融资有利于学校的管理和控制，政府还可以通过财政补贴方式降低债券筹资成本。三是发展广东高职教育集团，通过校企捆绑，利益一致，实现企业对高职教育投资的热情。此外，条件成熟时培育高职教育集团公司公开上市。广东省政府可将类似的专业院校进行合并，形成具有一定规模、体现当地产业政策、特色专业实力较强的教育机构，然后省政府加大支持力度，引导大企业投资成立有限责任公司，探索在股票市场上公开发行股票，为院校募集教育发展资金。

3. 落实企业责任，政府和院校共为

高职院校学生的专业实习实训在当前比较困难。时下还有句话是"院校爱企业，企业不爱院校"。院校"追"企业，是因为需要企业的支持，包括先进生产技术、设备、管理经验、行业专家指导，尤其是学生的专业顶岗实习和订单式培养等。院校既然需要企业支持，就必须为企业提供必要的服务。"有为才有位。"作为院校必须努力提高服务意识，为企业提供智力支持，包括科技开发、技术咨询和人才等。作为政府，应该思考如何为院校、企业之间提供交流平台，促进校企合作，以及提供必要的政策优惠，如减免企业税收、企业评优表彰奖励等。欧美国家对企业接受高职院校学生实习实

训是实行税收减免的。我国也出台了相关文件，即《财政部国家税务总局关于企业支付学生实习报酬有关所得税政策问题的通知》（财税〔2006〕107号），以及税务总局制定的《企业支付实习生报酬税前扣除管理办法》等。但作为省级政府还应该采取积极措施去宣传、推动。作为企业，如果是负责任的企业，也应该思考自身的社会责任构成。人才的培养是整个社会、整个民族的责任和希望！

4. 实施智力扶贫，加大政策导向

广东省委、省政府将继续推进智力扶贫工程，资助接受中等职业教育的农村贫困家庭和城镇低收入家庭子女，通过金融机构为贫困家庭学生接受职业教育提供助学贷款等。同时，启动一系列创新工程，包括实施百万农村青年技能培训工程、创业富民培训工程和退役士兵职业技能培训工程等。一些高职院校将承担部分培训任务。落实这些政策的重点是如何在实施智力扶贫工程中加大政策导向。比如由按生均补贴转为根据院校和专业情况，特别是对"农"字院校和选学农业及地矿等艰苦行业职业教育的学生实行更多的优惠政策，以鼓励学生到农村服务、在艰苦行业创业，加快新农村建设和基础产业发展。

5. 建立联席会议制度，加强管理协调

建立由广东省政府牵头，包括省发改委、财政厅、教育厅、劳动与社会保障厅等参加的职业教育联席会议制度，就高职高专院校公共财政资助力度进行协调。同时，做好牵线搭桥与监督的作用，保证公共财政资金按时足额到位。

2017 年广东省高职院校毕业生就业校园招聘会在农工商学院新校区举行

2019 年 8 月 28 日，定点扶贫博袍村"致富带头人"培训班开班

从技术创新看我国高等职业教育

摘　要

　　加强技术创新，发展高科技，实现产业化是维护国家主权和经济安全的需要，而发展以培养高等技术应用型人才为根本任务的高等职业教育是推动技术创新的需要。我们应从加强技术创新、提升综合国力的战略高度，重视高等职业教育，完善教育体系，优化社会大环境，加大政府扶持力度，促进高等职业教育的可持续发展。此文刊发于《广东农工商管理干部学院学报》2000 年第 3 期，第 9—13 页。

　　1999 年，中共中央召开了全国教育工作第三次会议、全国技术创新大会，先后作出了《中共中央、国务院关于深化教育改革，全面推进素质教育的决定》《中共中央、国务院关于加强技术创新，发展高科技，实现产业化的决定》。两次会议、两个决定一条主线——我国政府正加快实施"科教兴国"的伟大战略。这对于高等职业教育既是机遇也是挑战。我们应如何去认识、贯彻中央文件精神，努力发展我国的高等职业教育，本文就此提几点看法。

　　知识经济初露端倪。知识经济是指以高新技术为核心，建立在知识和信息的生产、存储、使用和消费之上的经济。知识经济是创新经济，它包括知识创新和技术创新两个层面。其中，技术创新是指企业应用创新的知识和新技术、新工艺，采用新的生产方式和经营管理模式，提高产品质量，开发生产新的产品，提供新的服务，占据市场并实现价值。技术创新是发展高科技、实现产业化的重要前提，而人力素质则是前提的前提。综合有关资料，我国目前每年经省、部级鉴定的新成果有 3 万多项，专利成品有 7 万多项，但真正转化成商品并形成规模效益的仅占 10%～15%，远低于发达国家 60%～80% 的水平。我国企业引进技术能够消化、应用和改进的分别只有 54.37%、53%、40.8%，企业对技术应用的总体效益不高。以上问题的症结就是我国技术创新能力不强，根本原因还是技术型、应用型人才的严重缺乏。社会因整合新知识、新技术、新成果的复合型人才缺乏而导致科学技术成果无法转化为现实生产力，企业尤其是中小企业由于专业应用型人才短缺而难以开展技术创新。这一局面，已引起我国政府特别是教育高层决策部门的重视。必须对传统的教育思想、教育体制及人才培养模式进行改革创新，才能适应社会经济发展的需要。于是一种以能力为本位、以技术应用性高等专门人才为培养目标的高等职业教育被摆上了我国高等教育发展的战略蓝图。

1985 年，《中共中央关于教育体制改革的决定》提出，要建立从初等到高等的职业教育体系。1994 年，全国教育工作会议明确提出了通过"三级分流"，建立初、中、高相互衔接的职业教育体系，确定了"三改一补"发展高等职业教育的基本方针。1996 年 9 月 1 日，国家制定并开始实施《中华人民共和国职业教育法》，第一次把高等职业教育以法律形式固定下来，确定了高等职业教育和高等职业学校在我

2004 年 6 月，作者在第一期教育部高职高专评估专家理论研修班学习时留影

国教育结构中的法律地位。1999 年中央召开了全国教育工作第三次会议，在会议决议《全面推进素质教育的决定》中，进一步强调"要大力发展高等职业教育，培养一大批具有必要的理论知识和较强实践能力，生产、建设、管理、服务第一线和农村急需的专门人才"。与此同时，国家教育主管部门陆续出台了发展高等职业的相关政策和措施，促进了我国高等职业教育的发展。据统计，1999 年全国已有高等职业技术学校 161 所，在校生 23142 万人，毕业生 4114 万人。高等职业教育初具规模，而且办学层次除专科教育外，开始出现本科层次的高等职业技术学校，如清华大学创办的应用技术学院，就是一所本科层次的、以培养造就高素质的现代职业技术与管理人才的高等职业技术学校。

然而，从迎接知识经济挑战，加强技术创新，发展高科技，实现产业化，以提高我国国民经济整体素质和综合国力这一战略高度去分析，我国初创型的高等职业教育在今后的发展中还需做出巨大的努力。

一、高等职业教育发展需要良好的社会大环境

目前整个社会对高等职业教育仍缺乏足够的认识。尽管高等职业教育在西方国家有较高的知名度和较大的吸引力，在推动技术创新和社会经济增长方面发挥了重大的作用，国内高等职业教育也做了积极的探索与创新，被教育界认为是培养高等技术应用型人才的必由之路，是加强技术创新、实现高新技术产业化的一个必要前提。但是，国内现有的中等教育结构中的职业高级中学与普通高级中学相比，前者比后者低、差，已成为人们认识的思维定式，两者办学层次与社会认可程度上的差异，已客观上类推到高等职业教育。时至今日，高等职业教育在相当多的地方和部门的人们眼里属于二流教育，是上不了普通大学的无奈选择，在一些地方，甚至把办高等职业教育看成权宜之计，或仅是解决高校扩招的出路。这是对现代教育体系及其各类各层次教育功能定位的误解。事实上，社会人才大致可分为：学术型人才、工程型人才、技术型人才和技能型人才。学术型人才从事发现和研究客观规律的工作；工程型人才从事为社会谋取直接利益有关事业的设计、决策、规划等工作；技术型人才和技能型人才是在生产一线或工作现场从事为社会谋取直接利益的工作，并经过他们的努力使工程型人才的设计、决策、规划等转换成物质形态（产品、工程）或者对社会产生具体作用。就本质而言，技术型和技能型人才是从事技术创新的工作。可见一个国家的进步与发展，既需要培养一大批从事科学研究、工程规划设计的人才，也需要培养一大批在生产第一线从事施工、制造等技术应用工作的专门人才。

我国高等职业教育是以培养高等技术应用型专门人才为根本任务的。正如《教育部关于加强高职高专教育人才培养工作的意见》中指出的："高职高专教育是我国高等教育的重要组成部分，培养拥护党的基本路线，适应生产、建设、管理、服务第一线需要的，德、智、体、美等方面全面发展的高等技术应用型专门人才。"职业技术学院所培养的学生，应在具有必备的基础理论知识和专门知识的基础上，重点掌握从事本专业领域实际工作的基本能力和基本技能，具有良好的职业道德和敬业精神。我国处在工业化进程的初级阶段，制造业是今后实现工业化的源头，是实现现代化的主力军。而且从全局来看，制造业永远不会衰亡，不会消灭。它只会随着科学技术的进步和社会需求的变化而继续发展，向新的目标前进。这就意味着从事培养高等技术应用型专门人才的高等职业教育将长期存在。并随着社会生产力发展水平的提高而提出越来越高的要求。所以，发展高等职业教育将是我国高等教

育的长期任务。这是我国改革开放和经济建设、社会发展的需要,是加强技术创新、提高综合国力的战略要求。

二、高等职业教育发展需要政府更多的扶持

高等职业教育的经费投入承担者应该主要是政府,或者说高等职业教育发展的主体应是公办学校。这一点,即使是私有化、市场化程度很高的西方发达国家,其高等职业教育发展的投入,政府仍然是主要的、支撑性的。日本六年制高专中私立者仅占5%,英国的多科技术学院、法国大学的技术学院、德国的专科大学均为公立学校,美国综合设科的社区学院中私立学校也只占30%。德国是世界公认的职业教育较发达和较成熟的国家,其职业教育院校的经费主要由政府负担,包括教师工资、校舍建设、维修、购置仪器设备等,企业则负责培训费和学徒津贴。这一方面表明各国政府对这类人才培养工作的高度重视,故财政上予以支持和帮助;另一方面以工科类专业为主的高职教育的兴起,首先为满足制造业对实用技术和管理人才的需要,而工科职业技术人才的培养在设备、材料、技术等方面耗费很大。师资标准要求较高,通常民间团体与私人难以负重,其责任责无旁贷地落到国家与地方政府。故国外多数职业技术教育院校姓"公"则是必然的。

目前我国实施高等职业教育的态势值得反思。一方面,大部分"三改一补"创设的职业技术学院,为了增加实操实训设施仪器和师资力量等都增加了大量投入,加大了教育成本;另一方面,政府对高等职业教育投入相对于普通高等教育来说要少得多。政府强调发展高等职业教育,但在经费投入上似乎是比较"迟滞",以致出现"主体倒置"。申办转制为职业技术学院主要是学校自我发展、寻求生存的内驱动,而非政府投入的外驱动。即使公办的职业技术院校办学规模扩大,政府也没有追加经费投入,只允许按培养成本收费,期待民办发展高等职业技术教育,以市场补偿教育投入。高等职业教育要在培养全面素质的技术创新人才方面做出努力,推动经济、社会的进步,但政府又没有足够的支持,怎么办? 职业技术学院要生存、要发展,只能从求学市场寻求"等价交换",以维持基本的运作。相对高的学费给本来就缺乏认识的高等职业教育"雪上加霜",导致高等职业教育出师不利:一些优秀学生不愿报考高职专业,一些考生即使被录取了也放弃读高职的机会,1999年部分职业技术学院报到率只有50%。2000年1月20日,北京首次进行春季高考,计划招收高职生1600多名,而自愿报考高职的只有500多名。这是恢复高考以来绝无仅有的事。这进一步说明,靠收取学费、市场

补偿来发展高等职业教育是不现实的，于社会进步、职业技术学院发展不利。当今世界，国际竞争日趋激烈，加快技术创新与科技成果转化和高新技术产业化迫在眉睫，其关键是人才，是高等技术应用型人才，这也使得高等职业教育的社会公益属性更加突出。因此，从国外发展经验和我国当前加强技术创新的内在要求看，都应该明确高等职业教育投入主体是政府，兴办、建设职业

2005 年 12 月 5 日，中国高职研究会年会期间，作者与董刚校长合影

技术学院应以公办学校为主，并更多地从国家主权、经济发展的战略定位与社会公益事业的本质要求上对高职教育以扶持，加大经费投入，完善职业技术学院必需的实验设备和办学条件。

三、高等职业教育需要新型的校企关系

高等职业教育毕业生的特色是掌握最新实用技术和具备较强的技术创新能力。但是，技术创新人才应具备的知识与能力，有相当一部分是无法从学校课堂教育中获取的，必须从实际工作场所中获得。尤其是现代科技日新月异，许多新技术是一边应用、一边发展，只有在实际工作地点才能获得的最新的实用技术未必能及时地反映到学校教育中来。目前为适应高等职业教育的要求，高职教师除应具备各类教育的教师都具有的素质外，还应具备技术型人才的各种素质，包括有较高的专业技术实践应用能力、较宽的相关知识面、较强的社会活动能力等。高职教师是"双师型"的教师，因而高等职业教育强调实践教学，要求实践教学在教学总计划中占有较大的比重，以培养学生的技术应用创新能力，这就要求职业技术学院必须与行业、企业密切地合作，建立办学协作伙伴关系，使行业、企业直接参与教师、学生的培养过程。然而，当前一方面缺乏明确的政策引导，院校与企业新型的利益互动关系尚未建立；另一方面事实是政府部门、绝大部分行业与办学脱钩，使高等职业教育远离行业、部门，导致合作办学、实操实训更加"困难"。可以说，

"实习难"是困扰职业技术学院当前发展的普遍性问题。教学与实践脱节，学生的实操只是"走马观花""雾中看景"。教师的实践能力得不到提高，也只能"扬长避短"重视理论教学，结果，高等职业教育失去了自身的特色，也就缺乏强劲的生命力。

要扭转这一局面，职业技术学院应主动适应经济社会发展需要，积极为行业、企业服务，加强产、学、研工作，但这需要政府的有效引导和参与。政府不仅是倡导院企、产学结合，而且要让企业明白，现代化大生产中技术更新越来越快，企业若要保持和提高市场竞争力，就必须参与人才的培养，确保有与企业发展相适应的高素质的劳动力；校企协作、产学结合更有利于企业技术引进、消化、应用和改进，更有利于新产品的研究开发及市场推广。为了促进产学结合，政府应考虑设立由政府、院校和产业部门三方为代表的机构，建立固定的、经常的联系渠道；探索建立"产学合作基金"，通过政府投入一点，企业捐助一点，滚动发展。只有通过政府的引导、参与，企业与院校的努力，才能推动形成新型的校企关系。

四、高等职业教育需要架设互通式国民教育立交桥

高等职业教育应该有一个完整的教育体系，纳入普通高等教育系列，构成互通式国民教育立交桥。这个立交桥，从纵向看，高等职业教育由专科、本科以及研究生三个层次组成，也就是说，高等职业教育不仅要有专科层次，而且应该有本科层次乃至研究生（包括硕士、博士）层次的教育；从横向看，同一学历层次的高等职业教育与普通高等教育是相通的，相互包容、相互认可。这既是国内人才需求多层次、多类型的要求，也使高等职业教育的学生与普通高等教育的学生一样，享有不断深造的学习机会。反之，假如高等职业教育不能像普通高等教育那样，只是一个专科层次或者不能与普通高等教育相通、相互认可，那么这个高等职业教育就不是完整的教育体系，没有完整的体系，也就只能是"二流教育""等外教育"了。

纵览目前发达国家或地区的高等职业教育，至少都把高级专业技术人员（即工程师、高级工程师层次的职业人才培训）列入高职的范围。因此，他们的高等职业教育可直通研究生教育。以我国台湾为例，高职包括从专科学校（即"二专""三专""五专"）经技术学院（即"四技"）至科技大学的"硕士班""博士班"分别培养某一职业领域的一般技术人员，工程师与高级工程师。由于学习机会增加，导致学生人数快速成长，形成中国台湾高等职业教育发展的强势劲头，如四技二专招生人数，1997 年为 115875 人，

到 1999 年增加到 135216 人。所以，我们应借鉴先进国家或地区发展高等职业教育的成功经验，构建符合我国国情的高等职业教育发展体系，并在实践中不断完善。

五、高等职业教育应在培养创业素质和新型企业家中发挥特殊的作用

我国经济增长要由外延式的经济增长方式向内涵式的经济增长方式转变，推动产业结构优化、升级，促进整体经济素质的提高。可以说当前经济转型中，最需解决的是创业素质和企业家问题。因为，时下国内市场的供求失调，表面上看是有效需求不足，而实际上是国内生产的有效供给不足，产业结构优化、调整出现"缺口"，尚未形成新的能够激发需求的产业。从更深层讲，是缺乏有创业精神、有远见和有现代技术知识的企业人才来组合生产要素，克服困难承担风险，建立新事业。这类人才的培养任务首先落到高等职业教育上。

高等职业教育，应充分利用办学贴近社会生产实践的优势，在培养学生创业意识、创业精神、创业实践能力，以及培养新型企业家等方面发挥特殊作用；应密切关注社会主义市场经济的发展趋势，深化教育改革，在传授专业知识、技能的同时，通过案例教学、社会调研和社会实践，使学生直接接触社会，认识企业和市场，领略市场风险，学会预测市场变化，掌握市场信息，产生创业欲望，明白技术在市场竞争中的作用，懂得驾驭适用技术，使用和创造新技术；应让学生从社会大课堂汲取有用的创业知识，提高自身的创业实践能力；应培养学生竞争意识、创新精神、实践能力和文化品质，为未来参与市场竞争奠定基础。

2004 年第一期教育部高职高专评估专家理论研修班合影

探讨：如何更好地开展评估工作

摘　要

　　为了适应广东经济发展和产业结构调整对高技能人才的需要，广东省大力发展职业教育。2008 年，广东省教育厅根据《教育部关于印发〈高等职业院校人才培养工作评估方案〉的通知》（教高〔2008〕5 号）要求，结合广东省实际，在全国率先采用新方案，对广东机电职业技术学院等两所院校开展试点评估，对清远职业技术学院等六所高职院校进行了评估，引起了良好的社会反响。由此，《广东教育职教》杂志和省教育厅高教处、教育发展研究与评估中心联合组织部分被评院校领导以及评估专家座谈。作者作为评估专家受邀参加，发言内容被录音整理并摘要刊发于《广东教育·职教》2010 年第 2 期，第 8-9 页，以下是发言内容。

　　广东农工商职业技术学院是广东省内高职院校人才培养工作水平评估最早一批被评院校之一，也是首轮全国高职高专院校人才培养工作水平评估获得"优秀"院校之一。近年来，我也多次担任省内外高职院校人才培养工作水平评估组组长或副组长工作，因而对评估工作有比较深的感触和体会。

2004 年 11 月 26 日，广东省高职高专院校人才培养水平评估工作动员大会全体代表合影

第一篇　致力促进完善高职教育政策环境是责任担当

在这里，我首先非常感谢《广东教育·职教》杂志为高职院校的评估工作提供了一个学习交流的平台，让大家能够更加清楚地认识和了解人才培养评估工作，探讨相关的问题。下面，我主要想谈一下个人对于高职院校评估工作的四点思考。

第一，我认为对高职院校进行评估，有利也有弊，但从总体上来说，积极的意义远大于消极影响。我们都知道，否定一件事容易，肯定一件事就需要智慧，而做成一件事更需要决心与耐心。因此，我认为高职院校评估工作应该坚持，理由是广东省高职院校人才培养评估工作已经进行了七年，它从各个方面包括办学方向、办学理念、队伍建设、制度的构建以及管理的规范等方面引导，促使被评估院校迈上了一个新台阶，甚至是大台阶。应该说，高职院校评估工作实现了学生、教职工、主办部门、用人单位、家长和政府等多方受益。当然，社会以及网络上也出现了一些讨论的意见，讨论高职院校评估工作存在的一些不足之处。对于这些在评估过程中产生的问题，需要我们"评"和"被评"双方的互相理解和配合。其实有些问题是由于个别人或个别院校理解出现偏差而造成的，而不是评估制度本身。例如，一些被评院校为了通过评估而采取弄虚作假的手段，或过于张扬接待等，对社会造成了负面的影响。因此，要消除这些弊端，就需要"评"和"被评"双方去努力营造一个良好的评估环境，严格按照教育部和省教育厅的有关评估实施细则和操作规程来开展工作。

第二，新方案比旧方案更加成熟和完善。对于新方案，我们不能仅将其理解为一种指标体系的完善，操作办法的调整，或者是评估时间的缩短，更重要的是从理念上、导向上引导被评院校的发展，更具针对性和长效性。如新方案中采用"果—因—效"逻辑关系设计，以及深度访谈等，是从深层次去分析被评院校。俗话说："思路决定出路。"通过关键因素分析和深度访谈，我们能够了解被评院校的办学观念以及未来发展的思路，了解被评院校管理者和教师的责任意识、工作理念。同时强调评与被评双方平等交流，共同分析问题及其解决办法，有利于促进被评院校的健康快速发展。

2004年12月，参加广州民航职业技术学院评估

第三，评估工作不可或缺，但

也不能过频过滥。人才培养工作评估是全方位考量一所学校对人才培养的效果，是一个系统的工程，其终极目标是全面提升人才培养质量。因此，我觉得某些专项评估，其实可以融入人才培养的工作评估中，而不必分得过细。此外，我建议评估的周期可以适当延长。过去的评估周期是五年，但对于一些已经通过一次全面评估并进入稳定有序发展的高职院校，对它们的评估周期可以适当延长，而不是局限于五年。

2006 年 12 月 23—27 日，南华工商学院人才培养工作水平评估专家合影

第四，需要进一步完善评估专家队伍以及资源库建设。广东高职院校评估工作严谨、规范、有创新，特别是作为全国新方案评估试点省，其探索、完善了相关评估手册，为兄弟省所关注、学习。这里，建议适当地加大力度对评估专家尤其是企业一线专家的培训与交流，以进一步提高评估工作的可信度。

2007 年 9 月 28 日，广东高职高专院校人才培养工作水平评估回访合影

创新落实扩招，助力乡村振兴

背景

2019 年 3 月 5 日，李克强总理在政府工作报告中提出，"今年高职院校大规模扩招 100 万人"。根据国务院统一部署，发展改革委、财政部、人力资源和社会保障部、农业农村部、退役军人事务部等部门共同研制了专项工作实施方案，并于 4 月 30 日经国务院常务会议讨论通过。按照"中央统筹、地方主责、系统化推进、质量型扩招"的原则，中央统筹由教育部牵头，多部门协同，从五个方面推进扩招工作：一是分省份确定招生计划，重点布局在优质高职院校、发展急需和民生领域紧缺专业、贫困地区；二是改革考试招生办法，取消高职招收中职毕业生比例限制，允许符合高考报名条件的往届中职毕业生参加高职院校单独考试招生；三是向中西部倾斜；四是落实同等待遇，推动职业院校毕业生在落户、就业、参加机关事业单位招聘、职称评审、职级晋升等方面与普通高校毕业生享受同等待遇；五是强化保障力度，中央财政加大对高职院校扩招的支持力度，2019 年中央财政安排现代职业教育质量提升计划专项资金 237 亿元，引导地方政府落实生均拨款制度、奖助学金提标扩面政策等。

高职院校扩招是党中央、国务院立足经济社会发展大局作出的重大决策部署，对高职教育既是重大政治任务，也是办好新时代职业教育的重大机遇。2019 年 5 月 8 日，教育部举行新闻发布会，公布《高职扩招专项工作实施方案》。根据计划，2019 年全国高职院校扩招 100 万人，其中广东 8 万人。随后，广东省按照"扩规模与保质量并重"原则，认真推进落实高职扩招工作，具体措施包括：重点做好中职毕业生报考宣传发动工作，同时加强面向退役军人、下岗职工和农民工群体开展招生和录取工作，提高劳动力受教育年限，优化劳动力结构，提高就业水平和收入水平；多渠道、全方位地宣传高职教育的助学政策，扩大奖学助学覆盖面，提高资助额度等。

然而，到 2019 年 9 月 29 日，广东高职院校扩招计划完成总体不理想，尤其是二期高职扩招全省仅完成任务约三分之一。广东农工商学院二期扩招报名 244 人，占计划不到 20%，在全省高职院校中排名第 44 名。当晚学校主要领导均收到"提醒函"，省教育厅再次明确：高职扩招是党中央、国务院的重大决策部署，也是我省高职院校必须要完成的重大任务。"目前第二期高职扩招，你校报名情况不理想，请务必采取有力措施，做好生源组织发动工作，确保完成高职扩招任务"，对报名情况不理想的学校"将专门约谈学校书记和校长"。同时，招生任务完成情况将与省级以上财政资金安排、省高职质量工程推荐限额分配、招生培养改革试点安排等直接挂钩，2020 年省级以上财政资金将按每生 2000 元的标准进行奖补，等等。

　　2019 年 9 月 30 日上午，作者主持召开了校长、分管校领导及相关部门负责人的紧急会议，研究部署创新落实扩招任务的各项措施，并决定利用"国庆长假"时间，由党委书记带队赴五华、大埔两个县宣传，以支持"乡村振兴专项招生"为出发点，免费资助"村两委"干部（含其后备干部）攻读作物生产技术专业，然后视宣传成效再决定相关方案或推广到其他县市等。会后立即与五华、大埔两个县的主要领导沟通，此举得到了五华、大埔两个县委县政府的大力支持。当地两个县分别召开各乡镇主要领导会议，明确培养"村两委"干部及其后备干部的意义与任务，责任到乡镇、到人，并利用县电视网络等宣传渠道"广而告之"，引起"轰动"。原计划安排五华、大埔两个县招生 350 名，但实际 5 天（截至 10 月 9 日）报名突破 1400 多人！通过资格审查、相关考试，实际录取 1084 名，其中，五华县通过考试录取新生 894 名、大埔县考试通过录取 190 名，后由于当年招生指标限制分两批（年度）注册入学。

2019 年 10 月 21 日大埔县县长熊锋松与作者代表
签订县校全面战略合作协议

　　由于助力"乡村振兴专项招生"，赢得了五华、大埔两个县委县政府的高度认可，也促成了县、校开启全面战略合作，推进了科技服务、普高招生

2019 年 10 月 5 日，广东农工商学院与大埔县常务副县长蓝欣、
教育局局长汪德欢等落实高职扩招

宣传和中高职教育协同育人等工作。事实上，此举是县、校获得了双赢！尤其是五华、大埔两个县获得了"送教上门"，"快速方便、大范围、低投入"的美称，全面提升了"村两委"干部的整体素质，为乡村振兴打下了坚实的人才基础；而广东农工商学院不仅超额完成高职扩招任务，更好地凸显了"以农为主""服务乡村振兴"的办学特色，推动高水平专业群和一类品牌专业建设及其影响力提升，而且由于充分利用了当地"教育资源"和省财政奖补资金等优惠政策，学校获得较好的社会效益和经济效益！

2019 年 10 月 19 日，广东农工商学院与五华县签订全面战略合作框架协议

广东农工商学院在推进高职扩招的创新举措及其产生的积极意义，被特

邀代表全国（广东）高职院校赴京参加国务院（教育部）召开的高职教育扩招座谈会，做经验介绍。

广东农工商学院与玉华县战略合作座谈会

而此事后，校内职能部门反映，后来许多兄弟院校为完成高职扩招任务都使出各种宣传"奇招"，但效果都无法与广东农工商学院相比。有骨干说："幸亏书记当时说走就走，够果断！抢先一步，夺得先机！"

事实上，综观学校事业发展历程中的每一个关键时刻都是一次抉择，抓住有利因素就是机遇。作为一名有责任的学校管理者，应当是功成不必在我、但功成必有我！

2019 年 10 月 21 日，考察全国陶行知"生活教育"思想理论实践基地——百侯中学

第二篇

因势利导实施高职院校蓝海发展战略

　　广东农工商学院是行业举办、经费自筹的公办院校，相当长时间里处于"是公办院校却民办投入、由'民办投入'却公办收费"的境地，由此凝练出"艰苦奋斗，自强不息，难中求进，进中求优"的办学精神。当时在广东省业内流传着这样的一句话："苦不苦比比农工商，难不难看看农工商！"与此同时，广东农工商学院也形成了"大学思维、市场寻向、企业化运作"的办学机制，以及"质量立校、特色发展"的办学治校思想，抢抓机遇实施蓝海发展战略，在夹缝中高质量、快速发展，实现了自身价值创造：学院教育资产增值翻了五番多、校园面积翻了两番多、全日制在校生规模翻了四番多等。

高等职业技术教育探析

摘 要

　　高职教育是当前深化高等教育改革的需要，改制为高职教育是广东农工商学院发展的最优选择。本文分析了当时高职教育发展的主要障碍，提出我院改制为职业技术学院以内涵求发展、创新求特色的若干对策。此文刊发于《广东农工商管理干部学院学报》1999 年第 3 期，第 17—21 页，此处有删减。

　　面对 21 世纪科学技术突飞猛进的发展和知识经济，深化高等教育改革，尤其是大力发展高等职业技术教育（目前已统一简称"高职教育"）是时代的需要。遵循"三个有利于"，即"有利于高等教育结构的调整和已有教育资源的合理利用，有利于中等教育结构的调整和中、高职业教育的相互衔接，有利于培养基层和农村需要的高层次人才，为区域经济和科教兴国第一线服务"的指导思想，根据广东的创新优势与广东农工商学院发展的实际情况，将管理干部学院改制为职业技术学院，是改革、调整中的最优选择，是必要而可行的，并对成人高等教育改革有重大的现实意义。

2008 年 12 月 12 日，时任广东省教育厅副厅长魏中林到广东农工商学院新校区视察指导

一、高职教育是深化高等教育改革的需要

1. **高等职业技术教育是高等教育的重要组成部分**

根据联合国教科文组织 1997 年颁布的《国际教育标准分类法》,高职教育的课程内容是面向实际分具体职业的,目的是让学生获得从事某个职业或行业、某类职业或行业所需的实际技能和知识,完成这一级学业的学生一般具备进入劳务市场所需的能力与资格。根据《关于深化教育改革全面推进素质教育的决定》,"要大力发展高等职业教育,培养一大批具有必要的理论知识和较强实践能力,生产、建设、管理、服务第一线和农村急需的专门人才"。我国将通过现有高等教育体制改革和布局结构调整,优化教育资源配置,一是对现有普通高校进行重新定位,体现"抓大放小",国家主要抓好本科及其以上的学位教育,把专科层次及其以下的教育授权给省、市,以进一步扩大省级政府对发展高等教育的决策权、统筹权,使教育更好地适应本地区域经济的发展。二是对现有的职业大学、专科学校和独立设置的成人高校进行改革、改组和改制,发展高等职业技术院校,并从招生指标、招生对象、经费扶持、收费标准等相关政策措施来促进高职教育发展,从专业及学校个数的增量来加大高等职业技术教育的办学规模。

2. **高职教育是拓宽求学及就业市场的需要**

高等教育已是现代人的普遍需求,随着高等教育的大众化,人们将重新认识、评价现有的高等教育。因为一种东西(同一层次的高等教育)的普及,意味着这种东西的特殊意义将越来越小。换句话说,今后,因拥有某种学历而带来的荣誉感将越来越弱,更多的是追求这种学历的内涵:知识的适应性和就业的机会。身怀一技,受益终身。今天的受教育者越来越关心教育所提供的就业机会,并将是否获取较好的就业机会作为择校、择专业的先决条件。新型的职业技术学院要求与工商企业界密切联系,其专业定位和课程设计要反映现代职业领域的最新状态,为学生提供优质的中学后教育和职业导向。

3. **改制为高职教育是农工商学院发展的最优选择**

管理干部学院作为专科层次的学校,改制举办高等职业教育,从客观需要到自身发展都是最优选择。换句话说,高职教育是广东农工商学院的希望所在。成人教育曾为学院创造过辉煌,为今后的发展奠定基础,继续厮守成人教育也不敢说就办不下去,但可以断言,至少发展空间不会再扩大,而且难有突破。走高职教育之路,除了社会需要外,还将使我们梦寐以求的"向

普高发展"的构想变为现实,并有可能打通办本科教育的路子。调研表明,学院创建 15 年,坚持"难中求进,进中求优"的指导思想,不断探索,在实践中积累了较丰富的成人高等教育的教学与管理经验,建立了较完善的治校、治教、治学的规章制度和运作程序,被视为办学基础较好、有较大发展潜力,可作为省内第一批独立设置的成人高校改制为职业技术学院的院校,这是值得全院教职工庆幸自豪的,学院党委前瞻性的思维、周密性的论证,更表明广东农工商学院对高等教育事业所拥有的热忱与高度责任感。

2016 年 10 月 28 日,全国中高职衔接市场营销专业教学标准内审会专家合影

二、制约高职教育发展的主要障碍

专科教育发展以高职教育为主体,致力于培养生产和经营第一线的高层次的技能型、应用型人才已得到教育界人士的普遍认同。然而目前还存在着许多障碍,制约着高职教育的发展,主要体现在五个方面:一是社会认识不到位;二是高职教育投入大;三是师资建设有一个适应过程;四是招生对象的不确定性;五是就业机制滞后。

三、管理干部学院改制为职业技术学院重在内涵建设

为适应科技进步与经济、社会发展的需要,国内发展高职教育走重在改革、以内涵求发展之路,这是依照中国国情提出来的,广东农工商学院的情况同样如此。学院举办高职教育不能另起炉灶,也不可能大兴土木,而必须

立足于现有基础，充分利用现有的潜力，以内涵求发展，在创新中形成办学特色。

2011 年 1 月 16—17 日，举办发展战略研讨会，主题是"全面总结'十一五'经验，积极谋划'十二五'开篇"

第一，准确定位，办出特色。高等职业教育是高中阶段教育基础上进行的一类专业教育，是职业教育的高层次；其培养目标是服务于生产一线的高层次人才。这类人才主要作用是将成熟的技术和管理规范变成实际的生产和服务。明确了高等职业教育的职业性、应用性，将有利于对我院办学进行功能定位。广东农工商学院培养的人才是实践实用型的，而不是理论研究型的。高等职业技术教育的学生相对于普通高校的学生来讲理论基础较差，但理论学习不行并不等于其他学习都不行，相反还可能是动手能力很强的人才。若加以开发培养，因材施教，就有可能为各行各业培养出一批急需的、应用型人才。根据经济和社会发展的需要，以及现有的教育资源，学院应创办为以电子信息为核心，辐射农业科技、自动化、商务、财经等岗位群的文理兼容的多科性的职业技术学院，并在发展高等职业技术教育中，积极探索，牢记"要有位先要有为"，同时"有所为，有所不为"的原则，办出新的特色。

第二，专业设计实行动态管理。要创立有特色的职业技术学院，首先要有一定的重点学科、拳头专业。重点学科、拳头专业的建设需要长期的努力，稳定的发展。但任何事物的发展都不是绝对的，不变是相对，变是绝对。高职教育的高度市场化，要求专业设计应根据社会发展需要及时调整，即使专业名称没有变化，但在培养方向、课程设置、教学内容等方面都要灵敏地反映社会、行业发展的最新状态和实际需要。因此对高职教育的专业设计必须实行动态管理，使其具有超前性、科学性和较强的针对性。学院有必要加强专业委员会建设，有足够的人力进行专业素质评估和设计新专业。就近期而言，宜以学院原有专业基础为依据设置专业，如计算机应用与维护、应用电子技术、会计电算化、涉外英语、市场营销策划与实务等。今后则可考虑开设电子商务、通信技术、物流管理等专业，而且不只是学历教育，还应积极开展职业技能培训业务。

第三，教学方法和手段创新。这是形成办学特色的关键。高职教育突出理论知识的应用和实践动手能力的培养。基础理论的教学以应用为目的，以必须、够用为度，重点是掌握概念、强化应用。专业课的教学则要加强针对性、应用性。教师授课只要讲清基本理论，采用启发式教学而不搞满堂灌。农工商学院过去办成人专科教育，积累了不少经验，办学注重理论联系实际，注重培养应用型、复合型人才，与高职教育相近。一些教学方法，如案例教学法、角色扮演法、现场实践法和小组分析讨论法等，也是较成功的。案例教学法具有高度的模真性、能动性和创见性，是加强学生理论联系实际的有效教学方法，应积极推广，并建立包括选题、编写、应用、建档、教研等在内的较完整的案例教学系统。鉴于学生来源多样化，既有普通高中，又有中专、中技和职中，知识结构、水平有较大差异，因此应注意因材施教。学业考试以能力考核为主，常规考试与技能测试相结合。条件允许后，要推行学分制，加大办学的灵活性。

第四，加强师资队伍建设。高职教育的特点使原有的师资结构和传统的配备方式已明显不适应。学院应以专任教师为骨干，兼、聘教师为主体，专兼聘结合，建设一支适合新模式、新机制的专业配套的、双师型的高素质教师队伍。要对原有教师进行调整优化，加强对中青年教师的培养，包括进修提高、转岗学习和实际操作能力训练等。高等职业教育要求教师学深艺高、能讲会做。学历是必要的，更重要的是要有直接工作体验，有较强的动手能力和解决问题能力。所以，应有计划地创造条件，鼓励专业骨干教师到实践部门挂职或兼职锻炼，掌握来自生产第一线的信息。加强与企业的合作，建立重点企业技术骨干聘用网络，建立稳定的兼职教师队伍，这是办好职业技术教育的关键性工作。

第五，建立招生、就业及合作等新机制。随着招生规模的扩大，应拓宽思路。成人教育应考虑开设业余、夜大，加大联合办学的力度；高职招生工作不能停留于一般的宣传、鼓动，应有一个深层次的突破，特别是主动与中专、中技和职中挂钩，对口招收、计划衔接，注意招考科目和专业设置的贯通与合作。事实上，这类学校也有强烈的协作愿望。这样可起到事半功倍的

2001 年 7 月暑假，广东农工商学院教务处及家属赴茂名农垦考察

效果，而且令生源及其质量较为稳定；进步创造条件实行"五年一贯制"和本科层次的高职教育；与企业联姻，建立一种互惠互利的供需关系。学院为企业培养、培训各类生产、技术人才，企业为学院提供人才需求信息、设备资源、实习场地和实习指导教师等；毕业生就业好坏是衡量一个学校办学水平高低的重要标志。许多成功的院校无不重视这一工作并投入了大量的人力、物力和财力，我院应设立就业指导中心，配备具有较高素质的人员，挖掘各方面的潜能，尤其是历届校友的作用，与用人单位建立广泛的联系，加强就业需求网络的建设工作；此外，建立、完善捐赠、捐助机制，包括捐助项目的创意，接受捐赠、捐助的条例制度等。

立足行业、难中求进、自强发展

摘 要

2007 年 3 月 22 日，受邀带队赴我国台湾参加"第三届两岸文教研究学术研讨会"，主持阶段性会议并作了"立足行业 难中求进 自强发展"的院校办学经验发言，主要内容刊发于《第三届两岸文教研究学术研讨会——国际化与两岸未来的挑战论文集》，第 157—162 页，此文有删减。

广东农工商职业技术学院由广东省农垦集团公司主办，前身为华南垦殖局机务学校，创办于 1952 年，1984 年升格为广东农垦管理干部学院，1993年易名为广东农工商管理干部学院，2000 年改制为广东农工商职业技术学院，是国家授权由省政府审批的全国首批 38 所职业技术学院之一，也是广东省管理干部学院系列实现改制的第一所院校。2005 年农商学院被教育部高职高专院校人才培养工作水平评估为"优秀院校"。

2005 年 10 月，全国高职高专人才培养工作水平评估委员会副主任杨应崧教授评估回访广东农工商学院，写下了"艰苦卓绝、成绩斐然"的题词

一、克服"四难"，实现跨越式发展

广东农工商学院 2000 年改制以来，正是国有企业改革和发展遇到极大挑战的时期。在此背景下，学院属于公办却无国家财政投入，近似于民办又不能享受民办学校的高收费"待遇"，可以说学院是在公办和民办两种体制的夹缝中"求生存、求发展"。由于办学体制原因，产生了困扰学院建设与发展的"四难"问题——起点低、提高难；基础差、改造难；队伍不适应、整合难；投资少、发展难等。这"四难"给学院的改革发展带来巨大的压力，反过来又催生了创新的理念，培育出"农工商人""艰苦奋斗、自强不息、难中求进、进中求优"的办学精神，实现了学院一次次的跨越式发展。

——解放思想，认清形势，确定目标，实现第一次跨越。广东农工商学院 1996 年接受了广东省高教厅的教学质量评估，在办学规模、办学质量、办学效益、社会声誉等方面名列广东省成人高校的前茅。此时的高等职业教育发展处于起步阶段，发展规模小，社会认可度低。学院领导班子在研究学院发展问题时，居安思危、高瞻远瞩，清醒地认识到高等职业教育在中国发展的美好前景，多次组织专门的社会调研和全院大讨论，统一认识，积极申报，1999 年开始举办高等职业教育，2000 年成功改制成为职业技术学院，实现了学院发展史上的第一次跨越。

2004 年 6 月，时任党委书记符坚教授率领骨干四处寻地办学

——更新观念，找准定位，内涵发展，实现第二次跨越。广东农工商学院举办高等职业教育的几年，正值高校扩招，办学规模从 800 多名学生发展到现在的 11000 多名，为中国高等教育大众化做出了贡献。在发展规模的同时，广东农工商学院更加重视内涵发展，注重教育教学质量的提高，以质量

求生存。在教学管理方面，创新并坚持"流程化"科学规范的管理机制，成立教学督导机构，成立教学管理学生信息小组，建立课堂教学质量学生评教系统，建章立制，建立起较为完善的教学质量监控与保障体系。在教学改革与建设方面，学院早在 2001 年就提出了"一系一专业，一专业一课程"的教学改革与建设思路，几年来取得了比较显著的成绩。在队伍建设方面，学院把建设一支师德高尚、教育观念新、改革意识强、具有较高教学水平和较强实践能力、专兼结合的教师队伍，作为队伍建设目标，在教师学历提升、教学科研、"双师"素质培训、专业进修、人才引进等方面加大投入和政策支持，目前农工商学院师资队伍在学历结构、职称结构、年龄结构上已趋于合理，能够适应高职教育的教学需要。2005 年 9 月，广东农工商学院接受了教育部高职高专人才培养工作水平评估，专家组的评价意见是"广东农工商职业技术学院经过多年努力，建设成了一所具有一定规模、社会声誉好、毕业生就业率高的高职院校"。同时学院获得了全国高职高专院校人才培养工作水平评估"优秀"等级，实现了学院发展史上的第二次跨越。

2005 年 7 月 26 日，中新镇及村委会与院领导就土地树苗费等有关事项进行探讨

——抓住机遇，开拓创新，创建示范，努力实现第三次跨越。目前，教育部正在实施国家级示范性职业技术学院建设工程，要从国内 1100 多所高职院中遴选出 100 所，采取中央、地方、学院共同投入的办法加强建设，建成具有示范、带动、辐射作用，引领国内高职教育，在国际上有一定影响的职业技术学院。农工商学院在前期建设的基础上，成立了创建国家示范性高职院领导小组和创建办公室，提出"课程模块化、标准化，管理流程化、规范化，实训基地规模化、工厂化，教师队伍专业化、职业化"的建设标准，明确了"创建以农为主体，工、商专业群协调发展，立足农垦，面向市场，服务广东，具有南亚热带产业特色的示范性高等职业教育院校"的办学定位和发展目标。全院上下为申报国家示范性高职院而认真准备，积极努力，为

实现学院发展的第三次跨越而奋斗。

二、致力内涵，打造高职教育品牌

在办学过程中，广东农工商学院始终以"规模、结构、质量、效益协调发展"为目标，以科学发展观统领全局，坚持"以服务为宗旨，以就业为导向，走产学研结合教育之路"的办学方针，致力内涵建设，打造高职教育品牌，在学院建设、改革与发展等方面形成了自身特色：

——学院确立了立足农垦、兼顾各行、依托企业，主动服务本地区经济发展的办学理念。根据企业办学的特性，学院依托农垦，校企紧密结合，既注意以农垦人才需求与培养为己任，又充分发挥企业办学资源共享的优势，包括聘用农垦管理专家、技术能手，以及充分利用生产场地、仪器设备作为实训实习基地等。同时，学院又能超越农垦，瞄准广东社会人才市场，兼顾各行各业的人才需求，主动为本地区的经济发展服务，拓宽了学院办学的发展空间。

——学院坚持了以教学为中心，形成教学质量管理自我控制的管理制度。从学院领导到教师敬业爱岗、开拓创新，对学院的发展有信心、有很高的认同感。学院管理班子有长期从事高等教育教学管理的经验，能致力于高职教育事业，坚持深入课堂听课或讲课，定期听取督导专家意见等。学院坚持"练好内功、严格管理、以质取胜"的治校、治教、治学方略，提出并实践"每系一专业，每专业一重点课程"的专业与课程改革建设思路，以及教学质量管理自我控制——教学流程管理法等，取得了明显成效：建成国家级教改试点专业1个，省级示范性专业2个、省级示范性建设专业3个，省级精品课程4门，国家级高职高专实训基地1个、省级高职高专实训基地2个，荣获广东省第五届教学成果二等奖1项；并被教育部、信息产业部确定为"承担计算机应用与软件技术专业领域技能型紧缺人才培养培训任务的职业院校"和广东省"首批省级示范性软件学院"。

——学院构建了以高等职业教育为主体，学历教育与职业培训相结合、国内与国际合作教育相结合的办学格局。学院是农业部华南农垦干部培训中心、全国企业领导干部工商管理培训院校、广东省科技人员继续教育基地等。学院在坚持以高等职业教育为主体的基础上，逐步拓宽高等职业教育的发展内涵，实行学历教育与职业培训并举，职前教育与职后继续教育相结合，不仅使学院教育功能得到更全面的发挥，更重要的是通过岗位培训，送教上门，以智力服务换取企业的支持，使职业教育、企业的发展和人才培养紧密结合起来，加快"双师型"教师队伍的培养。学院积极探索与国内名牌大学，包括清华大学、中山大学等，与英国爱德思国家学历及职业资格考试委员会、德国职业教育 F+U 集团等交流合作，推动职业教育教学改革，产生了较好的示范效应。

——学院全面实施了"双证书"制度，把"双证书"要求全面纳入教学计划、全过程教学。大部分专业都成立了专业教学指导委员会，聘请行业企业骨干担任委员，为专业建设把脉和人才培养标准制定提供建议；除了与政府劳动部门联合设立各种职业技能考证中心外，还在院内创设学生实习公司，是高职院校实训教学的创新，并被多所高职院校认可和推广。

——营造了健康、和谐的育人氛围，通过门类较全的学生学术刊物以及 30 多个学生社团，开展活动，全面提高学生综合素质。多年来办学形成了"尊师、勤学、求实、奋进"的良好校风，坚持了"以德为魂、学会做人、以能为本、学会做事"的育人宗旨，努力提高学生职业道德素质，积极开展"博士论坛""教授论坛""科技讲座"等，活跃校园学术气氛，使学生综合素质和就业竞争力普遍提高：在 2006 年广东省第七届大学生运动会上，广东农工商学院运动队取得 18 枚金牌、9 枚银牌、13 枚铜牌，破省大运会 9 项纪录，获全省高职高专院校组大学生运动会团体总分第一，金牌总数第一，奖牌总数第一，获大会"体育道德风尚奖"等骄人成绩。

三、顺应潮流，积极探索国际教育合作

伴随着经济的全球化，教育国际化也日趋凸现。广东农工商学院管理层在学院转制之初就意识到，同欧美国家相比，国内高职教育起步晚，经验少，各方面都处于探索阶段，引进和借鉴国际先进的职业教育办学模式，学习国际先进的职业教育办学理念，对学院的建设和教学改革的深化必有益处。几年来，我们在职业教育国际合作方面做了一些尝试，并且取得了一些成绩。

2001 年，广东农工商学院与德国 F+U 职业教育培训中心签订合作协议，开展 2 到 3 个月的学生跨国实习实训和师资培养项目。实习实训的主要内容是电子商务、市场营销、德国企业管理、国际贸易等，培训结束后由 F+U 培训中心及德国工商会颁发培训证书。该培训证书为一种继续教育培训证书，为众多在华外资企业所看重。迄今为止，学院先后派出了 7 批学生团和 3 批教师代表团赴德国参加 F+U 培训，共计 155 人。

2002 年，广东农工商学院与英国爱德思国家学历与职业资格考试委员会合作建立了 BTEC 教育中心，开办 BTEC 教育项目。此项目被广东省教育厅确立为省教育厅与英国文化委员会职业教育合作的试点。目前拥有在校生

2008 年 12 月 4 日，广东省高等教育教改重点项目"引进国外先进教育模式，推动高职教育教学改革——基于中英职业教育合作项目的实践与推广研究"结题评审会

224 人和 3 届毕业生，在就业竞争力上具有明显优势。

2005 年，广东农工商学院与马来西亚斯特雅国际大学签署了合作协议。主要的合作形式有："3+1"模式（专升本）；组织各专业学生赴马来西亚实习实训 2—3 个月；组织英语专业学生赴马来西亚学习实习 3 个月。

2006 年 12 月，广东农工商学院与英国博尔顿大学签订了合作办学协议。采取"3.5+0.5"模式，凡取得国家承认的专科毕业证书的相关专业毕业生和取得 BTEC 毕业资格的毕业生均可报名，在广东农工商学院学习 5 个学期，在英国博尔顿大学就读 1 个学期，完成所有课程并经考试合格和通过论文答辩的学生将获得博尔顿大学颁发的市场营销学士学位和商业管理学士学位。

2006 年 12 月，广东农工商学院与美国半岛大学签署了合作协议。目的是为我院教师国外培训和学生的国外实习实训开辟新的基地。

几年来，广东农工商学院与香港专业教育学院沙田分校已进行多次合作，包括：教师互访讲学；互派学生学习交流；在专业课程设置方面开展交流合作。

四、两岸合作，应对高等职业教育未来挑战

大陆这几年的职业教育发展非常迅猛，无论在院校设置，还是在校生规

模上都超过本科院校，稳居高等教育的半壁江山。我国台湾的职业教育起步早，职业教育体系完善，形成了较大影响。两岸高校加强交流与合作，相互学习、共同提高，携手在职业教育国际化分工与竞争中有所作为。

2010 年 3 月 8 日，马来西亚沙巴州旅游部长访问广东农工商学院

高职院校走国际化的策略与模式

摘 要

高职教育走向国际化是必然的发展趋势。高职院校的国际化是基于国际视野条件下，高职院校依据经济全球化并充分利用国际教育资源要素来开展职业教育活动；高职院校的国际化必须与产业发展、企业结合，才能真正"走出去"并走得更高更远；高职院校的国际化必须托自身办学特色或专业优势，主动服务产业，推进国际交流与合作，实现办学理念国际化、专业课程国际化、教师队伍国际化、学生培养国际化、社会服务国际化、标准体系国际化，提升院校办学国际竞争力和影响力，终极目标是全面提升技术技能人才的培养质量。此文原题为《高职院校国际化研究与实践——基于广东农工商职业技术学院国际化的实践思考》，是 2012 年度广东省高等职业教育教学改革 A 类项目 "高职院校国际化研究与实践——基于广东农工商职业技术学院个案分析"（项目编号：20120101006）总结性成果，刊发于《职教论坛》2016 年第 36 期，第 61—65 页，并获 2019 年广东省教育教学成果一等奖（职业教育），此处有删减。

高职教育走向国际化是必然的发展趋势。高职院校必须凭借自身专业优势、主动服务产业的同时，积极利用国际教育资源要素来开展职业教育实践活动，才能持续推进自身的国际化进程。下面就"职业院校国际化的理论与实践"谈几点思考。

2016 年 10 月 26 日，作者向瓦努阿图总理乔·纳图曼介绍广东农工商学院发展情况

一、高职院校国际化的提出

1. 高职院校国际化是主动适应经济全球化的内在要求

经济全球化的发展，推动教育国际化日益成为高校建设与发展的重要话题。打开国门参与教育国际化合作和国际化竞争，是提升我国高校办学质量和国际化水平的重要路径。国务院、教育部、广东省政府先后对教育国际化提出了要求，明确了高职教育国际合作的方向、思路、目标、措施等。《国家中长期教育改革和发展规划纲要（2010—2020 年）》指出，要提高我国教育国际化水平，适应国家经济社会对外开放的要求，培养大批具有国际视野、通晓国际规则、能够参与国际事务和国际竞争的国际化人才。《国家高等职业教育发展规划》提出："加强国际交流与合作是高等职业教育适应经济全球化要求和国家'走出去'发展战略需要的必要选择，对提升我国高等职业教育国际知名度和国际化水平具有重要意义。"《国务院关于加快发展现代职业教育的决定》（国发〔2014〕19 号）则进一步提出："完善中外合作机制，支持职业院校引进国（境）外高水平专家和优质教育资源，鼓励中外职业院校教师互派、学生互换。"

为了更好地贯彻落实全国职教工作会议精神，2015 年 10 月教育部出台了《高等职业教育创新发展行动计划（2015—2018 年）》（教职成〔2015〕9 号，以下简称"三年行动计划"）。这是决定当前乃至今后一个时期我国高职教育教学改革与发展的纲领性文件。"三年行动计划"对高职院校的国际化问题明确指出：要"加强与信誉良好的国际组织、跨国企业以及职业教育发达国家开展交流与合作，探索中外合作办学的新途径、新模式""配合国家'一带一路'倡议，助力优质产能走出去，扩大与'一带一路'沿线国家的职业教育合作。主动发掘和服务'走出去'企业的需求"，要求高职院校要积极"培养具有国际视野、通晓国际规则的技术技能人才和中国企业海外生产经营需要的本土人才"；要积极地"广泛参与国际职业教育合作与发展。加强与职业教育发达国家的政策对话，探索对发展中国家开展职业教育援助的渠道和政策"等。可以预见，随着"三年行动计划"的学习贯彻，必将进一步加快推进高职院校国际化进程，进一步提升高职院校国际化的质量与水平。

作为改革开放前沿的广东，在出台的《广东省人民政府关于创建现代职业教育综合改革试点省的意见》（粤府〔2015〕12 号，以下简称《试点意见》）中迫切要求："坚持国际合作、开放交流，积极借鉴国内外发展现代职业教育的先进理念和培养模式，形成有广东特色的现代职业教育发展新格局。"《试点意见》提出创建现代职业教育的主要目标：到 2018 年，建成在国内外有较大影响力的现代职业教育综合改革先进省，形成具有广东特色、适应发展需要、基本达到世界水平的现代职业教育体系。《试点意见》从三大方面八条支持意见对大力拓展职业教育国际交流与合作进行强调。这对于广东的高职院校来说是新的要求与使命。

2. 高职院校国际化是主动参与"一带一路"倡议的内在要求

我国是世界上最大的发展中国家。实行改革开放以来，国家经济实力及综合国力水平得到快速发展，一些技术和产业如航天研发、高铁技术、光伏生产、通信设备及热作农业生产等在国际分工与合作上呈现较强的竞争力。这些都使我国的国际地位显著提升，并惠及世界。尤其是，自 2010 年初，中国—东盟自由贸易区的正式启动，标志着中国与东盟的合作关系提升到了一个新阶段，充分发挥了我国经济发展对东盟国家经济的带动和影响作用。与此同时，资本、生产要素在全球范围内的自由流动和优化配置，必将带来教育要素的流动与整合；我国经济发展对东盟形成辐射带动的同时，国内的先进教育资源要素也具备向东盟国家流动的现实性、可能性，并可预期未来我国在文教、技术、法律等各个领域将对东盟形成一定的影响。

正是出于以上战略考量，各级教育部门先后出台了政策指引。如"三年行动计划"提出的，要支持高职院校与"积极拓展国际业务的大型企业联合办学，共建国际化人才培养基地"；而按照广东《试点意见》，加强职业教育对外交流合作、实现"走出去"，应积极向港澳地区、东南亚国家输出优质职业教育资源，引导优质高职院校主动参与境（海）外中资企业的人才培养、员工培训和技术服务等工作；支持高职院校在境（海）外增设教育中心、增加接收境（海）外留学生，进一步提升广东职业教育的国际竞争力和影响力等。另外，需要特别指出的是，东盟国家是"一带一路"倡议中的重要门户，因而我国高职教育走向东南亚、面向东南亚开展国际交流与合作具有特别的重要意义。

所以，尽管"一带一路"是以商贸、经济、产品、服务作为核心，但我们认为，"一带一路"最基础的，或者说必须先行并且能够更为持续深入地为之服务的应该还是教育、科技、文化领域的交流合作。高职院校通过输出优质职业教育产能，建立海外科教基地，宣传中华传统精髓，协助当地提升人文素养，能够助力推进文化自觉认同，从而更好地帮助我国优势产业"走出去"。

3. 高职院校国际化是主动服务地方或行业产业发展的内在要求

"走出去"战略是党中央、国务院根据经济全球化和国民经济发展的内在需要做出的重大决策，是"一带一路"倡议下的必然要求。高职院校必须依据自身发展定位和办学特色，有主动服务地方或行业产业"走出去"的精神。

广东农垦是农业"国家队"，在实施农业"走出去"战略中起到了示范引领作用。根据《广东农垦经济和社会发展"十二五"规划（2011—2015年）》要求，广东农垦以中国—东盟自由贸易区的启动和深入发展为契机，以"推进农业现代化，打造跨国大集团，建设美好新垦区"为目标，全力推进"海外再造新农垦"战略，先后在印尼、泰国和马来西亚建立多家橡胶加工厂，在马来西亚和柬埔寨种植胶园逾百万亩，以及积极推进印尼剑麻种植和非洲贝宁木薯酒精项目，做好论证开发建设海外糖业基地等，积极打造我国最大的海外热作农业产业开发基地。

农垦对外合作发展需要教育的支持。广东农工商学院作为广东农垦集团举办的高职院校，坚持"农垦产业发展到哪，学院就服务到哪"的办学宗旨。而广东农垦"走出去"及其"在东南亚再造一个新农垦"的设想，对广东农工商学院提出了新的更高要求。为此，广东农工商学院确立了新的愿景，建设成为"全国一流、东南亚知名、国际有影响，具有南亚热带产业特色的应用性大学，努力成为中国南亚热带农业重要的技术推广基地"，并以此倒逼自身提质升级发展，其中走国际化办学道路成为不二选择。

2014 年 11 月 3 日，第一批学生赴广东农垦泰国企业实习情况汇报

二、农工商学院开展国际化的实践与经验

广东农工商学院前身为创办于 1952 年的华南垦殖局机务学校，2000 年转制为职业技术学院，属农垦系统行业办学。目前设有 10 个二级院系 54 个专业，在校生 1.9 万人，累计为各类企事业单位培养输送了 7 万多名各类专业技术人才和经营管理人才。60 多年以来，广东农工商学院秉承"艰苦奋斗，自强不息"的办学精神，坚持"以人为本、特色强校、求实创新、和谐发展"的办学理念和"立足农垦、面向广东、服务社会"的办学定位，并随着改革开放的深入，充分发挥地处改革开放前沿和毗邻港澳的区位优势，积极开展教育的对外合作与交流。20 世纪 80 年代中期起，学院先后与世界银行经济发展学院举办外向型经济管理培训班；与丹麦举办中丹种子培育技术培训班；与美国西卡罗来纳大学等开展广泛的交流合作，包括管理人员、骨干教师和学生的交流；在农场经营管理、商业企业管理、工业企业管理等相关专业开设外向型经济管理课程，自编讲义，培养国际化经营管理人才；先后为广东农垦乃至全国农垦举办多期世界银行项目班、海外经管骨干班。进入 21 世纪后，为了更好地学习借鉴国际先进职业教育理念、教育教学方法和职业资格证书等，学院进一步扩大了与德国、英国等发达国家教育机构及院校的合作交流。2001 年学院与德国 F+U 合作，开展教师交流及学生海外实习。2002 年 6 月，经英国爱德思国家学历及职业资格考试委员会评审通过，学院被确立为华南地区首家开设 BTEC HND 课程的职业院校，首期开设市场营销、商务信息技术两个专业。同年 9 月，学院被广东省教育厅确立为开展中英职业教育合作项目职业资格证书试点工作的试点院校之一。

可以说，广东农工商学院的国际化进程是尝试"请进来"的世行项目培训，起步于德国"双元制"教育的学习交流，成长于英国 BTEC 的教育合作项目，发展于亚太地区尤其是东盟国家的教育合作交流，从"请进来"到"走出去"，在"六化"，即教育理念国际化、

2010 年 2 月 27 日，泰国农业厅长、国际三方橡胶理事会执行主席宋猜一行到访广东农工商学院

专业课程国际化、学生培养国际化、教师发展国际化、社会服务国际化、标准体系国际化等方面迈出了办学国际化的坚实步伐。

2017 年 5 月 6 日，全球华人营销联盟营销职业教育委员会第一次全体会议委员代表合影

三、进一步推进高职院校国际化的思考

实践证明，高职院校国际化实践实现了"双赢"甚至是多赢的目标，不仅服务了产业发展，而且对自身教学、科研工作，以及对学生的成长和对社会的发展均具有明显的促进功能。

办学国际化是高职院校提质升级发展的必然要求。其发展方向是肯定的。但以下几点值得厘清：

一是高职院校"国际化"不是简单地"教育合作或合作办学"、办几个对接项目，而是在顺应市场规则下实现教育资源的合理流动与配置，是办学资源的跨国流动和办学经验的国际分享。

二是高职院校国际化不是"被动等待"，而是依托自身的办学特色或专业优势，主动服务产业并"走出去"；是从国际维度整合或吸纳国际优质教育资源并"请进来"，"走出去"与"请进来"并举，推进教育国际广泛交流与合作，内容包括教育观念、管理机制、专业课程标准、科研合作、社会服务、师生互动、校园文化交流、升学与就业等，终极目的是培养具有国际视野、了解国际规则、熟悉国际市场、能够参与国际市场竞争的外向型技术技能人才，提高我国高职教育的国际话语权和影响力。

2017 年 9 月 12 日，东盟会议间与武汉职院李洪渠书记合影

三是高职院校国际化不是追求科技国际化成果。它与普通高等教育国际化相比，更加注重对生产一线应用型人才的培养，因而在实施路径上，强调了与跨国公司建立海外实习基地，加盟国际职业资格证书认证体系，主动推进毕业生到境外就业和完善跨国公司对毕业生的评价等。所以，高职院校的国际化必须与产业发展、企业结合，才能真正"走出去"并走得更高更远。

四是高职院校国际化不能只是院校的"自娱自乐"，而应当加强顶层设计与宏观政策指引及其扶持。

五是高职院校国际化不只是探索，更需要提升理论研究并指导实践。当前，高职院校国际化的研究重点是，进一步研究高职院校国际化的能力提升；进一步研究高职院校教师国际化建设；研究我国高职院校与东南亚国家（地区）开展教育合作的路径与方式；研究总结高职院校伴随产业"走出去战略"在东盟国家建立实习基地的经验与对策等。

实施蓝海战略行动，圆梦新的五年规划

摘 要

　　2016 年是"十三五"规划开局之年，也是"高职教育创新发展行动计划（2015—2018 年）"全面推进的第一年。同时，广东农工商学院领导班子新老换届。研判未来发展态势，充分把握发展机遇，实施积极有效发展战略及其举措，是摆在广东农工商学院新领导班子和全体教职工的重大命题。2016 年 2 月 25 日新学期全校教职工大会上，作者做了三点动员讲话：一是实施蓝海战略行动，全面落实"十三五"规划；二是推进"规范管理年"，彰显智能化、精细化、科学化；三是开展"两学一做"，贵在坚守与行动。此文根据讲话提纲及录音整理而成。

一、实施蓝海战略行动，全面落实"十三五"规划

　　2016 年是学院"十三五"开局之年，是布局"十三五"、落实"十三五"的关键性一年，也是"高职教育创新发展行动计划（2015—2018 年）"全面推进的第一年，特别是"十三五"又将是广东农工商学院事业发展史上里程碑的时期。研判"十三五"，我们可以勾画出未来五年的"十个愿景目标"：一是学院办学体制机制进一步优化，财政拨款制度基本理顺，达到同类公办院校财政拨款生均水平，实现真正意义上的央属或省属公办院校；二是学院办学层次进一步明确，在协作共育本科层次应用型人才基础上，向技术应用型大学迈进；三是学院办学规模基本稳定，一校两区、50 个专业，保持在 2 万人以上办学规模；四是学院办学质量、社会美誉度稳居省内同类院校一流之列，新增国家级、省级标志性成果 25 项以上，社会第三方排名稳步上升；五是学院新校区建设基本完成，道路、景观、校园文化标识清晰明了；六是校园管理信息化程度高，智慧校园基本形成；七是学院教职工收入及福利指数保持在同类院校中上水平，进一步凝聚农工商人"幸福家园"的归属感；八是学院建成一支有理想信念、富有仁爱、崇尚专业、结构合理，数量更加充足的教职工队伍；九是学院国际交流、科技服务和社会培训能力进一步提升，成为具有南亚热带农业及相关产业人才的重要培训基地、中国

农垦的人才智库；十是学院办学特色进一步彰显，百年愿景逐步迈进，基本实现"省内一流，全国知名，东南亚有影响，具有南亚热带产业特色的高等职业院校"的建设目标。

2013 年 8 月 30 日，广东农工商学院新学年开学动员大会

而可能实现以上愿景目标，是因为未来五年适逢多重有利因素的叠加。充分把握这些机遇，对学院事业发展具有重要的现实意义。同时，我们必须有此认识：一是 2014 年全国职业教育大会以来，党和国家对教育尤其是职业教育越来越关心重视，要求越来越高、支持越来越大、举措越来越具体。二是各级政府财政支持力度越来越大，生均综合拨款达到 12000 元甚至更多。教育问责制促使"补齐短缺"。三是教育主管部门立项质量工程项目数越来越多，奖补额度也将越来越大，仅《高职教育创新发展行动计划》就提出五个方面并细化出 65 项任务、22 个项目，具体明确。可以预计，三年后的收官之年，各个院校乃至每个教师都将迎来丰收之年。四是社会对高职教育认同度越来越高。五是社会对应用性的高职人才需求越来越迫切，等等。

然而，学院发展所面临的挑战也是巨大的、具体的。机遇伴随挑战，学院未来仍存在许多困难：财政拨款机制尚未理顺；招生制度改革带来新的问题；专业骨干教师特别是领军人才缺口较大，学院受年度人才招聘计划指标控制及预算支出限制；学院经费运行捉襟见肘；协同创新管理水平不足，部门间沟通协作不够，以及校园资源利用、管理效率等有待加强等。

愿景目标是美好的，机遇与挑战并存。关键在于我们如何破局？《高职教育创新发展行动计划（2015—2018 年）》是国家从顶层设计引导高职院校破局、创新发展，65 项任务和 22 个项目给出了许多机会，特别是项目中的各项指标数如全国建设 3000 个骨干专业、1200 个生产性实训基地、200 所优质高职院校、500 个"双师型"教师培养培训基地、1000 门精品在线开放课程、500 个协同创新中心、500 个现代学徒制试点，等等，每一所高职院校都应该思考自身的目标及占比数，并提早布局落实！作为农工商学院，我们要善于抢抓机遇，在继续凸显"农"字品牌、"国际化"办学的基础上，推进新的蓝海战略，以《高职教育创新发展行动计划（2015—2018年）》为指南，以服务国家战略和农垦产业为特色，进一步做实农垦职教集团、扩大农垦师培基地、东南亚项目、产业学院和农垦企业学徒制；加大力度培养领军人才和青年教师，做强做大特色品牌专业；继续推进热带农业工程规划研究院，建立协同创新工程中心和大师工作室；探索组建相关专业组织，制订专业标准等，按照"人无我有、人有我特"的工作思路，错位确立一批改革建设重点项目，实现学院价值再造与提升。

2018 年 8 月 5 日，广东农工商学院全体中层干部赴北京大学参加综合能力提升研修班

二、推进"规范管理年"，彰显智能化、精细化、科学化

2014 年全国职业教育工作会议召开以来，国务院、教育部先后出台了《关于加快发展现代职业教育的决定》《现代职业教育体系建设规划（2014—2020 年）》《高职教育创新发展行动计划（2015—2018 年）》（简称"三年行动计划"）《职业院校管理水平提升行动计划（2015—2018 年）》（教职成〔2015〕7 号，以下简称"管理提升计划"）等文件，特别是教育部的两

个"三年计划",具体明确,针对性强。前者在于以改革创新项目引领院校发展（前面已谈过）,后者在于规范管理来保障院校健康发展。这都是我院实施蓝海战略不可分割的重要内容。换句话说就是,我们一方面要深抓质量工程,真做实干创新项目,引领发展;另一方面重要的一环是完善管理,向管理要效率、向管理要效益,为创新发展保驾、赋能。

"天下之事,虑之安详、行之贵力。"2016年学院党委确定的主题是"规范管理年"。这是"管理提升计划"的精神要求,我们要充分认识到"提升管理水平是推进职业院校内涵发展的现实要求,是提高人才培养质量的重要保障",以规范办学、激发活力为目标,以问题为导向,以大数据与信息化作支撑,积极推进标本兼治,加强人、财、物的管理,希望"改变不仅从今开始,而且更重要从我做起,人人参与",不断提高学院内部管理的规范化、精细化、科学化水平,力争在三年内使学院进入"全国职业院校管理500强"。

这里再次强调"改变"二字。规范管理,向管理要效益,不是一句空话或说不可能的事。事实上,任何管理工作在服务教学、科研,服务师生工作上都是能够创造效益的,都是有潜力可挖的。谁都说,学院家业这么大,每年数亿投入,2万多名师生、近10万校友,组织好、利用好就是巨大财富资源。但目前学院资源的利用效益总体还不高,有闲置或低效益利用。其重要原因就是我前面所提的"协同创新管理不足、部门沟通协作不够"等问题。这些都必须"改变"！按上级审计有关要求,尽快重新核查,列出清单,从章程、标准、制度、信息手段优化入手,在校园管理、预算管控、资产盘活、教学支持、科研激励、实习规范、学生服务、诊断改进等方面着力,明确责任人,也请广大教职工献言献策,民主监督。期盼学院在每位教职工的参与努力下,不断提升内部管理水平。"改变"从我做起,真正做到政策法规落实到位,管理能力显著提升,质量保障机制更加完善。

2008年1月19—22日,广东农工商学院全体中层干部考察调研湛江、茂名、阳江农垦基地

三、开展"两学一做",贵在坚守与行动

履职之道,贵在实干。羊群领路靠头羊,大雁无首难成行。这些说的都是领导干部的作用和责任。干部干部,干字当头,干在实处才能走在前列,才不愧"干部"之称谓。学院各级领导干部是事业发展的骨干,希望学院各级领导干部激发新精神、进入新状态,积极有为、敢于担当,引领教职工脚踏实地,实干苦干,做一番实事,创造出不负使命,无愧于师生的扎实业绩(即"四个实")。不仅扎扎实实完成"两学一做"规定动作、要求,而且要把"两学一做"与日常教学科研工作紧密结合,两手抓、两不误,相互促进。

今年元旦,国家主席习近平发表主题为"只要坚持,梦想总可以实现"的 2016 年新年贺词,他强调:有付出就会有收获。我希望广大教职工尤其是管理干部、专业教师,按习近平主席的新年贺词所言,崇尚专业,崇尚精细,善作善成,坚持自己心中的理念,做就有、做就好!这是个人工作几十年的体会,也希望与大家共勉!我们要坚信,凡事做就有,做就好,"梦想"就一定能够实现!

最后,希望全体党员同志认真按照"两学一做"的要求,学党章党规、学系列讲话,做合格党员,规范个人行为,提高党性觉悟。希望新的学期,全体教职工扎实做事,携手共建广东农工商学院的精彩未来!

2019 年 6 月,庆祝中华人民共和国成立 70 周年教职工羽毛球比赛

高职教育改革发展轨迹下的广东农工商学院办学路线图

摘　要

　　2019 年是我国高等教育扩招的 20 周年，也是广东农工商学院举办高等职业教育的 20 年。学院从管理干部学院成功转制为职业技术学院，在转制中规范，在规范中创新，在创新中提质升级，办学实力、师资队伍、校园面积和教育资产等实现数倍乃至十余倍的增长。正当学院迈入"省内一流、全国知名、东南亚有影响的具有南亚热带产业特色的高职院校"之际，又迎来了国务院颁发《国家职业教育改革实施方案》和广东省政府推进《广东省职业教育"扩容、提质、强服务"三年行动计划（2019—2021 年）》等。发展再逢新机遇、前进再注新势能！20 年来，在国家职业教育发展大背景下，广东农工商学院励精图治、跨越发展，经历了艰苦创业的过去，拥有了成绩斐然的现在。可以预见，凭借艰苦奋斗、自强不息的精神与文化，学院必将走得更高更远，迎接更加辉煌的未来。此文原题为《"转型跨越、发展创新"：谱写高职教育新篇章——我国高职教育发展轨迹下的农工商学院办学路线图》，刊发于《广东农工商职业技术学院学报》2019 年第 3 期，第 14—20 页。

　　为满足改革开放以来各地经济快速发展对技术技能人才的需求，原国家教委于 1980 年批准成立了 13 所职业大学，标志着我国高职教育发展的开端。从那时起，在"三教统筹""三改一补""高等教育大众化""高职高专院校人才培养工作水平评估""示范性高等职业院校建设计划""高职教育创新发展行动计划"，特别是近期出台的《国家职业教育改革实施方案》等理念、政策、工程、方案叠加作用下，我国高职教育先后经历了法律地位的确立、办学理念转变和人才培养模式转型、办学规模跨越式增长、资源条件和办学质量提升发展、办学水平特色创新乃至社会多元办学、职业院校教育与培训一体化发展等阶段，呈现出一条从无到有、从无序办学到规范发展、从规模扩张到内涵发展、从质量提升到特色创新、从层次教育到类型教育的发展轨迹。与此同时，我国部分行业及地方高职院校结合行业、区域技术技能人才需求及自身办学优势，沿着我国高职教育转型发展道路，抓住高职教育跨越发展的关键节点，搭乘高职教育创新发展的高速"动车"，绘制出了一幅特色办学的路线图。

2009 年 9 月 25 日，中华人民共和国成立 60 周年离休二部座谈会留影

一、改革开放以来我国高职教育发展轨迹及特点

（一）从无到有——我国高职教育发展的试路之举（1980—1996 年）

我国高职教育的兴起主要源于职业大学、五年制技术专科学校、职业技术学院等的诞生，三种不同的学校类型都曾掀起高职教育发展的浪潮。职业大学的诞生以 1980 年南京市政府率先创办的"金陵职业大学"为代表，随后，首批 13 所不包分配、自费走读的职业大学由原国家教委批准建立。五年制技术专科学校源于 1985 年，根据原国家教委印发的《关于同意试办三所五年制技术专科学校的通知》，西安航空工业学校、上海旦机制造学校、国家地震局地震学校率先试办"五年制技术专科"，招收初中毕业生，按照国际教育体系的 5B 标准进行教学，学制 5 年，毕业生试行双向选择。"职业技术学院"兴起的标志是 1994 年深圳市政府创办的"深圳高等职业技术学院"，同年，原国家教委印发《关于高等职业学校设置问题的几点意见》规定："新设高等职业学校一般称为职业技术学院"，并要求通过合办、转制等形式发展高职教育的普通高等专科学校、职业大学、短期成人高校按照"职业技术学院"进行更名。为统筹高职教育内不同类型学校的发展，1994 年，《国务院关于〈中国教育改革和发展纲要〉的实施意见》（国发〔1994〕39号）明确提出"三教统筹"思想，即统筹现有高等专科学校、短期职业大

学和成人高等学校发展高职教育。在该思想指导下，同年召开的全国教育工作会议进一步提出高职教育"三改一补"的基本方针，即调整部分高等专科学校、短期职业大学和独立设置成人高等学校的人才培养目标，改革其办学模式和人才培养模式，积极推动高职教育发展；在仍不能满足经济社会发展需要时，少数办学条件好、办学质量高的重点中专可在经过审批后举办高职教育班或改制为补充，这明确了高职教育的办学主体和发展方向，对于合理优化高职教育资源、促进结构调整具有重要意义。从这一时期起，我国高职教育正式开始了试路之举。

1996年，《中华人民共和国职业教育法》正式颁布，该法将职业学校教育分为初等、中等、高等职业学校教育。初等、中等职业学校教育分别由初等、中等职业学校实施；高等职业学校教育根据需要和条件由高等职业学校实施，或者由普通高等学校实施。这一方面将高等职业学校教育以法律形式固定下来，另一方面在法律层面确认了高等职业学校实施高职教育的地位。

2009年3月31日，浙江商业职院党委书记贾新民等到广东农工商学院考察交流

（二）从无序办学到规范发展——我国高职教育发展的探路之旅（1997—2005年）

20世纪90年代末，我国高职教育发展得到前所未有的重视，特别是高等教育大众化使得我国高职院校建设出现了一轮又一轮高潮。但随着学校数量的急剧增加，高职院校在办学投入、办学条件、师资队伍等方面明显跟不上高职教育规模发展的步伐，办学质量也因此受到很大的影响，上述问题归

根结底属于办学规范问题。2000 年教育部先后出台了《教育部关于加强高职高专教育人才培养工作的意见》（教高〔2000〕2 号）、《高等职业学校设置标准（暂行）》（教发〔2000〕41 号），明确了"高职高专教育培养目标、人才培养模式、教学基本建设、教学建设与改革、专业设置、课程和教学内容体系、教材、实践教学"要求，规范了高职院校"在校生规模、专任教师规模及结构、教学仪器设备总值、招生专业数等方面"的办学标准。2003 年，全国高职高专院校人才培养工作水平评估试点启动，并于 2004 年开始在各省（自治区）教育主管部门领导下全面铺开。这对高职院校特别是一些新建高职院校起到了很好的规范作用。从无序办学到规范发展，这一时期我国高职教育开始了探路之旅。

（三）从规模扩张到内涵发展——我国高职教育发展的开路之行（2006—2013 年）

首轮全国高职教育人才培养工作水平评估对规范高职院校办学方面起到一定的作用，反映了当时高职院校的实际情况，但也存在偏差，对办学条件和教学管理规范关注较多，而对高职院校内涵建设的关注相对较少。与此同时，2006 年全国高职院校招生人数达 293 万人，比扩招前增长了 6.1 倍；全国高职院校在校生人数为 795.5 万人，比扩招前提高 11.4 个百分点；全国独立设置高职院校达到了 1147 所。高职教育规模的迅猛发展在一定程度上适应了经济社会发展对技术应用型人才的数量需求，同时也暴露和激化了高职教育内涵发展方面的矛盾，人们普遍对于"何为高职教育质量？""如何提升高职教育质量？"认识存疑。

为此，教育部为了更好地贯彻落实《国务院关于大力发展职业教育的决定》（国发〔2005〕35 号）精神，出台了《关于全面提高高职教育教学质量的若干意见》（教高〔2006〕16 号），引导我国高职院校建设从规模扩张转向内涵发展。文件是在我国高职高专院校数量急剧增加、内涵建设却未充分跟进的背景下发出的，要求把高职院校建设从基础条件转移到办学内涵上，要通过改革和创新，办出高职教育自身的特色。并启动"国家示范性高等职业院校建设计划"，希望建设一批"领导能力领先、综合水平领先、教育教学改革领先、专业建设领先、社会服务领先"的高职院校，成为全国职业院校"内涵建设"的领头羊。以内涵建设为基本标志，这一时期我国高职教育开始了开路之行。

（四）从自我发展到体系发展——我国高职教育发展的拓路之期（2014—2018年）

应该说，21世纪以来我国一直致力于现代职业教育体系的建立与健全工作，不断推动中职教育、高职教育乃至高职本科贯通发展、体系发展，2011年出台的《教育部关于推进中等和高等职业教育协调发展的指导意见》《教育部关于推进高等职业教育改革创新引领职业教育科学发展的若干意见》，明确提出"加强中高职协调，系统培养技能型人才"的高职教育发展方向。2014年6月，国务院召开全国职业教育大会，颁发了《国务院关于加快发展现代职业教育的决定》和《现代职业教育体系建设规划（2014—2020年）》，标志着我国初步完成了现代职业教育体系的顶层设计，并在搭建职业教育人才贯通培养立交桥的基础上，引导高职院校与中职学校、本科院校开展协同育人。紧接着，为贯彻落实全国职教大会精神和落实全国人大职教法执法检查要求，教育部出台了《高职教育创新发展行动计划（2015—2018年）》（简称"高职三年行动计划"）《职业院校管理水平提升行动计划（2015—2018年）》等，其中"高职三年行动计划"部署了高等职业教育发展的65个任务、22个项目，同时进行细化分工。以任务引领、项目拉动，激发高职院校内生发展动力。通过三年建设，以改革创新引领发展高职教育，以规范管理保障高职教育可持续发展，并建成200所优质院校、3000个骨干专业、1200个校企共建生产性实训基地、500个"双师型"教师培养培训基地、500个以市场为导向多方共建应用技术协同创新中心等。其中，2016—2017年，广东省就承接了"三年行动计划"53项任务和14个项目，任务和项目启动率100%，省财政投入5.89亿元；承接项目布点量810个，实际布点量1790个，项目布点率达221%。目前已形成一系列标志性成果，高职院校师生的获得感普遍增强。从自我发展转向体系发展，这一时期我国高职教育开始了拓路之期。

（五）二次转型——未来我国高职教育发展的类型抉择（2019年起）

如果说1994年国家提出的"三改一补"方针是指引相关学校向高职院校的形式转型，那么2019年《国家职业教育改革实施方案》（以下简称"职教20条"）便是指引高职院校在高职教育领域的二次转型，也即由参照普通教育办学模式向企业社会参与、专业特色鲜明的类型教育转型。对于高职院校而言，核心在于由学校单一办学主体向学校、企业双重办学主体转变，学生由学校单一学习地点向学校、企业或其他社会机构的多元学习地点转变；学业规格由一证制、双证制向"1+X"证书制转变，等等。顺时而动，广东省政府印发《广东省职业教育"扩容、提质、强服务"三年行动计划（2019—2021 年）》（以下简称"扩容提质强服务计划"），明确以"扩容"为重点，着力增加优质职业教育资源；以"提质"为核心，大力培养高素质产业生力军；以"强服务"为目标，提高职业院校社会服务能力。国家、地方教育部门旗帜鲜明并积极推动高职教育是类型教育发展，意味着我国高职教育新的改革再出发。

二、我国高职教育发展轨迹下的农工商学院高职办学路线图

与我国高职教育发展轨迹同向同行的是广东农工商职业技术学院（以下简称"广东农工商学院"）高职办学历程，近 20 年办学历程描绘出的恰恰是一幅学院转型跨越、发展创新、特色引领的办学路线图，较好地印证与映射出我国高职教育发展的趋势与方向。

（一）形式转型：成人教育向高职教育转型的艰难抉择

广东农工商学院前身是 1952 年叶剑英元帅在兼任华南垦殖局局长期间创办的华南垦殖局机务学校。1984 年经广东省人民政府批准成立广东农垦管理干部学院，开始举办大专层次教育，主要肩负着垦区管理干部的成人学历教育、在职培训和继续教育任务。20 世纪末 21 世纪初，根据"三教统筹"思想及"三改一补"方针，国家对成人高等院校和独立设置的管理干部学院的办学模式和办学方向提出了转制的要求，即具有一定办学规模，按照教育部的评估可改制为高等职业技术学院。但出于对转制后可能出现的种种问题的考虑，包括职业教育社会认可度问题、办学体制问

1999 年 4 月 29 日，广东农工商学院转制可行性研究报告手稿

题、教职工身份问题及教学与管理适应性等，则明显估计不足。当时全国管理干部学院转制为高等职业技术学院的院校为数不多，即使是被确定为广东省举办高职教育试点院校的广东省科技干部学院筹备三年也未"落地"，可见转制之难。但经过学院上下学习大讨论，在充分研判改制后可能出现的利弊基础上，大家一致认为改制"利大于弊"，将有"几个有利"：一是有利于更好地发挥建院 15 年积累下来的教育资源的作用，二是有利于为农垦和广东省培养更多一线的实用人才，三是有利于扩大招生，为学院的生存发展和教职工队伍的稳定提供保障等，认为"学院改制为职业技术学院是改革、调整中的最优选择，是必要可行的，并对成人高等教育改革有重大的现实意义"。2000 年 6 月 22 日，经广东省批准、教育部备案，学院由成人高校转制为全日制普通高等职业院校，并更名为广东农工商职业技术学院，是国务院授权各省人民政府自行审批设立的全国首批 38 所高职院校之一，也是广东省管理干部学院"首个吃螃蟹者"。

2005 年 9 月 29 日，时任广东农工商学院党委书记符坚在人才培养工作水平评估专家意见反馈会上发言

转制后的广东农工商学院，从主要为成人提升文化素质的办学理念转向为区域经济社会培养生产技术管理应用型人才的办学理念，从计划管理转向市场人才需求为导向，专业设置也由传统的农场经营管理、商业企业管理、工业企业管理、会计、统计、政工等专业转向面向市场急需的新技术专业，并坚持以能力培养为核心开展教育教学。事实上，适逢 1999 年全国高校

"扩招"，学院在还没有正式转制为"职业技术学院"前就已尝试并承担了高等职业教育任务，以"新机制"模式首次招收高职学生，开设了"计算机应用与维护""应用电子技术""电子信息工程""会计电算化""商务英语""绿色食品加工与管理""酒店管理""市场营销"共8个专业，计划招生1000人，录取1212人，实际报到1037人。从此，广东农工商学院见证着我国高职教育的兴起、发展，成为高职教育办学探路的先锋。

（二）办学跨越：大扩招下学院发展"困局"的奋力一跨

正如前面所说，学院从成人高校改制为普通高校正赶上国家推行高校"扩招"举措。广东省教育厅《关于下达"十五"期间普通高等学校办校规模的通知》（粤教规〔2001〕33号）要求学院2005年前全日制办学规模达到6650人，但由于校园面积、校舍等硬件设施未能跟上不断扩大的招生规模而被亮"黄"牌，如不采取有效措施将被停止招生。为此，学院根据教育部的办学条件监测指标，在办学经费严重不足的情况下，2003年采用"借鸡下蛋""借船出海"的方式租用广州市天河区东圃镇新塘股份合作经济联社的土地，以此扩充办学空间。东校区的建成投入使用在很大程度上改善了学院的办学条件，其经验被业内誉为"农工商奇迹"。

与此同时，学院着力"三抓"，即一抓规模。主动承担高等教育大众化的扩招任务，平均每年递增近1000名在校生。二抓规范管理。2001年起实行教学管理流程化的自我控制管理。每年学院一号文是学院教学管理要点及教学管理流程，以规范教学管理的科学性、针对性和可操作性，在新办高等职业教育中起到了很好的示范导向作用。其模式经验以文章形式刊发于《中国职业技术教育》，并得到广东省教育厅的高度认可。2002年全省高校教学工作会议上，学院作为广东省高职院校唯一代表与中山大学、华南理工大学一起进行教学管理经验介绍。教学管理规范化水平在省内高职院校一直保持领先。至2012年学院牵头承担研制广东省高职院校教学管理要点，成为广东省高职院校教学管理的标准，也是广东省教育厅立项课题优秀结题项目之一。三抓内涵建设。2000年率先提出"一系一专业、一专业一课程"的内涵建设思路，聚焦重点专业、核心课程，辐射带动相关专业发展与课程建设。超前思考布局为后来的重点专业、示范性专业和精品课程遴选奠定了较好的基础。在首批省级示范性专业和首批省级精品课程立项中都名列全省第一，其中首批省级精品课程14门中广东农工商学院有3门课程立项，占比21%。"十三五"以来，学院拥有省级品牌专业12个，其中一类品牌2个，省级品牌专业数在省内同类院校名列前茅。

特别值得一提的是，2005 年 9 月和 10 月，学院先后接受了教育部"人才培养水平评估"和"评估抽查"（评估的再评估）。专家组组长、教育部原高教司副司长朱传礼点评道"农工商学院给它一点阳光，它就会灿烂"；时任省教育厅副厅长张泰岭总结说："每次到农工商学院都感到办得有点'悲壮'！"检查组组长杨应松教授则在抽查后写下了"艰苦卓绝，成绩斐然"。学院最终获得了"优秀"等级，是全国首轮高职高专院校人才培养水平评估广东省获得"优秀"的 7 所院校之一。学院被作为广东省高职院校"迎评促建"的典型院校，探索的"以评促建核心小组"等经验在一年时间里先后迎来了全国 46 所高职院校学习交流。

2005 年 9 月 25 日，全国高职高专院校人才培养水平评估专家评审在广东农工商学院合影

（三）创新发展：规模办学向质量办学、特色立校转向

为全面贯彻落实教育部《关于全面提高高职教育教学质量的若干意见》（教高〔2006〕16 号），学院先后制订了"十一五""十二五"发展规划，从办学理念、办学定位、专业建设、课程建设、师资队伍建设、人才培养模式改革等方面引导学院整体从规模办学向质量提高转向，积极筹划申报国家示范性高职院校建设单位。

在办学理念上，学院的"十一五"发展规划提出，在稳定学院办学规模的基础上，处理好办学规模与发展能力、学生数量与教学质量、当前发展与长远发展的关系。学院的"十二五"发展规划进一步提出，以保持规模适度增长、优化专业结构为基础，以全面提高教学质量为核心，以建设高素质教师队伍为关键，以教育教学改革和创新为动力，以培养高素质技术技能人才为根本任务，促进学院办学水平不断提升，走高职教育的科学发展道路。

在办学定位上，学院的"十二五"发展规划将学院定位为广东省高素质技术技能人才的重要培养基地、中国南亚热带农业产业重要的人才培养和技术推广基地、广东高职教育的示范基地、国际先进职业教育模式的推广基地等，到

2012 年 9 月教师节前夕，罗锡文院士欣然接受担任学院南亚热带农业工程规划研究院顾问

2020 年，初步建成"省内一流，全国知名，东南亚有影响"的具有南亚热带农业产业特色的高等院校。定位充分体现了学院行业办学、特色发展、服务广东、面向国际的特点。在具体实施上注重以下几点。

——凸显"农"字特色。基于人才培养水平评估过程中专家对学院没有农科专业提出的质询，结合阳江、茂名、湛江垦区调研情况，过去垦区科级以上干部曾经达到 70% 是来自学院的毕业生和培训学员，但由于农场经济发展的需求和就业的多元，在 1996—2006 年间广东农工商学院的毕业生几乎没有人到农垦基层就业。可以预见，如果继续这样发展下去，学院和垦区的关系将会变得疏远。而从另外一个角度来看，学院是农垦办的，应当既依托农垦又融入农垦、服务农垦，尤其在人才培养智力支撑方面。于是，从 2017 年起，学院一是开设农垦需要的农科类专业，先后开设了作物生产技术、园林技术、园艺技术、农产品质量检测和畜牧兽医等专业。二是引导鼓励学生到农垦就业：开设农垦事业发展与大学生成长专题讲座、开辟毕业生招聘会农垦就业招聘专场专区，并对到农场就业的每位毕业生给予 2000 元校内补助。三是面向全国招聘骨干教师，组建培养出一支优秀的农科类专业团队。目前学院的农科类专业拥有教授 7 名、副教授 12 名、博士 12 名，专业教师中高级职称及博士学位教师占比为 63.6%，其中国务院特殊津贴专家 1 名、全国"五一劳动奖章"获得者 1 名、省级教学名师 3 名、省高职教育领军人才 1 人、省级高等教育优秀青年教师培养对象 1 名等。四是在垦区建立 20 个师培基地，组织教职工特别是新入职教师到垦区挂职锻炼，让教师了解农垦、熟悉产业，目前有近 200 人先后到农垦企业挂职。经过 10 多年的打磨，"农"字特色成为学院一张亮丽的名片。

——凸显"国际化"办学。学院国际化办学尝试于20世纪80年代中后期的世界银行官员培训班、中丹种子班等。香港回归后，学院积极提出"粤港教育合作"思路。学院转制为高职院校后，又积极开展与欧美发达国家先进的教育机构合作，率先与德国F+U合作，组织学生赴德实习；率先与英国爱德思国家学历及职业资格证考试委员会合作，引进"以学生为中心"国际先进教育理念和BTEC HND证书，并成功地作为广东省中英职业教育合作试点项目，在省内外推广。积极引进具有海外留学或工作背景的专业教师，组织骨干教师到英国、美国、德国、新加坡、新西兰、意大利等学习培训，迄今累计选送200多人次，培养了一支具有国际视野、了解先进教育教学方法的国际化教师队伍。随着农垦"产业走出去"，特别是在东南亚建工厂、种植橡胶，开展橡胶期货交易等，学院提出"农垦产业发展到哪里，学院专业服务就到哪里"，先后开辟泰语、柬埔寨语、马来西亚语等东南亚语种课程教学，在泰国、马来西亚、柬埔寨建立"农工商学习中心"、合作基地，选派教师学生到东南亚农垦企业挂职、实习。成立东南亚研究所，与马来西亚华人组织合作，推进与马来西亚砂捞越科技大学等合作开展师生互教互访合作，招收马来西亚留学生（华人子弟）到学院学习。先后接待了瓦努阿图副总理、柬埔寨农林渔业部长、马来西亚联邦科技部部长、巴布亚新几内亚农业部长等"一带一路"沿线国家高级官员到学校参观访问、洽谈合作，承担了"一带一路"沿线20多个国家的农业官员、农场主及农业技术人员的培训。可以说"国际化"与"农"字成为各主流媒体对广东农工商学院报道的"标配热词"。

2017年5月，"职教周活动"与学生交流插花艺术

——凸显"优势+特色"专业。在专业建设上，学院坚持"办高职就是办专业"的理念，围绕"农工商"特点，坚持"'农'字做优做特，'工'字做大做强，'商'字做名做精，兼顾人文艺术发展"的专业建设定位，建设优势专业和特色专业群。如在商科方面，率先牵头组建广东省高职高专教育市场营销教学指导委员会，成为广东省内乃至全国高职教育第一个省级教学指导委员会；主持完成全国职业教育中高职衔接市场营销专业教学标准，是教育部首批15个项目之一；先后获得了国家级教学成果二等奖、国家级精品课、国家级精品资源共享课和职业教育国家级市场营销专业资源库核心课程等，市场营销专业获得省级一类品牌，是全国知名品牌专业和"全国商科优秀人才培养案例"院校等。

（四）协同育人：搭建职业教育人才贯通培养立交桥

为贯彻落实《国务院关于加快发展现代职业教育的决定》，学院积极开展中高本衔接人才培养。"十二五"期间，学校有10个专业与17所中等职业技术学校开展了"三二分段招生培养改革"试点，4个专业开展"自主招生培养改革"试点。2014年起，学院先后与嘉应学院、广东财经大学、广东技术师范大学、韶关学院和肇庆学院等5所本科院校8个专业开展了"三二分段专升本应用型人才培养"试点及"四年制应用型本科人才培养"试点，即全面探索"2+2""3+2""4+0"协同育人模式，积极推进中高本衔接的职业教育体系构建，积累了应用型本科人才培养及管理经验。

2014年10月21日，嘉应学院首届"创新班（2+2）"食品科学技术专业开班合影

从艰难转制到创新发展，再到特色立校、品牌塑造、专本贯通，学院努

力拓展办学空间和提升办学实力,在仅有 1000 万财政拨款的条件下,通过"四个一点"即学院自我发展积累一点、教职工借款一点、银行贷款一点、财政争取一点,自筹 4 亿多元异地建起了一个新校区。目前,相较举办高职教育前,学院的博士、高级职称人员增长 9.8 倍,净资产增长 24.8 倍,校园面积增长 4.3 倍,校园建筑面积增长 2.5 倍;先后获得全国首批示范性软件学院、广东省示范性高职院校、广东省"一流"高职院校建设单位,以及 2018 年度中国高等职业教育质量年报获"教学资源、服务贡献、国际影响力"等三个全国"50 强"。教师获全国信息化教学大赛一等奖 2 项,学生获国家级职业技能大赛奖 32 项、全国高职数学建模类竞赛一等奖 3 项,以及 2018 年度中国高等职业教育质量年报获"教学资源、服务贡献、国际影响力"等三个"全国 50 强"。近 20 年公开发布论文 5881 篇,其中核心期刊 818 篇、科学引文索引论文(SCI)39 篇、工程索引论文(EI)68 篇、中文社会科学引文索引论文(CSSCI)102 篇;出版专著 29 部、教材 757 部(其中国家级规划教材 42 部);立项课题 1215 项(其中省部级、国家级共 261 项);获得国家专利 167 项;主办的学报国内外公开发行并获中国高职高专核心期刊等。

2010 年 12 月 20 日,广百商学院 2010 年度结业典礼

三、未来展望:探索并建立具有类型教育特点的高职办学模式

20 年来,顺应国家职业教育发展大潮,广东农工商学院举办高等职业教育,乘风破浪、弄潮扬帆、励精图治、跨越发展,筑建了学院发展的新台

阶。展望未来，学院将充分把握高职教育改革发展的大局大势，以"职教20条"和"扩容提质强服务计划"为指引，作为类型教育的职业教育为办学方向，以中国特色高水平高职学校和专业建设计划为标杆，以"完善职业教育与培训体系"为重要任务，探索并建立以高职教育为主体、学历教育与职业培训相结合、国内与国际教育合作并举的办学格局，努力将学院打造成为一所"地方离不开、业内都认可、国际能交流"的"一流"高职院校。

2019年10月11日，广东省武术管理中心南拳组主教练，亚运会男子南拳冠军、世界武术锦标赛南拳冠军何强和全国武术锦标赛冠军张腾欧等到农工商学院指导学生

1. 塑造成"地方离不开"、特色鲜明的高职院校

作为一所农垦行业办学的地方高职院校，学院始终坚持"依托农垦、面向广东、服务社会"的办学理念，主动参与乡村振兴和粤港澳大湾区建设，不断加强对农垦行业与广东产业发展的精准服务力度，使农垦事业发展、广东产业转型发展背后都有农工商学院的身影。一是强化专业与产业对接，坚持"农垦产业发展到哪里，学院专业服务就到哪"的专业建设原则，围绕广东农垦优势产业发展需求开设相应专业，产教深度融合，建设一批特色产业学院；二是充分发挥"1（院）+N（中心）"即"广东热带农业工程规划研究院（筹）"和"广东农垦经济与乡村振兴研究中心""广东省南亚热带休闲农业工程技术研究中心""广东省精准农业信息工程技术研究中心"等平台优势，培养打造一支熟悉农垦产业、致力服务"乡村振兴"的具有较高理论与实践经验的高素质科技团队、智库团队和培训团队；三是依托农垦完善职业教育与培训体系。在现有学历教育的基础上，将华南农垦干部培训中心打造成以生态农业技术人员、新型职业农民、新型农场主为培训特色，引领全国垦区培训市场的重要示范基地。同时，按照服务于中国农垦"国际化

大粮商"战略和广东农垦"走出去"发展战略目标,大力发展以南亚热带农业技术为核心的跨国教育和培训,搭建 3~5 个海外培训基地等。

2019 年 5 月 16 日,广东省热带休闲农业工程中心揭牌仪式

2. 打造成"业内都认可"、示范性好的高职院校

按照"职教 20 条""扩容提质强服务计划"的要求,全面深化改革、创新体制机制,积极整合农垦乃至地方教育资源,通过连锁办学、异地办学,扩大办学空间,使学院办学规模达到全日制在校生 23000 名或以上;根据地方产业转型升级发展需求,建立专业动态调整机制,优化专业结构,建设优势专业群和特色专业集群。依托农垦和现代农业形成特色型"农"类专业;依托"中国制造 2025",形成智能型"工"类专业;融合"一带一路"倡议,形成高端型"商"类专业;落实创新创业型人才培养理念,形成创新型"人文艺术"类专业。开设专业稳定在 50 个左右,并按照"产教深度融合、社会认可度高"标准建设品牌专业,打造出国家级品牌专业(群)1~2 个、国家级骨干专业 8~9 个;省级高水平专业群 3~5 个;校级专业群 7~9 个左右,促进学院专业建设水平整体提升。创新校友联谊,互联互通、共建共享,整合资源,形成招生、就业、创业优质生态圈。积极实施"1+X"证书制度;创设"名师工作室""技能大师工作室";充分发挥区位优势和专业集群优势,补短板、冲特色,力争在国家级职业教育教师教学创新团队、高水平专业化产教融合实训基地、示范性职教集团(联盟)、"双师型"师培基地,以及主持国家级专业教学资源库、现代学徒制试点、"三全育人"改革试点、毕业生就业典型经验院校、创新创业典型经验院校和承办全国教师教学能力比赛、职业院校技能大赛等方面有所突破。

2019 年 9 月 7 日，广东农工商学院为新生入学发放助学礼包

3. 培育成"国际能交流"、引领性强的高职院校

继续彰显"教育理念国际化、教师培养国际化、学生培养国际化、专业课程国际化、社会服务国际化、标准体系国际化"模式，在"引进、吸收、创新"基础上，主动转入推进"走出去"教育交流合作，主动对接国家"一带一路"倡议，积极开展与东南亚国家的教育交流合作项目。在新的历史阶段，广东农工商学院继续推进东南亚职业教育交流与合作应该有这样的思考：

2015 年 3 月 4 日，泰国驻广州总领事馆农业处钟史密博士等访问广东农工商学院

（1）充分发挥农垦海外企业，以及全球华人营销联盟职业教育委员会、东南亚研究所、驻外使馆、马来西亚华人留学总会等平台作用，加强沟通联系，深入研究，主动服务，积极拓展合作领域，与东南亚国家院校建立更多

的兄弟校、兄弟专业,实现与东南亚国家院校师生常态化交流、互访。

(2)服务广垦橡胶"产业走出去",扩大招收海外留学生尤其是华人子弟,培训当地企业员工及其子弟。重点利用现有的三个东南亚学习中心,开设 1~2 个东南亚学生汉语教学点;在东南亚创办 1 所职业院校和若干所海外企业职工子弟学校等。主动出击,积极参与"中国—东盟博览会""中国—东盟教育服务展"等平台活动,组织举办留

2019 年国庆节,广东农工商学院教师与少数民族新生欢度节日

学夏冬令营、短期汉语培训班、中华传统文化技艺学习等活动,邀请东盟国家有意向前来我国留学的学生以及学生家长参加,在活动中展示学院的办学特色、办学优势等,以此达到吸引东盟留学生前来就读的目的。努力争取"中国—东盟合作基金""亚洲区域合作专项资金"和外国来华留学资助资金,以及东盟国家、合作院校与企业、商会社团类社会力量等为国际化合作项目提供奖教、奖学金,增强学院在东南亚的影响力、吸引力。

(3)适应"走出去"发展需求,加强师资队伍建设,包括:①选派优秀外语教师前往语言对象国,与合作院校进行课程方面的培训,派出的教师既可以选择进入班级跟学生一起学习、实训实习,还可以直接跟国外的优秀教师直接交流,主动参与对方的教学科研活动。②选派更多优秀专业骨干教师到国外优质大学访学交流、攻读博士学位,到海外企业挂职锻炼,进一步培养国际化"双师"队伍。③加大引进具有海外留学或工作背景的、通晓东南亚语种的专业教师,大胆聘用包括境外高层次人才,优聘东盟教师前来任教,可采取专职或兼职的方式,吸引外籍教师来院任教与交流,也有助于提高本院教师的国际交流与合作能力。

(4)健全国际化办学管理机构,完善跨国学生教育管理制度。设置专门的机构以及配备专门人员,负责留学生的日常管理工作,使留学生们能快速找到解决问题的负责人;制定与完善留学生管理条例,严格按照规章制度来处理留学生日常管理中遇到的各种问题,便于日后对留学生的管理工作做到有法可依、有章可循。

(5)主动发声,传播中国职业教育。包括:①每年定期召开中国与东南亚国家高职教育国际交流与合作高峰论坛,资助承办高水平的国际学术会议,扩大学院在相关领域中的国际影响力。②继续扩大东南亚语种类的课程

教学，开拓更多的东南亚实习项目，推动专业教师赴海外企业技术服务和带动学生海外就业。③主动参与粤港澳大湾区教育交流合作项目，充分发挥专业优势，牵头研制粤港澳大湾区职业教育商科类专业标准等，发挥好职业教育"一带一路"桥梁作用。④在参与亚太经济合作组织（APEC）"职业技能系统开发绿色技能"项目并主持完成"农类专业绿色技能开发"子项目的基础上，拓宽其他专业（如商科类）领域的国际（或地区）标准研制，特色课程培训包建设与推广目前要主动担当与参与"1+X证书"研制来推进国际化项目，特别是依托国家级农业队优势和广东商贸流通国际影响力，开展热带作物生产技术、线上线下贸易技术等"X证书"的研制，力争抢占制高点，辐射带动东南亚乃至全球相关领域职业教育。⑤主动担当，传播中国经验，输出中国职教标准，提升在国际舞台上的话语权，为世界高职教育贡献中国方案。

　　"一带一路"是人类命运共同体的时代梦想，国际化办学是高职院校"强校提质"的追梦之路。服务"产业走出去"、实现"东南亚有影响"是广东农工商人的绿色梦想！这种势能源于广东农工商学院一批又一批的"大山里的追梦人"！

2008年11月10日，时任广东农垦总局局长赖诗仁率领垦区场级正职以上领导干部考察广东农工商学院新校区

中国高职院校国际化创新发展
将成为世界职业教育高地

摘 要

职业教育与普通教育是不同类型、同等重要的两类教育。职业教育的类型特征也使高职院校国际化探索走出了完全不同于普通大学国际化的路径。高职院校国际化的探索在于依托产业走出去，内生驱动、特色发展，创新服务中资海外企业，并输出标准等。尽管高职院校国际化方式、路径与普通大学的国际化不同，但两者目的是一致的，都是服务社会、培养国际化人才，并且都希望实现"国际能交流""国际有影响"，提升中国教育的国际话语权。

这是广东省高等职业教育教学改革重点项目"高职院校国际化研究与实践"的扩大性成果，（专著《解码高职院校国际化》，由广东高等教育出版社 2020 年 8 月出版，后作为职业院校校长治理能力提升专题研讨班参考用书），部分内容形成以《"双高"建设背景下高职院校国际化路径》为题的论文，获广东省高等教育学会职业教育研究会 2020 年学术年会优秀论文一等奖，并刊发于《"双高"建设背景下广东高职教育高质量发展的路径选择》论文集 305—308 页，此处有删减。

职业教育是深化教育改革的重要突破口，它和普通教育是不同类型、同等重要的教育类型，肩负着传承技术技能、培养多样化人才，帮助学生实现更高质量、更充分的就业创业的使命。高职院校是职业教育的重要部分，在职业教育领域发挥着骨干引领作用，虽然创设时间不长，但保持着改革创新的巨大活力。回顾近 20 年高职教育创新发展，可以从高职院校发展中梳理出许多条块的改革成就，其中国际化办学探索是一个重要方面。可以说，高职院校国际化走出完全不同于普通大学国际化的发展路径，并在落实"一带一路"倡议行动、服务"产业走出去"、促进与东盟教育合作等发挥了积极的作用。

2013 年 7 月 6 日，作者在垦区海外企业管理骨干培训班结业典礼上发言

一、高职院校国际化在于内生驱动、特色发展

与普通大学的国际化不同，高职院校的国际化是在国际视野条件下，依据经济全球化并充分利用国际教育资源要素来自觉开展职业教育活动。由于从顶层设计到经费支持，少了来自管理部门的指引与帮扶，高职院校完全是基于自身办学与特色发展的内在驱动、自我作为，因学习借鉴先进教育理念而国际化，因服务"产业走出去"而国际化，因培养通用技术技能人才而国际化。以广东农工商学院为例，地处改革开放前沿的广州，是国务院授权广东省政府批准的首家管理干部学院转制为职业技术学院的院校。转制后，为了适应新的办学要求、创新教育教学方法，学院早期与德国"F+U"职业教育集团合作，学习"双元制"办学、创办校内实习公司和组织学生赴德国实习；接着，为了应对培养国际化技术技能人才的需要，与英国爱德思国家学历与职业资格考试委员会合作，引进 BTEC HND 证书（即学术与职业资格证书，以下简称"BTEC 证书"）。随着广东农垦"在海外再造一个新农垦"，布局东南亚，在泰国、柬埔寨、马来西亚、老挝等国家地区种植数百万亩橡胶、建立 20 多家工厂和贸易基地，成为全球橡胶全产业链最大规模企业，广东农工商学院及时提出"垦区产业发展到哪里、学院专业就服务到哪里"，主动开设泰语、柬埔寨语、马来西亚语等语种教学，积极承担中资海外企业员工培训，组织师生到海外企业挂职、实习，创造性地在泰国、柬埔寨的农

垦海外企业建立学习中心，与当地职业院校建立合作交流、培养当地教师等，构建了"国内院校—中资海外企业—东道国当地院校"运行机制，实现了校企"捆绑"走出去与可持续发展的高职院校国际化办学模式。在国际化进程中，广东农工商学院运用教育共生理论、系统理论和产业耦合理论等，依托专业、服务产业，探索走出一条完全不同于普通大学的国际化路径，创新提出并实践了"教育理念国际化、专业课程国际化、教师发展国际化、学生培养国际化、社会服务国际化、标准体系国际化"的国际化范式。

可以说，高职院校国际化的探索创新在于紧贴走出去的优势产业，并通过自身专业特色、技术技能人才培养与培训，以及教师参与生产性技术服务等支撑中资海外企业发展。这些探索创新，不仅有效提升了高职院校国际化人才培养的能力与水平，而且有效助推进了国内优势产业产能"走出去"。解码高职院校的国际化，是职业院校争生存、求发展的结果，也是产教融合、校企合作深化、升华的产物。而这种国际化发展探索创新，作者研究认为，相较于其他模式将更为有效、更为持续、更具意义！

二、高职院校国际化创新发展的主要阶段及其特征

正如前面分析的，高职院校国际化因应自身特性而独辟蹊径，其发展进程也如同其办学成长经历，呈现出明显的阶段性特征，大致走过了五个阶段。

2002 年 12 月，广东省教育厅高教处、交流合作处（港澳台办）、部分院校代表与英国领事馆文化教育处交流座谈

第一，学习与借鉴阶段。创办之初，面对高职教育如何把握首先姓"高"、其次属"职业教育"，防止办成"普通本科压缩版"；教师需具备

"双师素质"；理论教学与实践教学一比一、专业知识"必须、够用"等一系列问题，高职院校四处考察、寻求答案，特别是赴欧美职业教育院校学习取经。2000年，广东省教育厅率先与英国文化教育委员会进行了合作与交流，成立"中英职业教育合作项目指导小组"，分期分批组织广东省内高职院校骨干教师赴英开展"以学生为中心"教育理念的培训学习，组织英方教师来粤讲授、开设职业教育示范课等。随后广东农工商学院引进英国商业与技术教育委员会（BTEC）证书、广东白云职业学院组织赴德国学习"双元制"、广东轻工职业技术学院学习借鉴澳大利亚职业技术教育学院（TAFE）等。这一阶段重在学习、借鉴。也正是这一时期，奠定了高职院校的国际化视野和积极变革创新的文化个性。

第二，引进与吸收阶段。由于教育体制、文化背景不同，在学习借鉴欧美国家先进职业教育理念过程中，高职院校管理者和骨干教师总感觉缺少个"抓手"。"以学生为中心"如何落地？2002年广东农工商学院成立国际交流中心，率先引进英国市场营销和计算机两个专业"BTEC证书"，随后被确立为广东省"中英职业教育合作项目职业资格证书试点院校"，是较早启动中外合作项目也是引进国际职业资格证书最早的高职院校之一。更重要的是依托引进项目，带动师资培养、教育教学改革和本土化实际，广东省教育厅多次举办现场观摩课和师资培训班，并形成了一系列相关教学成果，获2009年广东省级教学成果一等奖。

2018年10月23日，"一带一路"中英教育合作论坛

第三，交流与合作阶段。尽管高职院校创办历史短，但部分院校具有较

好的办学特色和较强的专业基础、实训设备，有利于国际交流与合作，也深受当地欢迎。广东农工商学院在马来西亚砂捞越科技大学建立"国际交流合作中心"，开展食品工程专业教师互派授课、学生访学交流，合作开发新专业、新课程等。中国驻古晋总领馆领事付吉军先生见证了广东农工商学院与沙捞越科技大学合作签署仪式，认为这一举措填补了中马两国之间在高职教育领域的交流与合作的空白，有利于沙捞越地区的经济发展和产业转型。

第四，创新与服务阶段。引进、学习与借鉴是高职院校国际化的手段，而创新与服务、输出才是真正意义的高职院校国际化。部分高职院校在交流合作过程中，充分利用国内校企合作建立起来的良好机制进行了国际化创新。广东农工商学院通过组建南亚热带农业职教集团、创设东南亚研究所等，整合国际合作交流资源，扩大社会服务国际化，积极承担发展中国家农业南南合作、巴拿马农业发展、阿富汗农村政策与实践、哥伦比亚冲突后重建系列主题、南太平洋岛国热带作物生产官员等援外培训班，在服务"一带一路"及东盟中彰显办学特色。

第五，标准与输出阶段。一是高职院校经过10多年的探索创新与积累，开始了职业教育输出的尝试。特别是近些年来高职院校响应"一带一路"倡议和服务"产业走出去"，积极探索海外办学，推动中国职业教育走出国门，输出优质专业和教学资源。据统计，自2012年以来，全国有41所高职院校采取不同形式在海外设立了45个分校。二是高职院校积极承担、参与相关职业教育国际标准的研制。最具代表性的是由教育部职业技术教育中心研究所牵头承担，广东农工商学院等全国100多所院校参与研制完成的亚太经合组织"职业教育系统开发绿色技能"标准项目。该项目是我国21世纪以来申请到的第一个亚太经济合作组织（APEC）职业教育项目，项目旨在将绿色、节能、环保、可持续发展渗透到职业教育与培训体系的全方面和全过程，以培养具有绿色技能的技术技能型人才，进而促进社会的可持续发展。这是中国职业教育对亚太地区乃至世界职业教育做出的重大贡献，也是职业教育标准体系"走出去"的典范。

实践证明，高职院校通过特色国际化办学，不仅提升了自身的国际化程度，而且提升了中国职业教育的国际影响力，以及服务"一带一路"倡议的能力。但就标准与输出而言，目前高职院校的国际化办学还处于雏形阶段，需要做出较大的努力。

2006 年 11 月 13 日，作者参与广西国际商务职业技术学院
人才培养水平评估工作，与学生合影

三、中国高职院校国际化发展有可能成为世界职业教育高地

高职院校走向国际化是必要的。高职院校的国际化必须按照国际职业教育资源配置规律，托自身办学特色或专业优势，与产业发展结合，主动服务企业，才能真正"走出去"并走得更实更远。同时，由于各所高职院校所处区位、办学历史、办学条件及办学基础、办学目标等不同，对国际化的要求程度不同。对于"一流"高职院校必须在"走出去"上有所担当，而对于刚创办的高职院校则应树立国际视野，努力学习借鉴国际先进职业教育理念与方法。但就总体而言，作者认为：

首先，高职院校要明确国际化办学的"初心"与"担当"。石伟平教授《职业教育国际化水平和国际竞争力提升：战略重点及具体方略》一文中指出：职业教育国际化水平和国际竞争力的提升是当前国际职教界聚焦的核心问题，是倒逼职业院校办学要素系统优化的重要契机，是服务国家对外战略的重要基础。提升职业教育国际化水平和国际竞争力，需要把握好"适应规则"与"制定规则"的关系，"引进来"与"走出去"的关系，"顶层设计"与"基层创新"的关系。高职院校国际化办学是响应国家倡议，服从国家产业发展需要，担当起职业教育骨干与引领作用，担当起中国职业教育迈向世界职业教育强国的重任。特别是近些年，中国优势产业、标杆企业走出去的越来越多，中国产品走出去的越来越多，必须加快发展与中国企业以及产品走出去相配套的职业教育发展模式，使走出去的企业获得更好的技术服务和人力资源支撑，使中国产品的国际市场能够更加巩固，能够更加高效和有更大的发展潜力。同时，国际化办学将产生"鲇鱼效应"。高职院校要把国际化办学当作一种文化来培养，以国际化倒逼、激活自身管理机制创新、人才培养模式改革、学生服务、课程资源建设、教师培训、文化建设、后勤管理等工作。

其次，高职院校要明确国际化办学区位的策略。2016 年 7 月，教育部指示强调，"各级学校有序前行""各级各类学校秉承'己欲立而立人'的中国传统，有序与沿线各国学校扩大合作交流，整合优质资源走出去，选择优质资源引进来，兼容并包、互学互鉴，共同提升教育国际化水平和服务共建'一带一路'能力"。换句话说，不同类型、不同区位的职业院校，以及针对不同时期、不同国际职业教育市场要实施不同的对策。如近期在与欧、美、英等发达国家的职业院校开展竞争时，可以利用中国汉语和学科特色，力争在较发达国家教育市场上以"重要补缺者"角色输出中国的职业教育；而对东盟等发展中国家职业教育市场，则可以利用中国优势产业的相对优势积极开拓职业教育项目，输出标准、输出优质职业教育资源。就区位而言，作者认为，东盟地区是中国高职教育开展交流与合作的重点区域。

再次，高职院校要提高自身的资源整合力和国际交流能力。据《中国教育报》《中国高职如何走出国际范儿——我国高职院校"走出去"现状调查》一文报道（2014 年 9 月 5 日第 5 版），当前高职院校国际化"缺乏具有国际视野的人才，是当前我国高职院校开展对外交流合作的一个瓶颈。建设国际化的高职专业人才队伍，迫在眉睫；在课程设置、教材编写、教学理念上应该更多与国际接轨，质量保障与监控体系亟须建立"等。因此，高职院校提升国际化合作与交流能力势在必行，其路径主要有：创新组建职教联盟（专业组织或集团）以增强资源整合力、聚焦优势专业以夯实品牌锻造力与国际竞争力、依托大型跨国企业以扩大国际影响力，以及培养建设一支国际化师资与管理团队。

最后，高职院校要优选国际化项目。项目是国际化办学的重要抓手。目前，可以将"1+X 证书"作为中国职业教育通向国际的重要名片。原因之一，目前职业教育国际交流与合作中，中国缺乏"硬通货"，包括专业标准、课程包等；原因之二，我国现有的职业教育资格证书在国际社会上的通用性较差，不利于高职教育办学"走出去""引进来"；原因之三，当下按照"职教 20 条"要求，举全国职教及校企合作力量分期分批开发的"1+X 证书"有可能改变这一状况。当然，能否实现，取决于三个前提，这是特别重要的：一是必须对标国际职业技能标准进行开发，可以是国际职业资格没有的项目，但不能偏离国际通用规则和国际职业技能标准的范式；二是必须是具有国际优势产业（如通信、高铁、港口建设、工程建筑、电子商务、市场营销等）支撑、行业认可度高的；三是必须由行业标杆企业（有实力的社会评价组织或协会）牵头共同研制、又实力持续改进的，拥有这些证书的人员能够"国际流通"、广受欢迎。这也是作者强调"1+X 证书"制度研制必须注意的顶层设计的缘故！并大胆提出，应聚焦中国优势产业，联合行业标杆企业和全国高职教育力量，先"抱团"研制若干个优质"X"证书（事实上也不可能所有"X"证书）推向国际。

展望预期，如果能够真正有一批职业教育"1+X 证书"被国际认可、广泛应用，输出方案，中国也就成为世界职业教育高地了！

《解码高职院校国际化探索创新》一书于 2020 年 8 月出版

第三篇
优化治理赋能办学高效发展

　　《教育部　财政部关于实施中国特色高水平高职学校和专业建设计划的意见》就"提升学校治理水平"中指出：健全内部治理体系，完善以章程为核心的现代职业学校制度体系，形成学校自我管理、自我约束的体制机制，推进治理能力现代化。"治理—赋能"，让"高投入形成高质量产出"，不仅是对具有职业教育发展时代意义的"双高"院校建设的要求，也是对所有职业院校的要求。为更好地贯彻国务院"职教20条"和教育部"提质培优"的要求，全面加强职业院校领导干部能力建设，职业教育与成人教育司制定了"职业院校领导干部能力提升三年计划（2020—2022年）"，完善国家、省两级培训机制，造就一支政治过硬、品德高尚、业务精湛、治校有方的职业院校管理队伍。到2022年，国家组织集中培训5000名左右中职校长（书记）和1000名左右高职校长（书记），省级培训覆盖全部职业学校管理干部，并确立了首批全国职业院校校长培训基地5个。广东邮电职业技术学院是其中之一，并率先成功举办了两期近400名"双高"建设计划院校书记

校长培训，获得高度评价。作者作为该项目专家，全程参与了项目调研论证、培训方案设计、教学组织观摩和诊改完善，以及与参培学员交流等，深刻体会到职业院校校长治理能力提升培训的紧迫性与重大现实意义。

2020年5月，全国职业院校校长治理能力提升研讨班项目组向教育部领导汇报

　　事实上，优化治理、赋能办学，对于曾经相当长时间没有财政支持的农工商学院而言尤为重要，其治理模式也是值得回顾总结的。

高职院校发展"做就有，做就好"

摘 要

2008年12月10日，广州市属高职教育内涵发展论坛在广州城市职业学院隆重召开，广州市属8所高职高专院校领导班子参加了会议。论坛特邀广东农工商职业技术学院党委书记杨群祥教授、广东工程职业技术学院院长汤少明教授分别作建设经验介绍。其中，杨群祥教授的讲话对我校的评估建设特别有借鉴意义，现将其讲话（根据录音整理的浓缩版）刊发，以飨读者。

——摘自《广州城市职业学院院报》

2008年12月10日，作者在广州市属高职高专院校内涵发展论坛上作主旨演讲

广东农工商职业技术学院是广东农垦集团举办的行业类高职院校，有56年的建校历史。如果从1984年办大专到现在走过了24年的历程，由一个专业发展到现在68个专业和方向，14300多名学生。学院先后获得了广东省精神文明建设先进单位、广东省职业教育先进单位，2005年全国高职高专院校人才培养工作水平评估获"优秀"，去年有机会进入省属院校首批的示范性院校的遴选。

建院24年，我们秉承的就是一个"艰苦奋斗，自强不息，难中求进，进中求优"的广东农工商精神。特别是评估之后这16个字已深深烙印在我们所有师生员工的心里。广东农工商人的精神也就是南泥湾精神的传承，南泥湾精神是艰苦奋斗，勇于开拓。今天说这个也不是自夸，的确对广东农工商学院来讲是非常艰难的。学院虽是省属公办院校，但没有地方财政拨款。虽然累计为广东省培养输送各类专业人才近3万名，但到目前为止每年只有数百万的中央财政拨款。广东农工商学院就是在这样一种非常艰难情境下发展起来的，可以说是生存在"公办院校民办投入，'民办'院校公办收费"的夹缝里。这里有两个典型的例子。一个是在评估的时候空前绝后的例子：为了解决10位评估专家的电脑问题，当时手提电脑还要一万多块钱，我们是买5台、借5台，满足10位专家的使用。另一个例子是，到目前为止，学院领导还没有专车，今天我开会坐的一部商务车，辅导员也坐这个，系主任也坐这个，学院领导出去开会四五个人也挤坐这部车，当然这也实在是出于无奈。没有财政拨款，只能把所有的钱都投入到教学基本条件的建设，才会有这种情况出现。所以专家组组长朱传礼司长带着专家在农工商学院评估时，最后说了这样的感言：广东农工商学院给他一点阳光他就会灿烂！评估过后一个多月，教育部决定对当年全国已被评院校进行抽查，其中要对广东农工商学院的评估进行再次评估。好事多磨，我们的杨应崧教授带着专家组再一次对广东农工商学院进行再次评估。复评工作结束后，要下学院教科楼11楼的时候，老人家回到会议室写了8个字：艰苦卓绝，成绩斐然。时任广东省教育厅副厅长张泰岭是这样对农工商人说：我每次来农工商学院都感到办得有一点悲壮。广东农工商学院的这种艰难完全是出于无奈，但我们广东农工商人有一个信念，日子总是要过的，难就难吧，还得过，所以我们叫日子难过年年要过。这种精神能够使我们学院不断创新求变，从一个专业119个学生，发展到68个专业和方向、一万多名在校生。经过多年的发展广东农工商学院基本奠定了这样一种办学的模式，就是立足农垦、兼顾各行，依托企业、主动服务地方经济的发展。因为我们上不着天，下不着地，吊在半空中的院校，你不服务你也生存不了。

广东农工商学院能够走到今天，另一个重要原因是我们建立的以教学为中心的教学质量自我控制流程管理。从2001年开始，学院构建一个质量监控的管理模式，每年学院的一号文件就是教学管理要点及教学管理流程，这样使全院的教学管理有科学性、规范性和导向性。学院今后的发展，还面临种种的困难，尤其是要建设示范级院校，资金对我们来讲是一个非常大的制约，但是，值得我们自身感到能够坚持和发展的关键恐怕还是多年形成起来的高效科学的管理机制。作者的第一个观点是高职教育内涵建设是高职教育改革的内在要求，关键点在于把"软"的做"硬"。要真正成为一个引领者，并且进行可持续的发展，内涵建设更为重要。内涵建设相对于学校大楼等基础设施而言，是"软件"建设。大楼等基础设施硬件可以靠投多一点钱去解决。但"内涵建设"不同，包括学院的办学定位、人才培养方案、专业特色建设、课程体系与开发、队伍培养、产学研结合机制等，这些都需要长期努力才能获得。刚刚吕书记点的那些话题，的确是需要我们更为持久地去关注并思考的问题。我一直认为，内涵的发展是高职教育持续发展的制高点，是确保人才培养质量持续提升的关键。这是高职教育改革的内在要求。加强内涵建设就是以服务为宗旨，以就业为导向。对于这一点，我认为在思考内涵建设的时候，更要依据学院自身的特色及所处的位置、区域环境和条件来考虑。广东农工商学院能够发展到今天，也有相当一段时间的思考。对于我们这样一所资金缺乏、人员配备不充裕的院校，要更加讲究集中有限资源。所以，我们在 2001 年率先提出了"一系一专业、一专业一课程"的建设思路，而且坚持了七八年。因为就当时转制条件来讲，我们想要把所有的系、所有的专业都建设好是不现实的，能不能"就一个系做一个主打专业"？学院 2001 年教学管理要点就是讲这个，希望通过点的突破，集中有限的资源条件，把软的东西做硬。因此，加强内涵建设，是要围绕学院自身的办学定位与办学特色，就要努力把"软件"做实、做精、做强，设法使"软件"硬起来。

2007 年 3 月 29 日，广东农工商学院与广州百货集团联合举行"广百商学院"揭牌仪式

　　第二个观点是高职教育发展核心在于专业建设，切入口是课程，关键是教师。尽管这个内涵的发展是我们当前高职院校发展的内在要求，从核心上来讲是一个专业建设，但是专业建设最终还是要体现在课程体系的构建与开发，而课程体系的构建和开发最终还是要通过教师来实现这种目标。教师是办学的主体，是我们人才培养质量的一个决定者，如果我们的教学工作，没有教师个人对自身责任的认识和觉醒，没有人的一种奉献精神，我们所有的工作都难以推进。自觉、奉献？也许有老师会说，你站着说话不腰疼。说实话，我也是从一名普通教师走出来的。20 年前，学院要我开设一门新课——"外向型经济与管理"课程。对于这样一门课程，既无现成教材我也没有系

统学习过，怎么办？为了能够为学员（绝大多数入学前已是企业厂长经理）讲好这门课，我这个没有多少经验的年轻人，对广州市的中外合资与合作企业分类进行了全面的调查。整整一个暑假，我走访了花园酒店、东山宾馆、美特容器、东山百货等 20 多家企业，其中包括国有的、中外合资、合作的。由于有了广泛深入的调查素材，我当时这门课获得很高的认同。现在回过头来想，这也可以说是改革。为了今天这个论坛，我重温了当年那篇文章，其中的关键词：成人、高等院校、教师、社会实践、调研等，今天我感觉到没有哪一个词会过时，全篇只要把"成人高校"改为"高职院校"就是现在高职教育的"好文章"。这篇文章在当年广东农工商学院学术研讨会上，受到全院教职工特别是老教师的高度评价。这里我想说的就是，任何改革尤其是我们面临这样重要的内涵建设，离不开教师个体的献身精神和个人的努力，需要教师个人对职责的认知和觉醒才可能实现内涵建设总目标。

2006 年 6 月 7 日，第一期广东高职教育市场营销专业"双师型"教师培训班合影

第三个观点就是高职教育内涵发展是高职教育的永恒主题。这里，关键在于培育一种文化，内涵建设和办学质量提升质量应该说是我们目前高职教育的永恒话题，而内涵建设、内涵发展，更应该当作一种意识、一种理念、一种校园文化来培育，之所以要提到这一点，我认为，无论是办学思想、办学定位，人才培养的目标、专业设置、课程设置、师资队伍建设等等，都是一个非常显性的东西，我们可以看得到。但是要把这个显性的东西培养出来，不只靠一种制度，更需要靠我们人的自觉寻求。因为内涵的发展是一个长期的过程，绝不是一朝一夕，绝不是一年两年，或是三年五年，是一个长期的系统工程。内涵建设应该是一种特有文化氛围的培育，是一种办学理念的坚持，更是一种文化的烙印在我们所有的教职工身上的坚持。我记得严正

法师说过的一句话（原话记不是很完整了），这也是我个人做人处事做工作的一个信条，就是：凡事做就有，做就好！所以我个人认为，内涵建设应该是行动行动再行动，以我们自身的自觉的行为去坚持，而不是靠外界的力量来推动，更不是靠我们局或者是评估专家的外部力量来推动。

第四个观点是高职教育内涵建设必须求真务实，关键在于实事求是。我认为，我们学习《教育部关于全面提高高等职业教育教学质量的若干意见》也好，寻找自身办学特色也好，都是在按照邓小平同志所说的摸着石头过河。我很欣赏顺德人所说的不批评不宣传，也是我前面所讲的先做自己的探索，凡事是行动！因为有很多文件上的东西，我确实感受到要理解并不是很容易，这次我也有机会跟有些老师在探索，比如说工学结合问题，工科专业，说怎么工学结合都可以说得上，文科怎么办？文科当中又有很多很特殊的。今天我没有办法来展开讲了，举个例子如生产性实训基地，最早文件提得很高，一定要有生产经营、投入要得到产出，有回报，获得效益。但这个很不容易。后来，我们认为可以放低一点，只要具备生产性的，在需要的时候，是可以承担业务、承担生产任务的，就可以算。诸如校内的实习超市、汽车美容、酒训楼客房服务等。简单讲，我们一个机车头（铁职院的实训基地），如果一接上轨道就马上可以运营，那我们也可以算。类似这个问题我认为，当前我们要总结提炼概念是必要的，但是在这里我想表明一个观点就是反对什么都是概念或者口号。因为都期望用华丽的语言来描述我们目前的工作，我感觉到不容易，而我更有一种担忧的是当下这种提口号、说概念，华丽的词语是有可能出现一种"过热"，甚至在玩文字游戏，将耗费我们的管理者、老师们大量精力的。事实上，我个人认为，哪怕是成熟的西方发达国家的职业教育，也没有如此之多的此概念、那概念，如果说有，也可能是说我们有很多国内"太多学者"去帮他们总结和提炼的！

高职院校内涵建设需要个体自觉与文化认同。我始终坚信"做就好，做就有！"以上观点说得不对的，请批评指正。

2019 年 11 月 15 日，作者卸任后向赖诗仁老局长、符坚老书记汇报学院工作

300 天见证奇迹

摘　要

　　在时任总局赖诗仁局长等领导的大力支持下，农工商学院真正拥有自有产权校园了！广东农工商学院率先到远郊（实际是广州市管的县）办校区，当年相对偏远、交通不便，充分体现了老一届党委"背水一战"的英明决策！几乎没有财政拨款，学校年度预算（学费、住宿费等）收入只有8700多万元，既要保证学校正常运行外，还要支付土地款2000多万元、建设预算数亿（首期为1.5亿元），充分体现了广东农工商人"勒紧裤头"的艰辛！不足300天，顺利完成首期8万平方米建筑和高标准足球场等体育配套设施，迎来了首届新生1922名，奇迹奇迹！不能忘记的是，新生报到头晚深夜至当日凌晨，工作人员连夜忙着自配学生宿舍钥匙、自己则领着几位骨干清洗校道泥土的情景至今仍记忆犹新。这是何等拼搏的一代人！

　　这是2007年9月8日，广东农工商学院新校区——北校区落成典礼上的个人"肺腑之言"，广被赞许，还被部分嘉宾领导索要讲话稿。

时任广东省农垦总局局长赖诗仁致辞

2007年9月8日，广东农工商学院新校区（北校区）落成

　　秋高气爽、硕果飘香。这是一个成熟的季节，一个收获的季节，对于"农工商人"来说，这更是一个激动人心的季节！

　　今天，这里彩旗飘扬、欢声笑语。在第23个教师节即将来临，党的十七大即将召开的大喜日子里，我们欢聚一堂，共同分享广东农工商职业技术学院北校区落成的喜悦，共同见证这个激动人心的历史时刻。谨此，我代表学院党政领导班子和全院12000名师生向百忙中拨冗出席的各位领导和嘉宾表示热烈的欢迎和衷心的感谢！向所有关心支持我院发展的各级领导、各界人士、兄弟院校，以及北校区工程建设者们致以崇高的敬意和衷心的感谢！

广东农工商学院创立于1952年，是一所经广东省人民政府批准、教育部备案、广东省农垦总局主管、以服务农垦为宗旨、面向社会，培养高素质高技能人才的省属综合性普通高等院校，是在叶剑英、王震等老一辈革命家亲自关怀下建立的公办院校。多年来，在广东省委省政府的亲切关怀，省教育厅和省农垦总局的正确领导下，学院发扬"艰苦奋斗、自强不息"的广东农工商精神，坚持以服务为宗旨、以就业为导向，致力于"教学做合一"为广东培养应用性技能人才。在历届领导班子和全院教职员工的共同努力下，学院多次受到上级嘉奖，先后被授予"广东省优秀成人高校""广东省高教系统教书育人先进集体""广东省师德建设先进集体""广东省职业教育先进集体"和"广东省文明单位"等荣誉称号，2005年被教育部确定为"高职高专院校人才培养工作水平评估优秀院校"。2006年8月，学院更是"名扬"第七届广东省大学生运动会。

广东农工商学院北校区的建设，作为广东农垦"十一五"重点建设项目，是贯彻落实中央和广东省委省政府关于大力发展职业教育的战略部署，以及学院"十一五目标"——创建示范性高职院校的具体举措。北校区总体规划为在校生10000人的规模，分三期建设。自2006年10月动工至今日，第一期投资1.5亿元、建筑面积8万平方米的新校园，仅用了9个月零25天时间就顺利落成，并将有热作与管理工程系、外语系、电子与信息工程系三个系22个专业、近2000名新生在这入学。这是农工商人创造的又一个奇迹！这个奇迹的取得，凝聚着上级主管部门和各位领导的关怀与厚爱，凝聚着社会各界的支持与帮助，凝聚着全体教职工的智慧与心血。工程建设期间，上级领导和省内外高校同仁130多人前来视察指导。在这里，我再次向为北校区建设做出贡献的各级领导、社会各界人士，特别是增城市委、市政府及有关部门、中新镇及周边村委、学院同仁表示衷心地感谢！

随着北校区的落成，我院形成了一校三区办学格局，并将拥有更好的教育资源，为实现示范性院校的宏伟目标打下坚实的基础。值得一提的是，我院作为增城市新

落户的第一所省属公办高等院校，北校区的落成，必将给中新镇城区乃至增城市的人文环境带来新的生机和更多的活力！同时，作为农垦人的"大学城"也必然会给广东农垦和谐发展、实现新的跨越提供更多的智力支撑！

回顾历史，我们倍感创业艰难；展望未来，我们更觉任重道远。"艰苦奋斗、自强不息"是我院兴业办学的精神，"难中求进、进中求优"是我院获得成功的法宝。我们将以北校区落成为新的起点，以办人民满意的教育为宗旨，继承农垦传统，发扬农工商精神，自强不息，开拓创新，努力把北校区建设成节约的校园、绿色的校园、生态的校园、和谐的校园！

我们相信，有各级领导、各界人士、兄弟院校同行的关心支持，广东农工商学院的明天一定会更美好！

2007年9月8日，广东农工商学院新校区（北校区）落成，作者向全国人大常委会委员、华侨委副主任、广东省原省长卢瑞华和时任增城市市长叶牛平等介绍新校区建设规划

2019年3月12日，原广东省政协常委、广东农垦局局长赖诗仁等赴广东农工商学院新校区考察

新的一年新的精彩

摘　要

　　一年一度迎新年，广东农工商学院工会组织举办教职工文艺晚会。全体新老教职工甚至家属小孩参与，自编自排、同台演出，以欢乐舞步和衷共济迎接新的一年的到来，热情、喜庆、祥和！无论学校事业多么繁忙、财力可能紧张，自己作为主要领导始终支持，一晃坚守就是十多年，并形成广东农工商学院师生翘望的传统节目，是学院大家庭文化的重要组成部分。新年教职工文艺晚会，与教职工周末舞会、每年重阳节为金婚钻石婚教职工祝福、为新晋80、90（岁）教职工祝寿等，诠释了"幸福农工商"的内涵，获得了全国"模范职工之家"，个人也获得广东省总工会授予"广东省优秀职工之友"。以下是2008年元旦教职工文艺晚会上的简短致辞。

2008 年元旦教职工文艺晚会上致辞

　　祥云吐瑞，红梅报春。伴随着收获，满怀着豪情，全体新老教职工以自编自排的欢乐舞曲，踏着 2007 年的脚步共同迎接充满生机 2008 年的到来。值此，向一年来辛勤工作在教学、科研、管理和服务岗位上的师生员工，致以节日的祝贺和亲切的慰问！向关心和支持我院发展的各级领导、社会各界人二，以及离退休老干部、老职工、教职工家属表示衷心的感谢和新年的祝福！向勤学奋进、追求知识、追求理想的同学们致以美好的祝愿！

　　刚刚过去的 2007 年是举国欢庆之年！中国共产党第十七次全国代表大会胜利召开，选举产生了新一届中央委员会和中央纪律检查委员会，为建设中国特色社会主义指明了方向。值得欢庆的还有"嫦娥探月"，实现了中华民族千年的梦想！这是继"神五""神六"之后，中国航天事业的又一伟大壮举。

　　刚刚过去的 2007 年，更是"农工商人"激情燃烧的一年，团结奋斗的一年，也是硕果累累的一年。一年来，在省委省政府、省农垦总局党组、省

直工委、省教育工委关心支持下，在
学院党政领导班子的团结协作下，在
全院师生员工的共同努力拼搏下，
2007 年招生 5530，新生报到率达到
90%。新生录取数、新生报到率和在
校学生数均创历史新高，实现了质和
量上的新突破，在校生人数达到
12841 人；学院历届毕业生深受社会
欢迎，今年毕业生总体就业率已达
97.2%；学院北校区顺利落成并投入
使用，一期工程（投资 1.5 亿元、建
筑面积 8 万多平方米的新校园）建设，

2018 年重阳节前夕，广东农工商学
院为金婚、钻石婚夫妇"补拍婚纱
照"——这是模范夫妻、年近九十的老
院长区晋汉夫妇婚纱照

仅用了 9 个月零 25 天时间，并有 3 个系 22 个专业、1922 名新生入学新校
园，一校三区有序运转。这是"农工商人"创造的又一个奇迹！

2018 年 9 月重阳节前夕，作者与金婚的老书记符坚教授夫妇合影

创建示范性高等职业院校，认真贯彻党的教育方针，坚持正确的办学方
向，以科学发展观统揽学院的改革和发展，更加凸现了"以农为主，农、
工、商专业群协调发展，立足农垦，面向市场，服务广东，具有南亚热带产
业特色的示范性高等职业教育院校"的办学定位；更加明确了"以德为魂、
学会做人、以能为本、学会做事"的育人宗旨；更加传承了"艰苦奋斗、自
强不息、难中求进、进中求优"的农工商人精神！

还要多说一句，在刚刚结束的"2007 年皇冠杯广东省大学生田径锦标

赛"中，学院运动健儿以 12 金、6 银、2 铜，总分 186 分超出第二名近 100 分的压倒性优势，获得丙组团体总分第一、金牌总数笫一、奖牌总数第一的大满贯！

同志们，今日的成绩凝聚着全院师生员工的心血和汗水，而创建示范性院校还需要我们继续不懈努力！让我们乘着党的十七大，振奋精神，团结拼搏，共同为广东农工商学院的美好明天而努力奋斗！

2018 年 12 月 28 日晚，广东农工商学院迎新年教职工文艺晚会

高职院校当自强，迎难而上勇担当

摘　要

　　2011年11月1日下午，时任教育部副部长鲁昕、司长葛道凯等到国家教育行政学院参加首期高职高专院校正职领导干部研修班校长论坛。围绕学习"教职成〔2011〕12号"文件精神，个人作了"高职院校当自强　迎难而上勇担当"主题发言，强调"阐明一个观点、说明一个情况、表明一个态度"。本文是个人当期学习的作业之二，也是该次论坛的发言提纲，后刊发于教育部主管、国家教育行政学院主办的《职业教育改革动态（内部参考）》2011年第24期，第16—18页，全文收录于国家教育行政学院高职院校正职领导干部研修成果汇编，第29—32页。

　　最近，教育部颁发了《关于推进高等职业教育改革创新引领职业教育科学发展的若干意见》（教职成〔2011〕12号，以下简称"教职成12号文件"），文件要求高等职业教育既要加强自身的"改革创新"，又要在职业教育科学发展中发挥"引领"作用。于是，高职院校又多了一分要求、多了一层责任。而作为高等职业教育主力军的高职院校，虽"天生不足、后天失调"，但也必须迎难而上、勇于担当，担当起服务经济发展方式转变和现代产业体系建设的时代责任，担当起"培养生产、管理、服务、建设的高素质技术技能型人才"的中心任务，担当起职业教育规律研究与探索的先锋作用，担当起"工学结合、校企合作的人才培养模式改革"的示范作用，担当起增强专业服务社会能力的带头作用等！这是"高职人"应有的胸怀、责任！

　　教职成12号文件具有较高的战略意义和指导意义。从教职成12号文件中的一系列关键词，我们注意到文件内容许多来自高职教育近年改革实践的探索，有一定的基础、经验与成效，如人才培养模式改革、产学研结合、生产性实训基地设计、"双师型"教师队伍建设和高职院校人才培养质量评估工作等；有些则是当前高职院校正在思考、探索的，如完善现代职业教育体系、建立院校董事会、组建职业教育集团，建立名师和技能大师工作室，与高层次教育机构合作探索共育高端技术技能型人才等，具有较强的前瞻性和指引性。

2011 年 11 月 1 日，作者在国家教育行政学院学习论坛发言

如广东农工商职业技术学院基于对教育形势的判断与学院自我生存的需要，从 2006 年初就提出筹建"广东农工商职业技术学院董事会"（简称"校董会"）。开始有人担心也有争论，认为这是在改变学院办学体制和管理模式。但我们很明确，校董会定位于学院建设与发展的指导性、咨询性机构，是学院与社会各界建立紧密、稳定合作关系的桥梁和纽带；校董会旨在联系境内外各界力量，采取多种形式支持和促进学院各项事业的发展，改善办学条件，提高办学水平，加强产学研的结合和合作，更好地为董事单位（个人）服务，更加突出学院的办学特色；校董会本着"自愿参与、平等互利、资源共享、共同发展"的原则，吸收境内外各类企业、事业单位、政府部门、各类基金会、慈善机构、海内外热心囊扶教育人士、知名专家学者、校友代表和民营企业家参加；校董会设名誉董事长若干名、名誉副董事长若干名、董事长一名、副董事长若干名、名誉董事和董事若干名。并已聘请广东省前任省长担任学院校董会名誉董事长，广东省农垦局局长、广东省农垦集团公司董事长担任学院校董会董事长，广东省丝绸集团公司董事长、广州百货集团公司董事长等二十多位企业家、社会知名热心人士担任学院校董会名誉副董事长或董事会成员等，目前仍在探索且取得一定的效果。

另外，我院正在积极争取农业部、广东省和广东省农垦总局的支持，联合农垦中等职业学校、农垦热带作物科技园等，着手组建以资产为纽带的、区域性的农垦（农业）教育集团，以充分发挥行业企业优势，创新管理运行机制，探索集团化办学新模式等。

当然，教职成 12 号文件也有遗憾，如在"改革培养模式，增强学生可持续发展能力"方面提出观点，但并没有实质性解读，尤其是对"增强学生可持续发展能力"方面缺乏明确的指引及具体措施。或者这也算是留给我们高职院校深入探索的"空间"。如"建立以举办者投入为主……经费的机制"。因为，"物质保障是教育事业发展的重要物质基础"，这样的"表述"会因各公办院校所依托的财政口和地区、行业经济发展程度不同，造成公办院校继续"不公"的"推进器"。我认为，应该强调的是，有所"为"应有所"扶"、有所"用"应有所"投"！

应该说，经过十多年的摸索、改革与建设，我国高等职业学校教育（请注意：职业教育、高等职业教育、高等职业学校教育的区别）已取得的卓有成效：拥有高职院校数及在校生数均占普通高等教育的"半壁江山"，在人才培养、社会服务及大学运行管理等方面积累了经验，形成了独特的生存与发展机制。但我们也清醒看到，一方面随着国内外经济社会及科技的发展变化，国家、社会、学生和家长对我们高职院校都提出了前所未有的新任务和新要求；另一方面，由于高职院校发展时间比较短，许多方面还需要摸索、创新。同时，由于政府部门的兴趣与责任不在"高职院校"导致大多数高职院校存在着"先天不足""后天调理不足"的"原生态"状况。

2016年10月3日，组织部分骨干赴江苏农牧科技职院参加国际农牧职教联盟筹建

以广东农工商职业技术学院为例，其是一所由广东农垦集团公司举办的全日制公办普通高校。建校59年、办大专教育27年、办高职教育11年，秉承"艰苦奋斗、自强不息，难中求进、进中求优"的农工商精神（南泥湾人的传统），坚持"立足农垦、面向广东、服务社会"，累计为广东省和农垦系统培养了6万多名各类专业技术与管理人才。但，由于行业办学，没有政府财政拨款，而农垦又是"微利"行业，尽管其视学院为"企业软实力"的重要组成部分，日益重视但倾其所得来资助办高职教育也是有限。所

以，学院只能一方面通过努力"以服务求支持""以项目求资助"。这几年，累计主办单位增投 2704 万元（年拨款由 2006 年的 476 万提高到 2011 年的 1330 万元，相比增 854 万元），获得中央财政专项资金 320 万元、省级财政项目帮扶资金 1530 万元。另一方面，提高管理效率及"勒紧裤头办学"，"少花钱多办事、不花钱也办事；少人多干活、一人多岗"，压缩"非教学开支"等。正如有的领导及专家所言"我每次到农工商学院，都有点办学很'悲壮'的感觉""农工商学院给它一点阳光，它就灿烂""艰苦卓绝、成绩斐然"！（需要说明的，这里没有"要成绩"之意，是来自真实的——基层办学真的不容易！）

2019 年 11 月 7 日，作者与部分省厅兄弟院校领导座谈交流工作体验

仅"十一五"期间（五年间），农工商学院自有产权校园面积增长 2.6 倍，净资产增长 1.76 倍，校舍建筑总面积增长 1.78 倍，教学仪器设备总值增长 1.6 倍。引进教学骨干及能工巧匠 269 人，在岗培养晋升职称 238 人，先后选派教师到国内外培训 313 人次。学院教学环境、实训环境、生活环境、办学条件显著改善；建成国家级高职高专教育实训基地 2 个、省级实训基地 3 个。建成省级示范性建设专业 6 个。建成精品课程国家级 1 门、省级 9 门，省级优质课程 1 门，教育部各教指委精品课程 4 门，院级精品课程 52 门、院级网络课程 109 门；获得专利 24 项等。

我们深知，这是一个"有为才有位""扶强不扶弱"的时代。尽管我们心中有许多"困惑"，给我们的条件有许多"不足"。但我们不会放弃、不会推辞。因为，我们既然选择了高等职业教育，也就意味着我们的今生与高等职业教育已"无法割断"。责任与使命令我们必须面对现实、迎难而上、敢于担当！正如，我在我院第五次党代会上所言：学院发展的历史机遇和时代挑战摆在了我们面前，创建一流院校、打造百年高等学府的历史责任和时代使命也落在了我们肩上。我们将"不改初衷、不失壮志、一路前行、薪火相传"！

对于广东农工商学院的未来，我们的发展目标是：努力建设与广东区域经济和现代大农业产业体系发展相匹配、与社会充分就业相适应、富有生机活力的现代化高等职业院校。作为新型办学模式的探索者，将学院建设成为广东省高素质技术技能型人才的重要培养基地，中国南亚热带产业重要的人才培养和技术推广基地，广东高等职业教育的示范基地，国际先进职业教育理念的推广基地，全员上下共建幸福农工商家园！

毋庸置疑的是教职成 12 号文件的推出，必将推动高等职业教育新一轮的跨越性发展！我们充满信心。

2007 年 12 月 4 日，广东农工商学院全体离退休教职工考察新校区建设合影

"管理建设之年" 优治理、增赋能

摘 要

自 2007 年起学院每年一主题，分别是：2008 年"执行力建设年"、2009 年"质量建设年"、2010 年"制度建设年"、2011 年"管理建设之年"、2012 年"内涵建设年"、2013 年"协同创新年"、2014 年"服务改革年"、2015 年"依法治校年"、2016 年"规范管理年"、2017 年"务实创新年"、2018 年"奋发有为年"、2019 年"真抓实干年"等。以下是 2011 年"管理建设年"年终（期末）总结大会上的讲话提纲，根据录音整理，有删减。

2011 年是"管理建设年"，是实施学院"十二五"规划的起步之年。一年来，按照"十二五"发展战略目标的要求，全院教职工在学院党委的领导下，紧紧围绕"营造文化、培育特色、提升品牌、创建示范、完善保障"的总体要求，勇于进取、开拓创新、大胆探索，以提升科学管理水平建设为重点，大兴调研之风，积极落实规划、细化措施、扎实工作，较为圆满地完成了学院各项工作。

回顾这一年的工作，我们可以找出这么几个关键词：

关键词一：工作扎实。2011 年学院各部门按照学院党委的整体工作部署，扎实工作，确保了各项工作顺利完成。

关键词二：影响深远。2011 年，学院有五件大事，一是学院第五次党代会召开，确立了新的领导集体，明确了学院未来五年的发展方向；二是困扰学院多年财政资金来源基本解决，财政部、农业部有望为学院开设专项账户，对学院未来发展奠定了坚实的经济基础；三是完成了首次学院岗位设置与人员聘用工作，使学院人事制度从以前的身份管理转变为合同管理，这对进一步推动学院改革与发展奠定了坚实的制度基础；四是首届中层干部任期届满考核竞聘工作顺利开展，有更多的年轻干部补充进来，这对提高管理效率，推动学院改革与发展将起到良好的促进作用；五是系部结构优化调整工作顺利完成，基本理顺不同系专业重复交叉问题，这对落实学院打造"省内一流、国内知名、东南亚有影响的具有南亚热带农业产业特色的高职院校"战略目标起到积极推动作用。

关键词三：管理建设。2011 年是学院党委确立的"管理建设年"。一年来，各职能部门按照党委的要求，认真开展工作，出台或正在拟定一系列的建设规划和管理制度，这将对学院明确建设目标、规范管理、高效运行奠定坚实基础。

关键词四：上水平。一年来，学院师生在各级各类竞赛中取得了优异成绩，共计取得专业技能竞赛奖 111 个，体育竞赛奖 89 个，获奖的层次、获奖的数量均创历史新高。

关键词五：辛苦。在学院规模快速发展与多校区管理并存，而人员增加并不多的情况下，全院教职员工在自己的工作岗位上付出了更多的心血、付出了更大的努力，使各项工作得以圆满完成，这是学院"艰苦奋斗、自强不息、难中求进、进中求优"精神的最好诠释，这是学院继续推进改革与发展的强大支撑。

关键词六：信心。随着学院党代会的顺利召开、财政资金来源的初步解决、未来发展目标确立及其各项规划、制度的出台，全院教职工对学院未来的改革与发展更加充满信心。

2011 年 10 月 22 日，作者在学院第五次党代会上作题为《不忘初心，勇创一流，共筑百年农工商梦》工作报告

一、强化管理建设，人事制度改革有效推进

1. 学院第五次党代会、岗位设置与人员聘用、中层干部任职期满考核和选拔任用工作顺利完成

召开第五次党代会。第五次党代会是我院发展中的一件大事，也是我院

2011 年的工作重点。我院全体教职员工在党委的领导下，认真贯彻落实上级有关部门的精神，各级领导运筹帷幄定方向、相关职能部门大力宣传入人心、各系部通力合作倡和谐、教职员工积极参与显民主。经省直工委、省农垦总局、省委教育工委和省委组织部的批准，学院于 2011 年 10 月 22 日胜利召开了第五次党代会，圆满完成了第四届党委委员和纪委委员的述职述评工作，选举产生了新一届党委成员和新一届纪委成员。党代会的胜利召开，为学院未来改革与发展指明了方向，更坚定了我们继往开来、开创历史新篇章的信心和决心。

岗位设置与人员聘用工作顺利完成。岗位设置与人员聘用工作是我院改革、发展、稳定的重点工作，它既关系到学院全体教职员工的切身利益，又是学院管理体制的重大变革，对提高学院科学管理水平将起到重要的作用。首轮岗位设置与人员聘用工作的圆满完成，标志着学院人事改革由身份管理全面进入到合同管理，是学院人事制度的重大变革。

中层干部任职期满考核和选拔任用工作有序推进。学院中层干部任职期满考核和选拔任用工作领导小组，对机构设置、干部选拔任用等组织人事问题先后到多所兄弟院校进行调研。通过调研和认真研究，结合学院实际，出台了《广东农工商职业技术学院中层干部任职期满考核和选拔任用实施方案》。通过述职、民主测评、竞争上岗、民主推荐等方式选拔任用中层干部，调动了全体教职工的积极性和参与意识，增强了中层干部的责任感。通过竞争上岗，让有更多优秀人才加入学院的管理干部队伍之中。

2. 强化制度建设，努力提升学院科学管理水平

2011 年是学院的"管理建设年"。学院把狠抓管理建设放在各项工作的首位，大兴调研之风，以制度保发展，以发展促和谐。一年来，按照学院"十二五"规划的总体要求，在学院层面相继出台或正在起草的文件和规划有：《专业建设与发展规划》《教师队伍建设规划》《课程改革与建设规划》《师资队伍建设规划》《校园文化建设规划》和《实训基地建设规划》等，这些新的文件和规划的出台，对规范教学管理，改善教风学风，丰富校园文化，完善教学条件，将起到良好的促进作用。同时，各部门在学院统一部署下，也积极地制定管理制度和管理办法。

二、以学院"十二五"规划为指南，积极推进教育教学改革

教育教学改革是近年来我院发展战略中的核心内容，"领导重视、政策到位、通力合作、开拓创新、成效良好"这几个关键词以浓缩的形式反映了

2010 年 3 月 12 日，广东省高校党建研究会高职高专分会行业院校党委书记专题研讨会在广东工农工商学院举例

2011 年学院教学教育改革的全貌。一年来，各教学部门认真学习贯彻学院"2011 年工作要点"和"十二五"规划文件精神，深入实践，在改革和创新中较为圆满地完成了各项教学、科研任务。

1. 深入学习有关文件精神，全面推进教育教学改革。2011 年以来，我国高等职业教育在管理体制上发生了重大变革，教育部明确将中等职业教育、高等职业教育、成人继续教育由职业和成人教育司统筹管理，并出台了《教育部关于推进高等职业教育改革创新　引领职业教育科学发展的若干意见》《教育部关于推进中等和高等职业教育协调发展的指导意见》等系列重要文件，用以指导高等职业教育的改革与发展。一年来，学院主要领导及教学副院长分别参加了教育部组织的高等职业院校领导干部专题研修班和重点规划班的学习，并将其学习心得在全院范围内汇报，让各级各部门明确了教育部在想什么、兄弟院校在做什么、我们应该怎么做；各部门深入学习领会相关文件精神，并积极组织贯彻落实，确保了教育部最新的改革精神能深入到每位教师心中，对推动教育教学改革起到了良好的促进作用。

2. 专业建设取得新成效。根据教育部、财政部《关于支持高等职业学校提升专业服务产业发展能力的通知》精神，结合学校办学定位及各方面因素综合考虑，确定作物生产技术、市场营销两个专业为申报中央财政支持的重点建设专业，并顺利通过了专家审核。

根据教育部《关于做好 2011 年职业教育与产业发展对话活动的通知》等要求，由热作系负责制作了以"现代热带农业和都市农业"为主题的、体现园林庭院式布局的职业教育与产业发展对接成果展，于 12 月在中山市沙溪镇进行了展示，受到了教育部有关领导和专家的好评。

根据《关于开展 2011 年职业院校对口自主招生三二分段试点工作的通知》文件精神，我院"电子信息工程技术""酒店管理"两个专业被确定为"中高职三二分段"试点专业，成立了学院"三二分段试点工作领导小组"，制定了"广东农工商职业技术学院三二分段试点工作方案"。本学期，在现有两个试点专业的基础上，又新申报了"汽车技术服务与营销""市场营销"和"工商企业管理"三个专业作为第二批"对口自主招生三二分段"试点专业。

3. 加强课程建设、积极推进"双语教学"改革。目前，国家启动了两批国家专业教学资源库项目的立项工作，国家专业教学资源库项目均要求国家级示范性（骨干）院校主持。但经与教育部工商管理教指委等及相关主持院校积极沟通，财经系参与由浙江金融职业技术学院主持的金融专业教学资源库建设，商务系参与浙江经济职业技术学院主持的电子商务专业"网络营销"教学资源库建设，热作系参与江苏农林职业技术学院主持的园林技术专业教学资源库建设。陶正平教授主持"热带病虫害防治"、郑文岭副教授主持的"仓储管理"获 2010 年度省级精品课程，至此，学院已建成 9 门省级精品课程、183 门院级网络课程。

此外，根据一专业一门"双语课程"要求，本学期组织内审专家对上学期开展双语教学的教师进行等级评定，评出 A 等 1 名，B 等 2 名，C 等 4 名。同时举办第二期"双语教学"教师培训及认定工作，全院有 20 名教师参与了培训与认定。

4. 进一步强化校内外实训基地建设。学院作为广东省高技能人才培养基地，省教育厅、财政厅《关于做好 2011 年省高等职业教育专项资金项目建设工作的通知》下拨了 200 万元省财政专项资金建设作物生产技术（热作方向）专业实训基地，目前建设方案已提交教育厅。同时，为加快校内实训基地建设进程，规范建设程序，教务处组织各教学部门按统一的模板拟定了 2012 年校内实训基地建设计划，预计建设资金为 2569 万元。

5. 强化内涵式建设，确保学院质量工程上新台阶。为了促进学院内涵建设，争取在"十二五"质量工程建设项目中取得优异成绩，尽早谋划省级教学成果奖培育优秀项目和省级教学名师培育推荐对象，教务处年初就组织起草了院级教学名师评选办法（修订稿）及评选通知、院级教学成果奖评选通知，经各教学部门组织发动，目前申报工作正在积极进行之中。

6. 科研工作取得新突破。近年来，学院高度重视科研工作的开展，以

第三篇 优化治理赋能办学高效发展

"科研推动教学，以教学带动科研"，制定了相关的激励措施，取得了显著的成效。本年度教职工共立项国家、省、市级项目42项，在2011年全国高职高专院校优秀学报评比，我院学报被评为全国高职高专院校学报核心期刊。

三、财务运行稳定，成功争取中央财政拨款

1. 积极争取国家财政资金支持，增加办学资金来源。2010年，广东省下发了《关于印发〈广东省省属职业技术教育经费预算管理改革试点暂行办法〉的通知》，广东省在省属公办高职院校中全面推行生均拨款。有了地方政府的政策依据，学院党委把争取获得中央财政生均拨款作为2011年学院财务工作重点，组织专班人员起草文件报告，在广东省农垦总局领导大力支持下，困扰学院多年的财政拨款严重不足问题得以部分解决，2012年财政部、农业部的财政拨款预计有7376.57万元（含奖助学金，生均4000元），将比2011年增加6000多万元。这是重大喜讯。

2. 关注民生、逐步提高教职工的收入水平。随着学院的不断发展，让教职工享受学院发展成果，提高教职工的收入水平，稳定教职工队伍。2011年，在收入来源没有增加的情况下，学院提高了教职工的节假日补贴，提高了教师的课酬、行政人员的考勤报酬和聘用人员工资，增长了17.15%，并计划下年度财政拨款基本解决前提下进一步提高教职工收入水平。

3. 开展清产核资工作，加强对固定资产的管理。随着学院的发展，固定资产总额不断增加，2010年底学院固定资产总额达5.4亿元。学院首次组织跨部门的固定资产检查小组，对学院各单位的固定资产的日常管理情况、清查登记及资产报表数据的真实性和准确性等进行了全面检查，制定出相应的改进措施，确保了固定资产的安全和完整。

四、抓好招生和就业，继续保持进出两旺

1. 招生工作继续保持良好态势。2011年学院普高招生专业55个、招生计划6500名，录取7241人，全部高出省线30分且文理科均为第一志愿录取；实际报到新生6338人，完成招生计划的97.5%。

2. 积极开展多种就业渠道。2011年学院坚持以提高毕业生就业率和就业质量为核心，树立政治意识、市场意识、战略意识、服务意识和创新意识，努力拓宽毕业生就业渠道，扎实有效地开展毕业生就业指导工作，较好地完成了各项就业工作任务和就业目标。2011年全院共有毕业生5283人，

截至 12 月份总体就业率为 98.72%。

五、扩大对外交流力度，不断增强社会影响力和知名度

对外交流合作已经成为高职教育过程中不同院校之间以及院校与其他行业之间相互学习、借鉴和展示自身社会服务能力的不可或缺的平台。我院一直重视并积极参与与兄弟院校以及国外高等教育机构的合作交流，取得了良好的效果，有效推动了我院教育教学改革，提高了我院在广东乃至全国的知名度和影响力。

1. 国际交流合作继续深入推进。在稳定推进学生赴德国实习等海外项目的基础上，成功完成 2011 年暑期美国带薪实习项目，并启动 2012 年该项目。

一年来，学院先后与澳大利亚巴拉瑞特大学、英国普利茅斯大学、英国北安普敦大学、加拿大圣文森山大学、美国托马斯大学、新西兰 UNITEC 理工大学洽谈专升本留学项目以及举办美国多所大学专升本留学项目说明会。

2. 对外接待工作进一步推进，学院知名度不断提高。随着广东农工商学院办学实力和社会影响力的不断增大，上级领导对广东农工商学院的关注度逐年增强，广东农工商学院与兄弟院校以及海外高等教育机构合作的力度也进一步加强。2011 年以来，先后有多位上级领导莅临广东农工商学院检查指导工作，国家级雕塑大师潘鹤教授来源讲学，多位国际友人到访广东农工商学院，广东青年职业学院等近 20 所兄弟院校也到院学习交流。

六、以"学生和教职工为本"，不断推动和谐校园建设

"和谐"一词已经并将持续成为学院校园文化建设进程中的关键词，它以"全方位、立体化、真实性、幸福感"传递在农工商学院"教学、科研、人文关怀"等各个方面。

1. 以学生为本，切实关注和支持贫困学生。严格按照公开、公平、公正的原则，学院规范、及时完成了国家奖学金、国家励志奖学金、国家助学金等评选工作，使家庭经济困难学生得到相应的帮扶。2011 年，学院共评审产生国家奖学金 32 人、国家励志奖学金 615 人、国家助学金 2900 人，发放金额 1203.1 万元。同时，努力拓宽勤工助学渠道，增加勤工助学岗位，不断探索和尝试勤工助学新方法、新模式，使勤工助学由体力勤工助学向智力勤工助学方向拓展。学生通过自己的劳动，既缓解了在校期间学习、生活费

用的压力，也得到了很好的岗位锻炼和教育。

2. 以教职工为本，在细节中作大文章。着力改善新校区教职工住宿条件。2011 年下半年，学院为改善北校区教职工住宿条件，统一配置了空调、热水器、沙发，所有午休房也由铁架床全部更换为家用床等。通过这些硬件升级，让居住在北校区的教职工有一种家的感觉。同时，通过积极挖潜，一年来共安排解决了 52 名新入职教师的住房问题。

3. 积极采取各项措施，确保校园各项工作稳定发展。随着我院办学规模的不断扩大和社会影响力的不断提高，"维稳"工作已经成为学院在发展过程中不可回避的重要议题。学院领导高度重视校园稳定工作，多次深入教学第一线和学生宿舍慰问指导，确保了我院校园和谐稳定。保卫处对全院 60 多名安全保卫人员及各校区宿舍管理员进行高校安全保卫人员工作准则、职业操守等业务培训，并充分运用校园网、学院集体邮箱，及时把校园内的治安动态、防范措施、案情通报广大师生。加强师生与保卫部门的互动互助，构建群防群治和谐安定的校园环境。

七、以思想政治教育活动和心理辅导为抓手，全面促进学生综合素质提高

学院通过营造良好的校园氛围，进行以义务劳动为主题的感恩教育、严格的学风建设、公平的评优制度以及全面的心理辅导等措施，有效保证了全院学生的健康发展，全面促进了学院学生身心全面发展和素质全面提高，在德智体等方面获得了新的突破和发展。

1. 运动健儿为学院再添光彩

学院各运动队凭借艰苦奋斗的奉献精神和团结协作的团队精神，在广东省第八届大学生运动会中取得了优异的成绩，荣获了 21 金 8 银 10 铜，夺取丙组（高职高专院校）团体总分、金牌总数和奖牌总数三项第一的大满贯成绩；在 2011 年广东省大学生田径锦标赛中再次蝉联团体冠军，这是自 2006 年以来连续五届在该项省级年度赛事中问鼎团体冠军，加之在两届省大学生运动会田径比赛团体冠军，学院田径队已连续七年称雄广东高校田坛。此外，学院足球队在一年一届的广东省大学生足球联赛上经过努力拼搏，获得第三名；男女篮球队分获 2011 年广东省大学生篮球联赛第三和第二名。

2. 职业技能竞技夺冠齐展农工商风采

一年来，学院学生在各种技能竞赛中取得了优异成绩，共计获得专业技能竞赛奖 111 个，且获奖质量明显提高：获得第四届大学生广告艺术大赛全

国总决赛一等奖，获奖学生同时获得参加伦敦广告节、亚太广告节以及在麦肯光明广告公司实习的机会；第三届全国大学生电子商务"创新、创意、创业"挑战赛全国总决赛一等奖；全国大学生电子信息创新作品赛高职组分别一等奖、二等奖、三等奖，其中一等奖作品——光立方还获得了唯一最具创意作品奖；第二届全国高职高专秘书技能大赛团体总分三等奖和最佳才艺奖；"广东省第八届大学生运动会"会徽设计大赛一等奖；广东省高校杯软件设计比赛一等奖；2011年广东省职业技能竞赛营销师大赛（学生组）决赛一等奖、三等奖，3名参赛选手荣获"未来营销之星"称号。

3. 创新开展"感动校园"十大领航人物评选活动

为进一步加强优秀大学生的榜样示范作用，引领广大学生自强不息、奋发向上，进一步营造创先争优的校园文化氛围，团委组织于展了"感动校园"十大领航人物评选活动。通过个人自荐、组织推荐、网络评选等环节产生的十名优秀学生，来源于学生群体又深深扎根于学生群体，具有广泛的代表性，集中展现了学院青年学子的奋发向上、积极进取的精神风貌，较好地引导青年学生发现感动、传递感动、共享感动，在感动中成长，在感动中凝聚力量。

2010年10月27日，作者看望在第16届亚运会上服务的学生

八、积极开拓培训服务，努力提高社会服务能力

近年来，随着教育教学改革的不断发展和深入，学院承担的各类社会培训的数量和规模也在逐年增加，社会影响力逐步增强，社会知名度不断提高，品牌效应日趋明显。2011年，学院坚持"积极为农垦服务，开拓为社会服务""外拓市场，内强实力"的工作思路，努力做好培训开拓工作。

2011年，培训部共举办各类培训班24期，培训各类人员2097人次，完成培训收入311万元。计算机多媒体技术专业师生完成了广东种业博览会网站（http://www.gd1212.com）项目；热作系积极为"三农"开展科技服务，与从化区科委开展电子商务、品种培育和产品营销等深度合作项目；与蕉岭县中葛南药葛根专业合作社合作开展"葛根栽培及加工技术开发项目"；与增城区仙蜜果农场开展"火龙果苗木快繁技术开发项目"；与清远市华榕农业发展有限公司合作开展"紫淮山、紫沙姜、黑马铃薯种苗快繁技术开发项目"。此外，积极选派骨干教师赴垦区调研，推动垦区生产信息化建设等。

九、继续加大新校区基础建设，给力学院"十二五"战略发展

"重心北移"已经成为学院"十二五"规划中的重要内容，也是保证学院持续发展的战略举措。2011年，学院继续加大基础建设，给力"十二五"发展。按照学院"十二五"规划的要求，对北校东面地块和新置换的15亩地块进行规划，拟建设2幢学生宿舍、1个室内运动馆（含室内比赛标准游泳池）改造装修粤垦路校区使用多年的楼宇，包括：学生宿舍4、5、6号楼和培训楼、教辅楼、学术报告厅等的装修，目前部分项目还在进行中。

2010年3月8日，广东农工商学院举行纪念"三八"国际妇女节100周年活动

十、多方联动，共创和谐农工商

老干办认真学习贯彻落实全省老干部工作会议精神，紧紧围绕学院的总体部署和要求，积极探索在新形势下做好离退休干部工作规律，努力为老干

部办实事、做好事、解难事；工会充分发挥桥梁和纽带作用，配合学院教学管理和改革，认真筹备和组织了运动会和元旦文艺晚会，凝聚人心，确保教职工身心健康，不断完善院务公开制度建设，为创建和谐、幸福农工商起到了良好促进作用，被中华全国总工会授予"全国模范职工之家"光荣称号；图书馆积极开展实质性咨询，拓宽图书馆的服务功能，加强文献资源建设，营造良好的阅读氛围，合理调整各校区的馆藏文献；档案科不断推进档案信息化建设，积极开展档案编研工作，在档案的收集、整理、保管及档案资源的开发利用等方面取得新成绩。

在总结工作成绩、分享体会与成功经验的同时，我们还要居安思危，充分认识学院存在的不足，一是办学资源尤其是经费来源还比较紧缺，面临着老校区修缮、新校区建设的双重压力；二是精细化管理工作整体不平衡，部分项目未能如期完成；三是基于校企合作、产教融合的专业建设还需进一步深入；四是科研创新能力还比较薄弱等。这些都是仍需要努力解决的问题。

2011 年注定是农工商学院不平凡的一年、卓越的一年。而 2012 年将是农工商学院的又一个希望之年。希望全体教职工聚精神、树斗志，让我们在新一届院党委领导下同心同德、求真务实，为开创农工商学院更加美好的明天而继续努力奋斗！

陶行知"生活教育"思想的校本化探索

摘 要

校园实习超市是对"工学结合"教学模式的一种创新，也是从"生活即教育""社会即学校""教学做合一"三个层面对陶行知"生活教育"思想的校本化探索与最佳诠释。此文总结了五年来校园实习超市的发展与进行"生活教育"的探索，并对陶行知"生活教育"思想的校本化实践提出进一步思考。

此文是中国高等教育学会"十一五"教育科学研究规划课题——"高职院校实践教学创新的理论与实践"（项目编号 06AIJ0130182）阶段性研究成果，获中国高等职业技术教育研究会第十一次学术年会优秀论文二等奖，刊发于《高教探索》2007 年第 4 期，第 109—111 页。下载量452 次。

陶行知是我国现代伟大的人民教育家、思想家，尽管他一生中主要从事小学师范教育研究，致力于乡村小学教师的培养，但他的思想对高职教育同样有积极的指导意义（可以认为，培养教师的师范教育是一种特殊的职业教育），尤其是他的"生活教育"思想更能成为高职院特色办学的指导思想。在这种思想指导下，广东农工商职院于 2001 年 9 月 28 日创设了第一个校内实习公司实体——校园实习超市。目前，校园实习超市运行至今已有五年的历程，而从实习超市诞生之日起，其发展就与陶行知"生活教育"思想自然联系在一起，可以说，校园实习超市创建、发展的五年，即是对"生活教育"思想进行校本化实践的五年。

一、陶行知的"生活教育"思想及其校本化

"生活教育"是陶行知职业教育思想的核心，他认为："生活教育是生活所原有，生活所自营，生活所必需的教育。（Life education means an education of life，by life and for life）"为了实现"生活教育"的办学理念，陶行知于1927 年 3 月在南京创办了晓庄师范学校，将"生活教育"思想融入晓庄师范学校的实践中，在实践中发展了"生活教育"，提出"生活即教育""社会即

学校""教学做合一"的"生活教育"三大基本内涵。

　　建立在晓庄师范学校教育实践上的陶行知"生活教育"思想，对我国当代高职教育的改革与发展仍具有很大的借鉴作用，因为它有利于适应生产、建设、管理、服务第一线需要的高等技术应用型专门人才的脱颖而出，是切实为高职教育人才培养目标服务的。既是建立在教育实践的基础上，也必然要求"生活教育"思想与当代高职教育实践结合，为当代高职教育改革服务；体现这一思想的校本性，为这一思想注入时代内容与院校特色。换言之，不同的高职院校必有相同的"生活教育"办学思想，却应有不同的"生活教育"办学模式，这种模式就是"生活教育"的校本化模式。

2018 年 10 月 23 日，作者在"一带一路"中英教育合作论坛上与陶行知的女儿夫妇合影

二、校园实习超市——陶行知"生活教育"的校本化探索

　　五年来，校园实习超市从"生活即教育""社会即学校""教学做合一"三个方面践行着陶行知的"生活教育"思想。

　　（一）生活即教育——过营销生活、行营销教育

　　生活即教育，生活无时不含有教育，陶行知曾说："过什么生活就是受什么教育，过好生活，就是受好的教育；过坏生活，便是受坏的教育；过有目的的生活，便是受有目的的教育；过糊里糊涂的生活，便是受糊里糊涂的

教育。"同样，过营销生活就是受营销教育。

校园实习超市已成为学生营销生活的中心，主要体现在以下几点。

1. 实习超市真正成为社会营销生活和学生生活的一部分

校园实习超市开张时，由于各方面条件所限，只有康达威、圣鹿文化等五六家供货商，与广州其他超市也基本无业务往来，单一的品种、小规模的经营使得校园实习超市自成一体，与社会营销生活基本隔绝。但随着经营与教学的深入，校园实习超市的各项工作也逐渐步入正轨，实习超市开始以主动的姿态走近社会生活与学生生活。一是实习超市从消费特性、人口结构、家庭户数、购买行为等方面对超市商圈内的居民（以教师及学生为主）展开调查，针对他们的消费心理和喜好制定新的采购商品品种与类型，并通过赞助《绿潮》刊物和学生游园晚会进行宣传，使实习超市能率先成为校园营销生活的一部分。二是实习超市的营销圈由校园拓展至周边社区。通过对超市同一路段商圈内的竞争对手进行调查、分析，采取针对性的价格策略，积极主动地参与超市间的竞争，在竞争中使自己成为同一社区营销生活的一部分。校园实习超市正是采用这种由近至远的发展策略，逐步成为社会营销生活的一部分。这五年校园实习超市的业务客户已达 60 多家，与宏城、吉之岛等大型超市建立了业务培训关系，积极参与"香雪杯"营销之星——广东十大金牌营销人大赛，进行了多项企业产品的上市策划，实习超市已真正成为社会营销链条中的重要一环。

按规定，农工商职院市场营销专业学生在实习超市必须进行不少于 30 个学时的实践，但学生与实习超市的结合，在时间上绝不仅限于这 30 个学时，在地点上也不固定在实习超市内，在内容上更不拘泥于超市收银与理货，不少学生在 30 个实践学时基础上，仍直接或间接地从事着与实习超市和营销密切相关的活动。有的承担了实习超市的财务、人事等管理工作，有的主动针对某一市场进行调查，有的上门宣传、派发超市日用生活品种及价目表，有的利用节假日或社会大型活动日进行商品促销，还有的已开始着手为实习超市建立自己的网站。不管承认与否，实习超市已经成为学生生活的一部分，真正成为"生活之教育"。

2. 对学生的教育围绕实习超市这个平台

陶行知在论述中心小学与师范教育的关系时说道："小学乃是师范的中心，先须有很好的中心小学，才能有很好的师范学校。中心小学好比是母亲，也是发动机。"同样，我院学生实习超市作为学生生活的一部分，乃是市场营销专业教育的中心，对学生的教育都是围绕着实习超市展开，处处体现着"生活之变化才是教育之变化"的理念。针对实习超市遇到的一些新情况、新问题，学院及时开设了相关的课程进行配套与补充，例如：结合实习超市运行状况开设"市场营销学"课程的某些专题；结合实习公司企业化运作过程中的管理问题开设"企业管理"课程等。可以说，实习超市真正起到了"生活影响生活之教育"的作用。

3. 实习超市正在成为应济社会生活与学生生活需要的实体

如果教育不能解决问题，那就不算教育。作为社会生活与教育功能于一体的实习超市，能否解决社会与学生的问题，能否应济社会生活与学生生活是关系此类教育模式生存发展的大事。

在院内，实习超市于考试期间，与饭堂、面包生产厂合作，增加了面食早餐销售，并主动在考点附近增设销售点，为那些因赶考而来不及吃饭的考生（尤其是外地考生）提供服务；为配合学院特色专业，实习超市增设了绿色食品专柜，专卖绿色食品，受到了顾客的欢迎与支持。绿色食品专柜除了给超市带来了一定的利润外，还加深了顾客对绿色食品的认识，直接影响了所在商圈居民的饮食习惯，商圈居民对健康饮食更重视了；一年两次的广交会也成为实习超市学生应济社会生活的大舞台，从待人接物、商务洽谈、会展安排等方面，实习超市学生都表现出与年龄和身份不相符的成熟，从实习超市走出来的学生已经成为广交会商贸生活中不可缺少的一道风景线，为广交会乃至社会营销生活都注入了一股清新的活力。

实习超市在应济社会生活的同时，也同样应济着学生生活的需要。实习超市所提倡的"以商资学"理念为许多学生提供了院内勤工俭学的机会，使众多贫困学子能继续他们的学业。这些勤工俭学的报酬也许在很大程度上就改变了一个学生的命运走向；实习超市所具有的企业化组织、市场化管理，使许多学生从进实习超市那天起就具有强烈的职业感与市场竞争意识，实习超市从根本上改变了他们纯学生的心理，使他们在院内就已经完成了向社会人、职业人的转变。从实习超市出来的学生能立即找到自己的职业定位与岗位，实习超市对他们就业乃至以后数十年职业发展的影响都是深远的，实习超市已成为"为着应济生活需要而办之教育"。

（二）社会即学校——把社会当成一个无形的大卖场和大课堂

实行社会即学校这条原理，则教育的材料、方法、工具、环境范围都可以大大增加，学生和先生也可以多起来，校外有经验的行家，学生可以领教；校内有价值的活动，外人也可受益，这对改革传统的封闭式教学具有重要的指导意义。

当前，农工商职院学生实习超市占地100多平方米，但实际上，学生的营销活动范围早已超出这100多平方米，在学生眼中，校内学生实习超市可以在范围上向外无限拓展，社会就是一个没有边界的学生实习超市，学生在社会这个大卖场自由地进行着营销生活（如前述的企业产品策划、商品促销等），把在实习超市中所做的、所学的运用到社会营销生活中，解决营销生活中碰到的种种问题，学

2012年11月，会议期间看望正在白云国际会展中心东方厅实习的学生

生们与社会上的销售人员一起工作、生活，向社会上所有的销售人员学习。如实习超市学生先后与"康师傅"促销员、"一冲茶"公司促销员一起为产品做促销，在促销活动中得到了专业销售人员的悉心指点，受益匪浅。学生们甚至将社会营销中所遇到的种种突发问题带回学生实习超市互相研讨，用于改进学生实习超市之不足，提高对商圈客户的服务水平。在这个过程中，学生既动手、又动脑，社会成为学生眼中的一个无形大卖场和大课堂，也成为学生生活、学习的中心。

（三）教学做合一做什么就学什么、学什么就教什么、缺什么就补什么

"教学做合一"由三部分组成，"一是怎样做便怎样学，怎样学便怎样教；二是教法、学法和做法应当合一；三是教学不只教人学，更为重要的是教人做事"。以上三个方面，"做"是"学"的中心，也是"教"的中心；教学做是一件事，不是三件事。

营销中"营"是关键。这种"营"不仅需要"做"，更需要在"做"中不断思考，不断去"学"。从这种意义上说，营销是一项活动，更是一门艺术。它的艺术性表现在"劳力上的劳心"，表现在真正意义上的"手脑并用"。营销的性质要求市场营销专业的学生"手脑并用"，在校园实习超市内，这种"手脑并用"表现在"做—学—教"的逻辑发展轨迹，证明于教法为做法、学法服务的事实中。"亲用自己的手去做，借用团队的脑去想"是学生实习超市的一项组织文化。学生通过采购、存货、收银、理货、门面装饰、盘点、走访客户、产品策划等系统化的"做"，用自己的头脑将所

"做"所"为"的感性认识提升至理性认识，将这种个人理性认识通过总结、汇报、营销协会活动等形式在营销团队中进行交流，把个人理性认识上升至集体理性认识高度，通过个人的"做""学"形成集体的"做""学"，经由自我的"教"转向集体的"教"，这样的方式最终促成了由"做"向"学""教"的转变。

导师制是农工商学院针对学生实习超市运行而量身定制的"教"学法。它源于学生在实习超市工作中需要进行营销团队协作，也源于学生在实习超市工作中会碰到亟待解决困难与问题，而这是传统课堂教学法所难以解决的。针对实习超市所具有的企业化运转方式，导师制采用"师傅带徒弟"的企业培养方法，把学生分为若干个实习小组，各指定一名专业老师作导师，导师的职责主要是加强个别辅导，同时也经常性地召集本实习小组的学生进行协作与分工方面的事宜。五年的实践证明，导师制有利于学生营销活动的问题解决，也有利于学生间的营销合作，真正体现了教法与学法、做法的合一，是课堂教学和实践教学的延伸和极好的补充。

在五年的市场营销生活中，在与学生们共同"做"的基础上，导师们围绕实习超市自编了大量的校本化教材，这些教材体例活泼、富有强烈的生活气息与亲切感，真正体现了"过什么生活用什么书，做什么事用什么书"的教学做合一之教科书理念。其中，有两本教材成功入选了"十一五"国家规划教材。

三、陶行知"生活教育"思想校本化实践的进一步思考

构建校园实习超市是对陶行知"生活教育"思想的有益探索，具有积极的意义，但在实践中也存在不足。我们不能为构建实习超市而构建实习超市，不能满足于建其"形"，要实现校园实习超市由"形"向"神"的过渡，达到"形神一体"的目标。为此，笔者认为尚需要以下三方面的进一步探索。

1. 丰富实习超市的生活内涵，深化实习超市生活对专业的辐射带动作用

学生实习超市的"生活内涵"是建立在其真实性的基础上，这种真实性，源于实习超市的法人地位（除了业务指导关系外，学院与实习超市没有其他任何关系），源于实习超市所直面的社会营销生活。面对残酷的市场竞争，实习超市在开业初期受竞争的影响，经营一度十分困难，但实习超市始终没要求学院的"输血"，始终坚持"自主经营，自负盈亏"的发展理念。正是这种营销竞争的残酷性，才真正丰富了实习超市"生活教育"的内涵，真正成为校外实习基地和校内模拟实验室外的第三种模式。

2001 年 12 月，广东省经委副主任杨开茂、省营销学会会长温力虎等考察"老板的摇篮、学子的乐园"——广东农工商职业技术学院（广东农工商学院实习超市）

这几年，广东农工商职院采取了"七个一"工程来完善市场营销专业人才能力的培养，其中的"组建一个协会""参加一次竞赛""策划一个项目""深入一个产品或企业"就是为了丰富实习超市的生活内涵而开展的。学院营销协会自 2001 年 10 月创办以来，围绕实习超市的日常运转，每月举行营销沙龙活动，内容包括营销专家学术讲座或个案点评、企业家营销实践体会、学生演讲与辩论会等，形式多样，已成为实习超市营销生活的延续。当前，要继续健全营销协会的各项规章制度，使这一组织机构与活动日益规范化、科学化，真正成为沟通校园实习超市生活与社会、学生生活的桥梁，一方面通过承办或协办社会上的营销活动向外展示实习超市的营销生活，另一方面积极把社会营销生活引入校园，丰富实习超市的生活内涵。

在丰富实习超市生活内涵的基础上，采用"实超带动专业"的专业建设策略，围绕实习超市做好相关的专业建设配套。例如：根据实习超市的实际运转情况，缩短校本化教材的编、修周期；根据实习学生工作、生活的新特点，进一步完善导师制，不断改进专业教学法，探求做、学、教最有效的结合；提出实习超市营销生活所需的能力模块，根据这一模块构建相应的课程包，以加快对专业课程的改革与重构。实习超市正是以这种潜移默化的方式影响着专业的教材、教法、课程建设，最终对专业起辐射带动作用。

2. 推广实习超市的"生活教育"教学经验

作为校内实习公司制的试验田，校园实习超市用五年的发展证明了其进行生活教育的可行性，开创了一种新型的"工学交替"模式。学院要及时总结校园实习超市的发展经验，尤其是在"生活教育"中的探索成果，利用这些"校本化"成果将实习公司制推广到其他专业中去。当前，广东农工商职院的财经系和电子工程系正分别构建方周财税咨询公司与电子装配工厂，院内实习公司制发展开始形成由点至面的局面。

3. 真正发挥院内实习公司制对高职教育"工学结合"模式的示范性作用

各高职院由于自身条件与办学环境不同，对"工学结合"教学模式也应有不同的选择。换言之，一种"工学结合"模式对一所高职院校有效，对另一所高职院则未必有效。因此，对院内实习公司制只能借鉴而不能照搬照抄。

　　要真正发挥校内实习公司制对我国高职教育"工学结合"教学模式的示范作用，在加强宣传的基础上，更重要的是与各类高职院自身条件结合起来，校内实习公司制未必要体现在一所高职的所有专业上，但应尽可能体现在这所高职院校的特色专业中，结合本校、本专业的实际情况灵活地运用校内实习公司制。

艰苦创新业，勤政为师生

摘要

2019年10月22日，作者卸任学校党委书记。按照上级组织规定，离任审计需要提交个人述职报告。以下是作者个人提交的部分报告内容（因涉及内部资料，部分数据只用相对数或隐去）。

2006年10月至2019年10月，主持学院党委全面工作整13年，后五年还直接分管马克思主义学院和审计科，联系国际交流学院工作。任职以来，始终维护党中央权威和集中统一领导，始终以"立德树人"和"办人民满意教育"为宗旨，始终牢记党建工作"第一责任人"的使命，推进全面从严治党，抓大事、抓重点。在工作中兢兢业业，勤勉务实，敢于担当，带领班子团结协作、教职工上下共同努力，认真落实省教育工委、省直工委和农垦总局党委（党组）工作部署，加强党的建设，组织并保障学院各项工作积极开展，学院事业提质升级，办学实力不断增强：教职工数量增加1.8倍，高职称高学历骨干教师增加4.2倍等；完成新校区校舍建设22万平方米，学校资产达10.67亿元，新增资产（同比口径）8亿多元，全日制在校生由10922人发展到20360人，以及来自25个国家91名国际学生，学院获得广东省文明单位（2015年）、广东省示范性高职院校（2012年）、广东省"依法治校"示范校（2015年）、广东省"一流"高职院校建设立项单位（2016

2011年5月25日，农业部副部长高鸿宾在赖诗仁局长、陈少平副局长等陪同下考察农工商学院新校区

年），广东省"五四红旗团委标兵"（2018—2019 年度）；2017 年度同时获全国高职院校"服务贡献""教学资源""国际影响力"三项"50 强"，连续两年（2017 年度、2018 年度）获全国高职院校"国际影响力"年度"50 强"；全国高校践行社会主义核心价值观"示范团支部"（2015 年）；学院综合实力第三方评价排名中连续四年大幅提升，"2019 年中国高职高专院校竞争力排行榜"居全国 1412 所中第 133 名［中国特色高职院交（ccvc）基础发展力全国排名第 6 位、社会服务力第 44 名、综合实力第 46 名］；广东省"创新强校"考核保持第一方阵，多次获省农垦总局党组、省直机关工委及省教育工委党建考核"优秀"或"排名靠前"等。

一、不忘初心，确保社会主义办学方向

认真贯彻落实中央、省委的决策部署，加强党的全面领导，按期进行党委换届工作，先后主持并顺利完成学院第四次、第五次、第六次共三届党代会，学院党委委员由 7 名增加至 9 名。认真落实党委领导下的校长负责制。组织完成一至四届干部考核换届工作，培养与推荐、提任干部 208 人次。《高职教育创新发展行动计划（2015—2018 年）》《国家职业教育改革实施方案》等文件一出台，即迅速组织学习落实，并在第一时间研究部署示范性院校、"一流"院校、优质院校和"双高"计划等创建工作；"十一五"期间以评估获优与整改为契机，以新校区建设与发展为平台，以争创示范性院校为目标，以着力建设"农"字品牌专业群为特色，开启"第三次创业"，推动学院办学实力整体提升。为了精准对接广东农垦"产业走出去"的需要，2009 年创新提出建设"省内一流、全国知名、东南亚有影响的具有南亚热带农业产业特色的高职院校"的目标。"十二五"期间以保持规模适度增长、优化专业结构为基础，以全面提高教学质量为核心，以建设高素质教师队伍为关键，着力建设中国南亚热带农业产业重要的人才培养和技术推广基地、广东高职教育的示范基地、国际先进职业教育模式的推广基地，推动学院建成"省内一流，全国知名，东南亚有影响"的具有南亚热带农业产

2012 年 4 月 19 日晚上，作者为全体学生骨干作"农垦事业发展与大学生成长"的专题报告

业特色的高水平职业院校。"十三五"以来，以建设"一流"高职院校为目标，深化教育教学改革与创新为动力，以全面提升社会服务能力为重点，努力配合"一带一路""乡村振兴""粤港澳大湾区建设"等国家发展的需要，提出"蓝海战略"10个目标设想，从办学形式、办学层次、办学规模和办学特色做出新的谋划，主动提出发展新农科、新工科、新商科，充分体现了学院行业办学、特色发展、服务广东、面向国际的办学方针，累计为广东经济社会培养输送技术技能人才7万多名。

二、牢记使命，履职当好党建工作"第一责任人"

以高度政治自觉贯彻落实党建工作"第一责任"，从严治党，确立学院党委工作思路是"两抓"，即一抓班子、带队伍、理思路、谋发展，二抓协调、暖民心、促和谐、保稳定；坚持定期召开党委会，自觉落实党委会"第一议题"制度；主动调研提出"艰苦奋斗、自强不息"的办学精神和"立德博学、知行合一"的校训等，修订办学章程并获得省教育厅批准公布；完善党委中心组学习和总支中心组两级学习制度；组织党务干部、学生管理队伍、中层干部先后到延安党校、北京大学、浙江大学等培训学习；创设二级学院党总支专职组织员模式，探索双带头人培养路径；克服困难，建立完善纪检监察室，在党总支、党支部增设纪检监察专员；建立纪检监察审计年度联席会议制度；探索二级部门负责人内部经济责任审计制度，在一定程度规范了内部管理；担任广东省高职院校党建研究分会第二届（2012—2014年）理事长，创新工作、积极服务、破解事业单位分类改革等难题，促进省内外高职院校党建工作与学院内部治理机制交流，获得较高评价。

2006年至2016年期间亲自抓扶贫工作，并提出将扶贫工作作为学院服

2007年11月3—4日，广东农工商学院第一期中层干部培训班

2017年12月13日，广东农工商学院第三届中层干部期满考核大会

务社会主义新农村建设和践行加强基层党组织建设的重点工程，连年考核获好评；积极推动基层党建品牌建设工作，并撰写专文《规范基层组织建设，树立特色党建品牌》加强指导。2018年智能工程学院教师党支部获省教育工委"三创型"支部、学生党支部获省委宣传部"学雷锋示范点"，2019年热带农林学院获"全省党建工作标杆院系"、马克思主义学院获"全省党建工作样板支部"、图书馆党支部获省直机关工委先进基层党支部，财经学院"传承'爱'的文化基因，点亮基层党建品牌"入选省教育工委学校党委建工作创新案例二等奖、机关第六党支部"党员献六心，服务见真心"入选省教育工委学校党委党建工作创新案例三等奖等。

三、科学决策，攻坚克难破解困境

13年时间里是学院体制机制重大变革时期，也是学院建立以来校园建设高峰时期。学院由成人转制为高职院校进行许多创新与突破，取得了卓越成绩。但一直没有公办院校项目经费、生均拨款，尤其是新校区建设面临着巨大经济压力。2006年年度预算收入只有8307.5万元，经费是"捉襟见肘"。任职后积极向省委省政府、总局、教育厅、编办、人社厅和财厅等汇报沟通、解决发展难题。首先是以管理提质量、以发展求支持，获得广东省教育厅认可与支持：在省教育厅统筹安排"省属高职院校经费"中"以支持'困难学校'名义"每年获280万~400万不等的"专项经费"，连续五年累计获得"省财政拨款"1530万元（此项"特殊支持政策"直至学院正式明确农业部生均经费渠道）。

2008年1月19日，创示范研讨会暨中层干部赴垦区考察

虽然，这在一定程度上帮助学院解决了没有"生均经费"时的燃眉之急。其次是以服务为宗旨、以贡献求支持，把学院办成全国农垦系统知名度

高、规模最大的职业院校,并不懈努力积极争取,在省农垦总局领导大力支持帮助下,终于解决了学院财政拨款问题,2012年起获得中央财政生均拨款资金3371.37万元,至2019年度达到1.72亿元。2019年总收入3.89亿元,其中财政拨款1.72亿元,分别是2006年的4.68倍、54.55倍。最后,以创新强办学、以内涵求支持,通过校企合作、协同育人、品牌专业和精品课程建设等"强师工程""创新强校工程"等,2014—2019年累计获得省财政资金6639.26万元。

传承艰苦奋斗、自强不息的农工商精神,一方面是开源,另一方面是节流,"坚持少花钱多办事、不花钱也办事",尽可能把有限资金投入到学院发展与人才培养。面对进入扩招、基建建设"双高峰",学院经费预算极为紧张,新校区建设无法做到一次性设计更无法做到一次性建设,因而处于边调研、边论证、边决策,常常为先上什么项目、上多大而反复讨论,再加上缺乏校园工程建设经验常需要增补或调整,一个月下来党委会五六次也是常有的事。而对于一些风险性决策更是常常是令人焦虑!因为,一方面希望在支出上能省则省,另一方面又担心限价太低导致"流标",影响工程建设目标进度。其中,新校区第三教学楼建设的决策审议就是典例:当时经第三方工程预算编制造价为3100.63万(平均每平方米2529元);有关部门审计核定的造价2674.89万(平均每平方米2182元),按"常规"加上不可预见费需3000多万,后经反复质询论证,结合经验与研判,最后"顶着风险"确定其招标最高限价为2374.98万元(每平方米1937元)、不可预见费300万元。说实在的,第三教学楼从决策到工程最终完成,作为决策主持人内心是一直焦虑着。因为此项工程设计完成时间已一推再推,教学课室因搬校区已非常拥挤,倘若因自身决策原因耽误确实压力不小!当然,结果证明是正确的、也是值得的。此项工程(第三教学楼)建设,不仅按期保质保量完成,

2012年3月31日,组建"南亚热带农业工程规划研究院"专家论证会合影

而且比原预算节省了数百万元,实际结算为2400多万元。

新校区建设发展期间,不少兄弟院校及上级领导、专家到访学院,问到最多的是"学院在没有财政拨款情况下怎么建设发展新校区",当时总结回答是"四个一点",即上级与财政拨款争取一点、银行贷款一点、教职工借款一点、自我发展积累一点,确保一切向教学倾斜、服务学生优

先、保障民生需要（这是作者自己担任党委书记 13 年始终坚守的理财思想），加速资源投入、快速流转，其中不到 10 个月完成新校区一期建设并投入使用，首批（2007 年秋季）入住新生 1922 名。此后每年在资金短缺情况下做到了边规划、边建设、边使用，在确保安全前提下做到当年建设、当年使用、当年产生效益，创造出"农工商奇迹"，仅有 1000 万（事实上抵扣后来出让地铁口占用地块 900 平方米所得 260 多万元上交国库后，仅有 730 多万元）财政拨款，六年间建起占地 33 万平方米校园、22 万平方米校舍、容纳 15000 人的办学规模。真正是困难中艰难发展、发展中解决困难！

2008 年 1 月 18—22 日，创建示范性院校第四次研讨会　　2008 年 7 月 14—15 日，创示范校第五次研讨会

抢抓机遇、寻求政策、多方努力，破解学院发展"瓶颈"：除了前面所说破解生均拨款问题外，一是破解人事编制。学院转制后办学规模扩大、教职工增加，但人事编制仍然是建院初期的 211 名，有相当一部分属于"超编"。对此，上任后第一件大事是立即着手启动学院人事编制定编扩编工作，经反复、多方努力使学院事业编制增加至 677 名。二是破解教职工养老并轨。在国家、省全面启动事业单位分类改革后，积极顺势而为、全力争取、破解困局，2011 年完成普通高校岗位设置；2017 年纳入省属公益二类事业单位；2018 年全面落实离退休教职工养老并轨问题，解决了教职工的最大后顾之忧；2019 年厘清核定在岗教职工养老并轨及相关费用退缴问题等，以及反复诉求、参照省属高校解决在岗教职工年终绩效和离退休教职工年终慰问金问题。三是破解学院"属性"问题。2017 年 7 月，面对省编办改革方案要求，学院划转到省属（划归省教育厅管理或省人力资源社会保障厅）管理，若继续由农垦管理，就必须按国有企业举办，归入"直接登记设立的事业单位、取消编制管理、取消级别、经费自筹"的"两难"困局；划归省教育厅，不符合广东农垦改革精神，学院的办学资源有可能大幅削减；转国

有企业举办、直接登记事业单位、学院数百名教职工的切身利益和今后人才引进吸引力都将大幅度降低，投入及发展后劲将断然改变！多个月里苦苦思索，与团队同志顶住压力、据理力争，态度坚决而明确提出"广东农工商学院是一所为数不多的优质大校，不仅为农垦也为广东培养各类人才、做出了巨大贡献，必须保护好、发展好广东农工商这所优质学院！否则都可能是'罪人'！

2008 年 5 月 15 日，广东农工商学院 2008 年人才工作会议

此事思考与解决不能'非此即彼'而应拓宽思路或者有更好的'第三通道'，如是否可能参照省部共建思维建设好广东农工商"等建议。努力，学院最终获得有关部门的认可与支持，争取到目前"相对好"的解决方案，实现省主管部门、总局、学院三方"共赢"。

四、立德树人，坚持人才兴校、特色发展

坚持以"人才是第一资源"为指导，牢固"专业是王""教师是关键"的办学治校理念，按照"'农'字做优做特，'工'字做大做强，'商'字做名做精，兼顾人文艺术发展"的专业建设定位，以及凸显"农"字品牌和国际化发展的要求，一是明确提出"外引内培""不求所有但求所用""一岗多能""向一线倾斜"的建设思路，培养一支素质优良、核心精干、结构

2012 年 11 月，广东农工商学院与湛江农垦局签订师资培养基地 10 个

合理、数量够用的师资队伍。二是广开门路招贤纳才。以农科类专业教学团队为例，作者亲自率队面向全国招聘骨干教师，从创设至今已组建培养出一支拥有教授 7 名、副教授 12 名、博士 12 名，专业教师中高级职称及博士学位教师占比为 63.6%，其中国务院特殊津贴专家 1 名、全国"五一劳动奖章"获得者 1 名、省级教学名师 3 名、省高职教育领军人才 1 人、省

级高等教育优秀青年教师培养对象 1 名等组成的教学创新团队。三是强调重点引进博士、海外留学或工作背景人才和企业能工巧匠。四是创新在垦区建立 20 个师培基地，组织教职工特别是新入职教师到垦区挂职锻炼，让教师了解农垦、熟悉产业。累计有近 200 名教师先后到了农垦企业挂职。五是开拓建立专业教师海内外访学及国（境）外培训项目，努力多选派，累计有近 300 人次。六是实施"专兼聘、简政放权、因事用人、因岗计薪"等新政，同时尽可能一人多岗、少人多干事，大大节省了人员经费，不完全统计年均节省近 2000 万。这在很大程度破解了学院"大建设"发展时期的经费困难！

五、改革创新，主动担当落实重点工程

2007 年提出并成功创办"广百商学院"，获得来自农垦系统外的企业首笔赞助资金 50 万元，其模式也较教育主管部门提出"创办特色产业学院"整整早了八年，并成为全国高职院校校企合作"典型案例"；2007 年组织策划农垦人才招聘专"柜"，学院自筹经费按每名毕业生到农场就业资助 2000 元，引导毕业生到农垦建功立业；2008 年率先在高职院校推行"中层干部任期制"，让德才兼备、想干事、能干事、干成事的年轻干部尽可能培养成长，2010 年率先在高职院校中推行"辅导员从应届硕士研究生中招聘入事业编制"，启动中层干部换届培训和完善新教职工入职培训制度；2012 年率先倡导在非语言类高职院校开设泰语、柬埔寨语、马来西亚语课，2015 年在农垦海外企业设立泰国、柬埔寨、马来西亚学习中心，组织师生赴农垦泰国、柬埔寨公司实习；2013 年抢先机推动专本协同育人工作首获成功，在顺利完成与嘉应学院首届"2+2"培养目标基础上，多方努力，2019 年又成功推进与韶关学院"4+0"获省厅立项；适应国际化办学发展需要，2015 年成功将 BTEC 项目列入广东省普通高校独立招生目录；抢抓机遇，2012 年牵头筹划广东热带农业工程规划研究院（筹），2017 年成立东南亚研究所和全球华人营销联盟职业教育委员会，致力推进招收马来西亚留学生及农工商学院与砂拉越科技大学师生互访交流工作，积极联系援外培训项目等；参与筹划粤港澳大湾区职教产教联盟和广东省"一带一路"职教联盟并分别兼任副理事长，2018 年主动推动"广东省南亚热带休闲农业工程技术研究中心"和"广东农垦经济与乡村振兴研究中心"申报并获立项；启动并连续举办三届学院毕业生就业（创业）之星评选，以树立榜样力量鼓舞学子奋发向上；2018 年积极探索"因事设岗（A、B、C 岗）、按岗定薪，二级院（部）自主招聘"；2019 年暑假策划并推进科技特派员赴五华、大埔两县 19 个贫困村

对接，策划培养地方村两委及其后备干部和特困青年学习作物生产技术，成为省、全国"扩招百万"的典型案例，继而推进了学院与两县的全面战略合作伙伴。此外，在省委党校学习结业论文、国家教育行政学院培训结业论文均分别被刊入《省情研究》《全国高职院校书记校长研修札记》，撰写的《中国高职教育'走进东盟'的作用与建议——以广东农工商职业技术学院实践为例》被送国家部委参考等。

2014年1月21日，春节前夕作者看望在广州花卉研究中心等实习的学生

2014年3月5日晚，作者到宿舍与学生交流

六、坚持一线，率先垂范做教学科研

作者任职党委书记仍坚持随堂听课不断线，指导帮助青年教师或新教师健康成长，累计听新教师的课130多人次；坚持晚上为全日制在校学生上课，并将主讲课程先后建设成为教育部工商管理教指委精品课、国家级精品课、国家级精品资源共享课和职业教育国家级市场营销专业资源库核心课程，主持带领团队完成国家级专业教学标准2个，主持并获得国家级教学成果二等奖1项，以上都成功实现学院"零的突破"。在自身示范和大力支持下，学院累计获得国家自然科学基金、社会科学基金各1项，中央财政重点支持建设专业2个、国家骨干专业8个、国家级大师工作室1个、省级品牌专业17个（其中

2019年5月21日晚，"商务谈判"模拟谈判课谈判队员合影

一类品牌 3 个），省级品牌专业数在省内同类院校名列前茅。省级以上教学成果奖 9 项，先后在中国职教学会"'一带一路'职业教育国际研讨会"、全国商贸职教联盟年会、广东高职研究会年会和广东营销学会学术年会等全国、省级会议上作题为"服务'一带一路'的广东农工商学院方案""开创新商科人才培养的新时代""对接产业高端，服务区域发展"和"粤港澳大湾区市销人才培养思考"主旨演讲；通过承担国家级、省级教改科研项目及省级优秀教学团队，直接指导培养 70 多名青年教师成长，被授予"全国高职院校支持科研工作书记校长"、广东省营销学会成立 30 周年"营销理论创新突出贡献奖"等。

七、关注民生，努力建设幸福农工商家园

积极倡导构建"大学理念、农工商精神、南亚风情、绿色生态元素融为一体"的农工商校园文化，力争建设节约型、生态型、和谐的校园，引领打造"师生幸福、社会认同"的"百年农工商梦"。面向基层，注意倾听师生诉求，持续改进民生，不断提高教职工收入水平；坚持每学期上好思政"第一课"，常深入学生宿舍、饭堂与学生交流，主动参与学生社团活动；累计投入 1 亿多元，全面解决学生使用热水、空调问题；致力推动校友会筹建工作；尽可能争取政策、用好政策，持续努力提高教职工（含离退休教职）收入水平，2019 年全年人均收入在职教职工、离退休教职工分别是 2006 年4.39 倍、4 倍；为服务学院工作 30 年教职工颁发"筚路蓝缕、感恩有您"奖状；致力推动教职工旧楼加装电梯工作；倡导每年为新晋 80、90（岁）离退休教职工祝寿、为金婚钻石婚离退休教职工祝福；坚持一年一度"教职工新年文艺晚会"，凝聚人心并成为品牌，学院获全国总工会"模范职工之家"、个人获广东省总工会"广东省优秀职工之友"。

2018 年 10 月 17 日，作者为学院金婚、钻石婚离退休教职工祝福，
为新晋 80、90 岁教职工祝寿

第四篇
校企合作是高职院校办学的必由之路

    产教融合、校企合作是深化教育教学改革的必然要求，是高职院校人才培养主动对接产业优化升级需要的重要举措。高职院校必须开门办学，创新合作组织，创新教育培养模式，扩大教育供给资源等。对此，广东农工商学院主动思考，率先创办校内专业实习公司，主动对接龙头企业创设产业学院，大胆走出国门与中资企业共建海外培训基地。

"强强联手" 逐梦 "商界黄埔军校"

摘 要

2007 年 3 月 29 日，广东农工商学院与广州百货企业集团有限公司举行校企合作签字暨"广百商学院"揭牌仪式，全国知名品牌专业与行业标杆企业深度合作，共同打造"商界黄埔军校"，率先探索校企合作共建特色学院模式，成为为全国高职院校典型案例。在"广百商学院"揭牌仪式上，作者作了以下发言。

今天，是值得庆贺的日子！因为，我们将在这共同见证，广州百货企业集团有限公司和广东农工商职业技术学院合作共建"广百商学院"和"广州百货企业集团有限公司 广东农工商学院 培训基地"的签字仪式和揭牌仪式，与此同时，广百集团将捐赠 50 万元人民币资助广东农工商学院人才培养工作。这是广百集团作为具有强烈责任感的企业，"取之于民、用之于民，反馈社会、支持公益"的重要举措！谨此，我提议：让我们以热烈的掌声表示崇高的敬意和衷心的感谢!!

我们了解，广百集团是广东省、广州市重点发展和扶持的大型国有商业集团，拥有资产近 30 亿元，经营规模排名中国商业企业百强第 22 位，直接控股参股企业 118 家，其中属下的广百股份是全国大型零售店十强之一。

争做行业榜样、成为行业典范、打造行业龙头品牌，不但是广百集团的目标，也是广百集团的未来。

而我院是一所培养高素质应用型人才，目前以商务管理类为主，农工商专业群并举协调发展的省属公办普通高校。学院有 23 年的高等教育办学经验，2003 年荣获"广东省职业教育先进单位"称号。2005 年被评为教育部高职高专院校人才培养工作水平评估"优秀院校"。2006 年广东省第七届大学生运动会上，获全省高职高专院校组团体总分第一、奖牌第

广百集团捐赠 50 万资助广东农工商学院人才培养工作

一、金牌第一和足球冠军。《南方日报》专题报道《广东农工商学院名扬省大运会》！2006届毕业生总体就业率为96.2%，排在广东省同类院校前列。

目前，学院有三个校区，占地1208亩，开设专业及方向50多个，其中市场营销（商业企业管理）专业是省内大专院校之最（开设历史最长、培养人数最多、社会影响力最大）。全日制在校生11115人，拥有一支教授、副教授或博士的高职称、高学历、高素质专业骨干教师队伍，馆藏图书80多万册，建立校内外实训实习基地200多个。

我院同时是农业部华南农垦干部培训中心、全国企业领导干部工商管理培训院校、广东省科技人员继续教育基地、广东经贸委中小企业局和广东连锁协会"零售店长资质培训认证"培训基地，每年培训各类管理人员2000多人，培训范围涉及全国10多个省市自治区。

此外，我院积极开展国际教育合作，先后与德国、英国、美国和马来西亚等国教育机构合作培训教师、组织学生出国实习和升学等。建院23年来，学院培养了各类专业人才3万多名，其中不少已成为大中型企业和地方党政部门的中高层管理人员或技术骨干。

我院长期以来"坚持以服务为宗旨，以就业为导向，走产学研发展道路，为社会主义现代化建设培养千百万高素质技能型专门人才"的办学方针。进入"十一五"规划，学院更是明确提出了"创建国家示范性高等职业院校"的目标。

今天，广百集团与广东农工商学院，作为在各自业界都有一定影响、具有强烈社会责任感的两个单位，为了共同利益，经过多次协商、达成了共识，合作共建"广百商学院"，实现了校企合作、互动双赢的战略伙伴关系。

我们深知——合作共建广百商学院：有利于建立双向服务、双向受益机制；有利于改革学院人才培养模式；有利于加强产学研深度合作，服务企业；有利于满足企业提高员工素质，储备后备人才，开发创新能力的需求。

我们承诺——作为广东农工商学院，将认真履行协议约定的职责，充分发挥自身的智力优势、技术优势、人才优势和办学优势，以服务求支持，以奉献求发展，积极为广百集团提供智力和人力支持，积极配合企业开展人才订单培养、员工培训、项目咨询和科研合作等工作。同时，借助企业平台，进一步提升学生实际动手能力，进一步提升"双师型"教师队伍素质，进一步彰显办学特色，打造高职教育品牌。

我们希望——通过双方的紧密合作，强强携手，最大限度提升各自品牌价值，并在双方各自领域牢固树立竞争优势，谋求更大的发展空间，做大做强企业，办好办优学校，育好用好人才！

我们期待——通过双方的不懈努力，为广百集团乃至广东、华南地区培养造就一批商业界经营精英，共同把广百商学院打造成新世纪商界的"黄埔军校"！

我们相信——有双方的真诚与努力，合作一定能取得成功！我们的目标一定能够实现！并一定能够为广东省乃至全国高职院校的校企合作提供有益的借鉴！

我们祝福——祝福双方合作圆满成功！祝福商界"黄埔军校"早日打出品牌！祝福广州百货企业集团有限公司生意兴隆、财源广进！

广百商学院揭牌仪式合影留念

"云山模式"对高职院校校内实训基地建设的
启示与借鉴

摘　要

当前，实训基地建设已成为我国高职教育发展的关键。在国家、企业投入相对有限的情况下，建设校内实训基地或许可以另辟蹊径。此文通过借鉴广东外语外贸大学云山勤工助学基地的建设，在比较其与高职校校内实训基地异同的基础上，提出建设高职院校校内实训基地的四点建议。

此文是中国高等教育学会"十一五"教育科学研究规划课题——"高职院校实践教学创新的理论与实践"（项目编号06AIJ0130182）阶段性研究成果，刊发于《中国高教研究》2008年第11期，第60—62页，并被广东外语外贸大学赞誉与"收藏"，认为自己"探索多年"却从未认真总结出"云山模式"，典型的"会干不会起名字"。

一、提出的背景

2003年9月，为充分发挥勤工助学岗位的济困育人功能，广东外语外贸大学出资建起了学生勤工助学基地，下设云山咖啡屋、云山网球俱乐部、云山健身室等七大经济实体，完全交由学生自主创建、自主管理。经过四年的发展，学生勤工助学基地规模迅速扩大，作用日益突出，不但拥有云山系列注册商标，扩大了在周边地区的影响力，而且为贫困学生提供了2000多个校内外兼职及助学岗位，把将近100万利润重新注入学校的济困助学基金库，以"滚雪球"的方式不断扩大着勤工助学基金，最终实现"取之于学生，用之于学生"的良性循环。为了便于讨论，以下将这种勤工助学方式定义为"云山模式"。

根据高职教育培养技术技能型人才这一特殊性质，实训基地建设成为高职教育可持续发展的关键，也是我国高职教育自兴起后发展乏力的重要原因。近几年，随着国家对职业教育实训基地建设投入力度的不断加大，我国高职院校的实训基地建设已有明显改善，但资金不足，规模偏小，结构同化、生产（经营）性不强的问题仍未得到根本性解决，依托企业共建实训基地的模式在当前也遇上一些实际问题，推进缓慢；与此同时，也存在实训基地利用率低、资源闲置严重的现象，高职实训基地建设投入性与结构性问题同时存在。实训基地建设问题直接影响到高职院校实践教学活动的正常开展，不利于学生职业技能培养目标的实现。在当前国家、企业对高职教育实训基地投入有限的情况下，广东外语外贸大学"云山模式"对高职校内实训基地建设有何借鉴意义，是值得我们深思的一个重要问题。

二、"云山模式"能否借鉴

1. 从目标上看值得借鉴

作为一所本科高校，广东外语外贸大学创建"云山模式"主要基于两个目标：一是济困，二是育人。而我国高职教育实训基地建设不仅同样具有上述两个目的，更主要的是，它与区域、行业高技能人才培养这一主要目标是分不开的，更强调学生专业技能的提升以及职业素质的养成。因此，从目标上说，"云山模式"不仅值得高职院校借鉴，更需要通过改造，赋予其更为丰富的内涵。

2. 从运作方式与条件上看可以借鉴

"云山模式"是以学生勤工助学基地建设为依托，实行一条"造血+循环"的运作方式，以实现济困与育人的目的。这与我国高职教育以生产经营性实训基地为依托，实现学生专业技能与职业素质的提升有异曲同工之处。

从运作条件上看，原始资金、场地和有关培训人员是该模式所必需的硬件。"云山模式"采用抽取学生学费中的部分，辅之以社会股东的参股（社会单位及个人只需出资1万元就能取得云山会员资格，享受云山内部各项活动优惠及分红）作为学生勤工助学基地建设的原始资金，场地由学校在校内无偿划拨一块土地，学校同时负责聘请有关培训指导人员对学生进行业务指导。

在我国，国家助学贷款政策明文规定，高校要从学生学费中抽取一定比例，设立特困学生补助基金。对此，绝大部分高职院校都能切实执行，关键是如何有效地去使用这笔补助基金。作者认为，与其用有限的补助金去填补众多贫困学子巨大的需求漏洞，不如借鉴"云山模式"建立校内实习公司（工厂），通过造血增殖实训基金，一方面扩大了贫困学子的受资助面，另一方面也能保证实训基地建设的可持续发展，保证高职教育实践教学的正常进行，保证高职学生技能水平与职业素质的不断提升。而且高职教师中许多老师本身就是某一行业的专家与技能能手，在进行实训基地建设与运作，指导学生实践上具有先天的优势。从这一角度上看，不管从财力、物力还是人力，高职院校都具备"云山模式"所需要的运作条件。

3. 从当前高职院校学生实训难的情况看必须借鉴

我国高职院校学生实训难，难在当前我国企业对"工学结合"这一人才培养模式尚不热心，难在企业认定人才培养是学校的事情，企业对高职教育性质还有个再认识过程。在企业所能创造的实习机会相对有限的条件下，借鉴"云山模式"，开辟校内实习公司或工厂，无疑可以起到"以我为主"的主动作用，从这一点上看，"云山模式"必须借鉴。

4. 从当前高职院校校内实训的可持续发展看必须借鉴

教育部领导在全国职业教育实训基地工作会议上明确指出：校内实训必须改革，到底是以消耗性实训为主，还是以真刀真枪的生产（经营）性实训为主？当然应该是后者。不仅是因为真刀真枪的生产（经营）性实训才能培养学生过硬的本领，更重要的是消耗性实训成本高，高职院校难以支撑。所以，高职院校校内实训教学的可持续发展必须借鉴"云山模式"。

三、借鉴什么

作者认为，对"云山模式"的借鉴绝不能只限于对资金、场地等硬件设施的拷贝，更为重要的是借鉴其中蕴含着的先进理念与管理精髓。

1. 创意

"一个创意可以救活一个企业，一个创意可以找到一条出路"，"云山模式"的出现及成功本身就说明一个创意所具有的重要性。"云山模式"产生的创意来自把勤工助学岗位从传统的劳务型向知识型转变，即开展创造型、智力型、管理型的勤工助学活动的大胆想法。"云山模式"产生的创意建立在对学生能力的完全信任上，正是这种创意，为正处于困境之中的勤工助学活动开启了一扇新的大门。在云山日常的各种运作中，处处可见创意性想法，云山咖啡屋的筹建，就是源于 7 名学生专门到市场做调研，在一家咖啡屋免费打工 15 天后所做的创业计划书。

2. 渗透

通常认为，学生技能的获得可以通过课堂与实践教学完成，而学生素质的养成靠的是各种教育因素的相互渗透，从这个角度而言，学生素质的养成远比技能的获得难得多。如何将学生素质的养成渗透在各种教育活动之中一直是高校面临的巨大难题。"云山模式"虽以扶贫救困为主要目的，但其日常活动却渗透着一种对学生正确的人生观、价值观的培养。

3．规范

一个企业走向成熟的标志是规范化运作，我国高职院校实训基地建设要实现工厂化、规模化目标，"规范"二字也同样不可少。广东外语外贸大学云山人认为：制度就是规范，制度永远是第一位的。作为高职院校的实训基地与实践教学，需要规范的不仅是制度，还需要真正的职业场景、企业文化，从这方面看，高职院校实践教学在规范建设上任重道远。

4．灵活

新的人才培养模式不可避免地会与固有的学校运转程序产生矛盾，"云山模式"同样遇到过这种情况。针对这一问题，他们采用了更为灵活的人事与教务管理方式。在人事方面，为了保证管理人员的精干、有效，减轻云山经济实体的负担，他们采用了"正式干部＋聘用人员"的组合方式，新增人员基本上都实行聘用制，此举不仅提高了云山的管理效能，更减轻了云山的负担；在教务方面，实行必修课、选修课、云山实践三位一体的教务统筹管理方式，最大限度地保障学生必修课、选修课、云山实践互不冲突又互为贯通，保证云山实践与学生选修课通过交替进行的方式，达到互为补充的目的。这一灵活的教育教学管理方式值得借鉴。

5．推广

"云山模式"的成功并不是囿于校园一角的自我欣赏，它的成功离不开向社会进行的积极宣传与有效合作。"云山模式"从建立起就十分注重品牌，所有基地均以"云山"命名，以发挥品牌效应。此外，广东外语外贸大学还计划在校外建立勤工助学基地，创办更多的勤工助学实体，把云山的品牌推向社会。

2010 年 11 月 19 日，作者看望在第 16 届"亚运会"志愿者站点服务的学生

四、如何借鉴

高职院校实习实训基地更强调社会化、职业化、规模化、生产（经营）化，实践教学更强调经常性与规范性。因此，作者认为应从以下四个方面借鉴"云山模式"，改革高职院校实训基地建设与实践教学。

1. 院内实训基地建设的创意化与社会化

社会化是高职院校实训基地建设的最终之道，也是高职教育"工学结合"办学模式的必然要求，然而时下有句话是"院校爱企业，企业不爱院校"，高职院校对与企业共建实训基地，保持实训基地的社会化可谓是尽心尽力，可总是得不到企业的支持，何故？高职教育实训基地创意性不足使然。

借鉴"云山模式"，建立院内实训基地虽然可在一定程度上减少对企业的依赖度，实现以我为主，但要实现实训基地社会化仍少不了企业的参与。企业是以实现利润最大化为根本目标的，对于高职院校的实训基地，企业也会对其进行收益论证，以保证其能在企业付出成本的同时，带给企业更大的收益。当前，我国正处于产业结构调整与升级期，越来越多的企业开始认识到自主创新给它们带来的利润增殖潜力，纷纷将资本投到企业自主创新与技能研发上，而令其感到失望的是，高职院校实训基地建设的创意与创新性明显不足，大多只是对已有技能的简单重复，企业的期望与高职院校实训基地的实际创意性存在明显差距。对此，必须加强实训基地对企业自身发展的影响力与吸引力，这对于校外或校内实训基地而言，都是基本生存之道。首先，在实训基地建设前进行相对有效的创意性与可行性论证，通过对区域经济发展和行业发展方向的预测，抓住现有行业领域中亟待解决的问题，或填补行业在某一领域中的空白，针对性地构建校内实训基地。其次，施行"敢为天下先"的发展战略，尤其是抓住企业产业结构调整、转型、产品升级换代等机遇期，抢占行业技术制高点，为实训基地生存创造良好的社会环境。最后，把培训与实训基地建设结合在一起，社会培训依托实训基地建设，社会培训在实训基地的环境中进行，实训基地为社会培训服务，并与培训的内容共同发展。

2. 院内实训基地的规模化与生产（经营）化

如果说创意化与社会化是实训基地生存的前提条件，那么规模化与生产（经营）化则是其发展的必经之路。当前，我国高职院校实训基地建设都是围绕教学进行，一切为教学服务，这使得高职院校实训基地建设严重缺乏成本与效益意识。按照传统观念，实训基地就是给学生学习技能用，至于有无规模、有无生产（经营）性质，能否实现盈利统统不在考虑的范围内。根据这种理念，实训基地的象征意义远远要大于其实际意义，实训基地只存在小规模的教学而不是大规模的生产，没有生产的支撑，所谓的实践教学也缺少存在的基础，实训基地与其存在的目标渐行渐远。为此，必须学习"云山模式"，将高职院校实训基地做大做强，做出品牌。首先，实训基地的运作必须以生产（经营）优先，按生产（经营）化运作规律进行，积极参与社会生产竞争；其次，要有盈利意识，对于难以实现造血的实训基地，如无特殊原因，应将其关闭；最后，要保证扩大再生产，使实训基地不断扩展，不断规模化，不仅要对其进行盈利后的资金注入，还要对其进行影响力投入，扩大其在社会上的知名度。

2015 年 9 月 18 日，校企合作首个现代学徒制班开班仪式

3. 院内实训基地的规范化

校内实训基地的规范化，既包括制度规范化，也包括学生技能规范化，必须按照生产（经营）制度要求设立实训基地制度，按照技能标准规范学生生产（经营）行为。一是根据院内实训基地工种性质，仿效企业生产（经营）制度制定实训基地制度（这些制度与学校制度是不一样的），学生在生产（经营）活动中必须严格遵守相关制度；二是根据相关职业技能标准，分解学生生产（经营）行为，对学生的生产（经营）行为与实训考核严格按照职业技能标准进行。此外，要确保学生的生产（经营）性工作具有相对连续性和稳定性。

4. 院内实训基地的协调化与融入化

在校内实训基地的日常工作中，有些是与学校相关活动同步的，但也存在实训基地制度与学校自运转制度不协调，甚至彼此冲突的情况。追根溯源，这种情况的出现是学校、工厂两种不同性质组织的差异造成的。高职教育要培养技术技能型人才，必须走"工学结合"的发展道路，这使得"工""学"间的协调与彼此融入必不可少。要实现高职"前校后厂"的人才培养模式，要完成高职学生在工人、学生之间的自由转换，学校、实训基地间的彼此融合至为关键，尤其是实训基地，如何在保持自身生产（经营）性质的基础上，主动融入学校，在共育人才这一目标指引下实现两种制度的协调，值得我们认真研究。

目前，我国高职院校校内实训基地建设尚处于探索阶段，借鉴其他层次教育的模式与经验，多视角看待与发展校内实训基地也许是一条可行之路。

校企共建"商学院"，深度融合"织双赢"

摘 要

校企合作创设产业学院，广东农工商学院做了"第一个吃螃蟹的人"，甚至比"高职教育创新发展三年行动计划（2015—2018）"提出相关概念早探索了八年。其经验分享于 2011 年国家教育行政学院首期全国高职院校正职领导干部研讨班。此文是个人学习作业之一，发表于《高等职业教育百名书记校长研修礼记》228—230 页，学苑出版社 2012 年版。此文获评 2016 年教育部商业职业教学指导委员会"十大典型案例"。

经过 27 年的建设与改革，广东农工商职业技术学院确定了"创建以农为主导，带动工商两翼，三者融合发展，立足农垦，面向广东区域经济和现代大农业，具有南亚热带产业特色的示范性高等职业院校"的办学定位和"以农为体，工商为用"的办学特色。围绕广东现代大农业产业链、现代服务业和农垦热带产业链，学院从"地头"——南亚热带作物的生产、加工、管理、营销、流通，到"天

2013 年 1 月 11 日，广百商学院 2012 年度结业典礼讲话

上"——农产品的跨国、跨境的贸易，设置和改造专业，形成了一定的特色，包括校企合作、人才培养模式、引进国外先进教育模式等。其中，共建"广百商学院"，是广东农工商职业技术学院在校企合作方面探索出的一种新模式。

广百商学院，作为该院校企合作模式之一，是通过与广州百货企业集团有限公司（以下简称"广百集团"）合作共建的，目的是开展员工培训和学生实习，进而实现培养更好更多的商业服务业技能型人才。合作双方，一方是本土大型流通业龙头企业"广百集团"为发力夺取百货零售业的"制高点"，在"大人才观"理念的指导下，要全力打造一个培养商场强将的

"黄埔军校"；另一方面是广东省以"商"字招牌闻名的高职院校，为借助企业平台，提升学生实际动手能力，提升"双师型"教师队伍素质，彰显办学特色，打造高职教育品牌，而要与企业合作进行人才培养。在共同目标指引下，基于广百商学院的校企合作项目诞生了。其创新点在于，不再是只凭协议建立"实习基地"的校企合作，而是学校与企业在广百商学院项目载体中实现利益、组织机构、师资队伍、产学研、学习与就业的全面融合。从2007年3月至今，广百商学院即将走过第一个五年合约期。五年中，我院校企合作的"广百模式"雏形初现，取得了一定的成效。

1. 为"广百集团"培养了一大批中层管理人才

广百商学院成立至今，在结合"广百集团"经营发展战略与人力资源发展规划基础上，共开办百货店长班、物流骨干班等14个；举办讲座、培训2189人次；组织28人参加EMBA（高级管理人员工商管理硕士）、MBA（工商管理硕士）等培训，为人才素质提高、储备优秀人才作出一定贡献。

2009年8月28日，广百商学院商场精细化管理培训班开班仪式

2. 校企合作开展了一系列产学研活动

产学研是校企之间的又一联系纽带。一方面，产学研活动可以丰富企业人员培训与学校学生实习的手段，提高员工培训与学生实习的效率；另一方面，通过理论联系实际，不断提高员工工作效率与企业经济效益。

在广百商学院举办的店长、物流经理、人力资源经理等培训班中，广百集团要求每一期班都要理论联系实际，在完成课程的理论教学后，由学院专业教师给予指导，针对企业经营管理中的实际问题开展课题研究。5年来，广百商学院组织学员在专业教师的指导下，开展并完成了的大小课题研究达

20多个，有的课题成果已被应用到企业的经营管理实践中。此外，校企产学研活动也为我院学生实习开辟了一条新路径，如广百商学院教师带领学生为广百集团妇儿公司的标准化建设提供专业咨询，与妇儿公司一起研究制定了公司服务标准化流程手册。这一方面对企业标准化建设起到了助推作用，另一方面也增强了学生对零售业的了解，提升了学生的职业素质。

2013 年 1 月 11 日，广百商学院 2012 年度结业典礼为学员颁发证书

3. 培养了一批具有"双师"素质的教师

根据广百商学院合作协议，广百集团有义务为我院教师培训及挂职锻炼提供机会和必要的便利。5 年来，广百商学院组织我院专业教师到广百企业开展调研与课题研究活动 10 余次。在培训模式上，由我院派出专业教师，广百企业派经理，双方开展互相兼职（教师到广百企业兼职，经理到学院兼教）、互相备课、互相培训（教师向经理传授授课技巧，经理向教师提供实战案例）"三互相"的团队合作模式，这种模式极大地提高了学院教师的实操、实战技能；在挂职锻炼上，2010 年 12 月，校企双方共同制定并通过了"广百集团与广东农工商职业技术学院实行经理与教师互对兼职的方案"，即企业内训师被聘为农工商学院客座讲师和客座教授等，我院教师被聘为企业研究员，方案于 2011 年 3 月开始施行，方案对加快我院"双师"型教师培养步伐起到重大的促进作用。通过校企间的互动合作，广百商学院已培养出10 多名"能下企业培训、能上学院讲台"的真正"双师型"专业教师。这些教师一方面通过在企业培训所获得的丰富实战案例，在学院大力开展"体验式"教学模式改革，另一方面通过与企业合作出版教材，不断加快传统教学资源的更新。

4. 依托"广百实训基地"的学生实习活动成效明显

根据广百商学院合作协议，双方在"广百百货"共同建立"广东农工商职业技术学院广百实训基地"，作为学院学生实习的基地。借助这一基地，5年来，学院学生或到广百企业开展了一系列促销实习活动（如2007年26名学生参加的广百股份公司各门店的国庆黄金周促销活动），或在老师带领下围绕广百开展部分项目调查研究（如2007年6名学生参加的广百集团市场拓展部组织的商圈调查活动）。通过这些活动，学生了解了广百，了解了零售与流通行业，提升了职业技能，逐渐清晰了自己未来的职业规划。

5. 广百商学院项目辐射效应初显

5年来，广百商学院项目成功实现了校企合作共赢。特别对于广百集团而言，广百商学院已成为其夺取华南乃至全国商界高地的指挥中心与人才库，成为其发展的一个标志与品牌。广百商学院的成功也使其在企业培训界的声誉日隆、知名度不断提升，许多企业通过广百商学院项目坚定了校企合作共赢的信心，不少企业开始主动与广百商学院进行人才培养的合作，广百商学院项目的辐射效应初显。

2008年12月26日，广百商学院2008年度结业典礼合影留念

高职院校校内生产性实训基地建设的历程及思考

摘　要

　　当前，我国高职院校解决学生实习实训难的重要途径之一是加快发展、完善校内生产性（或经营性）实训基地。此文以历史发展的角度，在对我国高职院校校内生产性实训基地的源起、提出、发展、深化进行深度剖析的基础上，提出了我国校内生产性实训基地未来发展的几点思考。

　　事实上，高职教育提出建设"生产性实训基地"概念初期，无论是理论界还是实践部门都还比较模糊，争论焦点在于到底什么是"生产性实训"？对此，作者结合课题研究，深入调研思考，形成本成果。此文是中国高等教育学会"十一五"教育科学研究规划课题——"高职院校实践教学创新的理论与实践"（项目编号06AIJ0130182）阶段性研究成果，刊发于《高教探索》2011年第5期，第118—121页，下载量523次。

　　"高等职业教育作为高等教育发展中的一个类型，肩负着培养面向生产、建设、服务和管理第一线需要的高技能人才的使命"，它要求培养的学生在具有必备的专业理论知识的基础上，重点掌握从事专业领域实际工作的基本能力和职业岗位技能，即具备某种特定岗位的职业能力与素质。

　　高等职业教育人才培养目标决定了高职院校学生的职业能力与素质必须在全真的职业环境中培养。传统上，我国高职院校学生职业能力和素质的培养途径主要包括在校内实验实训室实训和到社会企事业单位实习。虽然这两种途径在培养学生的职业能力和素质等方面起到了积极的作用，但在实践过程中也存在诸多不足，具体表现在：在校内实验实训，更多的是对已有知识、理论的验证和对生产技术或经营的模拟，难以形成企业生产、经营、管理的真实人文环境，无法使学生得到实际的职业体验和训练，不利于学生综合素质和职业能力的培养；在校外实习，由于校外实习基地一般以"企业为主，学校为客"，学校对企业的依赖性较大，企业出于保护其商业秘密等自身利益的考虑，一般不让学生或老师去接触企业的关键技术和管理诀窍，同时在实习时间安排、人数保证和实习岗位上也难以满足专业人才培养方案设计的教学要求。基于此，在结合职业教育发达国家（特别是德国、新加坡）经验的基础上，我国高职院校校内生产性（经营性）实训基地建设便成为提高我国高职教育实践教学质量的重要一环。这在教育部《关于全面提高高等职业教育教学质量的若干意见》（教高〔2006〕16 号文件）（以下简称教高〔2006〕16 号文）中也可以明确看出。校内生产性（经营性）实训是指"由学校提供场地和管理，企业提供设备、技术和师资支持，校企合作联合设计和系统组织实训教学的实践教学模式。"随着新一轮的高职院校人才培养工作评估的全面铺开，以及国家示范性高等职业院校建设计划和国家骨干院校建设项目的不断推进，有关我国高职院校校内生产性实训基地的探索也逐渐深化。

一、我国高职院校校内生产性实训基地建设的探索

进入 21 世纪以来，借鉴国际先进职业教育经验，传承与实践"手脑并用""生活即教育，社会即学校"的教育思想，以及对高职教育特性与要求认识的不断深入，我国部分高职院校参照国外"教学工厂""虚拟公司"的做法，从自身实际出发，或将自有的招待所、印刷厂等改为生产经营实体，或新办校办工厂、服务公司等，开展对外服务，教师、学生共同生产经营，客观上为相关专业基本技能的训练提供了可能，并在一定程度上缓解了学生实习难的问题。如广东农工商职业技术学院于 2001 年 9 月创办的学生实习超市，就是一个比较市场化的经营性实训基地。由学院划拨近 200 平方米的场地，市场营销专业的学生和老师共同筹建，包括自筹资金、自主设立公司组织管理架构、自立规章，以及围绕实习超市的日常经营，学生轮流参与包括商圈调查、店面设计、商品采购、卖场布局、商品促销、经营核算和岗位设计、店员培训、绩效评价等全过程活动。由于学生实习超市在教育组织形式、产学结合模式、教学方法、校内与校外、学生与企业经常性互动平台的建立等方面有所创新，2005 年学生实习超市被教育部高职高专院校人才培养工作水平评估专家组确立为创新项目。

事实上，自从 2003 年教育部正式启动高职高专院校人才培养水平评估工作，国内各高职院校结合评估指标的要求，将建设发展校内生产性实训基地作为加强学生职业能力训练、提高人才培养质量的重要途径。《高职高专院校人才培养工作水平评估方案（试行）》设置了 6 项一级指标、15 项二级指标以及 36 项主要观测点，其中一级指标"教学条件与利用"下的二级指标"实践教学条件"专设有"校内实训条件"这一观测点，该观测点的优秀标准是"各专业均建立了必需的校内实训基地和稳定的校外实习基地；校内实训基地具有真实（仿真）职业氛围和产学研一体化的功能，能满足学生职业技能和综合实践能力训练的需要"。按照"以评促建、以评促改、以

评促管、评建结合、重在建设"的评估方针，许多高职院交都以评估为契机，以评估指标为依据，边评边改，努力加强学校的教学基本建设。特别是在实践教学模式的创新、校内生产性实训基地的建设上，各高职院校下了不少功夫，也取得了很好的效果。如常州信息职业技术学院，三年间投入3900多万元，建成了21个生产性实训基地，其中国家级实训基地2个，省级实训基地5个，初步建成了一批贴近企业实际、企业化管理、经营主体多元化的校内实训基地。可以说，通过这一轮评估，许多高职院校校内生产性实训基地建设取得了显著的成效。校内生产性实训基地建设从无到有、从少到多，各具特色，在探索中得到了较大的发展。

2010年4月22日，广东省农垦直属党务干部培训班开班典礼

二、我国高职院校校内生产性实训基地建设的创新

2006年11月，教育部颁发了《关于全面提高高等职业教育教学质量的若干意见》（即教高〔2006〕16号文）。这是一个建设具有中国特色高职教育的纲领性文件，它标志着我国高职教育进入新一轮的改革创新，标志着高职教育由规模扩张全面转向注重内涵建设、质量优先的全新阶段。教高〔2006〕16号文确定了以"校企合作，工学结合"为核心的高职教育发展要求，进一步明确了高职院校校内生产性实训基地建设的必要性，进一步厘定了高职院校校内生产性实训基地的内涵，提出要"大力推行工学结合，突出实践能力培养，改革人才培养模式。积极推行与生产劳动和社会实践相结合的学习模式，把工学结合作为高等职业教育人才培养模式改革的重要切入点，带动专业调整与建设，引导课程设置、教学内容和教学方法改革。人才培养模式改革的重点是教学过程的实践性、开放性和职业性，实验、实训、

实习是三个关键环节。要重视学生校内学习与实际工作的一致性，校内成绩考核与企业实践考核相结合，探索课堂与实习地点的一体化"。要"校企合作，加强实训、实习基地建设。……积极探索校内生产性实训基地建设的校企组合新模式，由学校提供场地和管理，企业提供设备、技术和师资支持，以企业为主组织实训；加强和推进校外顶岗实习力度，使校内生产性实训、校外顶岗实习比例逐步加大，提高学生的实际动手能力"。同时明确要求"在评估过程中要将生产性实训基地建设等方面作为重要考核指标"，要求校内实训基地条件能够满足教学计划的安排，实践教学经费有保障，行业、企业参与实践教学条件建设。归纳几年来的建设和发展情况，我国高职院校校内生产性实训基地建设的主要模式及做法有以下几种。

一是学校主导模式，即以学校为主组织生产和实训管理的一种模式。这种模式主要利用学校设备和技术优势，运用市场机制运行，即在生产产品、经营业务或技术研发的同时，要完成对在校学生的实训任务。主要类型有三种：

1. "学校自主建设型"。学校投入场地、设备，建设具有生产（经营）性的校内实训基地，构建真实的生产经营的职场环境。比如广东农工商职业技术学院的学生实习超市，柳州职业技术学院数控技术、汽车维修技术实训场等模式。

2. "筑巢引凤型"。学校投入先进的生产性设备，主动引进企业，由企业提供相关原材料和技术人员，组织学生开展生产和实训，这样在生产产品的同时，又能达到实训的目的，实现"学做合一"。比如温州职业技术学院的中国鞋都（康泰）产学中心、滨州职业学院的海得曲轴有限公司教育分厂等。

3. "来料加工型"。学校利用现有设备，主动承接企业的产品加工业务，学生在实训教师的指导下完成生产和实训任务。比如广东松山职业技术学院的数控加工实训基地。

二是企业主导模式，即以企业为主组织生产和实训的一种模式。在校企合作过程中，学校主要提供场地和管理，行业或企业提供设备、技术和师资，以行业企业为主组织生产和学生实训，这是校企合作的主要形式。主要类型有两种：

1. "订单培养型"。行业或企业主动到高职院校开设"订单班"，校企双方签订人才培养订单协议，企业参与学校的教学过程。由学校负责理论教学，并提供场地和管理，行业企业提供设备，并选派技术人员到学校组织生产和实训，学生在校期间就是企业的准员工。

2. "赠送赞助型"。企业无偿赞助或以半赠送的形式向学校提供该企业生产或营销的仪器、设备等，以企业投入为主建设校内生产性实训基地，推广和宣传本企业的产品，支持学校办学。比如天津中德职业技术学院的中西机床技术培训中心等。

随着教高〔2006〕16号文的贯彻落实，国内各高职院校更加重视校内生产性实训基地的建设与创新。特别是在国家示范性高等职业院校建设项目的引领与带动下，各高职院校在校企深度融合的基础上不断探索和创新校内生产性实训基地建设，主要着力于三个方面的建设和完善，积极带动了专业人才培养模式的改革与创新。这在国家示范性高职院校建设过程中体现得最为充分。

一是加大投入，保证实训设备得到不断增加和持续更新，提高校内生产性实训比例。积极建设有真实工作环境的实训室和实习车间，充分利用现代信息技术，开发虚拟工厂、虚拟车间、虚拟工艺、虚拟实验，为实训操作前理论与实践结合的教学提供有效途径。一方面，示范性高职院校校内生产性实训比例大大提升，从2006年12月国家示范性高等职业院校建设计划启动到2009年的3年中，校内生产性实训（学时）比例由原来的43.22%增长到68.92%；另一方面，教学设施与仪器设备得到了持续更新。如建设后的深圳职业技术学院校内实训中心建筑面积达13.3万平方米，共有35个实训室（178个分室），实训仪器设备总值达4.7611亿元。

二是不断发展、创新校内生产性实训基地运行模式。更加注重校内生产性实训与校外顶岗实习的有机衔接与沟通。如邢台职业技术学院根据不同的专业需求，推出了以汽车检测线为代表的"引企入校、共管共用"模式、以服装设计与加工专业为代表的"产品研发中心"以及"公司经营+教学车间"模式。

三是致力于完善校内生产性实训基地运作与管理的各项制度建设，在设备设施、职业氛围、指导力量、实训项目、基地管理等诸多方面对校内生产性实训基地建设状况进行监控和综合效益评估，为校内生产性实训基地建设和发展提供制度保证。如青岛职业技术学院专门出台了《校内生产性实训基地管理办法》，实施适应市场条件的产学研结合的运行机制；金华职业技术学院出台了《校内生产性实训基地建设标准》，在设备设施、职业氛围、指导力量、实训项目、基地管理等方面共设置了18个二级指标，设立专门的基地管理机构，对校内生产性实训基地建设状况进行综合效益评估。

三、对未来我国高职院校校内生产性实训基地建设的几点思考

总结我国高职院校校内生产性实训基地的历史发展轨迹，可以明显看出其走过了模拟（simulation）、模仿（emulation）再到融合（integration）的发展路径。探究我国高职院校校内生产性实训基地的发展原因，一方面可以看出政策对其发展的巨大促力作用，不论是教高〔2006〕16号文的政策文件，还是高职院校人才培养工作评估，抑或是示范性高职院校建设项目，每一项重大政策都从不同角度掀起了高职院校校内生产性实训基地建设与发展的新高潮。另一方面，各高职院校在追求自身发展，不断提高人才培养质量的推动下，通过校内生产性实训基地的建设与摸索，不断丰富着校内生产性实训基地的内涵、发展与管理模式，而这些宝贵的经验也成为下一波政策促力的来源。关于未来我国高职院校校内生产性实训基地的建设与发展，笔者有以下几点思考。

2019年5月，广东农工商学院考察对口帮扶协作院校——黑龙江农业工程职业学院

（一）要加快建立与高职院校校内生产性实训基地相配套的考评标准

评估具有诊断、预测、反馈、矫正和总结功能，对基地运行状况进行分析，做事实评判，可以为今后实训基地的建设以及相关配套政策的制定提供依据。事实上，我国已有部分地区、院校在评估与创建的基础上，对与基地

相关的考评标准进行了探索，如浙江省出台的《浙江省高职高专校内实训基地验收标准（试行）》、金华职业技术学院出台的《校内生产性实训基地建设标准》等，今后类似的建设和评估标准制定工作会在更多的省区开展，为国家层面上的建设与评价标准打下前期基础。

（二）积极构建校内、外生产性实训衔接的相关模式

高职院校校内生产性实训，一方面是实践教学的进一步深化，另一方面则为学生的校外顶岗实习与就业做准备，可谓一头连着教学，一头连着生产，兼有教学与生产职能。因而，校内生产性实训尤其要注意与学生理论学习、校外顶岗实习进行有效衔接。从国家示范性高职院校验收材料看，如何实现校内外生产性实训的有效衔接仍是一个值得我们关注的问题。

2016 年 10 月 31 日，广东农工商学院新一届营销沙龙启动仪式

（三）中国化的校内生产性实训基地建设模式探索

德国"双元制"模式被誉为德国经济腾飞的"秘密武器"。然而多年来我国职业教育学习"双元制"模式却成效甚微。反观新加坡，在学习"双元制"的基础上，结合本国国情及职业教育特点，创新性提出的"教学工厂"模式大获成功。无论是德国"双元制"模式，还是新加坡的"教学工厂"模式，因为国情不同，照搬过来都是行不通的。中国职业教育迫切需要一种符合国情的学生实训模式。我们同意这样一种观点，就是把职业教育和产业园区融合在一起，建设职业教育产业园，较好地发挥规模和集群效应，

也许是一条可行之路。另外，按照高职教育分类指导的原则，在国家的宏观指导和帮助支持下，高职院校密切联系行业、企业，积极组建相关职教集团，在时间和空间上拓展校内生产性实训基地建设的内涵，也将是有效举措。总之，只有以提高教育教学质量为核心，以"合作办学、合作与人、合作就业、合作发展"的校企合作新模式的构建为主线，不断深化教育教学改革，通过校企合作体制机制创新，才能真正构建起具有中国特色的职业教育体系包括中国化的校内生产性实训基地建设新模式。

高职院校实践教学模式的创新

摘要

　　研究总结，实践再实践，与团队共同创新探索"高职院校实践教学的新模式"，出版《高职院校实践教学创新的理论与实践》专著，获中国大学出版社协会 2011—2012 年度优秀学术著作二等奖；其项目成果获第七届（2014 年）广东省教育教学成果奖（高等教育）一等奖、2014 年国家级教学成果二等奖。根据教育部职成司"大力宣传推广国家级教学成果"的工作部署，应要求撰写此文，并刊发于《中国职业技术教育》2015 年第 5 期，第 5—9 页。

　　进入 21 世纪以来，中国高等职业教育快速健康发展，不仅成为推动高等教育大众化的重要组成部分，更重要的是成为推动服务区域经济社会发展的生力军。这既得益于国家职业教育发展方针政策的有效推动，也得益于广大高职院校教育工作者的积极探索与实践。与此同时，高等职业教育发展过程中也曾经面临困惑和"瓶颈"。其中，"实践教学难"，对于培养技术技能型人才的高职教育就是一个瓶颈。如何突破这一瓶颈，既能解决校内实训教学缺乏真实的职业场景，又能弥补校外企业实践空间距离远、学校主动性不足、学生难以接触核心技术等问题？借鉴德国职业教育"双元制"技能培养模式的精髓，

　　2013 年 4 月 28 日，《光明日报》第 5 版，发表了原教育部高教司副司长朱传礼教授撰文《高职院校实践教学的"第三条通道"》。

广东农工商学院通过创建校内实习公司，培养学生职业素质，对高职院校实践教学进行了有益的探索与实践，该实践教学获得了 2014 年国家级教学成果二等奖。

（一）高职院校实践教学面临困局

随着高等职业教育快速的发展，高职院校人才培养工作必须从数量扩张转为内涵建设与质量提升。特别是高职院校毕业生到企业一线岗位后业务能力适应性不够，倒逼高职院校必须突出实践教学环节，把实践教学置于人才培养过程中的主要位置和中心环节，以确保毕业生能够达到与社会需要相适应的人才培养规格和要求。这是职业教育的性质和社会发展的客观要求。然而，由于种种原因，高职院校实践教学中存在着诸多问题。

其一，企业参与人才培养积极性不高、程度不深，功能发挥不够。高职教育所培养的岗位能力和综合素质，需要通过大量的实践教学来实现。在国外主要是通过企业参与人才培养过程来实现的，如德国的"双元制"。国内高职院校也不乏仿照国外的做法，但由于受到国情和传统文化的影响，校外实习基地的企业参与积极性不高、程度不深，功能发挥不够。很多学校在与企业建立校外实习基地的合作中处于"乞丐式""挂牌式"合作的被动局面。

其二，企业有效参与人才培养的基地匮乏。一些国内高职院校在与企业合作过程中，积极尝试"订单式"等培养模式，这虽是一种企业参与人才培养的较好范例，但多为一次性行为，实践教学不具有可持续性。而校内模拟实训又缺乏企业的参与和真实的企业环境。企业"有效"参与人才培养的基地相对匮乏，已成为高职教育发展的瓶颈。

其三，学校难以主导企业实习的实施，学生难以接触到核心技术，人才培养方案难以展开。校外实习基地的学生实习，校方缺乏实习安排的主导权。很多企业一般也不愿意让实习生接触到核心技术。比如采购岗位，学生难以接触到进货价格和渠道领域，难以获得某一岗位的亲身体验。会计岗位就更为突出。学生要么"走马观花"，要么被当作廉价的劳动力来使用，实践教学难以按照教学大纲的要求展开，实习效果堪忧。

其四，实习内容与教学内容脱节，工学结合维度不高，工学交替不明显，素质型人才培养不到位。在工与学的结合上，学校与企业两个主体形式的结合虽比较普遍，但教材、教学内容与企业岗位、实习内容等深层次的结合还远远不够。实习的内容与教学计划脱节的情况较为严重。校外实习基地对于边实习边集中授课的工学交替也存在着诸多不便。

另外，校内模拟实训由于缺乏真实的企业环境和文化氛围，学生在市场竞争意识、时间观念、忧患意识，特别是真实环境下的操作能力等，均难以达到岗位的要求。再者，校内实验实训设备也存在着利用率低下、更新不及时、仿真模拟重复性、纯消耗性投入的压力问题。校内模拟实训往往是产出的产品不具有使用价值，不能作为商品进入流通领域获得经济效益，废品率较高，属于纯消耗性投入。由于实训不面向社会接受订单，设备的使用率也不高，也难以得到及时更新。

2016 年 4 月 22-25 日，赴海南"两院"、八一农场等调研、招聘橡胶专业人才

基于此，广东农工商学院从"生活即教育、社会即学校"理念出发，借鉴"双元制"模式，提出了服务于学院人才培养的"校内实习公司"设想，并于2001 年 9 月正式挂牌营业，由专业教师指导、学生自主经营，在创新中探索破解国内高职院校实践教学中普遍存在的困局。这一探索模式，在 2005 年教育部高职高专人才培养水平评估工作中被专家确立为"创新项目"，特别是在教育部教高〔2006〕16 号文关于"要积极探索校内生产性实训基地建设的校企合作新模式"的精神鼓舞下，学院加大了对校内实习公司拓展和探索的步伐，又先后建立了"方舟财税咨询公司"等多个实习公司（车间），并先后被立项为中国高等教育学会 2007 年"十一五"教育研究规划课题、广东省教育厅 2010 年"广东省高等教育教学成果奖培育项目"。

（二）校内实习公司的创新实践

通过创建校内实习公司来加强实践教学工作、培养学生职业素质，关键在于建立一个实体、引入企业元素和市场竞争环境等。其中有 4 个问题需要明确。

一是校内实习公司的界定。所谓校内实习公司，是通过在校内就近建立课堂授课与实习安排由学校主导的，融企业的生产经营属性与学校的教育属性于一体，具备真实的企业环境、市场环境和生产流程，便于学生集中学习和利用图书资料及其他各种教学设施，进行"工学交替"和"教学做一体"的实体公司。校内实习公司的实践教学模式，是通过校内实习公司来培养"学术性与职业性相统一"的素质型人才的实践教学新模式，以实现学生毕业直接上岗的目的。这种校内实习公司，既不同于中华人民共和国成立初期缺乏竞争和市场环境的校办工厂，也不同于改革开放后脱离教学单纯追求经济利益校办企业，而是兼具企业的"生产经营属性"与学校的"教育属性"于一体的、不同于校外实习基地和校内模拟实训的实践教学第三条新通道。

二是校内实习公司的特点、组织形式与功能。校内实习公司具有如下特点：公司的设立不以单纯的营利为目的，而是基于专业教学的需要；公司为真实的企业实体，具有真实的企业环境、企业文化、生产设备或服务设施和工艺流程；公司实行企业化管理、企业化运作，面向市场竞争环境，接受社会真实订单，独立核算，自负盈亏；产出具有实用价值的产品或提供有效的服务，具有经济效益和可持续发展性；校方拥有实习安排上的主导权，能够按照教学计划落实实践教学；具有就近性，便于教师集中教学、答疑，便于学生利用图书等教学设施，便于工学交替的实施。其间，学校借鉴、融合了各国先进的实践教学模式之长，包括吸收了德国"双元制"校企密切结合、重视学生实践能力培养、教学与实践交替进行之长的内核，规避了"双元制"中不符合中国国情的靠政府大力投入和重视操作、缺乏学术性之短，改变了"双元制"中实践教学"重心在企业"的方式；借鉴了新加坡教学工厂模式的将工厂环境、工厂的先进设备、生产流水线、管理模式引入学校，工厂即学校、师傅即教师、课程内容即企业订单，由校方专业教师主导实践教学，规避了新加坡院校完全靠政府巨资助建的方式，并将新加坡的工科模式延展到商科专业领域；借鉴了美国"合作教育"、英国"三明治"教育、加拿大"工学交替"教学形式，但又将其固定的"一个时期在校外企业、一个时期在校内课堂"的机械循环，改进为既按照教学计划又有依据客观实际，在实习生遇到共同的问题时随时集中解惑的具体问题具体分析的灵活方式。在组织形式上，公司既可以是直接注册独立法人，也可以是准公司形式的车间、中心、工作室等。其核心是创造真实的企业环境，能够接受社会订单，参与市场竞争。在组织结构上，公司的内部结构按照企业运行的实际来设置。公司的运行通过企业与校方签订的法律合同，业务管理由公司负责，实践教学的安排由学校按照协议实施。核心是保证教学计划的实施。在功能上，校内实习公司的主要功能是生产经营、社会服务和实践教学。其拓展功能还包括职业资格认证、牵动教学改革、示范辐射、转化研究成果、培养"双师"素质、助学等功能。

三是实践教学的实施。在这种融教学、生产经营实践和企业管理于一体的真实企业环境中，教室设在车间（或商场）的一角，车间即教室、师傅即教师、员工即学徒，体现为：车间、教室合一，学生、学徒合一，教师、师傅合一，作业、产品合一，教学内容与实习内容合一，研发、服务、"创收"合一，理论联系实际，学练一体。其目的是构建以职业能力为本位、以学生为学习主体、"教、学、做"融为一体的素质型人才培养模式。教学的组织实施实行导师制，即把学生分为若干个实习小组，采取有实践经验的指导教师和企业的行家共同担任导师、"师傅带徒弟"的方式实施教学，随时可以集中，方便交流。在方式上，以体验式教学为主，让学生参与生产经营过程。如市场营销专业实习超市由学生担任理货、售货、收银，以及商场部、财务部、采购部、策划部及以上的管理工作，让学生在参与体验中获得理解，甚至公司的选址、商圈的调查、章程的修订等，都尽可能地让学生直接参与、经历。在方法手段上，采取任务驱动，根据岗位工作要求提出"任务"或订单，学生以完成一个个具体的"任务"为线索开展行动。由于要完成的任务与专业密切相关，教学内容便隐含在每个"任务"之中，学生自己或在导师的指导下提出解决问题的思路和方法，然后进行具体实践，导师引导学生边学边做完成相应的"任务"。让学生亲自经历结构完整的工作过程，在工作中学会"工作过程"的方法，即确认工作任务、计划、实施、检查、评价与结果记录。在过程上，课堂集中教学与公司生产实践交替进行。第一阶段，即课堂授课阶段，本着"必须够用"的原则进行理论教学，并明确学生的实习任务，由学生为完成任务搜集相关资料、制订完成学习任务的行动方案，如调查、服务、采购等。第二阶段，即在公司实习中，学生形成对所接触事物的看法，获得技能和知识或发现问题，或产生困惑。第三阶段进行协商交流，包括教师对学生所遇到的共同问题的讲解，包括学生在实习中所获得的认识的交流、讨论，使各自的观点在辩论中得到巩固、完善或受到质疑。第四阶段为寻找证据，完善观点。学生交流中受到的启发、质疑等，则为完善自己的观点或推翻他人的观点继续做准备，包括搜集信息、请教他人、回到公司再实践验证等。这个过程是一个循环往复的过程，既包括集中的交流，也包括个别的交流、辅导，形成指导、实践、交流、再取证的反复循环。校内实习公司师傅、导师、公司（车间）、课堂、图书馆、网络等的就近性，为实现"工学交替"提供了可能。通过这样交替的过程，培养"职业性与学术性相统一"的素质型人才。其实施过程，如图1所示。

四是实践教学的评估。实践教学效果的评估不以书面考试形式和一次性考核来确定，而是按照学生是否具备胜任将来某个岗位（岗位群）工作能力的要求，采取多环节、多维度的考核领域与方式，突出过程性考核，侧重"基本技能""应用能力"和"综合应用能力"来确定考核评价的内容。考核的领域包括：学生对生产环境和项目流程熟悉程度以及操作熟练程度；是否能够独立完成实习要求，完成实习任务的准确性和高效性；能否根据已学的知识和个人的见解进行项目的设计等。考核的形式，既包括理论形式，也包括完成的产品或服务、操作的过程、设计、作业等实践形式。在评价主体

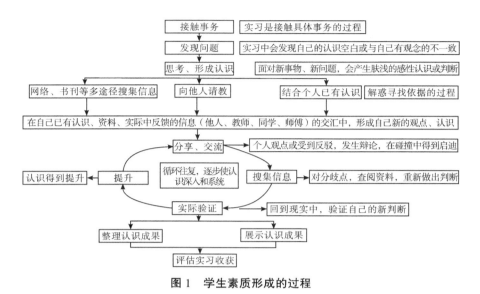

图 1　学生素质形成的过程

上，改变以教师为主的单一评价主体的方式，采取指导教师、企业中的能工巧匠和学生共同参与的多元化主体评价。

（三）校内实习公司是实践教学的新通道、新范式、新思路

一是开辟了不同于校外实习和校内实训的第三条实践教学新通道。校内实习公司将学校的教育属性和企业的生产经营属性有机融合在一起，较好地解决了校外实习基地企业参与人才培养积极性不高、程度不深，功能发挥不够，学生难以接触到核心技术，实习内容与教学内容相互脱节，学校缺乏企业实习实施的主导权，人才培养方案难以展开等消极问题；解决了校内模拟实训缺乏真实的企业环境和企业的文化氛围，学生感受不到真实市场的竞争压力，难以培养市场竞争意识和危机感、紧迫感，仿真工件和模拟操作缺乏产品和操作的标准化管理的实战性，实践教学效果无法与真实性企业相比拟等弊端，同时缓解了企业有效参与人才培养的基地匮乏的压力。

二是探索了一种"学术性与职业性相统一"的素质型人才培养的新范式。人们通常将以理论教学为主、侧重于培养学生探究能力的教学，定位为培养学术型人才；把以实践教学为主、侧重培养学生职业岗位操作技能的教学，定位为培养职业型人才。而当今学术型人才缺乏操作技能、职业型人才又缺乏发展后劲的状况，为人们所广泛关注和担忧。校内实习公司这一实践教学新模式在一定程度上使这一问题得到了解决。在真实公司中按照产品标准、操作规范、作业流程的操作行为，培养了学生的岗位操作技能，印证了

自己的知识或发现了与已有知识不相符的问题和困惑；在集中学习和交流讨论中分享了他人的认识，丰富了自己的知识；在"工学交替"的循环往复中，巩固、丰富或修正、完善或推倒重新建立自己完整的观点和完善的知识系统，从而实现了"职业性与学术性相统一"的素质型人才培养。

三是形成了职业教育改革的新思路。其一，校内实习公司是一种职业教育实践教学的新理念，其特质在于具有鲜明的目的性，蕴含了主动学习的教育思想。其目的是实现学生操作技能的培养、思维能力和综合素质的提升，并为今后的职业发展奠定基础。其二，校内实习公司是一种育人的新模式，其特质在于包含了实践与教学的结合和交替。这种模式是保证其目的实现的特定模式。其三，产生一批标志性质量工程项目和成果，包括教育部"高等职业学校提升专业服务产业发展能力项目"重点专业、省级示范专业，国家级实训基地、省级实训基地，建设了国家级精品资源共享课程、国家级精品课程等。

四是提升了学生的综合素质。高职院校实践教学的目标取向是学生职业素质的养成，而职业素质主要体现在职业思维、职业成熟度、择业效能以及就业质量等方面。实践证明，校内实习公司实践教学模式，有利于学生树立市场意识和竞争意识，也有利于培养学生的主见性，更有利于实现学生毕业直接上岗。学生职业成熟度测试表明，校内实习公司的实践教学，有利于学生职业成熟度的提高。"职业成熟度问卷"调查显示，实验组学生在职业成熟度总平均分及职业认知、自我认知、职业态度、价值观念、职业选择和条件评估上的平均得分，都显著或非常显著高于对照组（显著性水平 $P<0.01$ 或 0.05）。学生择业效能感测试表明，校内实习公司增强了学生的择业效能感，并且与实习时间的长短有密切关系。"择业效能感问卷"调查显示，实验组学生在择业效能感总平均分及自我评价、制订计划和问题解决上的平均得分，都显著或非常显著高于对照组（显著性水平 $P<0.01$ 或 0.05）。结果还显示，学生在校内实习公司实践时间长短与职业成熟度总量表及自我认知、职业认知、职业态度、职业选择价值观念和条件评估得分均值之间存在一定程度的相关性，并且其相关系数分别达到了显著或非常高的水平（判断依据是显著性水平 $P<0.05$ 或 0.01）。学生整合思维评价表明，校内实习公司对实习学生所实施的职业实践教育，有利于其整合思维能力的提高。"整合思维评价问卷（普通版）"调查显示，实验组学生在整合思维总平均分及辩证性倾向、批判性倾向、理性权衡方法和理性综合方法四个维度上的平均得分，都显著或非常显著高于对照组（显著性水平 $P<0.01$ 或 0.05）

五是产生了示范带动效应。广东农工商学院"校内实习公司"以"实习超市"为起点，不仅在校内逐步拓展到了各专业，相继创设了"方舟财税事务所""天博网络技术团队""电子装配工厂""邓老凉茶连锁分店""花卉超市""骏怡汽车维修店""法律援助中心""纯净水生产车间""食品营养驿站"等生产经营实体，而且引来国内外教育同行的参观、交流，并指导或推广至多所职业院校。

"校内实习公司"的实践教学模式从实践中来，并有系统的理论指导与支撑，对学生综合素质的提高意义重大：一方面，实践本身所蕴含的诸多因素对实践能力的发展起着促进作用；另一方面，实践活动的结果对个体实践能力的发展起着迁移、推进作用。再者，对于高等职业教育来说，实践教学也是高职教育的应有之义。从更深意义上讲，人的主体性是通过实践教学得以体现的，实践教学还是实现人的全面发展的根本途径。而"校内实习公司"为实践教学提供了新的、可能性和更强的、方便灵活的途径。

2014 年 12 月，广东农工商学院项目团队获国家级教学成果奖二等奖合影

建构主义"主动学习"的哲学思想，为校内实习公司提供了"交替式"学习的重要依据。"校内实习公司"这种接触事物—思考或发现问题—搜集解决问题的信息—思考并形成解决问题的方案—再次接触事物反复多次的"交替"过程，不仅有利于学生知识的融会贯通，也提高了学生的操作技能和职业能力。将教学置于真实情景之中，采取实践与理论教学交替进行的形式，也是职业教育培养技术技能型、创新型人才，实现学生就业无缝对接和培养学生综合素质的重要途径。

教育家陶行知"生活即教育、社会即学校"和"教学做合一"的思想为校内实习公司"边干边学""教学做一体"提供了教育学的理论依据和实践指导。

作为高等职业教育实践教学的一种创新模式——校内实习公司，广东农工商学院对其进行了积极、有益的探索，从实践范式到理论成果都有较好的收获。然而，不足也是存在的，有些问题还需要我们进一步思考研究，如在校内建立生产经营性公司（基地）的国家政策依据、三办学校的规范管理及高等职业教育专业的普适性等。但我们相信，只要坚守和不断完善，必将使校内实习公司在提升学生职业素质和推动教学改革方面发挥更大的功能。

高职院校国际合作能力提升研究

摘　要

　　当前，我国高职教育国际交流与合作的顺利开展越来越依赖于高职院校自身国际合作能力的提升。按照能力的构成要素，高职院校国际合作能力应包括决策能力、资源整合能力、品牌锻造能力及国际沟通能力，在此基础上，本文从打造职教集团、依托国际合作项目、借力跨国企业等方面论述了我国高职院校国际合作能力提升的路径。

　　本文是广东省高等职业教育教学改革重点立项课题（A20120101005）"高职院校国际化研究与实践——基于广东农工商职业技术学院的个案分析"的阶段性成果。本研究成果获得广泛、高度认可，获广东高等职业技术教育研究会 2014 年学术年会论文一等奖，刊发于《广东技术师范学院学报》2014 年第 10 期，第 88—92 页，此处有删减。

　　随着教育国际化在全球范围的推行，打开国门参与国际教育竞争与合作已成为提高我国教育质量和国际化水准的重要路径。为此，《国家中长期教育改革和发展规划纲要（2010—2020 年）》明确要求扩大教育开放，加强国际交流与合作。随后，《国家高等职业教育发展规划》也提出："加强国际交流与合作是高等职业教育适应经济全球化要求和国家'走出去'发展战略需要的必然选择，对提升我国高等职业教育国际知名度和国际化水平具有重要意义。"《国务院关于加快发展现代职业教育的决定》（国发〔2014〕19号）则进一步提出"完善中外合作机制，支持职业院校引进国（境）外高水平专家和优质教育资源，鼓励中外职业院校教师互派、学生互换"等国际交流与合作的具体措施。然而，我国高职教育国际化进程并非一帆风顺的，相关研究表明，与欧美国家相比，我国高职教育在招收国际生源、教育产品开发和贸易、发达市场环境中的运作成熟度等方面均远远落后。如何提升我国高职院校的国际合作能力，走好国际发展之路便成为我国高职教育面临的一项重要任务。作为行业办学的广东农工商学院积极配合广东农垦"走出去"，不断扩大对外交流，提升国际合作能力，先后接待多个国家政府官员、企业高管。

一、我国高职院校开展国际合作的相关命题解析

高等教育国际合作，是高等教育实体在境内外采取适当的途径和形式，吸收具有不同国籍或文化背景的高等教育主体共同参与的高等教育活动的总称，是一种跨国界、跨民族、跨文化的以人才培养和科学研究为主的高等教育实践活动。加拿大学者简·奈特认为，高等教育国际化包括基于校园的活动和跨境活动两部分，高等教育国际合作则包括如下路径：国际合作和发展项目，教学过程、课程和研究的国际性、基于校园的课外俱乐部和课外活动，交换、实地调研、学术休假和咨询工作等形式的学术流动，国际学生的招生活动，学生交流项目和国外学习，联合学位/双学位项目，结对子伙伴关系，境外分校等。

2009 年 9 月 17 日，日本职业技术考察团一行到广东农工商学院考察交流

作为高等教育重要组成部分的高职教育，其国际合作活动主要通过高职院校这一实体完成，并体现出如下特点。

（一）我国高职院校开展国际合作的根本目的：提升技术技能型人才的培养能力

作为教育发展中的一个类型，高职教育肩负着培养面向生产、建设、管理、服务第一线需要的技术技能型人才的使命，为实现这一目标，我国高职院校普遍开展了国际交流与合作，希望通过教育的国际竞争与合作，增强学校、教师、学生的国际交往与竞争力，培养具有国际视野的技术技能型人才。可见，国际合作本身并不是高职院校的目的，如何以国际合作为契机，提升技术技能型人才的培养能力才是合作的根本目的。

（二）我国高职院校开展国际合作的基本原则：国际化与本土化相结合

学者石伟平认为，我国职业教育国际交流与合作经历了三个不同的发展

阶段，其基本路径可以概括为：从简单照搬到借鉴学习，再到本土化，再到总结中国特色向外输出。高职院校在开展国际合作时，必须充分认识到国情的不同，在合作过程中应立足本国、本区域、本校的发展状况，有效借鉴别国的理念与做法，坚持本土化与国际化相结合的原则，开展最适合院校发展的项目及实施方式。

在这里，"国际化"应成为高职院校开展国际合作的指导理念，它通过将国际维度、跨文化维度和全球维度融入我国高职教育的目的、功能（主要是人才培养与社会服务）中，实现高职教育的健康、可持续发展。高职教育国际化包括观念国际化、人才培养国际化、社会服务国际化、教育资源配置国际化等；"本土化"则应成为高职院校开展国际合作的具体行动准则，其实质是适应环境与改变环境的结合。在新的环境中，将高职院校自身办学特色与本土特色融合，在适应区域环境变化中相应调整院校办学策略，从而让自身特色为本土所接受。高职教育本土化包括人力资源本土化、管理本土化、教育产品本土化等。

（三）我国高职院校开展国际合作的基本问题：先天劣势导致的国际合作能力不足

2013年6月20日，本书作者向澳大利亚博士山学院市销专业教师介绍国际化办学情况

众所周知，我国高职院校的主体是由"三改一补"而来，发展时间普遍不长，从20世纪80年代初我国部分中等城市兴起的地方性短期职业大学到现在（原稿刊发时——作者注）不过30余年；办学基础先天不足，体现在师资、实验实训条件、实习基地、教学培养方案、课程设置、教材建设等指标上全面落后，这使得我国高职院校在国际合作中会遭遇很多难题。如教育基础相对薄弱、教育结构相对单一、教育能力显著不足、教育影响力缺失等客观存在。这些因素直接为我国高职院校开展国际合作带来了巨大的困难。

（四）我国高职院校开展国际合作成败的关键：国际合作能力的提升

针对我国高职院校先天劣势导致的国际合作能力不足，作者认为，应重点从三方面提升高职院校国际合作能力，一是提升全球教育资源的整合能力；二是提升教育国际化竞争能力；三是提升高职院校品牌建设（主要从专业、课程、服务加以体现）的能力。只有在上述能力提升的基础上，我国高职院校才能进一步制定清晰的国际合作战略，选择适当的合作时机，认定正确的合作方式，迈出国际合作的步伐。

二、对我国高职院校国际合作能力的构成要素分析

国际合作能力，原指跨国界、跨民族、跨文化的二作协调、协作能力，将其引申至高职教育领域，系指不同国籍或文化背景的高职教育主体共同开展教育、培训活动所应具备的协调、协作能力。

影响我国高职院校开展国际合作的因素多样而复杂，包括宏观的国际环境层面、中观的政府政策层面以及微观的院校能力层面，且每个层面的因素都相互联系、相互制约。如国际大环境的变化影响我国政府的国际合作政策，国际合作政策的方向又对我国高职院校开展国际合作的意愿及相关能力提升具有引导作用。这里，我们仅从微观层面的高职院校合作能力视角，就我国高职院校开展国际合作的影响因素进行分析。

就我国高职教育的发展现状而言，高职院校国际合作能力主要包括以下几种。

1. 高职教育国际合作决策能力

从我国高职教育的国际合作历程看，政府每一时期的政策制定和变动，都客观引导了不同重点和不同程度的国际合作。根据《高等教育法》，高职院校实行党委领导下的校长负责制，党委是领导高职院校开展国际合作的核心，其职责重在决策，关键在于把好方向，抓好大事，协调各方；校长是实施和执行党委决策的关键，其职责重在执行。针对国际大环境的变化与我国政府国际合作政策的调整，高职院校党委要洞察环境变化，把握高职教育国际合作机遇与方向，预测潜在风险，合理利用政策。高职院校校长要在党委统一领导下，制定清晰的国际合作战略，选择适当的合作时机，开展正确的合作方式。上述方面均集中体现为高职教育国际合作决策能力。

2. 高职教育全球资源整合能力

资源整合能力即组织在运行过程中所具有的选择、汲取、配置、激活和融合不同类型资源的能力。由于我国高职教育办学基础先天不足，资源相对匮乏，而开展国际合作通常需要一定的资源为基础（包括信息、技术、知识、文化等），在这种情况下，要有效开展国际合作，就必须具备全球范围内整合资源的能力，使相关资源为我所用，弥补资源匮乏的难题。

3. 高职教育国际品牌锻造能力

众所周知，品牌也是资源，也是核心能力的构成要素，科特勒博士认为，"品牌是一种名称、术语、标记、符号或图案，或是它们的相互组合，用以识别某个消费者或某群消费者的产品或服务，并使之与竞争对手的产品或服务相区别"。教育品牌是品牌的一类，具有一切品牌所具有的共性，如给消费者带来的利益、自身具有的差异化个性、体现出的某些价值观、象征着的相关文化等。同时，教育品牌的个性在于其教育性，最终表现在学生创新精神和实践能力培养上，表现在为社会培养出大批合格的高素质人才上。

教育品牌可以打造，就是说教育品牌是一个自觉建设的过程，能够通过人们的主观能动性，充分运用教育策划等谋略手段，去有意识、有目的、有计划地建设教育品牌，使教育品牌建设获得超常规的发展，尽快成长起来。就高职教育特性而言，其国际品牌锻造主要通过教育产品（即专业、课程、服务等）方面来体现，并建立在高职院校国际品牌锻造能力提升的基础上。

4. 高职院校教师、学生国际沟通能力

教师与学生是高职院校办学的主体力量，高职院校开展的国际合作最终要由教师与学生去响应与践行，其成果也要通过教师、学生的自身变化来显现。这种变化，就是高职院校教师、学生国际沟通能力的提升。

国际沟通能力的本质是跨文化沟通，即拥有不同文化认知和符号体系的人们之间进行的沟通。这要求我国高职院校教师、学生具备本土情怀，国际视野。一是要尊重文化差异，增强多元文化意识；二是要重视跨文化交流学习与实践，培养文化理解力；三是要善于国际表达；四是要重视非语言交流。

三、我国高职院校国际合作能力提升的路径——基于多重案例的分析视角

（一）紧跟区域合作与高等教育国际化大趋势，提升高职院校国际合作的领导力

区域合作为我国高职教育开展国际合作提供了良好的大环境，它要求高职院校充分利用区域合作政策，不断提升高职教育国际合作的领导力。即制定合作战略，寻找合作机会，预见合作前景，分析合作风险，有选择地开展高职教育国际合作。

如从 2002 年开始，中国外交部、农业部、商务部等部委利用中国—东盟合作基金、亚洲区域合作专项资金、农业国际交流与合作专项资金、援外资金等在东盟国家开展了一系列农业合作项目，合作主要集户在粮食、养殖业、农业能源、经济作物等领域，这为中国—东盟间的职业教育交流与合作提供了良好的环境。广西农职院利用广西与越南相邻的地缘优势及已有的区域合作项目，通过提升高职院校国际合作的领导力，积极开展与越南的交流合作。近 20 年来，学院依托中国—东盟自贸区建设探索面向东盟的职业教育国际化路子，先后与越南、老挝、缅甸、菲律宾、泰国、印度尼西亚等国的政府、高校及企业三个层面，在人员互访、人员培训、互派留学生与教师、双边贸易、良种推广、示范基地建设等方面进行交流合作，成效显著。

（二）牵头职业教育集团，增强教育资源整合力

职业教育集团是职业院校、行业企业等组织为实现资源共享、优势互补、合作发展而组织的教育团体，是近年来我国加快职业教育办学机制改革、促进优质资源开放共享的重要模式。推进职业教育集团化办学，有利于整合多方力量，在提升办学能力、开展区域教育竞争（尤其是国际教育竞争）方面具有重要的推动作用。

2013 年 11 月 2 日，泰国泰京银行高管在广东农垦总局吕林汉副局长陪同下考察广东农工商学院

第四篇 校企合作是高职院校办学的必由之路

按照组建形式的区别，职业教育集团可分为行业性与区域性职教集团，区域高职院校可以根据行政区域或经济区域的划分，实现力量的有机整合；行业高职院校可以根据产业的划分，实现行业内相关资源的优质共享与互补。如2013年1月，由广东农工商职业技术学院牵头整合34家企业、科研院所、涉农中专学校组成的南亚热带农业职业教育集团成立。作为行业性职教集团，在34个理事单位中，农业产业企业18家、科研院所2家、涉农中专学校2所、广东农垦农场11个，职教集团涉及资产250亿元，土地333万亩，产业以橡胶、蔗糖、剑麻等南亚热带农业为主。职业教育集团的成立，大大提升了学院热作农业职业教育资源的整合能力，为学院在国际范围内开展农业职业教育输出，开展国际职业教育竞争与合作提供了基础。

（三）基于国际交流与合作项目平台，提升高职院校师生的国际意识与沟通能力

高职院校要将打造中外合作办学知名品牌作为自己的战略目标，培养既懂专业又懂外语的国际化复合型人才，这种人才不仅具备系统的专业知识基础，又具备较强的外语能力，特别是外语口语交流能力。

在广东农工商职业技术学院，一方面，通过引入英国商业与技术教育委员会（BTEC）教育模式与其他教育文化交流项目，提升学生的国际化视野，加强对学生核心技能的拓展；另一方面，通过推广全院性双语教学模式与相关的东南亚小语种教学，不断增强学生多元文化意识及语言交流能力。

（四）依托优势专业，提升高职教育的品牌锻造力与国际竞争力

统计数据显示，中外合作办学的项目是否是学校的优势专业，对合作办学的社会影响力有着至关重要的影响。在合作办学中，高职院校作为合作办学的实际操作者，应当扬长避短，拿出强势专业和优势项目进行合作办学实践，这样才能提高高职院校在合作办学中的主导者地位。

（五）依托大型跨国企业，提升教育国际影响力

跨国企业是指以本国为基地，通过对外直接投资，在世界各地设立分支机构或子公司，从事国际化生产和经营活动的垄断企业。由于跨国公司期望获得的是具有国际化理念、能在国际流动、能够进行跨文化沟通的技能人才，这使得满足跨国企业高技能人才要求的过程必然会提升高职院校自身的教育影响力与国际合作能力。

广东农工商职业技术学院隶属广东农垦集团公司，根据《广东农垦经济

和社会发展"十二五"规划》，广东农垦集团公司将坚持实施"走出去"战略，积极推进跨国经营，紧紧围绕"推进农业现代化，打造跨国大集团、建设美好新垦区"的战略目标，努力再造"海外新农垦"。广垦橡胶集团有限公司是由广东省农垦集团公司控股，集天然橡胶种植、加工、销售和研发于一体的国家农业产业化重点龙头跨国集团公司。自2002年成立以来，集团公司不断加快海外项目建设和发展，如通过新建泰南、春蓬两个年加工能力4万吨的加工厂，持续推进印尼广垦东方剑麻种植项目，快速扩大新加坡国际营销中心的业务等方式，积极开展对外合作，不断拓展发展空间。

为提升高职院校教育影响力，广东农工商职业技术学院将依托广垦橡胶集团海外企业，通过建立广东农工商泰国学习中心、广东农工商马来西亚学习中心，向广东农垦海外企业输出教育，开展文化技术培训与职业技术教育。培训对象为广垦橡胶集团海外员工，包括泰国广垦沙墩有限公司广垦橡胶集团、泰国广垦董里有限公司、泰国广垦湄公河有限公司、马来西亚广垦砂捞越有限公司、马来西亚广垦橡胶（婆联）公司、印尼广垦坤甸有限公司等旗下海外企业，培训内容为南亚热带作物技术、国际市场营销、企业管理、信息技术等业务技术培训以及中文、英语语言培训。

此外，学院还依托广垦橡胶集团有限公司，利用农垦行业优势安排热作系作物生产技术等农业类专业学生到马来西亚广垦橡胶种植公司快繁中心实习，从事热带作物橡胶树育苗工作，并计划每年派出50名农业类学生到广东农垦马来西亚橡胶基地见习。依托大型跨国企业，真正实现学院"省内一流、全国知名、东南亚有影响"的办学目标。

总之，我国高职院校开展国际合作不是目的，而是自身核心竞争力提升的手段，在开展国际合作的同时，也要对自身的国际合作能力进行相关的提升，这有益于我国高职院校更为平稳、持续地开展教育国际合作。

2008年10月28日，作者与来方的新加坡教育代表亲切交谈

第五篇
专业建设是高职院校特色发展的重要抓手

专业建设是反映一所院校办学水平、办学特色的标签。农工商学院早在转制之初，就明确提出了"一系一专业、一专业一课程"的教育教学改革思路，并持之以恒建设，因而在高职教育专业建设上，从重点专业、示范专业到品牌专业、优质专业，再到高水平专业群等都有较好的建树，并在全省乃至全国率先牵头创设专业教学指导委员会，引领、带动相关高职院校的专业建设。

首创省级高职教育专业建设蓝皮书

摘 要

　　2019 年 7 月，为了更好地贯彻落实"职教 20 条"所提出的"实施职业教育质量年度报告制度，报告向社会公开"等精神，广东省高职教育商业类专业教学指导委员会主动担当，提出了探索编制"广东省高职教育市场营销、电子商务、会展策划和国际贸易等四个专业建设质量报告蓝皮书"的设想，得到相关高职院校及企业的支持，但由于首次工作且时间紧，以致作者作为主任委员在最后审稿时，几乎是白天带队进行省级示范性院校验收，晚上则是通宵达旦改稿、校正，最终赶在教指委年会召开时正式颁布了《市场营销专业蓝皮书》。这是作者为该书所作的序。

2005 年 3 月 25 日，广东省高职高专教育市场营销专业教学指导委员会成立暨教学研讨会代表合影

　　职业教育是与普通教育不同类型、同等重要的两类教育之一，肩负着传承技术技能、培养多样化人才，帮助学生实现更高质量、更充分的就业创业的使命。而职业高等教育在职业教育体系中起着承上启下、示范引领的重要作用。2019 年 1 月 24 日，国务院颁发了《国务院关于印发国家职业教育改革实施方案的通知》（国发〔2019〕4 号）。学习贯彻《国家职业教育改革实施方案》将近一年，"高职人"已耳熟能详，并称之其为"职教 20 条"。"职教 20 条"明确提出，在未来 5 至 10 年，着力于构建"一个体系"、实现"三大转变"、建立"四项标准"、完成"建设 50 所高水平高等职业学校和150 个骨干专业（群）"等"六项目标"，要"建成覆盖大部分行业领域、具有国际先进水平的中国职业教育标准体系"，等等。

2005 年 10 月，广东高职教育市销专业教指委第二次工作会议

对于"专业""标准""体系""评估"等关键词，作为从事高等职业教育整整 20 年的工作者，作者颇有一番感慨，并始终认为高职教育"专业是王""核心是教师"。早在 2000 年刚刚举办高职教育时，作者就在任职的广东农工商学院创新提出了"一系一专业、一专业一课程"的建设思路，并积极付诸实践。以致数年后首次开展省级示范性专业和精品课程遴选，所在学院在省内同类院校中"独占鳌头"，全省首批精品课"十四有三"，30 多个专业中有 6 个获得"省级示范性专业"。如今课程已经历了精品课、精品资源共享课、精品在线开放课程的优化升级；专业内涵建设也由重点专业、示范性专业到品牌专业、骨干专业、高水平专业（群）而不断丰富！回首二十年探索，"专业建设"始终是值得关注的重要话题。

广东高职高专教育市场营销专业教学指导委员会第三次工作会议合影

也正因为如此，按照《教育部关于加强高职高专教育人才培养工作的意见》（教高〔2000〕2号）精神，我和广东省内一群热心于专业耕耘的高职院校市场营销专业教师共同策划，联合了广东省内行业协会专家和企业家，经省教育厅批准，于2005年初创设了广东乃至全国首个专业教学指导委员会——广东高职高专教育市场营销专业教学指导委员会（简称"市销教指委"），搭平台、深交流、出建议、促进步，以珠三角院校为核心带动了粤东、粤西、粤北地区院校专业建设发展，产生了一批积极成果：评审课程、检查专业、立项课题，规划建设的广东省高职教育市场营销系列教材10本中有6本获国家级规划教材等。2014年，在《国务院关于加快发展现代职业教育的决定》指引下，广东省教育厅组建19个高职教育教学指导委员会，并将"市销教指委"调整为"广东省高职教育商业类专业教学指导委员会"（简称"粤商教指委"），由一个专业扩展至一类专业，除原有市场营销专业外，按广东省教育厅要求增加了电子商务、国际贸易、会展策划和连锁经营管理等专业，同时下设了四个分指委。教指委规模扩大了，但关注专业建设仍然是我们工作努力的重点。

随着经济社会发展，互联网与大数据技术应用、产业优化升级，高职教育专业的新兴与退出是必然。所以，对于一个专业建设质量水平、社会需求状况等如何，无论教育主管部门还是社会人士、高职院校及其专业教师都希望能够及时、准确的了解。而关注与推进专业建设是专业教指委的责任！作为专业教指委必须不忘初心、主动担当，及时把握专业建设状况，为教育主管部门、社会及学习者提供参考！正是基于这一认识，结合"职教20条"提出的"实施职业教育质量年度报告制度，报告向社会公开"等精神，"粤商教指委"提出了探索编制"广东省高职教育市场营销、电子商务、会展策划和国际贸易等四个专业建设质量报告蓝皮书"的设想，并得到相关院校及骨干教师的积极响应，以及广州翰诚文化传播有限公司、深圳头狼电子有限公司等企业热心人士的大力支持。现在呈现给大家的《市场营销专业建设质量报告（蓝皮书）》就是其中一本，简称《市销蓝皮书》。《市销蓝皮书》编制历时5个月，由广东农工商职业技术学院市场营销教学团队牵头，广东女子职业技术学院、广州科技贸易职业学院、广东松山职业技术学院、珠海城市职业技术学院等院校市场营销教学骨干参与共同完成。

《市销蓝皮书》，以经济社会、产业需要为逻辑起点，从专业定位、人才培养模式、师资队伍、校内外实训、产教融合、社会服务、对外合作与交流等方面，综合评价我省高职教育市场营销专业建设的水平与质量。《市销蓝皮书》坚持以面向市场、服务发展、促进就业为方向，深化产教融合，提高

广东高职高专教育市场营销专业教学指导委员会第四次会议暨市场营销类
专业协作委员会成立大会合影

人才培养质量，并形成一批可复制、可推广的典型经验，为高职院校专业建
设提供借鉴。

2019年广东省高职教育市场营销
专业建设质量报告（蓝皮书）

第一个省级专业建设质量报告蓝皮书
终于"落地"了，但必须"抱歉通知"的
是：由于是首次探索，没有经验也没有模
版，没有专职人员也没有专项经费，再加
上部分高职院校专业团队认识不足，未能
及时提供准确、翔实的数据、材料。组织
编制实为"巧妇难为无米之炊"。因此"粗
糙"和"遗漏"是肯定的。批评是必须的，
也是受欢迎的。重要的是，我们必须坚定
地走下去，必须不断完善、提升！

感谢为此做出卓越贡献的各位同仁、
企业家！

是为序。

以市场为导向，创高职教育品牌

摘　要

品牌是卓越名片，品牌就是竞争力。尤其是作为新生儿的高职院校，必须深刻累计品牌的价值。农工商学院转制之初，明确树立品牌意识，并通过专业、课程、国际化及规范流程管理等努力塑造。这是 2003 年 4 月 12—15 日参加教育部高职教育教学管理培训班学习时的交流材料，获中国职业技术教育学会第四届 "全国优秀职教文章奖"（2003 年 9 月），部分内容以《创立品牌：高职院校发展的重要战略》为题，刊发于《中国培训》2003 年第 12 期，第 42—43 页，此处有删减。

中国高等教育大众化的实现，意味着高等教育市场竞争的开始。而随着高等教育大众化的实现，高职院校的生存与发展很大程度上将取决于其社会声誉——品牌，即取决于社会公众对其的美誉度、认可度和忠诚度。然而，一个教育品牌最持久的含义是他的价值、文化和个性。品牌代表着教育承办者对受教育者所提供的教育特色、利益和服务的一贯性的承诺。最佳品牌就是质量的保证。从这个意义上说，创立名牌，基础是教育质量，关键是办学特色。而教育质量取决于院校的教育理念、实施方案、专业特色、师资队伍和管理水平，取决于院校的文化底蕴、办学个性。

诚然，一所院校的品牌形成受制于多方面因素。这里只是从广东农工商学院发展定位理念、专业改革、师资建设、产学结合、国际化办学等方面的主要实践，说明高职教育创建品牌的必要性及其可行性。

创立教育品牌是每一所院校生存与发展的重要战略。广东农工商学院以 "三个代表" 重要思想为指导，认真学习贯彻《中共中央、国务院关于深化教育改革全面推进素质教育的决定》，全面落实教育部 "关于加强高职高专教育人才培养工作的意见"（教高〔2000〕2 号）精神，以教育观念创新为先导，以转制为契机，以改革发展为主线，以专业课程为切入口，以教学基本建设为重点，坚持 "市场导向，练好内功，严格管理，以质取胜" 的办学方针，实施 "三年打基础，上规模；五年树特色，上水平" 的创教育品牌战略，不仅与时俱进完成了自身的转型，而且努力办出了自身特色。

1999年11月，本书作者代表广东省营销学会出席当代中国企业营销管理论坛与实践研讨会合影留念（湖北武汉）

一、顺应环境变化，调整办学模式

大学功能定位就是确定大学的责任，即大学的作用。但大学功能定位理念，取决于其所处的社会环境。广东农工商学院前身是一所管理干部学院，是特定时期的产物。创办初期，广东农工商学院作为一所管理干部学院，教育培养目标或主要任务是帮助大中型企业管理层进行文化素质的提升，培养的对象是具有丰富经营管理经验和熟练生产技术的管理干部或技术骨干。建院19年（至原稿刊发时——作者注），广东农工商学院为广东经济建设和社会发展培养和输送了万余名各类专业人才，其中相当一部分已成为地方政府、大中型企业领导干部和技术业务骨干。然而，随着教育市场发展变化，特别是高等教育大众化战略措施的实施推进，对管理干部学院的功能定位提出了新的思考。广东农工商学院通过深入市场调查研究和"教育大讨论"，及时调整、改革、充实，成为广东省14所管理干部学院中首家改制为职业技术学院的院校，办学规模也由1000人发展到近6000人。

全面更新教育观念，有所为就必然有所不为。每类大学、每所院校都有自己的长处和短处，每类每所院校都不可能在所有学科、所有领域都争第一。由管理干部学院改制为职业技术学院，不仅是教育形式的调整，更重要的是教育观念的更新。根据《教育部关于加强高职高专教育人才培养工作的意见》精神，高等职业教育必须按照党的教育方针和我国社会主义现代化建设的要求，培养适应生产、建设、管理、服务第一线需要的，德、智、体、美等方面全面发展的高等技术应用型专门人才。这是新时期赋予职业技术学院的基本要求。为此，广东农工商学院先后成立了教改领导小组、科研办、高职教育研究所等机构，深入调研，编写《高职教育参考资料》；举办专题报告会和学术研讨会；组织系、教研室及部分骨干教师前往省内外职业技术学院观摩、学习；学院主办的公开出版发行的学报也开设了专栏，发表了一大批有一定的新见解和理论深度的文章，使全院上下对高职教育有一个较深入的思考。通过以上活动，全院管理层和教师对当前国内外高职教育的发展有了较清晰的认识，树立了信心，逐步形成了新的教育观念，对促进教学改革实践，办好具有农工商学院特色的高职教育打下良好的思想基础，创造了良好的条件。

2011 年 1 月 7 日，本书作者在广东农村经济学会年会 "农业增创新优势" 论坛担任主持

二、以需求为导向，调整专业结构

职业技术学院的立足点是市场需求，竞争实力在于专业特色及其结构。而办学模式的改革与调整和教育理念的更新，首先体现于专业和人才培养规格。广东农工商学院的专业，原来主要是财经管理类，包括农场经营管理、工业企业管理、商业企业管理、金融、会计、政工 6 个专业。改制后，学院从社区人才需求状况出发，依托广州，面向农垦，服务社会，积极发展现代农业技术、流通业、信息业和涉外经济相关的应用性专业，包括绿色食品加工与管理、涉外会计、商务信息技术、网络技术、计算机软件、通信工程、计算机信息管理、应用电子技术等 22 个专业，而且新增的理工信息技术类专业数远远超过了原有的财经管理类专业数。

高职教育与传统普通高等教育相比，具有较明显的市场竞争性。为了能适应市场需求的不断变化，提高自身的市场竞争力，广东农工商学院加快了专业改革与更新工作，而且专业教学计划的修订周期也由四年缩短为两年，并按照"每系一专业，每专业一课程"的专业与课程调整改革和建设的思路，加大力度推动教学改革的理论研究和创新实践。近两年，广东农工商学院有1个专业——绿色食品加工与管理专业被批准为教育部高职高专教育专业教学改革试点，3个专业改造为新专业，2个专业调整了专业方向，3个专业被撤销，新增7个专业，18个专业进行了专业内容和课程体系的改革。专业改革和建设工作初见成效，出现"产销两旺"的好势头：2002年新生录取实现"两高"（录取分数线高、报到率高）；2002届（高职教育首届）毕业生一次性就业率达到92.32%，高出广东省平均数6个百分点；从毕业生就业及单位反馈情况来看，学生得到社会的普遍认可和欢迎，用人单位对广东农工商学院毕业生综合评价的满意率达86%。

2001年12月2日，广东农工商学院首批试点专业
（绿色食品加工与管理专业）教育部专家论证会

三、密切产学关系，实现按需教学

高职教育是培养具有一定科学技术知识、生产经验和劳动技能的高素质劳动者。职业技术学院必须根据职业岗位的需求和学生身心发展的特点，有目的、有意识地教育引导学生掌握职业知识、职业技能，形成职业道德，获

得职业从业能力、职业适应能力和职业发展能力，使学生毕业就能"顶岗、胜任"。为此，广东农工商学院各系成立了由企业家、技术专家、教授及政府行政管理部门领导等组成的专业顾问委员会，在教学工作中，广东农工商学院充分发挥专业委员会在人才培养规格、专业建设、课程设计、实习实训、学生就业等方面的作用，实现校企互动、按需教学。

注重实训实习基地建设，以加快学生职业技能的培养。广东农工商学院改制后，新增仿真、模拟实训（验）室30余个，新建校外包括国外实习基地60多个，基本保证了院内外实践教学的需要。如每年广州春秋两季商品出口交易会，广东农工商学院都安排了商务英语、商务文秘、酒店管理、市场营销等专业四五百名学生到各基地（展馆、宾馆和商务中心）顶岗实习。另外，2003年初与德国F+U职业教育中心合作安排了20名学生赴德国企业实习，首次组织学生跨境实习获得成功。高职教育毕业生不仅全部参加了企业半年以上的实践，而且全部获取了相应的中级甚至高级职业资格证，其中30%的毕业生获取两个以上的职业资格证书。

四、培养"双师素质"教师，提高办学竞争实力

高职院校创品牌并非商品意义上的品牌。其品牌价值是教师队伍，因为教师是大学办学的主体，是学校声誉的建树者。随着高等教育大众化的实现，高职院校的声誉已经成为广大学生及其家长择校的关键因素。而一所大学能否产生并保持其优良的社会美誉度、认可度和忠诚度，获得较多学生的报考，关键在于其是否拥有一流的教师队伍。为此，学院重新修订师资队伍建设计划，加大力度从全国各地高校、研究机构和企业中引进和选聘学科带头人、骨干教师和教辅人员近百名，极大地充实了师资队伍。

一个社会组织的成功取决于两个要素：它的客户和员工。高职院校是因为学生而存在的，但其存在的最重要条件就是教师素质的提升。为此，广东农工商学院既注重师资引进，更注重现有师资队伍的整合及其培养提高，一方面通过传帮带，不断教育、培养新教师。同时出台一系列优惠政策，鼓励教师及管理人员在职攻读高层次的学历教育或到企业挂职锻炼，或报考各类职业资格证书；选派教学骨干分别到德国、英国、法国学习考察职业教育等。经过全方位的整合与培养，广东农工商学院的师资队伍不仅是量的扩张，更是质的提高。

五、以学生为中心，树特色创品牌

高职院校创品牌并没有商品市场上的品牌符号意义。其关键是从各方面为教育服务培养一定的特色，树立一定的社会形象，以求在社会公众心目中形成一种特殊的偏爱，形成竞争优势，以吸引更多的学生报考。为此，广东农工商学院与名校、国际先进教育机构合作，全面实践以学生为中心的教育理念，整合资源，创造强势，树特色、创品牌。

一是积极开展对外合作交流，吸收先进的教育理念和教育技术、教育方法，全面提升学生职业素质。2002 年，农工商学院先后与英国爱德思国家职业学历与学术考试机构（Edexcel）、中山大学、清华大学等，开展英国商业与技术委员会（BTEC）证书、远程教育和清华 IT（互联网技术）应用工程师认证等合作项目，不仅拓展了办学空间和提升了办学层次，更重要的是吸收先进的教育理念和教育技术、教育方法，全面提升学生职业素质。

二是培养人文素质，增强学生的就业竞争力。加强人文素质教育，增强学生的就业竞争力，一直是广东农工商学院追求的目标和努力的方向。广东农工商学院通过学生自办学术刊物，如《经济人》《绿潮》《启明星》《火鸟》等，培养学生自学能力、收集信息能力、社会调查能力、科学思维能力、文字表达能力；组建市场营销协会、电子商务协会、舞蹈协会、电子制作爱好者协会、书法协会、乒乓球协会等，培养学生组织能力、执行能力、团体能力、交流能力、合作能力；开设实习公司、实习超市、计算机维护室、电子维修室、手机维修室等，培养学生创业能力、独立能力、解决问题能力和社会责任心；举办科技制作竞赛、会计知识竞赛、数学建模竞赛、电子制作竞赛、平面广告设计竞赛、十大营销之星竞赛、演讲竞赛、每月"营销沙龙"等，培养学生竞争意识、创新精神，以及自我心理调节与平衡能力。正是这一点，广东农工商学院毕业生受社会的普遍认可和欢迎，有较高的就业率。

加强产学研结合，提升市销学生就业竞争力

摘要

    产学研结合是进一步发展高职教育的必由之路，是打造高职教育特色、提升高职高专毕业生就业竞争力的重要途径。但对于不同专业如何开展和加强产学研结合工作，推动高职教育健康协调发展是摆在我们面前的重要课题。文章通过总结广东农工商学院市场营销专业开展产学研结合的具体措施及其成效，试图以实践来说明高职高专教育加强产学研结合的现实意义。

    此文是新世纪广东省高等教育教学改革工程资助项目——"高职高专市场营销专业技能培养的理论与实践"课题（批文号：粤教高〔2001〕106 号）阶段性成果之一，是教育部第三次全国高职教育产学研结合经验交流会论文，获广东高等教育学会 2004 年高等职业技术教育优秀科研成果一等奖。

    高职高专教育的任务是，为国家和地方经济发展培养适应生产、建设、管理、服务第一线需要的、实践技能强、具有良好职业道德的技术应用型人才。因此，以就业为导向，突出能力培养，是高职高专教育的特色与关键；而加强产、学、研结合，是打造高职高专教育特色，提升高职高专毕业生就

2017 年 12 月 10 日，广东高职教育商业教指委年会

第五篇 专业建设是高职院校特色发展的重要抓手

199

业竞争力的重要途径。走产、学、研结合的道路，是每一所高职院校的"立校之本，育人之基，发展之源"。那么，对于不同专业、不同职业岗位和不同行业，如何开展和加强产学研结合工作，推动高职高专教育健康协调发展是摆在我们面前的重要课题。本文试图将广东农工商院市场营销专业开展产学研结合的思考和实践加以总结，讨教于同行。

一、高职教育市场营销专业开展产学研结合的主要措施

市场营销工作是一项创造性工作，涉及农业、工业、商业、运输、通讯、金融、旅游酒店，甚至教育和政府管理部门等，既要与产品打交道，更要与人打交道。所以，从这个意义上说，高职教育市场营销专业所培养的人才既是服务性行业人才，又是跨行业的、复合性的应用型人才。其所需要的职业性能力将更加复杂，更加现实和多层次。根据高职教育市场营销专业人才培养的特点和要求，广东农工商学院市场营销专业从以下五个方面开展产学研结合工作。

（一）以市场调查为切入点，准确把握高职高专市场营销专业人才职业能力的结构和要求

为了更好地把握经济社会特别是广东企业界对高职高专市场营销专业人才的需求情况，结合承担新世纪广东省高等教育教学改革工程资助项目——"高职高专市场营销专业技能培养的理论与实践"课题工作，我们组织了一次专题调查。被调查企业涉及生产制造、商品流通、房地产、通信、保险、金融及旅游酒店共8个行业，分布在广州、深圳、中山、江门等地近200家企业；被调查者包括企业总经理、市场总监、人力资源部主管、营销部经理和营销人员等；发出问卷300多份，回收有效问卷275份。其中，对"你认为市场营销人员应具备以下哪些基本职业技能"问题，企业界对"策划能力、商务谈判能力、市场调查与预测能力、营销心理能力、销售管理能力、商品鉴别能力、公共关系能力、客户管理能力、电子商务应用技术能力"等九种能力有较高的认同，而且随着被调查者在企业所处的职位越高而有越高的认同。这表明，在企业看来，作为大专层次的高职教育市场营销人才，虽然也需要站柜台、跑街道推销，但又不局限于此，其主要还是参与市场营销策划、商务谈判、市场调查、销售管理等工作。这一点应不同于中等职业教育市场营销专业人才培养的定位。调查资料还显示，随着时代的发展，营销心理能力、公共关系能力、电子商务应用技术能力等已越来越受到企业的重

视。其原因主要与当前市场环境及竞争需要密切相关。因为，市场交易行为从本质上是营销主体与营销对象作为人所采取的社会行为，是由其心理动机支配的。而且从市场的客观现实看，营销人员采取什么样的营销行为，顾客是否购买、如何购买，都是由各自的心理动机决定的。企业的所有营销行为过程，从营销观念到营销策略、营销手段，都是根据顾客需要即顾客心理为出发点和归宿。实践证明，营销行为是否有效，关键在于能否有效地影响与作用于顾客的心理，诱发购买动机，促成购买。所以，现代企业越来越重视顾客心理研究并要求营销人员掌握营销心理技巧也就不足为奇。再者，现代企业越来越重视公共关系，是因为社会外部环境对企业生产经营的影响作用越来越大。一些产品即使适销对路，价格、分销和促销都适度，却未必能销售出去，而必须借助自身能量、运用公共关系，运用各种传播、沟通的手段去影响公众的观点、态度和行为，争取公众舆论的理解和支持，变消极地、被动地去适应、服从外部环境，为积极地、主动地去改变环境，扫除产品通道上的障碍，为企业生存和发展创造良好的社会环境。广东农工商学院根据企业需要，近三年对市场营销专业教学计划进行了两次修改、调整，使课程体系能基本能涵盖"市场调查与分析能力、市场营销策划能力、商品鉴别能力、销售管理能力、营销心理能力、公共关系能力、商务谈判能力、客户管理能力、电子商务能力"等九个方面能力培养的要求，增加实训实习课时，明确职业资格要求，并创造性提出、实施"八个一工程"，即"选配一名导师、组建一个学会或讲习中心、参加一个竞赛、策划一个项目、深入一个产品或企业、建立一个模拟公司、撰写一篇毕业论文，实习就业一条龙"市场营销人才培养模式。

（二）加强与广东省劳动和社会保障厅职业技能鉴定指导中心合作，切实推进职业资格认证

①广东农工商学院市场营销专业教师全部参加了广东省劳动和社会保障厅职业技能鉴定指导中心组织的营销师（推销员）职业资格考评员培训，并获取了国家营销师（推销员）职业资格考评员证书。其中，一位教师还被送德国学习，考取了德国开姆尼茨工商会颁发的职业资格培训师资格证。②长期承担营销师（推销员）职业资格的考评鉴定工作，包括从广东省第一批推销员和国家第一批营销师的职业资格鉴定的试点工作。③被确立为广东省营销师（推销员）职业资格省直考试点，每年接受两批数百人的报名考试。④参与了"中国首届营销（推销）技能大赛广东选拔赛"暨"广东十大金牌营销人"大赛的策划、组织和评委工作，具体包括：参与选手的理论测试

命题、实践技能考核、评判，大赛半决赛、总决赛程序设计、案例设计、大赛理论辅导及评委工作。学院通过与广东省劳动和社会保障厅职业技能鉴定指导中心的合作，特别是市场营销专业教师参与营销师（推销员）职业资格的考评鉴定工作，使专业教师更加了解社会对市场营销职业的知识和能力要求，并因应营销师（推销员）职业资格考评鉴定的要求，自觉、全面整合课程教学内容，为广东农工商学院市场营销专业毕业生百分百达到"双证"要求奠定的良好基础。事实上，这几年，学院市场营销专业历届毕业生均百分百获得中级推销员（国家职业资格四级）以上的职业资格证书。由于学院市场营销专业职业资格教育和考评鉴定工作突出，广东省劳动和社会保障厅职业技能鉴定指导中心破例给广东农工商学院市场营销专业高年级优秀学生提前报考高级推销员（国家职业资格三级），是广东省内唯一一所获取这一资格的院校。

2007 年 11 月 24~25 日，在广东营销学会年会上做主题发言

目前（原稿刊发时——作者注），2001 级市场营销专业学生距离毕业尚有一学期，已有 23 人获得了高级推销员职业资格证书，占同级同专业学生总数的 31.9%。

（三）加强与行业协（学）会合作，充分利用社会资源优势为教育服务

近年来，广东农工商学院市场营销专业教师先后参加了广东农垦经济学会、广东省营销学会、广东商业经济学会、广东连锁经营协会、广东企业家协会等协（学）会，部分还担任了副理事长、副秘书长、常务理事、理事等职务。市场营销专业教师一方面依托行业协（学）会，聘请行业协会专家、学者、技术能手来校教学、指导，举办专题讲座，承担科研课题等。近几年，市场营销专业教师先后承担了省、厅级课题 6 项，包括广东省农办科研课题——"广东乡镇企业发展研究"、广东农垦科研课题——"广东农垦集团在产品市场实现中存在的问题及对策"、广东省教育厅资助项目——"高职高专市场营销专业技能培养的理论与实践"课题等；先后发表学术论文 30 多篇，并荣获 2000 年广东营销学会优秀论文二等奖、2001 年荣获广东农经

学会优秀论文二等奖和2003年中国高等院校市场学研究会优秀论文三等奖。另一方面学院通过行业协（学）会与企业建立更广泛的交流合作，参加业务评议、行业交流、学术研讨等，如参加广东省全省连锁店"优秀门店"和"消费者诚信门店"的评比工作，涉及的行业有超市、餐饮店、药店、专卖店和百货商店，包括一些著名外资企业。这样，使市场营销专业教师能全面了解广东省内连锁业发展状况，熟悉行业评价标准，并在社会和企业界树立"权威"，从而进一步加强了院企合作关系。

2006年1月11日，作者作为连任副会长出席广东营销学会理事会扩大会议

（四）主动承担企业项目，以智力服务获取企业支持

①学院加大政策力度，鼓励专业教师到企业担任顾问或挂职，以便于教学更加紧密联系实际，加快培养"双师型"教师。目前，先后有5名专业教师到企业担任顾问或挂职，包括担任广东奥迪玩具有限公司营销顾问、广州飞捷电信有限公司营销顾问，挂职担任中国南海石油联合服务物资公司总经理助理等职，参与企业经营决策、市场营销策划、产品推广、人才培养和企业管理等。②为企业培训营销骨干。长期以来，学院承担农垦系统企业领导干部工商管理培训、广州宏成超市股份有限公司中高层管理人员培训、广东燕塘牛奶公司营销骨干培训、广东燕塘生化制药厂营销骨干培训等教学任务。③承担企业策划项目，包括企业庆典、新产品推广、品牌宣传或节日促销等主题策划活动，一来产学研结合，加强校企合；二来培养学生的创新意识、公共关系能力、策划能力、调查

1998年，作者为广东绿卡等企业营销骨干讲课

分析能力、判断能力、抽象能力和写作能力。如 2001 级市场营销专业学生先后承担了 2002 年英国 BTEC 招生广告设计比赛策划、广州雅阁糖果春节促销策划、广州马来西亚皇家咖啡厅促销策划、A 组发型设计中心发型 DIY 自己动手比赛策划等，使学生不仅得到一次实战锻炼，还通过智力劳动创造了经济效益。由于市场营销专业教师依托行业协（学）会，并主动承担企业项目，以智力服务获得了企业的支持，建立起专业实习基地 20 多个。每年广州春秋交易会，安排学生到相关企业实习；组织毕业班学生到广东温氏集团、广州宏城超市，乃至湖南长沙家润多超市等企业相关岗位顶岗实习，使学生能比较全面地了解一个产品或企业，包括产品知识、企业概况、行业市场环境、岗位职责、业务工作规范等，突出培养学生的产品鉴别能力、市场调查能力、推销能力、谈判能力、与人共事能力和社会适应能力等。此外，每年还安排两批学生到德国开姆尼兹市实习，全面了解外国公司的经营运作，掌握实际工作能力和外语能力，提高学生就业竞争力。

（五）建立院内实习超市，培养学生创业意识和创业能力

目前，越来越多的公司，出于竞争的考虑，对关系商业秘密或经营核心部分的岗位很多不会给"别人插手"。这在一定程度上影响高职高专教育经济管理类应用型人才能力的培养。所以，职业院校自建"模拟公司"是一种选择。根据这一情况，学院创办了广东省内高职院校中的首家学生实习超市（市场营销实训室）。从公司老板到部门经理，以及一般售货员均由学生担任，提供了包括公司董事会、总经理室、人力资源部、策销部、财务部、拓展部、商场部等 7 个部门 50 多个实习岗位。学生从初级岗位（售货员、收银员、理货员等）做起，实行轮岗，还可以升职至部门经理、总经理等。学生实习超市的建立，为市场营销专业学生提供一个完全真实的市场环境。该超市全面实行市场化管理，从学生筹备开业之初到管理人员的分工，从商品采购，到销售、储存管理，从广告投入到促销活动策划，从成本核算到利润分析，都由学生按照市场规律办事。仅供货商一项，学生实习超市就与 60 多家企业建立了业务关系。在这个"真实"的情景实践活动中，学生感受到激烈的市场竞争氛围，学生的公关能力、社交能力、表达能力、应变能力、技能水平得到了充分的锻炼和发挥。学生实习超市自 2001 年 9 月 16 日试业到现在，已经营两年多，超市经营运作良好，并逐步走向规范化，制定出一套实习超市管理制度，包括有值班经理制度、采购部制度、财务部制度、商场部制度、策划部制度、人事部制度、技术部制度、商场服务规范等，摸索出一套适应学生操作的运作模式，将不同年级、不同上课时间的营业员排列组合出保证每天开门营业时间，充分发挥出市场营销专业实习实训场所的作

用。此外，实习超市还有健全的工作制度，如每星期召开工作例会、每月召开小结会、每学期召开董事会等。这样，不但使学生职业技能得到全面锻炼，而且培养了学生责任心、综合职业能力、发展能力、适应能力、独立能力、执行能力和团队合作能力。许多学生把实习超市美誉为"学子的乐园，老板的摇篮"。

二、高职教育市场营销专业开展产学研结合的主要收获

市场营销专业是我院开设最早的专业之一。目前（原稿刊发时——作者注），学院已建设了一支结构较为合理、专兼聘结合、具有"双师素质"的市场营销专业教师队伍，其中50%专业教师拥有高级职称；学院从管理干部学院到职业技术学院，已为广东、海南、江西等省输送了16届市场营销专业毕业生。这些学生中绝大部分已成为企业生产经营骨干，在广东省内外商界有一定的美誉度和影响力。可以说，市场营销专业教学坚持走产、学、研结合的道路，带来了两个"欢迎"：

一是市场营销专业教学内容深受学生欢迎。学院市场营销专业教师，由于始终坚持走产学研结合的道路，积极参与行业协会交流，主动为企业承担市场策划、产品开发和人才培养工作，积极参与企业生产经营活动，从而掌握了较多的生产经营素材、营销个案，并及时补充到课堂教学中，使教学内容不但针对性强，而且充实、生动，深受学生的欢迎。在学院近五个学期的"课堂教学质量学生意见调查"中，连续获得优秀评价课程最多的就是市场营销专业的相关课程。学院计划在本学期举办市场营销观摩课，推广介绍其做法。此外，近几年，市场营销专业教师先后出版专著和高职高专教材6部、参编3部。由学院市场营销专业教师担纲主编，分别由教育部高等教育出版社、中国高等院校市场学研究会和广东营销学会规划的《市场营销》《商务谈判》和《现代广告学》高职高专教材，均有较高的发行量和较好的社会评价，其中《现代广告学》荣获广东营销学会优秀著作（教材）三等奖。

二是市场营销专业毕业生深受社会欢迎。学院市场营销专业教学，由于始终坚持走产学研结合的道路，突出实践教学，注重全面提高学生职业性能力，并实行学历证书与职业资格证书并举措施，使得市场营销专业毕业生有较强的就业竞争力，即使是高等教育扩招后的2002届、2003届市场营销专业毕业生，其就业率均达到100%，甚至出现了毕业就"择业"的好势头。2001级市场营销专业学生尚未毕业，就有20多位同学已分别被广州本田汽车公司中山分公司、广州吉之岛商场等单位选定。此外，这些学生毕业后到

企业任职，不乏较好的发展空间和职业后劲。如 2003 届市场营销专业毕业生中，有一位学生毕业前是学院实习超市总经理助理，毕业后一个月就成为喜市多便利连锁有限公司广州第一店店长，三个月后便升任为该公司广州片区经营督导，分管 20 多间门店的业务协调工作。另一位学生毕业前是学院实习超市人事部经理，毕业不足十个月就升任为中国移动广州公司客户部主任。类似个案举不胜举，确实令人欣慰，也为高职高专新的教育模式而自豪！

高职高专市场营销专业人才能力结构分析与培养

摘要

　　高职高专教育是培养生产、管理、服务第一线的高等技术应用型人才的教育。其毕业生应在掌握理论基础知识和专门知识的基础上，重点掌握从事本专业领域实际工作的基本能力和基本技能。但就具体专业而言，此文试图以国内外院校的理解与定位、企业要求等调查为切入点，结合自身的教学实践，探索市场营销专业人才能力要求及其培养途径，从而为国内高职高专人才能力培养提供参考。

　　此文为新世纪广东省高等教育教学改革工程资助项目——"高职高专市场营销专业技能培养的理论与实践"课题（批文号：粤教高〔2001〕106 号）阶段性成果之一，也是国内高职教育较早系统研究专业人才能力的文章，刊发于《高教探索》2004 年第 1 期，第 63—66 页，部分内容转发于《中国高教研究》2004 年第 2 期，第 52—53 页，累计被引量 69 次、下载量 442 次。同时，"高职高专市场营销专业技能培养的理论与实践"项目获第五届（2005 年）广东省高等教育省级教学成果奖二等奖，是广东农工商学院获得的首个省级教学成果奖，也是早期全国高职院校获得省级教学成果奖的极少数院校之一。

　　随着经济社会提速、协调发展，我国高职高专特别是高职教育迅猛发展，对推动高等教育大众化、为地方经济社会建设服务等方面发挥了重要的作用。但如何总结经验，纠正偏差，推动高职高专教育进一步科学、健康、协调发展，仍然是摆在我们当前的重要任务。其中，高职高专教育各专业人才的培养目标定位和能力要求是极其重要的方面，也是目前比较薄弱的地方。结合专题调查和学院教学实践，本文试就高职高专市场营销专业人才能力要求及其培养途径进行分析讨论。

作者作为广东省一类品牌市场营销专业带头人、广东省高水平市场营销专业群带头人在学院营销工作室留影

第五篇　专业建设是高职院校特色发展的重要抓手

一、高职高专院校对市场营销专业人才能力要求的理解与定位

高职高专教育人才培养目标定位于培养生产、管理、服务第一线的高等技术应用型人才，包括技师、工程师、营销师等。所培养出来的学生，应在具备理论基础知识和专门知识的基础上，重点掌握从事本专业领域实际工作的基本能力和基本技能，具有良好的职业道德和敬业精神。但就某一具体专业人才而言，它的基本能力是什么？基本技能又是什么？两者有何关系？可以说，国内院校目前的认识都比较模糊，要求也不一。基本上是依据各个职业院校对社会人才需求规格的理解，自主制订。所以同一专业的基本技能，就有可能出现校校不一样。下面以高职高专市场营销专业人才的基本技能培养规格为例，予以说明。

2010 年 12 月 11 日，广东高职高专工商管理专业教学指导委员会 2010 年年会合影留念

（一）部分省市高职高专对人才能力的要求

1. 山东某职院的要求是：①较强的语言、文字表达能力及一定的英语综合运用能力。②较强的社交、公关能力。③计算机操作与应用能力。④较强的市场调研与分析能力。⑤市场营销业务与管理能力。⑥普通大类商品（食品、纺织品、日用工业品）的鉴别与评价能力。⑦某一类商品（汽车、

医药、珠宝玉器等商品）的初步综合质量分析与评价的能力等。

2. 吉林某职院的要求是：①具有较强的综合运用各种基础理论知识、专业知识和技能解决市场及企业营销活动过程中出现的实际问题的能力，包括基本的商品鉴别和质量检验能力。②市场营销调查、预测、决策能力。③市场细分和市场定位能力。④销售管理及企业营销管理的能力。⑤公关与商务谈判能力。⑥各种营销、促销活动的组织策划能力。⑦广告策划与文案撰写能力等。

3. 广东某职院的要求是：①掌握市场营销的基本原理。②在掌握市场调查方法基础上，能进行企业市场营销策划。③熟悉相关的经济法规。④懂得开展贸易谈判，并签订合同。⑤掌握购、销、运、存的基本业务知识。⑥熟悉相关的商品知识。⑦能独立地开展商品推销活动。⑧懂得广告、公关、社交的基本知识。⑨熟悉连锁店的经营管理动作。⑩懂得企业管理的基本原理。⑪掌握商品销售的核算知识。⑫了解电子商务的基本原理。

4. 宁波某商专的要求是：①具有现代意识和经营发展眼光，具有较快的适应生产、建设、服务管理第一线岗位需要的实际工作能力。②具有市场调查研究和分析策划、处理实际问题、营销策划的能力。③具有较强的公关协调能力和开拓创新精神。④不怕苦，有较强的心理承受能力。⑤具有一定的自学能力。集中体现于"一精多能"：精策划、善调研、懂公关、会推销、求创新。

5. 广西某商专的要求是：①"三个基础"：思想政治与人文精神和身心基础、外语能力基础和计算机知识运用基础。②"四种能力"：包括市场调查与市场分析能力，目标市场选择、定位出产品开发能力，广告与公关实务能力，国际贸易与跨国营销实务能力。③"五种技能"：包括促销推广技术技能、商务洽谈技能技巧、商品鉴别技术技能、商务应用写作技能、电子商务应用技术技能等。

（二）定位急需相对统一

对于高职高专市场营销专业人才的能力要求，不仅是职业院校没有统一的标准，就是主管劳动技能要求的国家劳动和社会保障部门所制定的标准也比较含糊，难以参照。如果按照国家劳动和社会保障部门制定的国家职业标准——"推销员职业技能要求"为标准，则有不悖于营销人才的内涵；如果以"营销师"职业技能要求为标准，似乎又高了一点，而且营销师技能鉴定要素基本上是以"知识模块"为主线，同时考核分值基本也是"平均分配"的，如表1：

表 1　营销师技能鉴定要素及分值

序号	项　　目	分　值	备　注
1	市场调研与分析能力	15	
2	营销战略与营销活动管理能力	15	
3	产品与价格管理能力	15	
4	分销渠道管理能力	15	
5	销售促进管理能力	15	
6	销售管理能力	15	
7	网络营销管理能力	10	
8	合　计	100	

　　上述这些显然也是无法参照的。国家劳动与教育主管部门都没有统一的职业技能标准，职业院校也只能根据各自的理解，自主制定技能要求。这样势必影响社会对高职高专教育水平的认同度、美誉度。因此，我们认为高职高专市场营销专业人才的基本技能要求有必要相对统一。

2012 年 12 月，广东省高职教育商业类专业教指委成立大会合影

二、企业对高职高专市场营销专业人才职业能力要求的认同分析

为了把握经济社会特别是企业界对高职高专市场营销专业人才需求情况，我们进行了一次专题调查。调查的企业涉及生产制造、商品流通、房地产、通信、保险、金融及旅游酒店 8 个行业，分布在广州、深圳、中山、江门等地近 200 家企业；被调查者包括企业总经理、市场总监、人力资源部主管、营销部经理和营销人员等；发出问卷 300 多份，回收有效问卷 275 份。其中，被调查者在回答"你认为市场营销人员应具备以下哪些基本技能"问题时，对 12 个备选答案的认同情况如表 2：

表 2　市场营销人员应具备的基本技能排序表

序号	项　　目	认同数（人）	比重（%）
1	策划能力	236	85.8
2	商务谈判能力	198	72.1
3	市场调查与预测能力	183	66.6
4	营销心理能力	162	58.9
5	销售管理能力	140	50.7
6	商品鉴别能力	131	47.6
7	公共关系能力	114	41.3
8	客户管理能力	114	41.3
9	电子商务应用技术能力	103	37.3
10	人力资源管理能力	52	18.9
11	进出口业务能力	37	13.4
12	会计、单证能力	21	7.6

从企业界对市场营销人员应具备的基本技能要求情况排序来看，认同数超过 50% 的依次是策划能力、商务谈判能力、市场调查与预测能力、营销心理能力、销售管理能力，而且随着被调查者在企业所处的职位越高而有越高的认同感。那么，现代企业为什么会有这样的要求？在企业看来，作为大专层次的市场营销人才，虽然需要站柜台、跑街道推销，但不局限于此，其主要还是参与市场营销策划、商务谈判、市场调查、销售管理等工作。这一点应不同于中等职业教育人才培养的定位。

　　调查资料还显示，随着时代的发展，营销心理能力、公共关系能力、电子商务应用技术能力等已越来越受到企业的重视。市场交易行为从本质上是营销主体与营销对象作为人所采取的社会行为，是由其心理动机支配的。从市场的客观现实看，营销人员采取什么样的营销行为，顾客是否购买、如何购买，都是由其心理动机决定的。企业的所有营销行为过程，从营销观念到营销策略、营销手段，都是根据顾客需要即顾客心理为出发点和归宿。实践证明，营销行为是否有效，关键在于能否有效地影响与作用于顾客的心理，诱发购买动机，促成购买。所以，现代企业越来越重视顾客心理研究并要求营销人员掌握营销心理技巧也就不足为奇。再者，现代企业越来越重视公共关系，社会外部环境对企业生产经营的影响作用越来越大

　　此外，尽管本次被调查的企业都是地处粤语地区，但企业并没有把粤语作为第一语言要求，如表3所例：

表3　191家企业对市场营销专业毕业生的语言要求排序

种类	普通话	粤语	英语	无所谓	其他
数量（家）	73	65	51	12	13
比例（%）	38.2	34.0	26.7	6.3	6.8

　　由此说明，改革开放以来，南北贸易、中外交往已密不可分。除了需要统一的贸易规则，还需要统一的语言进行交流。中国政府把普通话作为通用语言说明普通话的广泛性和权威性，因此普通话的重要性显然易见，企业把普通话放在语言要求的第一位也就不容置疑。而粤语（广东话）位居语言要求的第二位也有其充分的理由，广东毗邻香港、澳门，而且三地贸易来往繁忙，语言环境主要是粤语。在商业贸易中有时需要使用粤语交流更能达到"入乡随俗，平易近人"的感觉，从而为交易创造"地利""人和"的优势。另一方面，随着中国加入WTO，企业融入国际分工体系，对外语人才需求不断增加。英语作为国际上通用的语言，企业为了引进外国的先进技术，扩大出口，必须招聘一批具有较高外语水平，且懂营销的人才。因此被调查的企业多数对英语的语言要求也比较高，与普通话要求相差不足11个百分点。

三、高职高专市场营销专业人才应具备的能力及其标准

　　为了比较分析，我们不妨再来看看国外高职教育人才的能力要求。

（一）国外职业教育能力培养要求

国外职业教育能力培养要求一般分为两部分，一部分是关键能力。它是指超越职业领域，对职业活动的顺利进行起至关重要作用的能力。英国职业教育把关键能力称之为"通用技能"，提出七个方面的要求：①完成任务和解决问题能力。②交流通信能力。③运用技术能力。④与人共事相处能力。⑤运用设备和软件能力。⑥创新和设计能力。⑦管理与发展自我能力等。另一部分是职业技能。它是从事本专业具体职业岗位的基本技能。如德国，职业教育三年制酒店管理专业人才的职业技能提出十个方面要求：①接待客人及咨询能力。②客人信函来往能力。③计算（结账）能力。④打印账单（计算机操作）能力。⑤收银能力。⑥市场营销策划能力。⑦市场营销效果控制能力。⑧管理客房能力。⑨制定本行业有关的人力资源规划能力。⑩各种餐饮服务能力。

综合以上分析比较，我认为高职高专市场营销专业人才应具备的能力包括两个方面，即基本能力和基本技能。

2013 年 12 月，广东省高职教育商业类专业指导委员会 2013 年年会合影留念

（二）高职高专市场营销专业人才的基本能力

高职高专市场营销专业人才的基本能力应理解为社会性能力，即通常所说的关键能力或通用技能。这部分能力要求对所有不同专业高职高专毕业生都是应该具备的，具体讲有三个方面：一是方法能力：①注意力。②分析能力。③解决问题能力。④判断能力。⑤抽象能力。⑥准确性。二是社会能

力：①责任心。②独立能力。③执行能力。④团体能力。⑤交流能力（包括英语听说、普通话能力）。⑥合作能力。三是学习能力：①求知欲望。②自学能力。③收集信息能力。④系统思考能力。⑤创新能力。此外，关键能力是一种专业能力高度抽象而形成的能力，职业培养层次越高其要求也就越高。

（三）高职高专市场营销专业人才的基本技能

高职高专市场营销专业人才的基本技能就是职业性能力。所谓职业性能力，是指运用专业技术完成某种特定职业岗位任务的能力，包括技术规范应用能力、技术组合能力、技术质量判断能力、技术分解复原或改造能力等。高职高专市场营销专业人才的职业性能力具体包括：市场调查与分析能力、市场营销策划能力、商品鉴别能力、销售管理能力、营销心理能力、公共关系能力、商务谈判能力、客户管理能力、电子商务能力等九个方面能力。

1. 市场调查与分析能力。①能够拟定调研计划。②能够进行调查表与问卷设计。③能够组织实施市场调研活动。④能够撰写市场调查报告。⑤能够分析、汇总调研数据，评估调查报告。⑥能够根据调研数据分析市场机会与威胁、需求行为特点。⑦能够根据调研数据计算市场需求潜量，并运用科学方法进行销售预测。

2. 市场营策划能力。①能够编制企业营销目标与任务书。②能够分析现有业务并编制发展计划。③能够了解整个营销活动过程。④能够根据不同需求水平采取不同的营销对策。⑤能够根据新业务计划制定市场营销活动方案，并组织实施。⑥能够分析、评估市场营销活动的效果与经验。

3. 商品鉴别能力。①能够区分商品的标识，并说明其内涵。②能够用感官鉴别法一类或以上（如食品、纺织品或日用工业品等）大类商品质量。

4. 销售管理能力。①能够判断产品生命周期并提出营销对策。②能够进行产品组合决策和产品品牌管理。③能够灵活运用定价策略与技巧。④能够设计渠道系统，并进行建设与维护管理。⑤能够制定促销方案，灵活运用各种促销方式，组织实施并评估效果。⑥能够计算货款，熟悉账务处理流程。

5. 营销心理能力。①能够根据顾客的气质、性格、能力等的不同表现调整营销方案。②能够熟练运用心理沟通技巧与客户建立个人交情。③能够根据购买心理设计广告方案。④能够运用心理技巧做好潜在顾客心理转化工作。⑤能够在挫折情绪中及时调整自我。

6. 公共关系能力。①能够与新闻媒体建立联系。②能够撰写公共宣传新闻稿。③能够策划并实施公共宣传活动方案。④能够进行公共关系危机管理，消除不得因素。

7. 商务谈判能力。①能够制定推销访问和商务谈判方案。②能够安排组织谈判活动。③能够营造和调节谈判氛围。④能够把握谈判的基本原则，促成谈判。

8. 客户管理能力。①能够根据客户类型设计服务计划。②能够管理应收账款。③能够妥善处理客户投诉。④能够建立客户档案。⑤能够把握客户需求变化规律为企业营销决策提供依据。

9. 电子商务能力。①能够制定网络广告与公共关系策略。②能够利用网络进行销售服务与客户管理。③能够协助设立企业站点和设计网页。

2019 年 11 月，广东省级优秀教学团队和省级一类品牌专业、省级高水平专业团队合影

四、高职高专市场营销专业人才能力培养的主要途径

高职高专市场营销专业人才能力要求是多方面、多层次和现实的，其能力的培养、形成也应该是多形式、多渠道。根据市场营销专业人才的特点和广东农工商职业技术学院的教学实践经验，职业教育院校除了要抓好各门课程教学工作，并尽可能使用案例教学法外，应实施"八个一工程"，即选配一名导师、组建一个学会或讲习中心、参加一个竞赛、策划一个项目、深入一个产品或企业、建立一个模拟公司、撰写一篇毕业论文，具体如下：

1. 选配一名导师，即实施指导教师负责制。我国职业教育院校的特点是专业班大、人数多。在德国职业教育学校，一个市场营销专业或汽车装饰专业的学生不过是一二十人，而在中国，每个职业教育院校的同一专业学生人数少则五六十人，多则一二百人。每个专业的学生规模大，客观上造成了企业接纳技能训练的困难。而如果采用"指导教师负责制"，每位专业教师即导师全面负责8～10名学生，既可以化大班教学为"小班"指导，在一定程度上弥补了大班实训的缺陷，更重要的是能够全过程、全方位地指导、培养学生，即从学生入学开始，包括思想品德、生活做人、专业思想、职业定位、日常交流、理论学习、技能培养及其就业推荐等。导师工作重点是专业思想、职业定位和技能训练。广东农工商职业技术学院自2001级市场营销专业开始实施导师制，经过四个多学期的实践已取得了初步成效显著。近90%的学生认为推行导师制是"非常必要""必要"的，而且2003级市场营销专业学生中有的就是冲着导师制报考的。

2. 组建一个学会或讲习中心。通过研、思、练，培养学生科学思维能力、语言表达能力、人际交往能力，自我心理调节与平衡能力。更重要的是，院校有多个学生自办的学会、中心，各专业学生相互交叉参与，培养、激发兴趣，更有利于复合型、创新型人才的能力培养。广东农工商职业技术学院营销学会自2001年10月创办以来，每月举行营销沙龙活动，内容包括营销专家学术讲座或个案点评、企业家营销实践体会、学生演讲或辩论会等，形式多样。该活动不仅市场营销专业的学生积极参与，还吸引了院内各专业营销的爱好者。

3. 参加一个竞赛。当然不能机械地认为就是只参加一个竞赛，而是要参加多个竞赛。学院、系或学生团体可经常性地举办市场营销技能大赛，如广东农工商职业技术学院一年一度的"十大金牌营销之星大赛"。学校也可组织、鼓励学生参加全国、省或企业主办的营销大赛。如2003年中国首届营销（推销）技能大赛、广东"香雪杯营销之星"大赛、"假如我是××总经理"等竞赛活动，培养学生进取精神、竞争能力、自学能力、应变能力、表达能力和综合应用专业知识的能力。

4. 策划一个项目。学院或导师组织学生承担企业庆典、新产品推广、品牌宣传或节日促销等主题策划活动，一来产学研结合，加强校企合作，二来培养学生的创新意识、公共关系能力、策划能力、调查分析能力、判断能力、抽象能力和写作能力。如广东农工商职业技术学院2001级市场营销专业学生先后承担了2002年英国BTEC招生广告设计比赛策划、广州雅阁糖果春节促销策划、广州马来西亚皇家咖啡厅促销策划、A组发型设计中心发型DIY比赛策划等，使学生不仅得到一次实战锻炼，而且还通过智力劳动创造了经济效益。

5. 建立一个模拟公司。目前，越来越多的公司，出于竞争的考虑，对关系商业秘密或经营核心部分的岗位很多不会给"别人插手"。这在一定程度上影响高职高专教育经济管理类应用型人才能力的培养。职业院校自建"模拟公司"不乏为一种好选择。根据我国国情，职业院校都有许多服务性机构如招待所、学生饭堂，印刷厂等，客观上为各专业的基本能力和基本技能训练提供了可能。如果经过整合，提升，可将其改为实习公司，让专业教师、学生共同生产经营，从而在一定程度上可以缓解实践教学的不足。如广东农工商职业技术学院将校内商店组建为市场营销实习公司（市场营销实训室）。学生从初级岗位（售货员、收银员、理货员等）做起，实行轮岗，还可以升职至部门经理、总经理等。这样，不但学生职业技能得到全面锻炼，而且培养了学生责任心、综合职业能力、发展能力、适应能力、独立能力、执行能力和团队合作能力。许多学生把实习超市美誉为"学子的乐园，老板的摇篮"。

6. 深入一个产品或企业。组织学生开展市场调查，承担具体产品推广业务，以及到企业营销相关岗位顶岗实习，使学生能比较全面地了解一个产品或企业，包括产品知识、企业概况、行业市场环境、岗位职责、业务工作规范等，突出培养学生的产品鉴别能力、市场调查能力、推销能力、谈判能力、与人共事能力和社会适应能力等。广东农工商职业技术学院每年组织学生参加广州春秋交易会实习，安排毕业班学生到广州宏城超市、长沙家润多超市等企业实习。此外，学院每年还安排两批学生到德国开姆尼兹市实习，全面了解外国公司的经营运作，掌握实际工作能力和外语能力，提高学生就业竞争力。

7. 撰写一篇毕业论文。毕业论文设计是高职高专教育的重要组成部分。它是学生在完成专业教学计划所规定的各门课程之后，在专业教师指导下，综合运用所学的理论知识和专业技能，独立完成一项比较完整的专业技术课题。它通过选题、社会调研、分析、思考及论证等，完成类似于"DVD市场分析与企业营销对策""家庭小汽车需求市场调查与分析"等的毕业论文或调查报告，以此训练学生创造性地解决企业营销中的实际问题，从而培养学生的创新意识、创新思维，以及学习能力、收集信息能力、系统思考能力和写作能力等。

8. 毕业实习与就业"一条龙"。毕业实习是高职高专教育人才培养工作的最后一环，也是极其关键的一环。它让学生接受一次从事实际技术工作的全真训练，既是对学生在校学习效果的考核，更是帮助学生实现了专业学习与就业岗位的"零距离"。广东农工商职业技术学院通过努力，在广州、深圳、东莞等市，建立了包括"吉之岛"在内的十多个稳定的市场营销专业校外实习基地，不仅每年安排毕业生顶岗实习，而且通过毕业实习落实工作岗位。正因为广东农工商职业技术学院既重视专业理论教学和实践能力培养，并积极探索毕业实习与就业"一条龙"的途径，市场营销专业的毕业生几乎年年是"百分之百"就业，甚至出现了毕业"择业"的势头。2001 级市场营销专业学生尚未毕业，就有 20 多位同学已分别被广州本田汽车公司中山分公司、广东发展银行、广州吉之岛商场等单位选定。此外，这些学生毕业后到企业任职，不乏较好的发展空间和职业后劲。

2012 年 5 月 24 日，广东高职教育市场营销教指委赴重庆电子职院考察学习

结论：实施"八个一工程"人才培养模式，尽管是基于高职高专市场营销专业人才能力培养的思考与实践。但我们认为，这样的人才培养模式可操作性强，对于高职高专其他专业特别是财经、管理类专业，包括电子商务、物业管理、国际商务、商务文秘、涉外会计、保险实务，以及计算机软件等专业人才能力的培养，都具有一定的现实意义，值得借鉴与推广。

创新人才培养模式，推动学院内涵发展

摘　要

　　2009 年 9 月 19 日下午，广东农工商学院在教科楼中心会议中心举行了 9 月份党委中心组学习会议，学习主题是"贯彻中央省委有关精神，创新我院人才培养模式"。个人作了题为《创新人才培养模式，推动学院内涵发展》的中心发言，以下是根据录音整理的简要提纲。

　　教育创新是广东农工商学院改革与发展的不竭动力和源泉。我们必须以教育创新为指导思想，全面推进教育教学改革，深化内涵建设，不断提升人才培养工作质量。根据党委中心组学习专题要求，结合中央、省委省政府等相关文件的学习，下面从"明确形势与任务""把握机遇与挑战""精深专业与课程""弘扬师德与责任"四个方面谈点学习体会。

全国电子商务职业教育教学指导委员会 2013 年二作会议

　　一是明确形势与任务。根据《广东省经济发展规划纲要》和广东省教育厅即将实施的"高等职业教育发展壮大工程"意见的精神，学院今后几年必须进一步调整人才培养方案与优化专业结构。办学定位和发展目标是：建设具有南亚热带产业特色的，省内一流、国内知名、东南亚有影响的高职院校。继续坚持"以德为魂，学会做人；以能为本，学会做事"的育人宗旨，继续坚持"以人为本、特色强校、求实创新、和谐发展"的办学理念；继续坚持"以农为主导，带动工商两翼，三者融合发展"的办学特色。在专业建设、内涵建设方面，坚持"'农'字做优做特，'工'字做大做强，'商'字做精做实，人文艺术协调发展"。在未来几年，争取每年有 2~4 个专业通过验收成为省级示范性专业，有 2~3 个重点建设专业通过遴选成为省级示范性建设专业。从现在起，瞄准省级示范性院校遴选，扎实做好准备工作。坚持不懈地加强内涵建设，为迎接下一轮评估作准备。

二是把握机遇与挑战。我们处于改革开放的中心城市，我省在构建新的现代产业体系中，有相当大的发展空间，特别是广东省委、省政府提出要"建立粤港澳的教育合作"等为我们提供了机会。经过多年努力，学院知名度和办学实力大幅提升，我们有应对挑战的实力。我们要清醒地看到自己的优势和不足，抓紧机遇，增强危机感和紧迫感，加快人才培养模式的改革创新。希望全院上下以服务为宗旨，以市场需求为导向，围绕广东未来五大战略定位对高技能人才的需求，努力探索与现代产业体系相匹配的高等职业教育人才培养体系，努力寻求新的发展机会、新的增长点。

三是精深专业与课程。内涵建设是永恒的主题。人才培养模式的改革创新要兼顾内涵与外延，即质量与规模协调发展。深化高等职业教育人才培养模式改革创新，核心在于优化人才培养方案，切入点是专业和课程，关键是建设。围绕《珠江三角洲地区改革发展规划纲要》面向企业和社会的需求，如何改造、整合我们的"老专业"，如何开发"新专业"，如何形成具有优势的特色专业，打造名牌专业，我们必须要树立一种精神，即专业精神；坚持两个原则：面向社会、统筹兼顾；把握三个规律：经济社会发展规律、人的成长发展规律、高等教育发展规律；强化四个注重：注重专业的前瞻性、注重专业的针对性、注重专业的实效性、注重专业的独特性。争取点的突破，以点带面，实现整体推进。

四是弘扬师德与责任。学院教育事业的发展，核心是教师；人才培养模式改革、内涵建设，核心也是教师。教师在为学院示范性院校、示范性专业、精品课程建设等方面付出了大量的精力和心血，因此，在讲奉献的同时，希望系部领导努力做到四点要求：一是态度决定一切。要高度负责、高度一致、高度重视内涵建设；二是要多一点关心、支持教师；三是要锁定目标，"做即有，做即好"，始终要坚信扎扎实实、务实

2018 年 11 月 15 日，作者为前来广东农工商学院学习交流的山西财税高专师生作专题报告

求精的精神；四是要有这样的心态：不"刮风"、不争论、不盲从，走自己的路。这条路是建立在调查研究的基础上有创新的路。只要我们解决努力解决好每一个问题，学院就前进了一步！

第六篇

课程资源建设是人才培养质量的重要基础

　　课程是构成专业建设的基本单元，是人才培养的核心要素，也是高职院校内涵发展的重要抓手。近 20 年来，教育部从抓国家级精品课建设开始，到国家级精品资源共享课，再到现在的国家级精品在线开放课程建设，经历了三个阶段，投入了巨大的经费，可见其重要性。

　　"一流大学"必须有"一流的课程"，包括一流教师队伍、一流教学内容、一流教学方法、一流教材、一流教学管理等。目前，深化教育教学改革，全面推进"提质培优"，其最终成果也必将体现于课程建设上。

　　从校本教材、校内选修课开始，个人带领团队将"商务谈判"课程先后打造成校级精品课、教育部工商管理类教指委精品课、国家级精品课，再优化升级为国家级精品资源共享课、国家级市销专业教学资源库核心课程等；配套主编的教材先后立项为"十一五""十二五""十三五"国家级规划教材，并获中国书刊发行业协会"年度最畅销品种"、首届全国优秀教材一等奖、2017 年广东省教育教学成果奖（职业教育）一等奖。

基于工作过程的高职教育课程开发研究

摘 要

基于工作过程的课程改革是当前高职教育课程开发的主流方向，遵循"行动领域—学习领域—学习情境"的开发路径。国家级精品课程"商务谈判"采取的就是典型的基于工作过程的课程开发模式，即以商务谈判典型工作过程与职业资格标准为依据，以商务谈判典型业务的逐步深入为台阶，以培养商务谈判职业核心能力和职业道德素质为主线，对课程目标与内容、课程标准、学习情境、教学模式以及教学评价进行基于工作过程的全方位的改革。

此文是中国高等教育学会"十一五"教育科学研究规划课题——高职院校实践教学创新的理论与实践（项目编号06AIJ0130182）阶段性研究成果，刊发于《中国高教研究》2011年第12期，第77—78页，被引量24次、下载量656次。

为带动地方和学校加强课程改革与建设，推进高素质技术技能人才的培养，"十一五"期间，国家启动了1000门工学结合的高职教育精品课程建设，并突出强调要"与行业企业合作进行基于工作过程的课程开发与设计"。基于工作过程的课程开发不同于原有学

2011年4月9日，广东高职二商管理类专业教学资源库应用及理实一体化数字课程建设研讨会

科课程的开发模式。它要通过专业所对应的岗位及岗位群的工作任务分析，得到完成典型工作任务所需要的职业能力，在此基础上构建专业课程体系，确定各课程的教学目标与内容，制定突出职业能力培养的课程标准，并根据课程标准开展基于工作过程的学习情境开发、教学模式实施、教学条件创建

第六篇 课程资源建设是人才培养质量的重要基础

以及教学评价设计。简言之，基于工作过程的课程遵循的是一条"行动领域—学习领域—学习情境"的开发路径。

广东农工商职业技术学院自2001年提出"一系一专业，一专业一课程"的精品课程建设与改革思路以来，一直致力于基于工作过程的课程开发与建设，其中，作为2009年度高职高专国家级精品课程的"商务谈判"，采取的就是典型的基于工作过程的课程开发模式，即以商务谈判典型工作过程与职业资格标准为依据，以商务谈判典型业务的逐步深入为台阶，以培养商务谈判职业核心能力和职业道德素质为主线，对课程目标与内容、课程标准、学习情境、教学模式以及教学评价进行基于工作过程的全方位的改革。

一、基于工作任务的课程目标与内容确定

1997年5月校企合作，与健力宝集团营销总经理合作编著《现代企业营销》

基于工作过程的课程目标与内容的确定前提是工作任务分析。工作任务分析旨在通过工作任务分析专家与行业专家的密切合作，弄清楚某一职业或职业群包含哪些工作项目，以及完成这些项目需要哪些步骤。工作分析开始时，工作任务分析专家要给企业专家明确专业的培养目标、工作项目的界定及叙述要求，要求他们只叙述在岗位上做哪些工作，用工作概念而不是学习概念来反映每个项目。在工作项目中，只包括工作内容，不包括学生必须掌握的知识。在工作任务分析的基础上，结合就业岗位所需的知识、能力、素质确定教学目标，并参照完成工作任务的工作步骤所需要的知识、技能，有序、组织相关教学内容。

二、基于职业能力的课程标准制定

开放性是工学结合下高职课程开发的又一典型特征。这种开放性，体现在高职院校课程教学体系（包括教学场所、教学内容、师资队伍、教学评价以及教学资源构成）要实现全面的开放化，这使得高职课程教学难以用传统的相对封闭的学科课程标准引导。如若不建立一套基于工作过程的开放式课

程标准对高职教育课程进行规范，必然会导致高职课程教学的混乱。

关于课程标准，有学者认为其"主要是对学生在经过某一学段之后学习结果的行为描述，而不是对教学内容的具体规定（如教学大纲或教科书）"。相对地，高职课程标准是"对高职学生'学习结果'和'掌握的特定知识、技能和态度'等的描述，是教育质量在高职教育阶段应达到的具体指标"。在这里，"职业能力"是高职课程标准制订的关键因素。

基于此，作者认为，高职课程标准的编写有如下准则：一是高职课程标准应以培养学生综合职业能力为宗旨，体现工学结合，根据企业工作过程和人的职业成长和生涯发展规律，提炼工作过程知识；并依据工作过程结构，对知识进行排列，让学生通过工学结合的方式，建构本职业行动领域的工作过程知识。二是教师不是教科书的执行者，而是教学方案（课程）的开发者，即教师是"用教科书教，而不是教教科书"。三是高职课程标准的制定者除了高职院校的教师、高职课程研究专家外，还应有来自企业、行业一线的实践专家。四是学生学习结果行为的描述应尽可能是可理解的、可达到的、可评估的。

当前，我国高职课程标准的研究和建立还比较薄弱，整体上没有国家统一的、系统的高等职业教育课程标准，只有单项的不统一（在学校层面）的一些标准。但只有先通过各高职院校在工作过程系统化课程开发的基础上形成科目层面的课程标准，真正意义上的国家层面的课程标准才能形成。"商务谈判"根据对应工作岗位下的工作任务，制定了相应的课程标准（技能标准），通过这些标准，使课程始终围绕增强学生职业能力展开，按照"由简到繁"的梯阶循环式的日用品、专业商品、涉外产品购销谈判工作任务，序化了学生的技能培养，完成了一系列的工作任务。

三、基于工作过程的学习情境开发

当前，我们对高职教育课程的理解已不再局限于课程目标、内容及其排列顺序，而是把课程拓展为包括课程资源在内的整个教育系统，教师、学生、课程资源以一定的方式结合起来，最终实现课程教学目标，而学习情境的开发无疑能加快、优化这种组合。学习情境是与学生所学内容相关的、包含问题的生活事件，而生活事件包含着强烈或含蓄的情感因素，创设、呈现学习情境，有利于克服纯粹认知活动的缺陷，使学习成为一种包含情感体验在内的综合性活动，对培养学生的方法能力和社会能力具有重要的积极意义。

"商务谈判"以真实的工作任务为载体设计教学过程，教学过程中致力于基于工作过程的学习情境开发，使学生在学习情境中体验工作过程，完成工作任务，提高相关的工作技能。"商务谈判"的学习情境开发方式是：在课程之初便成立商务谈判课程学习小组，每小组按小组谈判人数有 6—10人，课程开始时就将日用品购销谈判任务书发给学生，在任务书中要求提交日用品购销谈判实践报告，还要求以小组为单位选择组内最好的实践报告进行日用品购销谈判，真正去日用品市场进行日用品采购实践，通过亲身体验日用品采购这一工作过程，完成相关任务，进而提高学生的商品购销能力。

四、基于项目导向、任务驱动的教学模式实施

教育部相关文件明确要求，高职院校要积极探索工学交替、任务驱动、项目导向、顶岗实习等有利于增强学生能力的教学模式。"项目导向、任务驱动"同样也是基于工作过程的课程开发的必要教学模式。通常我们理解的项目是制作一个完整的产品，比如生产一辆汽车，设计一个服务项目等，但是我们在开发项目课程时没必要局限于此，对于文科类课程而言尤其如此。项目课程开发的最终目的是学生职业能力的发展，任何一项产品，比如以无形服务为最终形式的产品，只要它有利于教学，并能促进学生职业能力发展，就可以作为项目。此外，项目不一定要求大，事实上，小型项目对于初涉专业的学生来说更有利于教学。最后，按照真实性学习理论，以来源于企业的项目为载体组织项目课程，当然能最大限度地发挥项目课程的功能。但在实践中，我们根本不可能根据教学内容及进度的需要及时从企业获得足够的、合适的项目。因而，项目不一定要求是"全真"（尤其是商务谈判涉及商业秘密）的，只要能达到提高教学质量的目的，模拟项目也未尝不可。

文科类课程工学结合难，难就难在难以寻找一个真实的有型产品

2017 年 5 月，广东省高职教育商指委会展专委会论坛

为项目依托。"商务谈判"课程另辟蹊径，以隐喻、类比、建模的方式将日用品购销、专业商品购销、涉外商品购销等无形服务巧妙地转化为项目，并以模拟实训任务作为模拟项目的必要补充，根据这些项目，学生完成了工作任务，提升了职业技能。如：教师在网络教学资源上设计了自选模拟项目任务书，自选项目涉及多个行业，各小组学生可根据兴趣自主选择模拟训练项目，通过各小组不同行业商务谈判任务的完整展示，感悟不同行业、不同市场环境下商务谈判情境，拓宽学生视野，提升学生就业适应能力。

五、基于工作情境的教学条件创建

基于工作过程的高职课程开发需要创建一系列与工作情境相关的教学条件，包括教材、网络资源、校内外实训基地等。这些教学条件应具有工作情境的高仿真性。"商务谈判"课程的教学内容针对性强、符合工作流程能力需求，具有实训项目化以及考核评价过程化特点。在教材内容选取上，优先选取广东上市公司企业个案进行案例改编，以近似实际的工作任务作为教学内容，使学生有真实和亲近感；课程还积极开发校内外实习、实训基地，力图给学生一个基于真实工作情境的教学条件，让学生从商品购销谈判体验到不同文化不同谈判风格体验，培养观察、沟通、洽谈能力，以及职业道德、文化素养和吃苦耐劳品质。

六、基于校企合作的教学评价设计

高职教育课程开发要体现工作过程，其教学评价必然要有工作评价因素。而工作评价关注的是企业评价主体，看重的是绩效评价方式。当前，虽然我国高职教育课程正大力推进校企双主体，但双主体在评价中的地位并不平等，企业评价占教学总体评价的比例不高。此外，作为不同性质的学校与企业，其教学评价方式大不相同——学校主要是从学生知识与素质的角度来评价，企业主要是从完成工作任务的角度来评价。如何调适、融合校企评价方式是非常值得研究与探索的。

"商务谈判"课程学生成绩评价，平时成

"十二五""十三"五国家级规划教材——《市场营销概论》

绩占30%，模拟演练实训实践成绩占40%，期末考试成绩占30%。由于"商务谈判"课程的主讲教师大多具有企业工作背景，具有协调学校、企业评价方式的相关能力，因而对学生的评价既突出工作技能，又保证他们的可持续发展。

理实结合，打造国家级精品课程

摘　要

广东农工商学院商务谈判课程从内容的碎片化技巧到学科体系再到工作过程的体系化，从教材到学材，经历了 20 年的历程，打造成国家级精品课程。在商务谈判精品课程的建设中，不断吸收最新的商务谈判自身理论和课程理论，深刻理解"五个一流"具体内容的意义，以先进的教育理念、课程理论为指导，牢牢把握职业教育突出实践教

此文是 2015 年广东省高等教育教学成果培育项目的三要成果之一，刊发于《中国高校科技》2015 年第 8 期，第 39—41 页。

广东农工商学院自 20 世纪 80 年代后期开设商务谈判课程，经历了学科化、生活化、理实一体化、学习内容工作过程化、教材"学材化"、超文本教材等不同阶段。其间，伴随着课程理论的发展和谈判自身理论的发展，课程内容不断调整、丰富和完善，主编的《商务谈判》教材先后被教育部确定为普通高等教育"十一五""十二五"国家级规划教材，而课程也由校内选修课程，先后建设成国家级精品课程、国家级精品资源共享课和国家级职业教育市场营销专业教学资源库核心项目之一。商务谈判课程建设为其他课程建设提供了借鉴。

2012 年 5 月 19 日，作者在全国高职经管类专业资源库应用共享研讨会上发言

第六篇　课程资源建设是人才培养质量的重要基础

一、伴随谈判理论的发展而发展

商务谈判课程及教材建设随着课程建设理论和商务谈判工作实践的发展而发展，也随着教育教学改革的研究而得到丰富与提升，借鉴、总结和提炼出《商务谈判》文本教材。

（一）以技巧为主的讲义时期

西方国家对于谈判的研究已有几十年的历史，而且在高等教育中，无论文科还是理工科都非常重视"谈判与沟通"类的课程开设。但在我国改革开放前相当长的时间里，人与人、个体与组织以及组织之间都没有谈判的必要和可能。那时，谈判只是外交官和外贸工作者的事情。在学校教育中，几乎也没有人关心、研究谈判，更没有人把谈判活动当作科学研究的对象。

随着市场经济的确立，我国社会中的个人和群体真正成为经济活动中的实体，谈判也逐渐进入了大学的课堂。但是，起初只是将国外有关 on negotiation（谈判）、the science negotiation（科技谈判）的词汇翻译过来，形成了一门新的社会学科"谈判学"，而并没有将国外有关谈判研究的理论系统地介绍进来，也没有今天这样包括商务谈判、贸易谈判、公关谈判等学科的细分，更没有职业院校使用的商务谈判的专门性教材。商务谈判课程的开设，可谓徒手起家，无资料可借鉴。

20 世纪 80 年代时，市场上可以看到的有关谈判的书籍不仅寥寥无几，而且基本上都是以"谈判技巧""谈判实战""谈判实务""讨价还价的策略"等技巧类为内容的读物，没有教材和理论性方面的书籍，所见到的案例也基本上是远离中国现实的国际大型谈判经典案例。为了开设这门课程，我们只能在此基础上编写以反映技巧、艺术为主要内容的《商务谈判》的讲义。所依据的理论，基本上是从我国历史文化中如纵横家、墨家思想学说中寻找来的。其谈判模式，现在总结起来，基本上是："谈判目标→障碍→协商→妥协→协议达成"的模式。实质上，"黑箱"谈判理论在课程建设中占据着主要地位，在课程性质上是将谈判视为一种艺术，一种"不确定性"而缺乏科学规定性的艺术。

（二）以"需要理论"为基础的校本教材

在教学实践中，专业教师们意识到，不同的谈判对象、背景条件、时空环境，是不可能简单地复制的，如果迷信这些眼花缭乱的碎片化的技巧，就会本末倒置。事实证明，讲授商务谈判课程并没有捷径可走，最好的办法应当是研究谈判活动中规律性的东西，建立系统化的理论体系。在此情况下，我们开始向国外汲取营养，寻找国外有关谈判的理论论著。美国谈判学会会长杰勒德·I. 尼尔伦伯格（Gerard. I. Nierenberg）将马斯洛的"需求理论"引入了谈判领域，形成了以尼尔伦伯格为代表的"谈判需求理论"。奥尔德弗（C. P. Alderfer）也在马斯洛需求理论的基础上形成了人本主义需求理论（ERG 理论），这使"谈判需求理论"得到了进一步的丰富。有学者将此引入中国，开始将谈判上升为一门科学，并称之为"现代谈判理论"。这些为我们的《商务谈判》由讲义到校本教材提供了理论上的食粮。

（三）从博弈论到谈判实力理论

在职业教育的课程建设中，商务谈判课程或许是与其他学科所呈现出来"理论丰富而实践匮乏"的状况正好相反的学科，而表现为谈判的现实总是残酷地走在理论的前面，不断地给理论提出难题，专业课教师不能无视这种千变万化的经济和社会发展的现实问题，无法忽视隐藏在当代商务谈判表象背后的规律性、一般性问题，而抱着经验和实务性技巧不放，否则这个学科就不会有未来。

随着我国改革开放深入发展，国内企业常常是面对国际与国内两类客户或国内国外胶合的产品与原料的"进"与"出"，这使得谈判决策者常常必须同时坐在两张谈判桌前，面对两种以上的文化进行"博弈"。我们还常常发现在国际商务谈判实践中，国外的模式也是"谈判目标→障碍→对抗→办商→协议达成"的模式。对抗、博弈的博弈论者纳什也因其"纳什均衡"理论在"合作谈判"与"非合作博弈论之均衡分析"研究上的突出贡献而于 1994 年获得了诺贝尔奖。显然，"博弈"是谈判中不可避免和缺少的，"需求理论"并不能解决一切问题，谈判还包括对抗和博弈。

纳什博弈论的思想建立起来的是一种强势谈判理论。有实力才有话语权。美国不少崇尚谈判技巧等理论的学者纷纷倒戈，开始研究与美国经济社会地位相称的谈判实力理论，最有代表性的是美国谈判学家约翰·温克勒。他认为比较优势才是构建谈判实力的基础。谈判桌之外的如技术、管理、运作机制、资源控制等的挖掘，都是形成谈判实力的主要来源。国外谈判理论的发展，不断地丰富、完善着我们的商务谈判课程。

（四）双赢原则谈判理论

20 世纪末，罗杰·费雪尔和威廉·尤利提出的"原则谈判"理论介绍到我国。他们主张根据价值来寻求双方各有所获的利益，反对采取诡计、技巧，也不搞"意志力竞赛"，而是应把人与问题分开、重点放在利益上而不是立场上，提出双方均得益的方案，根据客观标准来做决定。赫布·科恩则更明确地提出了"双赢谈判"和"没有输家"的理念，主张处理好表面立场和实质利益的关系、物质利益和软利益的关系、舍与得的关系、分割利益和做大利益的关系。随着谈判理论自身的不断发展，20世纪末本专业课程团队领衔编写出版了集全国高职院校市场营销专业骨干教师智慧的、全国高职院校统一规划的系列教材《商务谈判》第一版。

二、伴随课程理论的发展而发展

商务谈判课程建设与其他优秀课程建设一样，经历过引进、模仿到创新，再到精品积累等阶段。

（一）从学科课程到理实一体化

中华人民共和国成立后，我国的高等教育课程建设学习的是苏联模式。苏联模式对我国教育的影响是极其深远的，即使在改革开放之后建立的高等职业教育，仍然是面向"专业"而不是面向"职业"设置课程并进行课程建设的。商务谈判课程从讲义到校本教材的编写和21世纪初正式出版的《商务谈判》教材，或多或少也依据学科观念而进行。

随着美国杜威课程思想的再次被关注和中德职业教育合作项目中"理实一体化"思想的引入，人们越来越清晰地认识到了学科化教材存在的远离学生、远离生活，不仅难以让学生形成形象化的印记，也不利于实际能力提升的弊端。对此，我们采取了通过编辑大量发生在生活身边的企业鲜活"案例"的形式，来充实教材，将商务谈判融入学生生活之中。同时，针对案例既没有明确的解决方法，也缺少非此即彼的直截了当回答，还缺少实际操作能力训练的特点，我们采取以角色扮演的方式，设计深入实际、了解市场、了解企业、倾听营销人员的实践经验介绍，去"体验生活"，并在校内设立了模拟谈判实训室，引导学生自行设计、提出演练方案，组织"模拟谈判"的方式，使课程在实现教学目的的前提下，兼顾较强的趣味性、观赏性，以提高学生学习的参与积极性。

在趣味性、观赏性的基础上，为了提高其"现实性"，2001年由学校提供场地、设备，教师、学生自愿入股的方式，建立了校内实习超市，作为实践教学的平台，让学生走出课堂，参加社会实践，探索"理实一体化"的途径，让学生经历从采购到销售的整个过程。这种先做后讲、边做边学、讲后再练，在"做中学，学中做"的情景式课程设计，使得课程不再是"传教"、教材不再是"圣经"，而使教学成为一种容易接受和知识生成与创造的教学方式。

（二）从工作过程到课程标准

商务谈判是一门涉及经济学、市场学、营销学、管理学、心理学、行为学、语言学、信息科学等众多学科知识的应用学科，它不是孤立的、零散的知识，而是多学科交叉的产物；商务谈判课程也不应当是只传授交叉学科的知识和一些碎片化的实践技能，它有着自身的内在逻辑，需要有自身知识的系统化和能力的全面化、完整化。为此，我们选择了以"工作过程"即"为完成一件工作过程并获得工作成果而进行的一个完整的工作程序"，来建立该门课程的体系，通过邀请广百集团、好当家、广东华强制衣等十几家企业，在职业岗位能力分析的基础上，确定了商务谈判的 9 个典型工作任务，形成了相对应的学习领域，并于 2009 年完成了工作过程导向的商务谈判课程的构建，内容包括说课录像、教学录像和学生模拟谈判录像，课程建设动态、课程设置、教学内容、教学方法与手段、实践条件、学生作品、工学结合、课件、谈判能力测试、行业动态、商务谈判常见问题及在线答疑等十几个栏目，建立了课程教学公开网站，由文本教材扩展到数字化教学资源，并成功地被教育部确立为 2009 年度国家级精品课程，也是迄今为止本门课程全国高职院校唯一的一门国家级精品课程。

同时，学院引进英国 BTEC 证书课程，也为商务谈判课程提供了课程标准的借鉴。比照 BTEC 的课程标准，我们建立了"基于工作过程"的商务谈判课程标准。

（三）从教材到学材

随着多尔（W. E. Doll Jr.）等的来华讲学，后现代主义课程理论引起了我们的关注。后现代课程观认为，学生是课程的有机组成部分，主张打破教材线性的封闭系统，注重学生认知结构的组织过程。商务谈判课程的教材运用上打破了以往"教材化"的教材，开始向"学材化"教材转化。

"学材化"的探索，在保持原有"便教利教"特点的基础上兼顾了"便学、利学"，由单纯的"教本"向"教本+学本"迈进了一步。在教材的内部体系结构上，体现出了"三序"的紧密结合，即教科书体系的设计必须做到教材的逻辑顺序、学生的认识顺序和心理发展顺序三者的合理结合；在内容的选择上，考虑了社会需要、学科特点和学生身心发展三者的有机统一；在内容的表述上，注重兴趣原则、政策原则、文化原则三个原则，增设了小资料、小思考、基本训练、观念应用、职业工作站等栏目；在图表设置上，注重对文本内容的形象化注释和直观功能，体现出清晰、醒目、易读易理解的特点；在习题编制上，题目紧扣课程标准，题材生活化，题型多样化。

（四）超文本精品课程建设

德特·纳尔逊（Ted Nelson，1963）提出了一个"超文本"的概念，昂恩（Ong，1982）认为人类现正在进入"超文本"时期。21世纪初，这一观点引起了我国学者的重视（胡壮麟，2004），体现在教育领域，认为：有的人善于利用耳朵学习，有的人善于利用眼睛学习，有的人善于通过口述学习，有的人善于利用读写方式来学习，也有的人善于利用肢体来学习，还有的人善于利用鼻子、舌头学习，等等。人体的各个部位和功能需要全方位地挖掘、刺激。在超文本环境下，这些不同的学习专长方式和习惯爱好，就可以最大限度地找到结合点，使具有不同学习特点的学生都可以找到适合自己的学习方式，从而帮助学习者达到最大限度地认知世界或者获取知识的途径。

在这一理论的启示下，专业课程团队将超文本理论进一步引入商务谈判课程建设，在原有的国家级精品课基础上又经过5年建设期的充实、完善与提升，将商务谈判课程优化升级为国家级精品资源共享课，并于2014年12月23日正式上线中国大学资源共享课网（爱课网）。

目前，专业课程团队牵头组织了全国17所高职院校和1所中职院校的专业教师，邀请3家知名企业专家，参与展开了市场营销国家级专业教学资源库核心课程的建设。

三、商务谈判精品课程建设的体会与展望

根据《教育部关于启动高等学校教学质量与教学改革工程精品课程建设工作的通知》（教高〔2003〕1号）文件精神，精品课程建设应具备"一流教师队伍、一流教学内容、一流教学方法、一流教材、一流教学管理等特点的示范性课程"。就课程建设的"精品性"而言，"一流的教师队伍"不仅是要建设一支学术水平高、教学经验丰富、教学效果好、结构合理的教师团队，还应当有一种发挥教师作用的机制。为此，采取"导师制"，不但为学生安排导师，而且导师之间建立交流机制；"一流的教学内容"不仅应反映

商务谈判、谈判自身学科的理论发展的前沿知识，还应注重反映相关学科的前沿动态，整合相关学科内容，特别是职业教育应强调通过岗位能力分析和岗位工作任务分解，以反映工作过程的知识能力为课程内容；"一流教学方法"除依据每堂课的具体内容灵活采用直观式、启发式、讨论式、参与式、案例式等生动而丰富的方式，还应注意教学从灌输性向建构性、抽象性向情境性、验证性向实操性转变，效果考核从应答性考试向创新性转变，教学设计从模拟性向解决问题性转变，还应特别强调职业教育"做中学，学中做"、生成式、建构性学习的特点；"一流的教材"应突破"教科书"的概念和"教"的观念，编写使用集纸质教材、多媒体课件、网络电子教材、教学资源库、教学参考书以及结合区域经济和生活的自编案例读本等于一体的立体化的"教材+学材"，向利于"学"的方向转变。另外，高等职业教育特别应考虑由教学大纲到课程标准转变，建立商务谈判的课程标准，形成含有培养目标、课程标准、培养方案、考核评估、学习指导等的"课程包"；"一流教学管理"不仅要体现在制度建设、队伍建设、环境建设等形态上的健全和严谨、完善，还应关注精品课程建设是动态的建设过程，需要随着课程观念、市场需求、课程自身理论发展而不断更新。在具体理解"五个一流"内容的基础上，在宏观上还应关注以下三点：

2019 年 4 月 24 日，组织教学团队参加全国高职经管类课程建设会议

一是应强调以先进的教育理念贯穿于"五个一流"之中。精品课程作为高层次、高水平的示范性课程，其质量和水平体现在方方面面。"先进性"是精品课程质量和水平的体现。现代教育理论认为学生是学习的主体，精品课程应以这种先进的教育理念统领"五个一流"。

二是应强调以现代的课程体系观念统领"五个一流"。职业教育的专业课程不应当是面对专业的学科课程体系，而应是面对职业的课程体系，需要在职业岗位能力分析的基础上，围绕职业能力建立综合化、系列化和实践化课程体系。

三是应强调以实践化教学平台承载"五个一流"。从培根的"知识就是力量"到斯宾塞的"什么知识最有价值"，再到阿普尔的"谁的知识最有价值"，反映出了个体知识的意义。而个体知识的获得，离不开实践。职业教育是实践性很强的教育，无论是一流的教学内容还是一流的教学方法，都需要通过实践教学才能完美地实现。

以技术应用能力为导向创新教材设计

摘　要

　　教材建设是高职教育教学基本建设的重中之重，是课程建设基础的基础，也是深化教学改革的主要抓手、着力点。基于职业教育类型特征，高职教材兼具学术性、职业性、实用性，既传承过往的经验知识，又强调现实生产经营与技术体验，强调校企携手、产学融通。因而相较于传统普通类型教材建设难度更大、要求更高！

　　得益于 20 世纪 90 年中期与广东健力宝集团营销总经理合著《现代企业营销》一书的经验，迁移于高职教育教材建设，2000 年秋作者被邀请参加了中国高等院校市场学研究会组织策划、全国高职高专院校市场营销专业骨干教师联合编写的全国高职教育首套系列教材，并担纲主编《商务谈判》教材。迄今该书先后修订 6 版、印刷 30 多万册，先后确立为"十一五""十二五"国家级规划教材，被中国书刊行业协会评为"2006 年度全行业畅销品种（社科类）"，《光明日报》2007 年 8 月 20 日一篇题为《一本高等职业教育的好教材》的文章对该书予以了高度评价，为同类教材建设提供极其有益的示范引领作用。实现了 20 年前定下"努力创造一种品牌"的梦想！以下是刊发于 20 年前高职高专全国首套系列规划教材《商务谈判》一版的前言，有删减。

　　时代已经迈入了新的世纪。这是一个以知识经济为主要特征的世纪，是一个高度知识化、高度市场化与高度集约化三者相结合的经济时代。它要求劳动者有较高的综合素质，具有从知识上、能力上、心理上全方位适应的素质；具有开拓进取、团结协作和主动适应环境，不断调整自我的素质。

　　中共中央、国务院《关于深化教育改革全面推进素质教育的决定》指出："高等职业教育是高等教育的重要组成部分。要大力发展高等职业教育，培养一批具有必要的理论知识和较强实践能力、生产、建设、管理、服务第一线和农村急需的专门人才。"可以说，今后一段时期，加大力度发展高等职业教育是我国高等教育深化体制改革和更新教育思想的客观要求。而高职高专教育人才培养模式的主要特征是以适应社会需要为目标，以培养技术应用能力为主线设计学生的知识、能力、素质结构和培养方案，以"应用"为主旨和特征构建课程和教学内容体系。然而，"巧妇难为无米之炊"。新型的人才培养模式，需要有新型的课程体系和教材内容来支撑。从这个意义上说，抓教材建设是当前高职高专教学基本建设重中之的工作。

基于这样的背景认识，我们撰写了《商务谈判》这本教材。它是中国高等院校市场学研究会规划教材——高职高专市场营销专业系列教材之一。

本书的构思，以培养 21 世纪市场营销人才培养规格为依据，以"必需、够用、实用"为度，坚持"学生为本、能力为本、创新为本"的原则，力争在内容与形式上有所创新、有所突破。具体说，本书有以下三个特点：

"十一五""十二五"国家级规划教材
《商务谈判》

一是内容新。本书以实用、创新为特色，吸收了国内外商务谈判研究与实践的新观念、新思路、新理论、新经验，并结合知识经济、网络时代的特点，在保持本学科原有的内容体系基础上，增补了商务谈判调查、商务谈判策划、网上谈判、商务谈判心理的实用技巧、商务谈判礼仪和商务谈判人力资源管理等内容，从而使作为商务谈判人员所需的特定素质、知识及能力要素得到充分的反映。

二是形式新。通过对学科知识的整合，变传统的一贯到底的单一叙述方式为基本知识，以"点到为止"，并充分发挥图、表、实例的作用，增加大量的小思考、小案例，以及补充阅读资料、专栏等，做到章前有"学习目标"，章中有"知识要点、小思考、小案例"，章后有"典型案例、本章小结、关键概念、课堂讨论题、复习思考题、实训题、自测题及其答案"，努力形成"讲、读、思、练、创"的新型教材模式。

三是通用性。本书依照"是什么""为什么""怎么办"逻辑思维的三个环节，以现代商务谈判理论学基本框架，辅以众多的真实个案进行陈述，讲究操作上的务实性、写实性与技巧上的谋略性、启示性的相统一，突出了本书的应用价值和实用特色。不仅如此,《商务谈判》作为高职高专市场营销专业系列教材之一,在兼顾与其他各门课程内容相互衔接、相互呼应的同时,又不局限于商品贸易谈判,而是把当前越来越多的投资项目谈判、资产重组谈判等引入教材,使本书更具通用性。事实上,这些谈判原理也是一致的。所以,可以说,《商务谈判》又不仅是市场营销系列教材之一,还是经济管理系列教材中的重要组成部分,既可作为高等专科学校、职业技术学院和成人高校经济管理类专业通用教材或本科院校非经济类专业的教学参考书,也是广大财经商贸人员特别是企业家的好帮手。

　　《商务谈判》一书是众人智慧的结晶,更重要的是,它以中国高等院校市场研究会的专家学者作学术顾问,定位于"21世纪新概念教材",立足于理论的前瞻性、知识的实用性、形式的创新性,希望通过努力创造一种品牌。

《商务谈判》一书的不同版本封面选

创设教材导读，巧用教学资源

摘　要

作者从 2000 年主编《商务谈判》教材，到每周二晚上为全日制高职教育学生主讲一门课程，一直坚持至退休，并将该门课程建设成为国家级精品课（2009 年）、国家级精品资源共享课（2012 年）。在此基础上，又领衔开发了国家高等职业教育市场营销专业教学资源库建设的核心课程——《商务谈判》资源库及其配套教材。《商务谈判》资源库配套教材获"十三五"国家级规划教材（2020 年 11 月），首届全国优秀教材一等奖（2021 年 8 月）。这里转录该教材的导读（本文标题及分级序号也均保持原样）。

本书是国家高等职业教育市场营销专业教学资源库建设的核心课程——"商务谈判"配套教材。为了帮助你更好地学习使用本教材，在开篇部分编者有以下思考与你交流。

一、学习目标

本书旨在帮助学习者培养商务谈判职业兴趣，树立正确的谈判理念，了解商务谈判工作流程与要求，掌握商务谈判准备、商务谈判开局、商务谈判磋商和商务谈判促成策略与技巧，提高商务谈判沟通能力、协调能力和合作能力，在积极奉献社会的同时成就个人事业与提升生活质量。

"十三五"国家级规划教材、国家级专业教学资源库配套教材——《商务谈判》

二、适用对象

本书教学内容适用于高等职业教育三年制市场营销及相关专业二年级的学习者学习，也可作为其他财经类专业学习者以及企业营销人员阅读参考。

三、主要内容

1. 本书框架

本书主要内容分为六章，相对而言比较简洁、丰实。

第1章商务谈判认知，主要介绍了谈判基本原理，包括谈判产生条件、核心任务、本质和工具，以及"双赢"的谈判理念；商务谈判的内涵、特征、要素、类型和主要方式等，重点是树立正确的商务谈判理念。

第2章商务谈判准备，主要分析了走进商务谈判桌前，作为谈判者必须做好充分的准备工作，包括市场行情、谈判对手、竞争状况等信息的收集与分析；谈判人员选配、组成及分工；谈判目标、时间、地点、进度、主要问题、基本程序、策略等谈判方案设计与模拟；谈判双方心理把握及策略运用等。

第3章商务谈判开局，主要明确了商务谈判开局阶段的工作目标和主要任务，即通过谈判双方相互寒暄中营造融洽的气氛、协商谈判议程和进行开场陈述，并进一步摸清谈判对方，为实质性谈判定好基调，说明"良好开局是谈判成功的一半"。

第4章商务谈判磋商，主要强调了商务谈判磋商阶段是商务谈判过程中承上启下的关键性阶段，并系统介绍了商务谈判的报价、还价和讨价还价，以及制造与突破谈判僵局的策略与技巧。

第5章商务谈判促成，主要介绍了商务谈判促成阶段，要遵循商务谈判让步原则进行适时让步；面对各种谈判态势巧施策略与技巧；捕捉成交时机，规范签订合同等。

第6章商务谈判沟通，主要探究了产生商务谈判沟通障碍的原因，商务谈判的基本原则，商务谈判沟通的路径与技巧等。

2. 本书特色

本书作为国家高等职业教育市场营销专业教学资源库建设的核心课程——"商务谈判"配套教材，随着专业资源库开发而设计，也随着专业资源库建设推进而完善，集全国众多高职院校同行及企业专家之智慧而成册，呈现出五个特征：

一是"先进性"。本书作为编者所在学院最早开出的一门课程的校本教材，也是全国高职院校最早推出的专业教材之一，如今已历经15年高等职业教育教学探索，吸纳"十一五"国家级规划教材和国家级精品课程教材建设经验，成为国家级精品资源共享课配套教材的升级版，保持着同类教材的领先水平。

二是"逻辑性"。本书作为市场营销专业核心系列教材之一，以各课程大纲及先行课内容为逻辑基础，以商务谈判工作流程的关联化、顺序化为主线，整合教学内容，既使本书内章节之间有严密的逻辑性，又确保不与核心系列的其他教材重复，如对"商务谈判礼仪"教学内容的处理，考虑本核心系列教材之一的《商务礼仪》有专门讨论，所以本书作省略处理。这是不同于其他《商务谈判》的设计的，较好地实现了专业知识与职业能力培养的递进衔接。

三是"职业性"。本书编写按照理实一体化的思路和商务谈判实际工作的流程，以师兄步入社会、承担首项任务为背景，通过情境创设、问题思考、案例分析、职业工作和经理忠告等，内容设计与职业标准对接，强调社会需要、职业环境、职场经验、企业伦理与职业道德等，致力培养职业精神、谈判思维、工作策略与技巧。

四是"简明性"。本书编写遵循简明性原则，注意把握"理论以够用为度，实践教学以企业的基本业务为参照"的高职教育教学内容的经纬度，力求语言简洁、段落精短；论述清晰、通俗易懂；操作步骤明确、循序渐进；要点问题点到为止，留有空间供学习者思考。

五是"趣味性"。本书在栏目设计上，除每章章前设计"本章导言"、章中"同步阅读"、章末设计"高经理忠告"，形成前呼后应，增强吸引力和可信度外，根据人性认知规律，适当增加了谈判名人介绍和插配了相关图片、漫画，在一定程度上提高了阅读和欣赏的价值。

四、能力标准

通过本课程学习，学习者应该获得以下能力：

1. 能够科学地进行商务谈判的市场调查与分析；
2. 能够规范地进行商务谈判方案的准备与制作；
3. 能够积极地营造商务谈判的开局气氛；
4. 能够恰当地进行商务谈判的开场陈述；
5. 能够准确地进行商务谈判的报价；
6. 能够灵活地进行商务谈判的讨价还价；
7. 能够巧妙地制造与突破商务谈判的僵局；
8. 能够灵活运用商务谈判让步的策略与技巧；
9. 能够准确把握商务谈判时机并促成商务谈判；

10. 能够规范撰写商务谈判协议和组织谈判签约仪式;

11. 善于沟通协调。

表 1 学习课程应获得的能力

能力要素	实作标准	知识要求
商务谈判的市场调查与分析	1. 明确商务谈判调查内容 2. 规范设计调查问卷 3. 实地调查程序与方法 4. 正确分析资料并提出建议	市场调查知识 商务谈判市场调查的基本要求
商务谈判方案的准备与制作	1. 方案内容完备 2. 方案格式规范 3. 方案针对性与可操作性强	策划原理 人力资源管理
营造商务谈判的开局气氛	1. 接待规范 2. 行为举止大方 3. 切入话题融洽	礼仪规范 心理知识
商务谈判的开场陈述	1. 善于提高对方的谈判兴趣 2. 认真倾听对方陈述 3. 正确引导双方互提倡议	演讲知识 心理知识
商务谈判的报价	1. 合理选择报价时机和方式 2. 报价坚定、明确 3. 正确对待对方报价	价格知识
商务谈判的讨价还价	1. 合理把握讨价次数 2. 正确坚定还价起点、时机 3. 灵活使用还价策略	价格知识 心理知识
制造与突破商务谈判的僵局	1. 正确分析产生僵局的原因 2. 科学应对僵局 3. 巧借僵局扭转谈判态势	个性心理知识 角色扮演
商务谈判让步的策略与技巧	1. 正确选择让步方式 2. 合理决定让步幅度 3. 科学评估让步次数	商务谈判让步步骤、方式

能力要素	实作标准	知识要求
9. 把握商务谈判时机并促成商务谈判	1. 正确辨析谈判态势； 2. 有效使用谈判策略； 3. 能准确把握时机。	不同谈判态势下的策略
撰写商务谈判协议和组织谈判签约仪式	1. 规范起草商务谈判协议 2. 规范组织谈判签约仪式	合同知识 礼仪规范
沟通协调	1. 倾听 2. 善问 3. 巧答 4. 个人交往	沟通知识 谈判原则

五、学习建议

1. 学习计划

表2　学习计划

章序	单元名称	重点内容	建议学时
第1章	1.1 谈判提出 1.2 商务谈判内涵与要素 1.3 商务谈判类型与方式	谈判基本原理和"双赢"理念 商务谈判的要素构成 商务谈判的主要方式	6学时
第2章	2.1 商务谈判信息准备 2.2 商务谈判人员准备 2.3 商务谈判方案准备 2.4 商务谈判心理准备	商务谈判调查的基本要求 商务谈判组织的构成与成员的选配 商务谈判方案的基本内容与制作步骤 商务谈判个性心理分析与运用技巧	12学时
第3章	3.1 商务谈判开局 3.2 商务谈判摸底	商务谈判的开局策略、协商谈判议程 商务谈判摸底的概念与技巧	6学时

章序	单元名称	重点内容	建议学时
第4章	4.1 商务谈判报价策略与技巧 4.2 商务谈判讨价还价策略与技巧 4.3 商务谈判僵局策略与技巧	商务谈判报价的影响因素与报价技巧 商务谈判讨价还价的技巧 制造与突破商务谈判僵局的技巧	10 学时
第5章	5.1 商务谈判让步技巧 5.2 商务谈判促成策略	谈判让步的基本原则、步骤与方式 在均衡、优势、劣势等条件下的促成策略与技巧	8 学时
第6章	6.1 商务谈判沟通障碍 6.2 商务谈判基本原则 6.3 商务谈判沟通技巧	商务谈判沟通意义与产生障碍的主观原因 商务谈判基本原则 商务谈判沟通的关键点及技巧	8 学时
附	综合实训	商务谈判工作流程	4 学时

2. 对学习者现有知识及能力要求

（1）学习者基本掌握市场营销学、营销心理学、人力资源管理、市场调查与分析等模块的知识与能力；

（2）学习者具备一定的听、说、读、写能力，以及具有一定的团队协作、判断思维与表达能力；

（3）能按照教师制定的活动程序完成相关的"任务"。

第六篇 课程资源建设是人才培养质量的重要基础

3. 教学资源准备

表3　教学资源准备

教学参考资料	设备与设施
营销师（三级）国家职业技能鉴定考试指南 《商务谈判——理论、实务、案例、实训》，杨群祥，东北财经大学出版社，2012 《商务谈判实训》，王方，东北财经大学出版社，2009 《贸易洽谈技巧》，〔英〕比尔·斯科特，中国对外贸易出版社，1986 国家精品课程资源网：http://www.jingpinke.com/ 中国营销传播网：http://www.emkt.com.cn/	国旗 谈判桌 企业产品介绍 电脑 投影仪 计算器 纸张 签字笔

4. 学习方法建议

学习者怎样学好这门课？

——课程中设计了一些活动和任务，你可以参与小组讨论来完成这些任务。教材配套的光盘、课件、网络，以及指定的教学参考书及专业资源库中的所有资源，都可以帮助你学习，教师将在学习过程中将给予你指导。

——养成自我学习评估的习惯，即在每次课程学习结束前"三思"：我今天做了什么？我发现了什么是最重要的？我是否能将其中的一些运用于今后的工作？如果能，如何去做？如果不能，为什么？当你坚持了，相信会有惊人的发现——"自己提高了"。

你怎样才能通过这门课程的考核鉴定？

——每一章书后面都有同步测试和技能训练，你必须独立完成或积极协作完成。因为商务谈判能力需要不断训练，熟能生巧。同时，许多技能你必须展示出来，才能评定你的进步。

你需要哪些帮助？

——主动、积极地向老师请求帮助，不要担心你会被嘲笑。不懂装懂才是错误的做法，希望你能够明白。

5. 学习步骤

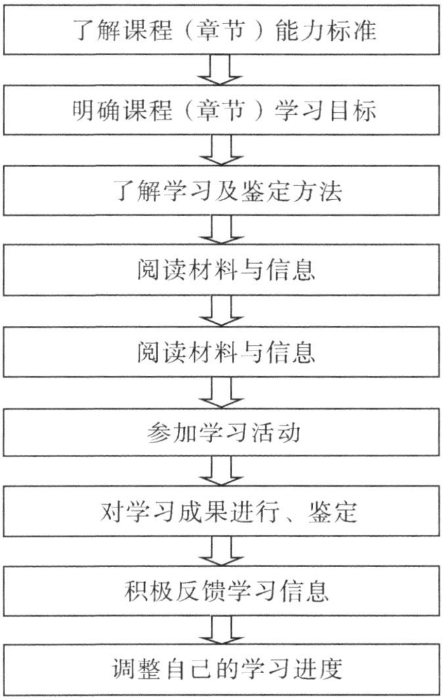

了解课程（章节）能力标准
明确课程（章节）学习目标
了解学习及鉴定方法
阅读材料与信息
阅读材料与信息
参加学习活动
对学习成果进行、鉴定
积极反馈学习信息
调整自己的学习进度

图 1　学习步骤

6. 本书图标介绍

高等职业教育市场营销专业教学资源库网站有与本教材配套的辅助资源，并在教材中分别用图标表示图片、案例、视频、动画等，学习者可到相关网站查看或获取。

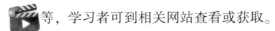

六、考核鉴定方法

表 3　考核鉴定方法

能力要素	笔试	口试	观察	模拟	角色扮演	实作
1. 商务谈判的市场调查与分析		√				√
2. 商务谈判方案的准备与制作		√				√
3. 营造商务谈判的开局气氛			√	√		
4. 商务谈判的开场陈述			√	√		
5. 商务谈判的报价			√	√		
6. 商务谈判的讨价还价			√	√	√	
7. 制造与突破商务谈判的僵局		√	√		√	
8. 商务谈判让步的策略与技巧	√	√	√	√		
9. 把握商务谈判时机并促成商务谈判			√	√	√	
10. 撰写商务谈判协议和组织谈判签约仪式	√			√	√	√
11. 沟通协调		√	√			

"商务谈判" 课程建设探索与实践

摘　要

　　"商务谈判"课程，由校本课程先后建设成为国家级精品课、国家级精品资源共享课及国家级专业资源库核心课程等。一门课程深耕近20年，形成了系统的课程建设理论——"高职教育课程建设的研究与实践"，以及具有示范推广应用的财经商贸类课程建设模式，获2017年广东省教育教学成果一等奖（职业教育）。以下是该教学成果的总结报告。

　　"商务谈判"是市销专业核心课程，也是连锁、会展、电商等商贸类专业骨干课程。此成果以获得国家级精品资源共享课项目为标志，经过十年探索积累、四年建设完善、四年系统实践，形成了"课程团队无界化、课程设计模块化、教学基地职场化、教学资源立体化、教学实施一体化、学习模式协同化、学生培养国际化"等课程建设"七化"模式，分别获得"十一五""十二五"国家级教材；立项为教育部教指委精品课、国家级精品课程，2013年升级为国家级精品资源共享课，同年又成为国家级市销专业教学资源库核心课程。

　　此成果从教材到学材、从单一到无界、从理实分离到学做一体、从虚拟到鲜活真实，建设成为同类课程建设国内领先水平，辐射带动市销专业建设，获广东省级一类品牌、省级优秀教学团队等；先后在全国、本省会议上介绍经验，指导同行教师开展课程建设，并推广至马来西亚沙捞越科技大学等；发表论文14篇、教材5种，光明日报书评给予高度评价；尤其是以职业教育科学理论为指导并通过系统验证而探索出的课程建设"七化"模式，对市销专业乃至商贸类专业课程建设具有普遍推广意义。

一、成果形成与实践

（一）主要解决的教学问题

1. 解决高职教育"商务谈判"课程适用教材缺乏的问题。
2. 解决"商务谈判"课程教学团队构成单一的问题。

3. 解决"互联网+"环境下优质教学资源类别多、相互独立、入口多、访问不便利的问题。

4. 解决因商务谈判活动的特殊性所导致的企业真实案例短缺问题。

（二）课程建设"七化"模式的探索与形成

1. 成果的探索

1999 年，市销专业开设"商务谈判"课程，开始了 18 年的探索。

第一阶段探索积累：2001 年，承担 21 世纪广东重点教改课题"高职高专市场营销专业能力培养的理论与实践"（获广东省高等教育教学成果二等奖）；其中分析了商务谈判能力内涵、企业需求及培养路径；同年，在中国高等院校市场学会组织指导下，联合安徽商贸职院、温州职院等教师编写出全国高职院校统编成套首本《商务谈判》教材，至今已修订五版，获国家级规划教材，2006 年被中国书刊行业协会评为优秀畅销书，一直处于同类教材领先，较好解决了商务谈判课程适用教材缺乏的问题，同时推进"一流课程"建设，2008 年获教育部工商教指委精品课。

第二阶段建设完善：2009 年立项为国家级精品课，其课程网站深受省内外师生欢迎，20 个月内访问量达到 500075 人次。2013 年升级为国家级精品资源共享课建设项目。同年立项为国家级市销专业教学资源库核心课程，牵头组建全国 18 所院校、4 家企业等参与的跨省、跨校、跨部门的无界化团队，有效解决了课程建设团队构成单一的问题，获省级优秀教学团队。校企合作尤其是来自行业企业兼职教师结合亲身经历的商务谈判活动，精心编制了 46 个鲜活的谈判案例，有效解决了企业案例短缺问题。

2014 年 10 月 14 日校庆 30 周年前夕，时任广东省教育厅厅长罗伟其、高教处处长郑文、广东农垦总局局长陈少平等考察校企合作基地

第三阶段系统实践：自 2013 年起积极实践课程多资源库使用，与企业联合开发协同学习平台，将不同网站上的资源统一整合到一个入口，探索了协同学习模式，解决了优质教学资源共享与自主学习的问题。

2. "七化"模式形成

以问题为导向，课程团队勇于创新、深入探索，形成课程建设的"七化"模式（图 1）。

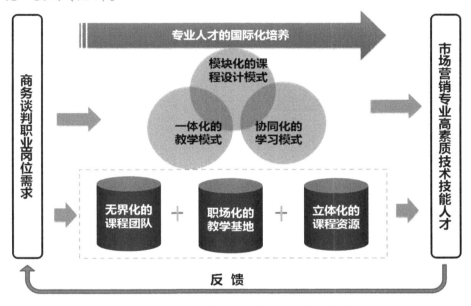

图 1　"商务谈判"课程建设"七化"模式

（1）校企合作、校校联合，打造了一支无界化教学团队

课程建设团队有校内教师，还有行业企业兼职教师、资源建设技术支持人员、校外专家等。校内教师、校外专家、企业兼职教师、技术支持人员、校外教师分别比 15.7%、9.8%、7.8%、5.9%、62%（图 2）。

（2）能力为本，构建模块化的课程内容体系

从建构知识体系到知识与能力并进，从项目教学到任务驱动，结合企业实际，创新提出按照商务谈判能力需要及业务流程，将课程划分为商务谈判认知等五个模块及综合实训（图 3）。

（3）"教学、生产、创业"于一体，筑造职场化的教学基地

校企合作共建集"教学、生产、创业"于一体的职场化校内外教学基地。校内建设了模拟职场环境的商务谈判室，学生以小组形式共同完成谈判项目调研，并模拟商务谈判；与广百集团公司等合作成立广百商学院、广垦

第六篇　课程资源建设是人才培养质量的重要基础

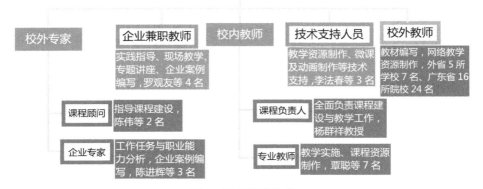

图 2　课程团队构成

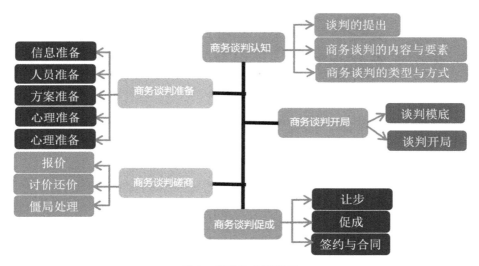

图 3　模块化内容体系

农产品商学院等，依托各特色学院校企共育人才；建立了校内实习超市，让学生走出课堂，面向市场、自主创业、采购洽谈等，探索"理实一体化"的途径，其成果"高职院校实践教学的一种新模式——校内实习公司"获国家级教学成果奖二等奖。校外建立了广东华强制衣公司等 6 家实习基地，其中从广垦绿色农产品公司开设第一间佳鲜农庄旗舰店开始，就派出 60 多名市场营销专业学生协助筹办，迄今已派出学生132人。此举受农业部、省教育厅等领导的高度赞许。

（4）能学辅教，建成立体化教学资源

"互联网+"时代改变了生活与工作方式，也改变了教与学的方式。"商务谈判"以纸质教材为基础，搭建了由"平台""空间""内容"三个维度组成的立体化、数字化教学资源。

2015年1月30日，广垦农产品商学院成立揭牌仪式

校企合作共同开发"协同学习平台"（图4），对"商务谈判"建设的国家级精品课程资源、爱课程网中的精品资源共享课资源、智慧职教中的市销专业教学资源库课程资源进行整合，提供统一入口，使课程资源"时时可用、处处可用"；平台上建立了教师空间、学生空间、学习共同体空间及企业空间等空间资源；资源内容丰富：出版教材五种（图5），其中独创的、新形态教材增设"导读""能力标准""实操标准""学习计划""资源准备""学习方法建议"和"考核鉴定"，为国内首例教材版。网络教学资源分布在精品课程网站、爱课程网及智慧职教网站，其中建设在智慧职教上的"商务谈判"资源有718个，包含教学录像59个等（图6）。

图4 协同学习平台

（5）知行合一，践行学做一体化的教学模式

依托协同学习平台，通过任务驱动，实践六步教学法，使教、学、做融为一体。以模拟谈判为"商务谈判"课程的综合性学习任务，以具体的商品

图 5 "商务谈判"教材

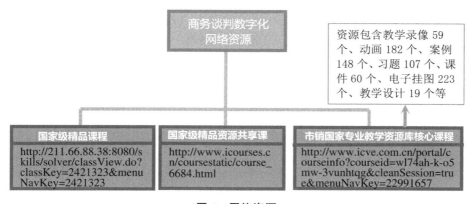

图 6 网络资源

购销谈判为载体,围绕综合性学习任务按课程模块细分成九个子任务,每个子任务对应一个学习单元;按任务布置、学习准备、拟定计划、协同处理、任务提交、评价反馈六个步骤实施教学(图7)。

(6)深度互动,借助信息化手段开展协同学习的有效探索利用协同学习

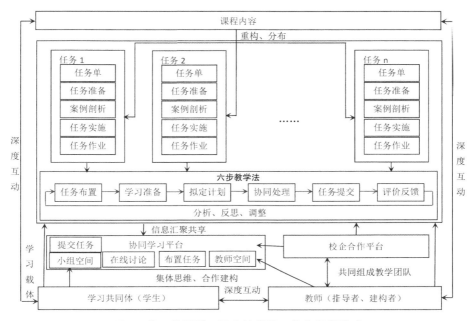

图 7 基于协同学习平台的学做一体化教学模式

平台引导学生组建学习共同体实施协同学习

①建立学习共同体及其空间。在学习共同体空间内，成员针对学习性工作任务及其相关知识进行在线讨论、分配任务、汇报完成情况等（图8）。

②建立激励机制。根据学习共同体讨论、任务完成情况等给予一定的积分；每周自动评选学习之星并颁发勋章；平时将学习共同体积分、个人积分与课程期末总评挂钩。

③形成与六步教学法相对应的学习过程循环圈，提升学习效果（图9）。

（7）开放办学，培养国际化人才

学校通过"内引、外派、双语教学"来为学生提供国际化教育，开拓学生的国际视野，培养学生跨文化交流能力、多元文化意识和外语能力（图10）。

（三）成果的理论依据

本成果以马克思主义认识论及实践论、陶行知的生活教育理论及建构主义学习理论为指导。经过课程建设实践并提升，形成了"七化"模式。

图 8　创建学习共同体

图 9　学习过程循环圈

1. 马克思主义认识论及实践论

以马克思主义认识论及实践论的科学思想为指导，创建具有职场特色特点的教学基地，拓展教学新路径，切实提高教学条件的针对性和有效性来推动课程教学的实际效果。

2. 陶行知的生活教育理论

践行了陶行知先生的生活教育理论，创建了以"做"为核心的一体化教学模式，借助协同学习平台，通过任务驱动，实施六步教学法，使教、学、做融为一体，使"做"成为教和学的中心，极大调动了学生的兴趣，有效落

2002 年引进英国 BTEC 项目，开设了市销专业（BTEC 商业方向），累计有 508 名学生获得国际证书，并通过观摩课等方式进行推广

2001 年起外派学生赴德国 F+U、美国以及澳门进行实习，据统计市销专业有 65 名学生赴国（境）外实习

该课型现有 2 名教师获得双语教师资格，从 2014 年开始实施双语教学

外派

内引

双语教学

图 10　国际化培养的途径

实知识学习过程中的实践效度。

3. 建构主义学习理论

运用建构主义学习理论，强调鼓励和激发学生在"协作"和"会话"中自主学习，引导学生建立学习共同体，利用优质教学资源协同学习，促使学生在课程实施中充分发挥主体意义建构的潜能，进而开展深层次互动交流学习，提高学习反馈力。

二、成果创新点

（一）探索出了一种适用于高职商贸类专业课程建设的"七化"模式

"商务谈判"课程的建设，系统反映我国高职教育课程建设的整个历程及涉及各个时期各层级的课程建设项目。总结出的"七化"模式，创新性与推广性强，不仅适用于高职教育商贸类专业课程建设，对其他课程建设也具有普遍的借鉴意义。

（二）搭建了一个基于"互联网+"环境的协同学习平台

校企联合搭建基于"互联网+"环境下协同学习平台，解决了众多教学资源各自独立、使用不便利的问题；创新了教学模式和学习模式，实现了基于任务驱动的一体化教学模式，采用六步教学法；建立学习共同体，使学习成为多人合作、协同的结果。搭建协同学习平台，推行协同学习模式在高职院校属于首创。

（三）实践了一条从教材到学材的建设途径

《商务谈判》从校本讲义到国家级教材，从一种到五种，从一版到五次修订，精益求精，于"便教、利教"基础上兼顾了"便学、利学"，变单纯"教本"为"教本+学本"。内部结构体现了教材的逻辑顺序、学生的认知顺序和心理发展顺序的三者融合；案例选择不断吸纳行业企业最新成果和兼职教师的亲身经历；图表设置体现出清晰、易理解特点；习题编制紧扣课程标准，题材生活化，题型多样化。成果配套教材种类全、版次多、发行量大、质量高，在同类课程教材建设中始终保持领先地位，为高职教材建设提供较好的借鉴经验。

三、成效与推广

（一）主要成效

1. 获得内涵建设标志性成果多。教材获"十一五""十二五"国家级规划教材；课程立项为教育部工商管理教指委课程、国家级精品课程和精品资源共享课、国家级市销专业教学资源库核心课程，获得中央财政资助38万；获校级教学成果特等奖、省级教学成果奖培育项目；核心成员获省优秀教学团队，牵头制定省、全国中高职衔接市销专业标准（资助经费20万元），获省营销学会优秀会员单位，课程负责人获省营销学会成立30周年营销理论创新突出贡献奖。

2. 受益面大。课程开设以来，校内直接受益学生15064名、间接受益学生2万余名；培养骨干教师8名；配套教材30多万册，被全国29个省市数百所院校和企业培训广泛使用；国家级课程资源使用100多万人次。

3. 人才培养质量高。学生评教均在92分以上；获职业技能大赛奖国家级四项、省级6项，特别是2017年全球华人品牌策划大赛中，市销学生获总决赛金奖1项，获得中国赛区一等奖2项；市场营销专业学生就业率保持在99%以上，呈现出较好的就业竞争力和职业成长态势，近三年到佳鲜农庄就业的31名毕业生中18名成为店长、4名成为区域经理。

4. 辐射带动广。组织省内34所高职院成立省内首个教学指导委员会——市场营销专业教指委，推动市场营销专业高职课程建设，完成一套省内统编教材共 10 本，其中指导并主审的松山职院尹渔清编写的《商务谈判》获"十二五"国家级教材。

5. 社会评价高。本成果得到了教育主管部门、院校同行、行业企业人士和主流媒体的高度评价。《光明日报》书评《一本高等职业教育的好教材》中认为本成果配套教材"内容新、形式活、适应性和前瞻性相统一、突出案例教学在教材中的作用"；全国商业行指委认为" '商务谈判'课程资源建设有独特的创新性和实用性。……深受使用者各方的好评，应用效果优异"；学生这样评价"商务谈判书编写很好，有紧密相连的节奏感，举的例子也是通俗易懂，而最难忘的是课堂实战性很浓，有很强的身临其境的感觉……"

（二）应用推广

1. 积极面向校内推广。本成果通过教学观摩、经验交流等方式向市销及商贸类专业推广，提升了专业实力，市场营销专业获省一类品牌、3 门次省级课程；商贸类专业获得标志性成果国家级 14 项、省级 28 项；指导学生参加技能大赛获得国家级 34 项、省级 31 项。

2. 积极面向国内外推广。本成果从校内到校外、从国内到国外进行了推广，在行业内的影响力不断提升：在全国、省会议上介绍经验 7 次，受邀到兄弟院校介绍近 10 次，吸引 50 余所院校人员来学习交流；向全球华人营销联盟等赠送《商务谈判》教材，沙捞越科大推荐"商务谈判"课程资源，引导境外师生使用中国优质教育资源。

（三）成果展望

1. 出版专著。计划出版专著《高职教育课程建设的研究与实践》，以进一步理论提升与推广。

2. 服务"一带一路"。将依托牵头组织的全球华人营销联盟营销职业教育委员会，服务"一带一路"，充分利用"商务谈判"课程建设经验，推动境内外职业院校市场营销专业师生交流和合作，加快境内职业教育国际化进程。

第七篇
学生能力培养是高职院校办学的根本指向

能力是高职教育人才培养的内在要求。高职教育学生能力包括两个部分：通用能力（有的称"关键能力"）、专业能力。能力培养通过课堂教学和社会实践，以及校园文化环境来塑造。

以优秀校园文化培养高素质技术技能人才的思考

摘 要

多年来，广东农工商学院着力挖掘红色基因、传承南泥湾精神，以优秀文化教育引导学生"艰苦奋斗、自强不息"，服务社会，并形成了独特的、优秀的广东农工商校园文化，有效促进了高素质技术技能人才的培养。

习近平总书记在全国高校思想政治工作会议上强调，"要坚持把立德树人作为中心环节，把思想政治工作贯穿教育教学全过程，实现全程育人、全方位育人，努力开创我国高等教育事业发展新局面"；同时又指出，"要更加注重以文化人以文育人，广泛开展文明校园创建，开展形式多样、健康向上、格调高雅的校园文化活

2019 年 4 月 8 日晚，作者在"咖啡时光"段与师生谈农垦精神

动"。立德树人是根本，育人是全方位。其中，校园文化是极为重要的内容。一所院校的校园文化建设水平直接关系到技术技能人才培养的质量。因此，必须努力探索与建设具有鲜明个性、富有品位而又积极向上的优秀校园文化。

一、优秀校园文化是有高职院校立校之根、育人之本

一个国家、一个民族的强盛，总是以文化兴盛为支撑的，中华民族伟大复兴需要以中华文化发展繁荣为条件。当前，举国上下要学习传统文化、讲好中国故事、传承延安精神、纪念抗战胜利、创作更多无愧于时代的优秀作品等，目的就是要弘扬中国精神、凝聚中国力量。这是实现中华民族伟大复

第七篇 学生能力培养是高职院校办学的根本指向

兴的前提条件，也是中国经验的总结。国家、民族是如此，院校也是如此，其健康发展有赖于其自身文化的构建。高职院校的文化核心是校园文化，它包含物质文化、精神文化和制度文化等。其中，物质文化是实现目的的途径和载体，是推进高职院校文化建设的必要前提；精神文化是校园文化建设的核心内容，也是校园文化的最高层次，它主要包括校园历史传统和被全体师生员工共同认可的文化观念、价值观念、生活观念等意识形态，是一个高职院校本质、个性、精神面貌的集中反映；制度文化作为校园文化的内在机制，是校园文化建设与实践的维系与保障系统。物质文化、精神文化和制度文化三者融为一体、相互作用，构成一所院校的校园文化。

优秀校园文化是一所高职院校赖以生存的精神支柱，是知识、能力、人格的升华和结晶，既反映出院校的办学理念和办学特色，又体现着文明健康、向善向真的时代主流价值观，引领着院校的价值追求和行为导向。广东农工商学院经过 65 年发展，传承了南泥湾精神与农垦文化，完善了学校章程，明确了办学精神是"艰苦奋斗、自强不息"，校训是"立德博学、知行合一"，基本任务是"人才培养、科学研究、社会服务和文化传承创新"，其中"文化传承创新"的使命是"坚持中国特色社会主义文化发展道路，以满足人民精神文化需求为宗旨，继承和弘扬中华民族优秀传统文化，借鉴吸收人类优秀文明成果，推动文化传承创新，繁荣发展社会主义文化"。这是广东农工商学院的立校之根、文化之源。

优秀校园文化是高职院校的育人之魂、育人之本。尽管不同院校有不同的文化底蕴与文化实践，体现出独特的校园文化个性，就如上面所说，广东农工商学院因农垦而有传统红色文化，而食品药品职院彰显的是大健康文化，交通职院彰显的是现代交通技术文化，顺德职院彰显的是侨乡文化和智能制造文明等，但对于校园文化建设在高职院校发展中的作用是一致的，并且是多方面的，其中两点非常突出：一是从院校核心竞争力而言，校园文化是支撑院校发展的动能。因为院校发展的外部环境以及教育教学改革的要求总会发展变化的，即使是相对稳定的教学团队也会有更替的，但作为组织文化的校园文化特别是其精神文化是永恒不变的。研究认为，高职院校未来的竞争归根到底是精神文化层面的竞争，支撑院校走得更好更远的根本推动因素是师生员工的精神气质。二是从院校教育功能讲，校园文化是培养技术技能人才不可或缺的重要组成部分。高职院校的根本任务在于培养数以千万计的、具有创新精神和实践能力的高素质技术技能人才。我们常说的教书育人、管理育人、服务育人和环境育人，说到底都是文化育人。文化育人，实际上就是把社会理想和人类伟大精神沁入学生、向受教育者注入人性中的尚德、感恩、诚信、谦虚、友爱、责任、进取等美德的过程。这是学校培养人的本体功能。高职院校应当以高度的文化自觉，"以文化人，以文育人"为己任，充分发挥文化育人的独特功能，培养更多更好的优秀人才。

2019年10月11日，广东省武术管理中心南拳组主教练、亚运会男子南拳冠军、世界武术锦标赛南拳冠军何强、全国武术锦标赛冠军张腾欧等指导广东农工商学院武术协会

优秀校园文化是高职院校的育人之魂、育人之本，还体现在有效提升学生自信心，增强学生认同感。这一点尤为重要。高职院校的学生由于考学的原因和社会存有的偏见，或多或少在人生目标追求、学习主动性上表现不尽人意，甚至会出现"破罐破摔"现象。客观上特别需要教育者帮助他们提升自我信心、增强专业认同感和对学校的信任感。而高职院校可以通过一系列校园文化展演来提升教育力：以优秀教学名师风采吸引学生学习兴趣，以产业文明发展增强学生社会责任感，以典型校友、励志学子的故事鼓舞学生向善向真，以服务社会成功案例培养"工匠精神"，以共圆"中国梦"激发学生昂扬向上，从全方位促进高职院校学生不断完善自我、超越自我。实践证明，校园文化是全体师生员工共同创立和建设起来的，同时又是师生员工共同进步的源泉和动力。

二、优秀校园文化是一所院校长期凝练而成的特质，是历史的积淀，更是传承中的创新

高职院校校园文化同属于文化发展的产物，有着文化形成的一般规律，是由其特定的师生员工共同创立和实践，并赋予一定的时代元素；是经过长期的积累、升华、弘扬，内容丰富而不失个性。以农工商学院为例，它是一

所高职院校，属高等教育又属职业教育，同时是行业办学，因农垦而生、因农垦发展而成长。以上这些因素决定了广东农工商学院独特的校园文化，表现为"大学品格、农工商精神、南亚风情、绿色生态"的有机整体。

大学品格，强调的是一所大学应有的品性、规格、质量，承载着大学的基本功能，包括科学研究精神和学术自由氛围，人才培养规格和质量，社会服务能力与参与度，文化传承与创新。广东农工商学院遵循大学发展规律，以建设仁爱厚德、崇尚专业、结构合理的师资队伍建设为支持，以服务党的治国理政、服务人民的素质提升、服务社会的文明与进步为己任，自觉践行以学生为中心的教育理念，努力探索以农为体、工商为用三者融合发展的、具有热带农业产业特色的省示范性高职院校、全国高职院校人才培养水平评估优秀院校、广东省"一流"高职院校建设单位，并先后获得全国模范职工之家、广东省师德建设先进集体、广东省依法治校示范校和广东省文明单位等，较好地发挥了一所大学的功能。这是广东农工商学院33年高等教育实践形成的行为文化。

农工商精神，体现着既传承了南泥湾红色传统精神又展示着农垦产业文化风貌，是核心。多年来，广东农工商人艰苦创业，用极少的财政投入，把一所管理干部学院发展为一校两区、拥有54个专业和在校生近2万人的大学，在难中求进、进中求优中办学，传承了南泥湾的"自力更生、艰苦奋斗"和农垦的"艰苦奋斗、勇于开拓"的精气神，形成了现在的农工商办学精神——"艰苦奋斗、自强不息"，并写进了大学章程。其中，"艰苦奋斗"是我们党的优良传统和作风，也是我党的政治本色；而"自强不息"则是中华民族的好传统，代表着一种价值取向，是一种精神、一种作风、一种生活态度。这种精神，无论在过去、现在，还是未来，都将鼓励着一代又一代农工商人坚持不懈，努力向上、向前，因而是核心。这是广东农工商学院65年风霜洗礼的精神文化。

南亚风情，是校园文化的物化表征，寻求文化认同与环境熏陶。学院正在通过26个亚热带植物标本园和一系列东南亚景观设计、风土人情介绍，一方面希望更加凸显专业文化及办学特色，另一方面寓意学院服务"一带一路"、走国际化办学的决心，引导师生

2019年重阳节，学院建院以来五任老干办主任合影

共同努力。目前，学院已在教学楼、实训楼房前屋后的空地上建成热带经济作物、仙人掌科类、南药、香料、竹园和热带水果等九个植物标本园建设，形成校园绿化与彰显办学特色融为一体的独特景观文化。

绿色生态，反映了青春、健康、绿色、环保、节约的理念。事实上，从新校区规划建设、学院 VI 设计到通过植物标本园建设达到校园绿化效果，以及通过"植物协会""绿拓会""风景园林协会"等学生社团及其一年一度的"'农'情'蜜'意"校园文化节等活动，都充分体现了农工商学院校园文化的个性，体现了"以人为本"的办学理念。

由此可看出，广东农工商学院的校园文化是优秀的，是在建设中传承并在实践中创新的，更是长期的积累与凝练。是然，以这样的校园文化培养出来的人才必然是积极的、向善的。

三、优秀校园文化是"一流院校"的应有品质

落实高职院校创新发展三年行动计划，全国各地高职院校都在创建"一流院校""卓越院校"或"优质院校"等。那么，什么是"一流院校"或者说"一流院校"应具备何种品质？研究认为，对于"一流院校"或许有很多标志，包括一流师资队伍、一流品牌专业、一流教学设施、一流校园环境和一流管理水平等，但其最核心的价值应当是校园文化，即"一流院校"最终体现的应是具有"一流"的校园文化品质。

虽然"一流院校"或"优质院校"的遴选没有校园文化建设的硬性要求，也许是校园文化不够显性而无法作为统一的量化评审指标。但作为办学者，却有百分之一百的责任去努力提升这个核心价值。这也是研究思考此篇主题时的初心，并认为高职院校在推进"一流"建设方案中，要将校园文化提升纳入各个阶段各个环节，从顶层设计到微观执行，从现实空间到网络空间，形成一个闭循环，以更好地体现全员性、全过程、全方位育人的战略思想。

一是做好顶层设计。校园文化建设是一项系统工程，需要自上而下进行系统谋划、自下而上予以一一落实，但首先是科学谋划。这是院校管理层的责任，也是全体教职工的责任。如何做好顶层设计？研究认为，一个优秀的高职院校校园文化必须具备大学品格、行业（产业）文明、办学特色、地方（区域）文化及历史积淀等要素。也就是说，职业院校的优秀校园文化在充分体现大学的共性文化的同时，要从寻求行业特点或区域特色出发，特别注意彰显自身的个性文化，包括产业文化（如农耕文化、商业文化、工业文明），以及融入地方区域文化如岭南文化、广府文化、客家文化、潮汕文化

等，并坚持以社会主义核心价值体系为指导，培养高职学生树立"劳动光荣"意识；坚持企业文化与校园文化深度融合，增加社团活动的企业文化色彩"。如广东农工商学院以打造"百年农工商学院"作为建构精神文化根基，学院党委提出"三个一"：一个情结、一种自信和一个工程。"一个情结"，即要打造百年高等学府，办好广东农工商学院，教好每一个学生，凝聚每一位教职工，就要最大限度地调动一切积极因素，最大限度地增加校园幸福元素，最大限度地创造农工商品牌质素；"一种自信"，即坚持以繁荣校园文化为着眼点，以丰富师生精神生活为立足点，通过"百年农工商学院""幸福农工商学院"保持校园文化发展的价值、动力、推力和作用力；"一个工程"，即将"校园文化建设工程"作为建设"全国一流、国际有影响、具有南亚热带产业特色的高等职业院校"目标的十大工程之一，明确要加强校园景观和文化设施建设，加强文化铸造，努力提炼和发展农工商学院文化，加强校园文化活动的设计与组织，让校园文化设建设在立德树人上发挥更大的作用。

2019年8月，广东农工商学院田径队荣获第十九届全国大学生田径锦标赛第四名

二是发挥两个主动性。校园文化建设是一项久久为功的工程。在完成校园文化建设规划后，不仅需要统一思想认识、深刻把握其内涵及建设思路，还需要搭建平台、完善举措、落实项目等来承载、推动、完善和传承。因此，要特别注意发挥两方面的主动性，即教师的主动性和学生的主动性。教师在教书育人上具有时空优势，是非常重要的角色。其作用不仅在课堂教学活动，还包括第二课堂活动、社会实践和学生日常生活，乃至毕业就业初期教育影响等。所以，院校要充分发挥教师的主动性、创造力、影响力，而每

位教师也应当主动承担先进思想文化的传播职责。再者，引导学生主动参与校园文化建设。事实上，教育者必须明白，学生不仅是校园文化的受教育者，也是校园文化的积极建设者。只有引导学生参与到校园文化建设活动中来，发挥其主动性，这样建设起来的校园文化才更具生命力、更为持久。农工商学院在推进校园文化建设实践中，一方面以"校园文化建设与学校品牌打造"为主题，通过中心组学习、调研论证会等形成上下共识，转化为教职工的自觉行动；另一方面强化微观参与，以新思维创造新的方式、带动新的活动，如要求学生党员要在红色校园文化创建中发挥积极作用，不仅当好忠实的受教育者，更要承担起红色文化的宣传和组织工作，当好红色校园文化活动的推动者。校园形成"年年有精品、月月有主题、天天有活动"，通过职业技能比赛文化、科技文化、志愿者文化、社团文化、体育文化、党团文化等，实现教学相长、文化传承与创新，最终使学生、教师、院校、社会共同受益。

四、优秀校园文化应当不断彰显，融入社会并引领社会、影响社会

大学是国家实施中华优秀文化传承发展工程的一支重要力量，必须落实校园文化建设行动，创造性继承传统文化，创新性发展传统文化，抓好优秀传统文化教育，推动社会文化建设。而优秀校园文化不仅培养出优秀人才，同时将直接引领社会、教育社会、影响社会。如广东农工商学院学子在校期间接受了优秀红色传统文化教育，并将"艰苦奋斗、自强不息"固化为个人的自觉行为。那么，当其毕业走入社会工作时就会把农工商精神带到服务单位，影响带动周边同事，甚至在一定程度改进组织文化，发挥出引领的作用。这是其一。

其二，一个具有独特的校园文化会教育影响周边社会，或许可能仅仅是其中某个方面如名校文化、特色景观文化，也都可能吸引周边居民乃至整个城市市民甚至全国人民前来观赏感受，起到极好的教育引导效果。如众所周知的北京大学、清华大学，每年暑期都会迎来游客火爆的场面，游客队伍在校门外延绵排队数百米，甚至出现每天限号进入。这是名校带来的效应。名校的背面是校园文化的教育意义。同样，每年三四月间，华南农业大学校道边、广场上的紫荆花悉数绽放，吸引数十万市民、游客慕名前来观赏，有市民专门穿着旗袍来此拍照，有些年轻人则以校园为背景照婚纱照。学校还借此每年举办紫荆科技文化节，二十多个二级学院在大草坪里摆摊展示科研成

2011年9月4日，广东省大运会男足丙组决赛上广东农工商学院足球队获亚军

果，以娱乐的方式向游人推广科普知识、生活常识等。农工商学院校园虽然达不到"限号"进入校园，但每天早晚也都会迎来数百名的市民，校园内常有丰富多彩的活动展演，潜移默化中教育、启发着人们。所以研究认为，任何一所大学无论其名牌与否、或大或小，节假日总会迎来一批批市民或游客前来漫游观赏、休闲。如果这所院校的校园文化是优秀的，自然对来访者起到非常好的教育影响作用。如果该校师生员工能够借助微博、微信等新媒体手段积极向社会推广本校校园文化，其影响就更大。

研究可以预见，未来的高职院校将越来越开放，在越来越多的层面融入社区、融入社会。假如每一所高职院校都能够坚持以社会主义核心价值观为引领，传播正能量的校园文化，充分发挥人才培养和文化传承创新的办学功能，就能够为社会文化建设添一分光，那么我们中华民族优秀文化必将更加繁荣昌盛、绵延流长。

高职教育实行导师制的探索与实践

摘　要

　　探索高职教育过程中，提出学习借鉴传统工匠"师傅带徒弟"模式和大学里的导师制，发挥专业教师优势开展个性化的补充教育，亲自设计工作方案，并和普通老师一样每年指导7~8名学生，坚持探索了7届。此文获广东农工商学院"校庆19周年暨教育改革与专业技术学术研讨会优秀论文一等奖"、中国高等职业技术教育研究会第十次学术年会优秀论文二等奖，刊发于《广东技术师范学院学报》2003年第5期，第88—91页。

　　实行导师制，与高职院校国际化有关吗？回答是肯定的，这是高职院校国际化进程中的自我创新。高职教育是高等教育的重要组成部分，是推动中国高等教育大众化进程的一支重要力量，对提高国民素质和增强国际竞争力有不可低估的作用，因而成为社会、政府关注的热点。作为高职院校，如何积极推进改革与发展，培养人才，快出人才，出好人才，始终是摆在当前的首要任务。然而，通过中外职业教育教学模式的学习比较发现，中国高职院校人才培养班建制的普遍特点是"专业人数多、班大、批量化"，影响"出好人才"，也无法因材施教、个性化培养，尤其是对于需要"手把手教、项目引导"的文科类专业而言，是相对"瓶颈"。如何学习破解？农工商学院结合承担新世纪广东省高等教育改革工程项目课题工作，对高职教育市场营销专业的学生进行指导教师负责制（以下简称"导师制"）培养模式的探索与实践。

（一）高职教育学生学习的潜在需求

　　2003年4月，广东农工商学院项目课题组指导学生进行了一次"关于导师制学生意向随机抽样调查"，对本校2001、2002级两个年级市场营销，以及2002级电子商务、酒店管理、物业管理、绿色食品加工与管理、会计电算化、计算机应用与维护、应用电子等8个专业100位学生进行随机问卷调查。尽管被调查的学生不多，但专业面广，涉及财经、管理及理工等各类专业，在一定程度上能够说明问题。

　　在100位学生中，认为"高职院校推行导师制"是"非常必要""必要"的有 88 人，其中认为"非常必要"的有 51 人；而认为"不必要"和"无所谓"的有 12 人，其中，"不必要"的仅占 3 人。说明从学生观点来看，绝大多数学生认为高职院校推行导师制是"必要"的。

在"假如学院推行导师制你是否会参加"问题上，有 95 位学生表示"非常愿意""愿意"，其中表示"非常愿意"参加的有 51 人；而认为"无所谓"的有 4 人，只有一位学生表示"不愿意"参加。这表明不仅绝大多数学生认为高职院校推行导师制是"必要"，而且几乎 100% 的学生有这样的需要，希望快一点推行。这充分反映出学生盼望专业教师指导的迫切心情。

那么，高职院校学生为什么有这样的要求？

其一，是学生个性成长与适应新学习环境要求的反映。学生从中学（职中、中专、中技）进入高校本身是一个大跨越。在这个跨越中，中学的学习模式、学习方法、思维方式等都与高校不相适应。面对更为开放更为广阔的学习环境，他们对自己所学专业知识结构的认识还相当模糊，职业前景与个人发展定位不了解。而且，处于十八九岁的学生，个体身心正处在蓬勃发展的黄金时期，独立自主的意识已逐渐觉醒，思维活跃，灵感丰富，对实现自身的价值充满着憧憬与渴望，可有时又感到茫然无所适从，因而渴望有名师的指导。这种情况，实行学分制后将更为明显。

其二，是现行"班建制"课堂运作模式不足的反映。"班建制"，这种沿袭 300 年的传统的课堂运作模式是以共性教育为主体的模式，教学方法仍然是"学生排排坐，教师全堂灌"，无法真正发挥学生学习的主动性和积极性，创新性和实践性。而且，"一样讲稿，一种方式"，无法满足充满个性的现代青年。其不足在高校扩招以后特别明显：一方面是高校实行扩招后，教师资源普遍处在临界状态甚至是超负荷状态，专业教师授课班级较多，导致在课余时间和学生接触比以前更少甚至没有；另一方面是政治思想辅导员或班主任的工作局限性，所管辖的班级人数较多，而且多半从管理和政治思想工作的角度做工作，很少甚至根本无法从专业角度、个性发展方面给以指导。

其三，是高职教育特殊性内在要求的反映。高职教育是以就业为导向的教育。它以培养高等技术应用型专门人才为根本任务，以适应社会需要为目标，以培养技术应用能力为主线，设计学生的知识、能力、素质结构和培养方案。所培养的学生应具有良好的职业道德和敬业精神、基础理论知识适度、技术应用能力强等特点，毕业就能"顶岗胜任"。高职教育其特殊性说通俗一点，就是"技艺教育"，如同音乐、美术类教育一样，需要建立一种"一对一"的教学关系，以获取专业教师的更多的指导。另外，这种教育从本质上讲，也需要有像企业里"师傅带徒弟"的职业技能培养方式作补充。

其四，是中国高职教育发展现实要求的反映。高职教育在西方发达国家取得较好的成功，其中一个原因是专业班小、人数少。如德国 F+U 职业学校，一个市场营销专业或汽车装饰专业的学生不过是十来人，无论是在校内还是在校外进行实训实习都能较好安排，而且能得到专业教师或师傅的具体指导。但中国，高职院校的特点是专业班大、人数多，同一专业学生人数少则五六十人，多则一二百人，处于"批量生产"。如果说仅仅是一般知识的传授与学习尚可，但作为某种技艺学习怎么能行？每个专业的学生规模大，校内专业教师难以指导，而企业接纳实训实习则难上加难。这样，学生的技能训练与职业能力提高就难以实现！怎么办？

事实上，当前，中国正在加快发展高等教育大众化，在办学规模不断扩大的同时，如何保证教育质量，如何更快地培养高质量的急需人才，已成为社会关注的热点问题。因此，认真研究借鉴一些发达国家的做法和经验，对保证中国高等教育协调健康发展是非常有意义的。而多年的高职教育实践，也促使我们思考：有没有一种模式能够解决传统的课堂运作模式的不足，能更好地符合高职教育规律，更好地培养高等技术应用型专门人才？这样，"导师制"方式培养高职教育人才的构想被提出。

2009 年 11 月 30 日，作者开展"优秀习惯成就精彩人生"专题讲座

（二）高职院校导师制的探索尝试

导师制被公认是一种先进的学生指导制度。牛津大学为英国的发展和世界文明的进步作出了卓越的贡献，曾培养出 36 位诺贝尔奖获得者和 29 位英

国首相，是世界一流大学。其成功得益于创造并推行导师制，由导师负责指导学生的学业与品行。这一做法，国内大学也先后仿效。但就目前来看，导师制习惯上还只是用于硕士研究生和博士研究生层次，少数院校在本科层次教学中试行。那么，是不是导师制只适合学术型人才的培养？换句话说，导师制是不是也适合技艺型、应用型人才的培养？能不能把高等教育——研究生导师制（学术性教育）培养模式与手工业时代——师傅带徒弟（职业性教育）的传统培养方式，进行整合、优化，创造出一种新的符合高职教育的人才培养模式？

为此，结合"高职高专市场营销专业技能培养的理论与实践"课题工作，我们对广东农工商学院 2001 级市场营销专业学生进行导师制培养模式的探索，试图建立符合高职教育规律和人才培养目标的学生指导制度。具体做法如下：

由市场营销教研室 8 位专业教师对 2001 级市场营销专业学生进行专业指导教师负责制（简称"导师制"）工作，先由 72 位学生自愿报名选择指导老师，然后由系、教研室进行平衡，确定每位指导教师所指导的学生。指导老师从学生入学到毕业，包括专业认识、思想品德、生活做人、目标定位、理论学习、社会实践、技能培养及就业等，进行全过程、全方位的指导，化大班教学为"小班"辅导，以弥补目前大班实训实习的缺陷。

指导教师根据自己的专业特长与近期研究重点以及本组学生的实际情况，制定每学期的导师工作计划；组织专题市场调查、广告策划、产品推介、企业家专访、营销协会活动、"金牌营销"竞赛辅导、小组交流讨论等；每周定时定点与学生见面沟通，了解小组学习计划执行情况、学生学业情况，帮助学生解决学习、生活上的困难等。学期结束时，每位学生对本学期的学习生活进行全面总结交流，并写出书面报告及下学期的学习计划。毕业时，每位学生都要在院内刊物发表一篇以上的调研报告或论文。经过三个多学期的实践，总体上达到了预期目标，一方面增强了教师的责任感，另一方面是学生的学习积极性被充分调动，挖掘了个性的潜能，增加了社会实践机会，以及相互学习、相互交流与相互合作的机会，比较明显的效果体现在已有多名同学在院内外刊物上发表调研报告或研究成果。

导师制背景下的首批学生（2001 级
市销）合影

导师制背景下的第 7 批学生（BTEC 市场
营销）合影

实践证明，高职教育推行导师制，对教师而言，既增强了责任感，又增加了交流机会，促进教学相长。对学生而言，一是明确定学习与职业发展方向。建立导师制，可以使学生通过教师的个别辅导，落实专业的定位，获得选课的指导、学习方法和职业技能，树立正确的就业观和明确奋斗目标，努力使自己成为知行统一、脚踏实地的人。二是创造了互动的学习环境，既能更好地发现个人潜能，又能相互促进。三是能提升学生的专业技能、沟通和交流能力。导师制为学生熟练运用笔头、口头语言有效表达思想，以及培养团队合作精神创造了客观环境。学生可以在导师的指导下，开展经常性的交流活动，探讨问题，并在导师指导下完成一定质量的调研报告或科技制作，为撰写毕业论文或完成毕业设计奠定基础。四是可以获得较多的、有针对性的社会实践与就业机会。导师结合自己的研究课题，或与行业协会、企事业单位的关系，组织或安排学生进行市场调查、产品开发或营销策划等，培养学生创新精神和职业素质，甚至获得企业认可而获得就业机会。对学院教学改革而言，创造了"从游"教学模式，让学生学习像小鱼跟随大鱼学游泳一样，促进教育多样化、灵活化和个别化。甚至可能创造出一种"师兄师姐"带"师弟师妹"的规模效应，即由高年级学生带低年级学生，全专业各年级化整为零指导，从而进一步解决高职院校扩招后教师紧张的问题。

但是，我们在进行导师制培养模式的尝试中也存在不足。这从调查数据可以看出。本次调查，我们有意选择相对有一定参照意义的班级进行分析比较，即以同一专业不同年级（2001、2002 级两个年级）为例，各抽取 20 人随机抽样调查。背景是，2001 级班已试行导师制三个学期，而 2002 级班尚未推行。调查结果是，两个年级认为"必要"和"愿意"的变化不大；但认为"非常必要"和"非常愿意"的差别就比较大。2001 级班六及 2002 级班的三分之一，急切程度和参与欲望明显降低。也就是说参加过导师制教学试验的学生反而有不愿意参加的了。尽管没有完全的可比性（新生老生心理上的区别），但在一定程度上说明，试行导师制教学工作中，由于个别导师工作不落实，而影响了学生参与的欲望。甚至在回答开放性问题——"你对导师制有何建议和要求"时，2001级班的20份问卷中有7份问卷"希望导师有责任心""导师制不要流于形式"。

出现以上问题，客观上是专业教师普通教学任务重，导师工作全靠业余自觉挤时间进行，有时还因一些临时性的教学科研工作而打乱原有的指导计划，而且，在试行导师制中所有的工作都是靠自愿、无偿奉献的，没有任何奖励和表彰。此外，对已经过教育却仍不积极参与的个别学生，现有规章也没法予以淘汰。从深层次来讲，目前的高职教育导师制工作还缺乏必要的理论指导，工作规范不明确，以及部分导师的责任心还有待进一步增强。

（三）进一步完善高职教育导师制工作重点

高职院校试行导师制的探索是富有意义的，也存在着不足与问题，但都是可以改进和克服的，关键要从认识到制度设计要进一步提升、完善。

1. 正确认识、统筹安排。导师制由研究生层次"下移"至高职教育是一种尝试，使高职教育由"批量式"培养转为"分流式"培养、个性化教育，目的是加速高职人才的培养，出好人才，快出专才。当然，这种培养技术技能人才的导师制与学术型的导师制，无论是要求还是实现途径都是不同的。高职院校要彻底变革传统的教育思想与教育观念，调动每一位教师参与教学改革的积极性，使新的符合高职教育规律和人才培养目标的学生指导制度为每一位教师所理解、所接受。并且，各高职院校宜试点推进，总结完善后再全面普及，待条件成熟还应适当减少课内教学时间。

2. 选好教师。选聘好导师是顺利实施导师制极其重要的一环。而在这一环，严格把握选聘条件又是关键。一般来讲，高职教育的导师应具备三个条件：一是政治素质好，责任心强，积极上进，严于律己；二是具备"双师型素质"，专业知识扎实，实践能力强，与行业学会等有较好的协作关系；三是熟悉导师职责和工作要求，真正愿意承担这份工作，并且有一定的组织管理能力，善于做学生的思想政治工作。考虑高职教育的师资条件及办学规模，导师与学生之比例可按1∶10~1∶15配置。

3. 实行"双向"选择与淘汰制。实行导师制，学生以自愿为原则。学院公布每个指导教师的专业特长，学生凭兴趣选择指导教师。完成指导教师的学习计划，给予一定的学分。而指导教师也按自己的标准选择学生。对不符合要求的学生，应允许指导教师取消其资格。实行"双向"选择与淘汰制，有利于实施导师制工作。

4. 导师实行聘任制，津贴与奖罚并重。导师工作是一项创造性劳动。其价值在于帮助学生建立正确的理念与方向，学会正确地选择与放弃，学会学习、学会生活、学会处理人际关系，切实掌握职业能力，使学生成为社会需要的、高素质的应用型人才。但是，这些劳动成果是很难用简单的数字来衡量的，而且导师工作在很多情况下是在业余时间进行的。所以，对导师的工作要给以极大的支持和理解，做出合理、公正的评价与奖励。导师在受聘期间，应给予一定的工作量，享受课时津贴；定期考核，奖罚分明。对工作成绩突出的导师，给予表彰与奖励。对不负责任的，取消导师资格。导师工作业绩记入教师年度考核档案，作为教师评聘职称的重要依据。

5. 导师制工作重点是实践能力培养。高职教育是以就业为导向的教育，特别注重培养学生的职业能力和专业技能。这一点不同于硕士研究生和博士研究生层次的导师制。从这次调查结果也说明了这一点。在"你最希望导师给予哪方面的指导"问题中，40%的学生认为是"社会实践"，而"专业知识""学习方法""学习兴趣"依次为29%、18%、13%。另外，在回答"你对导师有何建议或要求"时，许多学生希望在"未来就业方面给予指导"。而且从问卷上看，愈高年级的学生在这方面的要求愈明显。这表明，学生更希望导师能在社会实践和就业方面给予指导。

2020年12月20日，广东农工商学院2000级市场营销专业学生回母校相聚

高职教育培养学生职业能力教学模式的创新

摘　要

　　高职高专教育人才培养目标决定了高职高专教育学生的职业能力与素质必须在全真的职业环境中培养，而构建院内实习公司，培养学生职业能力和素质是高职院校实践教学模式的一种创新。广东农工商职业技术学院通过五年的实践证明，院内实习公司不仅在培养学生的职业能力和素质方面，发挥了较好的职业教育功能，而且提高了学生的就业竞争力，在院内外产生了积极的影响，起到了示范性推广作用。

　　此文是在世界合作教育协会 2006 年工学结合教育模式亚太地区交流研讨会上的演讲提纲，刊发于《中国高教研究》2006 年第 10 期，第 73—74 页，被引量 89 次、下载量 582 次。

　　建立长期、稳定、高效的高职教育实习实训基地，扎扎实实培养学生职业能力和素质，是高职高专教育教学改革的重要内容。广东农工商职业技术学院通过构建院内实习公司的教学模式，先后组建了校园实习超市、电子装配工厂和方周财税咨询公司等，积极探索教育教学与生产经营结合、理论教学与实践教学结合的新途径，对高职教育培养学生职业能力教学模式进行了有益的实践，取得了较好的实效，受到了国内外专家同行的关注，并被省内外多所高职院校学习、推广。

一、院内实习公司教学模式的提出

　　高职高专教育人才培养目标是为国家和地方经济社会发展培养适应生产、建设、管理、服务第一线需要的德、智、体、美等方面全面发展的高等技术应用型专门人才。它要求所培养的学生在具有必备的理论知识和专门知识的基础上，要重点掌握从事专业领域实际工作的基本能力和基本技能，具有良好的职业道德和敬业精神，简言之，要具备某种特定岗位的职业能力与素质。因此，高职高专教育必须以就业为导向，走产学研结合道路，院校与社会结合、师生与劳动者结合、理论教学与社会生产经营实践结合。

　　高职高专教育人才培养目标决定了高职高专教育学生的职业能力与素质

必须在全真的职业环境中培养。这也是职业教育的特色所在。目前，我国高职教育学生职业素质的培养途径主要有两个：一是院内实验实训室；二是社会企事业单位。这两种途径在培养高职教育学生的职业能力和素质等方面起到了积极的作用，是不可缺的重要实践教学环节。但在实践过程中也有些不足。具体表现在：作为院内实验实训室，更多的是对生产技术或经营的模拟，而很难模拟企业生产、经营、管理的真实人文环境。缺乏真实的社会环境就无法给学生实际的职业体验和训练。这对学生综合素质和职业能力的培养，存在着一定的局限性。对于后一种途径，由于企事业单位对职业教育参与意识不强，愿意接受学生实习的企事业单位有限。特别是，作为校外实习基地一般都是"企业为主，学校为客"，学校对企业的依赖性较大。企业出于保护其商业秘密等自身利益的考虑，一般不让学生或老师去接触企业的关键技术和管理诀窍，同时在实习时间和数量安排上也难以满足学院的教学要求。所以，总的来讲，实训实习问题仍然是中国职业院校发展中的瓶颈。

问题的存在是客观的、现实的。但能否建立一种新的实践性教学模式，既能满足学生专业实习实训的要求，又能充分利用院内的资源？德国、新加坡等国家职业院校的做法拓宽了我们的思路。德国职业教育学生能力与素质的培养途径，除了建立院内实验实训室，以及送往社会企事业单位和地区性行业协会教育实习中心外，有两个途径是值得借鉴的：一是建立校办经济实体（实习公司）。如德国开姆尼兹 F+u 教育中心的餐厅，指导教师与学生一起工作，学生轮流顶岗，负责餐厅日常运营，解决烹饪、酒店管理和市场营销三个专业的实训实习。二是加入"虚拟公司"系统。该系统经营管理运作方式完全如真实公司一样，从申请开业到停业或破产都依据法律程序进行。内部机构健全，分工负责，账单、资金和物品流程规范。另外，新加坡南洋理工学院早在 20 世纪 80 年代初也提出了"教学工厂"的教学模式。它把教学和工厂紧密结合起来，给学生一个工厂的生产环境，让学生通过生产实践，提高专业技能。这种教学模式被新加坡的各理工学院广泛采用，推动了新加坡高等职业教育的发展。

通过思考与借鉴，广东农工商职业技术学院决定建立院内实习公司，并根据实际情况和专业特点，从市场营销专业的实训实习教学入手，学院专门划拨 100 多平方米的场地，用于建设院内实习公司校园实习超市的经营场地；由管理系领导和骨干教师组成实习公司筹建小组，兆选有经验的专业教师担纲，直接带领 1999 级市场营销专业的学生筹建立校园实习超市；学生们在专业老师的指导下，参与了从商圈调查、店面设计、卖场布局、制度制定、人员招聘、商品资金筹措到商品采购等整个实习超市筹建过程。2001 年

9 月 28 日，实习公司正式成立暨校园实习超市正式开张营业。

二、校内实习公司的运作模式

院内实习公司是模拟现代企业经营管理运作，实行校企结合、教学与经营实践结合、理论教学与实践教学结合，由专业老师指导学生开展专业实习实践活动的一种教学组织形式。为了完善实习公司的实践性教学模式，实现培养学生职业能力和素质的目标，广东农工商职业技术学院进行了以下探索：

（一）实习公司的功能设计

我们设计的实习公司，既是经济实体组织，又是定位培养学生职业能力与素质的教学组织，是通过整合院内外办学资源而构建的具有双重属性多功能的教育组织。它既要发挥企业的经济功能，为顾客服务，实现管理的有效性；又要通过公司实体全方位、全员、全过程的运营实践培养学生的职业能力和素质，高效能地发挥其实施高等职业教育的功能。这种职业教育功能设计具体包括以下四个方面：

一是围绕人才培养目标，开展专业实习实训功能。根据专业人才培养目标，实习形式采取第一课堂与第二课堂结合，教学与经营活动结合，校内与校外结合的形式；实习的内容包括公司或店铺筹建策划、企业 CI 策划、公司注册登记、商场布局设计、商务谈判、商品采购与销售、财务管理、人力资源管理、现代企业制度等，涉及市场营销专业、企业管理专业、电子商务专业、会计专业和计算机信息管理专业等多个专业、十几门课程的教学内容与能力培养。

二是加强与校外企业联系与合作的功能。学院利用实习超市的日常商品购、销、存业务，建立与校外企业的联系，使学生不仅能够更加广泛地接触企业、了解企业，而且通过市场调查、货比三家、商务洽谈等，得到全面、系统、真实和持续的锻炼。事实上，目前仅供货商一项，实习超市就与 60 多家企业建立了长期的业务合作关系。这 60 多家企业的往来，也就意味着学院增加 60 多个实习基地！

三是勤工俭学的功能。实习超市的日常商品购、销、存业务和管理工作，除了为专业学生提供了教学计划所规定的实习任务外，还可以为部分经济困难学生提供勤工俭学的机会。特别是实习公司可以利用课余时间或节假日，组织学生为社会企业开展促销活动，给学生提供更多的实习机会，并使学生通过这些活动获得一定的补贴。

四是提高专业教师"双师素质"的功能。实习公司一方面通过日常的商品采购、促销的业务活动，可以与校外企业建立更加稳定和经常性的联系；另一方面，还以此作为窗口和平台，加强与行业协会和企业的联系和合作，开展产学研活动，从而达到进一步提高专业教师"双师素质"的目的。

（二）实习公司的组织形式

院内实习公司模拟现代企业制度建立组织机构。实习公司制订了公司章程，成立了股东大会和董事会。股东大会和董事会均由系领导、专业教师和学生组成。由专业老师担任总经理，部分专业教师担任管理顾问。副总经理及其以下部门经理等管理人员均由学生竞岗担任。实习公司实行在专业老师的指导下由学生自主经营、自行管理、自我服务、自负盈亏的管理模式。

（三）实习公司的资金筹措

总的思路是利用实习公司开展各种业务经营活动，以"实习养实习"，以商资学。实习公司筹建时，除了学院划给实习场地和一次性拨给启动资金，用于建立实习商场和购买必要设备外，其余日常经营资金采取股份制的方式，根据需要在学生中募集，要求凡是直接参与实习公司经营管理的老师和学生都必须按"责、权、利"的原则认购一定的股份。这样做的主要目的也是增强责任感、真实性！对于参加实习公司实习的学生，可以从公司的盈利中提取一定的金额作为实习补贴。

（四）实习公司的教学方式

职业教育理论告诉我们，职业能力的形成有两个基本点：第一个基本点是专业知识，第二个基本点是实践经验。要使专业知识转化为职业能力，实践是至关重要的。培养学生的职业能力，必须加强实践教学环节。为此，实习公司采取了以下教学方式：

一是体验式教学。它是根据人才培养目标，设定并提供人才素质、能力形成的环境条件和活动内容，让学生亲身参与体验，理解知识、获取经验、形成能力的方式。实习公司向学生提供了体验的环境和活动的内容，让学生从公司的管理制度、业务流程和日常经营活动内容中学习，从而获得从事公司经营管理的能力。在具体实践中，以完成实践教学课内计划为主、参与第二课堂为辅的形式进行实践教学。市场营销专业学生必须在实习公司完成至少30个学时的实习，并担任理货、售货、收银等最基层的两个岗位以上的工作。这些实习内容全部纳入正式的专业教学计划。除此之外，其余相当部分包括商场部、财务部、采购部、策划部及以上的管理工作，作为第二课堂教学计划安排，根据学生的兴趣、特长竞争上岗、轮流实践和考核。

二是导师制教学。即把学生分为若干个实习小组，各指定一名专业老师作为导师，实行"师傅带徒弟"的教学方法。导师一般都是具有一定的实践经验的"双师型"专业教师。导师的职责主要是加强个别辅导，包括思想品德、生活做人、专业定位、理论学习、社会实践和就业指导。

三是组织培训与交流。一方面，通过举办知识讲座，邀请一些企业专业人士来院为学生作专题报告、经验介绍，解决经营实践中的困惑，提高学生的职业能力和素质；另一方面，通过举办营销沙龙，组织实习学生总结、交流，分享实习体验，相互促进。

五年来，先后有五届 630 多名市场营销专业的学生参加了实习公司收银员、采购员和理货员，以及超市等部门经理岗位的实习实训，其中 1999 级市场营销专业的学生还参加了实习公司筹建、策划的全过程工作。不仅如此，其他专业如计算机应用、电子商务、会计电算化等专业的部分学生也参加了实习公司超市 POS 系统后台管理、财务管理、实习超市网页制作等的实习。

2017 年 9 月 16 日，广东农工商学院首届高职、教育部改革试点专业——1999 级绿色食品专业学生回母校相聚

三、实习公司的实践成效

通过五年来的实践，广东农工商职业技术学院实习公司的教学模式获得了较好的效果和积极的影响，不仅在培养学生的职业能力和素质方面，发挥了较好的职业教育功能，提高了学生的就业竞争力，而且在院内外起到示范推广作用。具体讲：

（一）在实践教学模式上，实现了"三个创新"

一是构建了以培养学生职业能力为主旨的产学研结合的新模式，即融公司于学校，融教学于公司经营管理实践的教育组织形式；二是探索了以学生为教学主体的"导师制"教学制度和"体验式"的教学方法；三是建立了校内与校外、学生与企业经常性互动联系的平台与桥梁。实习公司真正贯彻了"以能力为导向，以学生为主体"的教育理念，成为高职院校学生参与社会实践的重要渠道之一。正如评估专家组的考察意见所认定的：广东农工商职业技术学院"构建院内实习公司，培养学生职业素质"项目在教育组织形式、产学结合模式、教学方法、校内与校外及学生与企业经营性互动平台的建立等方面有所创新，该项目是创新项目。

（二）在人才培养效果上，增强了学生的就业竞争力

根据实习实训教学计划，除了组织学生参与社会企业营销实习外，学校充分利用院内实训室和实习公司，安排学生轮流到实习公司实习。由于实习公司的实践教学具有目标性、实践性、仿真性、系统性强的特点，特别是能让学生处于教学的主体地位，亲身参与从公司的策划、采购管理、商品促销到门店服务等日常的经营管理活动，真正体验到了一个企业经营管理运作的基本过程，调动了学生学习专业的自觉性和主动性。有些学生，通过参加实习公司超市一两个学期的实习活动，从理货员升为部门经理甚至副总经理，基本掌握了一个部门或商场乃至整个公司的经营管理技能，在毕业就业竞争中凸现出较大的优势，就业起点高，而且晋升发展快。如市场营销专业1999级的黄强同学（曾任实习公司总经理助理）现是华联连锁企业广州购物中心的楼面经理；2000级的李振涛同学（第二届实习公司总经理助理）毕业就被上海"喜市多"连锁店总部录用任"喜市多"广州第一店店长，现是"喜市多"连锁店广州地区的区域督导；2001级的王其磊同学毕业不到两年就成为珠江啤酒公司大区营销经理。正因为如此，师生们都把实习公司喻为

"学子的乐园，老板的摇篮"。

（三）在示范性方面，得到了广泛的推广和应用

从院内来看，广东农工商职业技术学院继实习公司（实习超市）之后，又组建了两个专业的实习公司，分别为应用电子技术专业的电子装配工厂和会计与审计专业的方周财税咨询公司，并在专业实践教学中发挥了积极的作用。正如《创办财税咨询公司，将会计专业办得更有特色》一文所述，创办财税咨询公司有五个方面的作用：一是能加快会计专业实践基地的建设；二是能加快"双师型"教师的培养步伐；三是为会计专业实现产学研结合提供了平台；四是能促进精品课程与重点专业建设；五是能将会计专业推向社会，提高毕业生的就业率。从院外来看，吸引了中外专家学者同行的关注，先后有德国密特维达应用科学大学、英国 BTEC 教育机构、广东省营销学会、广东省连锁经营协会等领导、专家，以及广东纺织职业技术学院、广东水利电力职业技术学院、深圳职业技术学院、顺德职业技术学院、广东松山职业技术学院等 30 多所兄弟院校同行前来参观学习、考察，并有广东岭南职业技术学院、广东水利电力职业技术学院等多所院校成功举办了类似的实习公司。

四、进一步完善校内实习公司教学模式的几点设想

校内实习公司作为一种特殊的产学合作实践教学模式，适合于高等职业教育，适合于高技能、应用型人才的培养。这已被实践所证明。笔者认为，当务之急是如何提高认识，加强、完善和推广应用这种实践教学模式。

一是因专业创设院内实习公司，加大高职教育教学改革的力度。应该说，高职教育大部分专业都可以根据自身条件，构建相应的实习公司开展实践教学。事实上，院校许多经济实体、业务工作，甚至实训设备、场地等，都可能改造为某一类型的专业实习公司，开展对内对外的服务工作，如餐厅、花木园林、物业、文印、食品检验、汽车维修、家电维修等。同时，学院要结合实际需要，补充新的教学内容，加快专业课程和教学体系的调整改革，采用更加灵活、有效的教学组织形式，提供更多"半工半读""亦学亦做"的机会，使之更加适应高职教育改革发展的要求。这是首要的也是非常重要的。

二是完善院内实习公司的教学功能。创办院内实习公司，并不是要取代现有的实习基地，而是为专业实践教学开辟一个新的实习模式，解决当前实

习教学的不足。所以，各专业实习公司的筹划、建立、完善，要以服务实践教学为基本出发点，既要确保社会经营的真实性，又要切实定位于培养、提高学生的职业能力和素质，定位于提高学生的就业竞争力。

三是充分利用实习公司的平台，进一步加强与行业、企业的产学研合作。一方面，发挥实习公司的桥梁作用，与行业、企业在生产、经营、策划、管理、开发、培训等多方面扩大和加强合作，在互惠互利的基础上，既要充分利用社会资源，发展高职教育；另一方面，要充分利用院校教学设备，服务社会企业，提高设备使用效益。有条件时可以吸引企业参与，合作合资经营实习公司。

四是教学相长，提高教师的专业素质。一所院校发展高职教育的关键是要有一支高水平、结构合理的"双师素质"教师队伍。组建实习公司，需要"双师型"专业教师，也能提升教师的"双师素质"。所以，要充分发挥实习公司生产、经营、管理的实际运作的功能，教学相长，培养和锻炼教师，提高教师的"双师型"素质。

五是建立校园实习公司网站，探讨新的实践教学方式。实习公司的建立，要树立现代经营、管理、营销的理念。可以结合专业课程、实习实训，组织指导学生开发和建立实习公司网站，师生交流互动。这样既锻炼和培养学生，又为实习公司在经营、管理、营销上拓宽了思路，在发展上拓宽了空间。

六是加强政策导向，扶持发展。院校自建实习公司，是解决我国高职教育发展中实训实习难的问题的重要举措，是有益学校、有益社会的事。各级政府部门应该加强政策扶持，包括工商、城管、卫生、税收等，建立相应的、规范的政策指引，积极推动我国高职教育的健康发展。

2019 年 5 月 26 日，广东农工商学院市场营销专业学生参加职业院校技能大赛获三等奖

精彩人生，绿遍天涯

摘 要

　　学生的成长是学校的骄傲，毕业生的出彩就是母校的最好品牌。担任学校主要领导后，个人就一直有一个想法，农工商学院累计为经济社会培养输送了数万名各类专业人才，他们在南粤大地建功立业，彰显了"农工商人"的风采，以什么方式集中展示并鼓励校友、激发新人？于是策划收集编写历届毕业生就业创业案例，并希望在学校发展的重要时间节点时陆续刊出。以下是 2008 年 10 月，写在首批《百名就（创）业之星》推出之际的序言。

　　广东农工商职业技术学院成立于 1984 年 4 月，1999 年举办普通高等教育。建院以来，学院坚持以科学发展观为指导，坚持"以人为本、教书育人"的办学理念，坚持"以就业为导向，走内涵式发展"的办学方针，坚持"立足农垦、兼顾各行、依托企业、服务地方"的办学定位，在突破困难、创造奇迹中凝练出"艰苦奋斗、自强不息、难中求进、进中求优"的"农工商人精神"，使学院由一个校区拓展为三区，专业由一个发展为现在的 58 个专业（含方向），在校生由 119 人扩大到 12632 人；先后荣获"广东省师德建设先进集体"、"广东省职业教育先进集体""广东省文明单位"和全国高职高专院校人才培养工作水平评估"优秀院校"；2007 年招生录取数、新生报到率、毕业生总体就业率等更是创历史新高，居全省同类院校前列，较好地实现了质量、效益、结构、规模的协调持续发展。

2020 年 7 月 31 日，作者看望东莞清溪镇殷子胜、张建琼等校友

　　风雨砥砺，岁月如歌。24 年来，学院累计为农垦和社会培养输送了各类专业技术和管理人才 3 万多人。这些莘莘学子，昨天还在玉兰飘香的校园里追索知识与能力，还在学生社团里构思各类有声有色、充满创意的节

目……今天，他们已施聘在广东乃至南中国这片改革开放最前沿的沃土上，服务社会、敬业爱岗、自强不息、勇于开拓，不断诠释、践行着农工商人"艰苦奋斗、自强不息、难中求进、进中求优"的精神，不断演绎着精彩人生，成为政府部门或企事业单位管理专家、业务骨干、技术能手，成为优秀共产党员、先进工作者、优秀辅导员、技术标兵等！

2020 年 5 月 30 日，广东农工商学院第 5 届学生会部分校友重返母校相聚

学生是学院的骄傲。为了总结学院举办普通高等教育以来毕业就（创）业情况，我们尝试性地评选了首批"百名就（创）业之星"活动，希望学子们用文字记录奋斗的足迹，用真心写下对事业的感悟，用激情为人生增添最美妙的乐章！当然，或许这些还不能全面真实地反映学院数万学子毕业就（创）业的精神风貌，或许还有遗漏和缺憾……但我们相信仍然能够给人以启示，帮助未来学子寻访、学习身边成功榜样，教育自己、启发自己、鞭策自己，进一步转变就业观念、强化创业意识。而且这项工作只是刚刚起步，还可以不断完善充实，同样我们也在期待更多学子的业绩能够频传母校。这样我们就将有第二批、第三批乃至更多的就业之星推出。

2012 年 6 月，广东农垦管理干部学院 1992 届经贸班毕业 20 周年回母校相聚

　　人生犹如登山。特别是在举国上下"迎北京奥运"之际，总有一种力量让我们一如既往，总有一种精神让我们勇往攀登，总有一种责任让我们关注每一个进步，总有一种信念让我们倾注满腔热情。我们欣慰于这百名广东农工商学院的学子通过个人努力取得的丰硕成果，也乐于通过这本画册向未来学子展示他们步入社会之后的成长和成就。然而，评选远不是目的，人生之路也远不止一座高山。我希望这百名就（创）业之星以及所有从农工商毕业的学子们在面对人生的一座座山时，都能够秉承"自强不息、艰苦奋斗，难中求进，进中求优"的农工商精神，攀得更高，走得更远，绿遍天涯！

2004 年 10 月，广东农工商学院建院 20 周年财经系毕业生返校合影

三十载薪火相传，三十载桃李芬芳

摘　要

由于时代原因学校一度停办，校史被"割断"。1984 年成立管理干部学院，习惯称之为"建院"，并有"建院十周年""建院二十周年""建院三十周年"的庆典活动。2015 年，根据《中华人民共和国高等教育法》等要求，修订学校办学章程。当时，为了更好地尊重史实、继承传统，通过查找资料、广泛征求意见与讨论，重新明确了学院的建校时间及前身是1952 年的华南垦殖局机务学校，并写入了学校办学章程。所以，就有了"建院""建校"的提法。

正如首批《百名就（创）业之星》之序所言，"希望在学校发展的重要时间节点时陆续刊出"广东农工商学院历届毕业生就业创业事迹，所以在学校迎来建院 30 周年庆典之际决定推出第二批《百名就业（创业）之星》。这是 2014 年 9 月写在第二批《百名就（创）业之星》的序。

1989 年 12 月，广东农工商学院 1989 级商业企业管理专业部分学生

2014 年，广东农工商学院迎来了建院 30 周年喜庆。在这个举校欢贺、英才荟萃的大好日子里，我们推出了第二批《百名就业（创业）之星》小册子，以彰显我院在人才培养、学生就业创业方面所取得的显著成绩，更期待传承与跨越！

弦歌不断，精彩纷呈。三十年来，我院秉承"艰苦奋斗、自强不息"的农工商人精神，通过自我积累、滚动发展，奇迹般地建立起了一个新校区，形成"一校两区"的办学格局，全日制在校生近2万名。学院设有11个教学系部（二级学院）、57个专业，其中，教育部"高等职业学校提升专业服务产业发展能力项目"重点专业2个，省级示范性专业4个、重点专业8个；获实训基地国家级3个、省级6个；精品课国家级1门、省级9门；精品资源共享课国家级1门、省级12门；教学成果奖国家级二等奖1项，省级一等奖2项、二等奖5项；承担省级以上科研及教改项目433项，出版著作教材300多部。学生在各类专业技能竞赛及文体竞赛中荣获国家级一、二等奖30多项，省级一、二等奖300多项。学院继2005年获得全国高职高专院校人才培养水平评估"优秀院校"后，2012年获广东省示范性院校建设单位，并致力于建设"省内一流、全国知名、东南亚有影响"的百年高等学府。

薪火相传，桃李芬芳。三十年来，广东农工商学院坚持"以人为本，特色强校，求实创新，和谐发展"的办学理念，以就业创业为重要抓手，全面提升学院毕业生的职业素质，使其能够沉着应对就业挑战，成功实现高质量就业创业，就业率稳居同类院校前列。三十年来，学院累计为国家培养输送了6万多名专业技术及经营管理人才。如今，这些莘莘学子，有的已成为政府部门党政领导，有的成为企事业单位管理专家、技术骨干，有的自创事业等。他们一步一个脚印，在各自的事业上开拓出一片片新天地。昨天，他们以广东农工商学院为学习平台；今天，广东农工商学院以他们的精彩业绩为荣耀。正因为如此，我们深感提出一批批"就业创业之星"之必要。

2019年11月，广东农工商学1987级商业企业管理专业学生毕业30周年相聚

今日如歌，催人圆梦。从教的感悟让我深知，努力帮助"每一个学子都有出彩的人生"是师者的责任所在，而每一个学子的成功是对我们办学工作的最好评价！我衷心希望这"第二批百名就业创业之星"能够给人以榜样、给人以力量！衷心地期盼，广东农工商学院的学子在共筑"中国梦"的征途上彰显出一个又一个的"精彩"！

榜样风采谱华章，乘风前行献能量

摘 要

　　时间过得真快，一晃又过去四年！特别是"广东农工商学子"精彩弦歌不断，一二期《百名就业（创业）之星》推出后，更多毕业生典型案例"蜂拥而至"，让我们"欲罢不能"！此时适逢庆贺"改革开放四十年"，以及即将迎来我校举办高等职业教育二十年，在这重要时点上我们决定推出了第三批《百名就业（创业）之星》。这是 2018 年 11 月写在第三批《百名就业（创业）之星》之序。

　　改革开放四十年，中国日新月异。适逢历史最有活力的时代，广东农工商职业技术学院迎来开办高等职业教育二十年。改革开放的四十年，众志成城，砥砺奋进，春风化雨；学院与腾飞中国同频共振，承办高职教育的二十年以梦为马，耕耘不辍，硕果累累。今天，乘着举国上下庆祝改革开放四十周年之际，学院推出高职教育第三批《百名就业（创业）之星》，展现为推进广东省改革开放事业贡献能量的榜样学子风采。

2019 年 11 月 28 日，广东农工商学院珠海市校友会筹备骨干
方建伟、黄院生、梁照洋等合影

　　在改革开放的四十年里，从"引进来"到"走出去"，从加入世界贸易组织到共建"一带一路"，我们的国家历经辉煌蜕变，成为世界第二大经济体。开放的格局需要创新精神和创新理念，创新靠人才，人才靠教育。利好的政策环境下，立德树人，培养"大国工匠"的高职教育迎来跨越式发展，

国家完善职业教育体系，深化产教融合、校企合作；深化创新创业教育改革，推进高校毕业生多渠道就业创业。职业技术人才在改革开放事业中奋发有为，为提振实体经济供能。

2016 年 8 月，广东农工商学院惠州市校友会筹备骨干廖紫基、刘海文等合影

在举办高职教育的二十年里，学校遵循"立德博学、知行合一"的校训，逐步形成"全面育人、全程育人、全员育人"工作格局，不断为社会输送高素质技术技能型人才。跨越两个年代，广东农工商学院近 10 万名优秀学子在改革开放大潮中扬帆起航、乘风破浪：他们奔赴南粤大地，服务于经济社会发展，专注于企业技术革新和产品营销，投身于乡村振兴建设，正是对农工商"艰苦奋斗、自强不息"精神的发扬与传承；他们激活了自身的创业基因和在校练就的创业能力，借助于互联网技术、人工智能，以及共享经济和新兴商业模式进行自主创业，攻坚克难，正是对农工商人"勇于开拓、创造一流"情怀的诠释与演绎；他们行走在"一带一路"沿线，将农工商精神的种子播撒到斯里兰卡、泰国、马来西亚、新加坡……

2019 年 10 月 5 日，作者与广东农工商学院梅州校友会筹备骨干温伟宏、孟庆志等合影

2019 年 3 月 22 日，作者与大埔县校友林文科、辛文丽、杨玲玲、朱琼瑶等合影

"人生的钟摆还在嘀嗒嘀嗒地响着，怀揣梦想的蓝图走在路上。"学校自2008 年、2014 年相继推出高职教育第一批、第二批"百名就业创业之星"，到如今推出第三批榜样学子。二十年弹指间，广东农工商学子承前启后，青蓝相继，成长迅速。他们的成就指导着后辈们的就业创业方向，他们奋斗的历程成为后辈们的精神榜样。时光流转，星河浩瀚。忆往昔峥嵘岁月稠，看今朝，农工商儿女多奇秀。未来，还有更多的二十年、五十年……需要我们去拼搏，去奋斗，去开拓；还有更多的宏伟蓝图，需要我们去构想，去描绘，去践行；还有更多的梦想，需要我们去憧憬，去追逐，去实现。

道固远，笃行可至；事虽巨，坚为必成。让我们携手继续前行，开启新一段辉煌！

（写在广东农工商学院第三批《百名就业（创业）之星》推出之际，2018 年 11 月）

手脑并用，德技双馨

摘要

　　学校档案馆的同事非常敬业，而且专业，又特别有创意，把收集到的部分学生作品编辑成册，约我写序。同事的精神、学生的进步深深感动了我！同时，学校转制十年，也是非常值得记载的一件大事！所以，欣然提笔。

　　以下是 2010 年 8 月为"学生获奖优秀作品"所作的序。

　　今年是广东农工商学院转制十周年。这十年，正是学院教育教学改革创新的十年，是学院从提升学生文化素质为主到提升文化素质与训练职业技能相结合的人才培养模式变革的十年。十年来，学院坚守着"以德为魂，学会做人；以能为本，学会做事"的育人宗旨，探索着"生活即教育""社会即学校""教学做合一"的人才培养路径，期待着"莘莘学子知书识礼，能文亦能技"。十年了，学院培养高素质技术技能型人才的实践究竟效果如何？虽然三言两语难以道尽，也不是此刻的功课，但眼前的学生优秀作品或许也能够从一个侧面让我们了解许多、感悟许多！

2018 年 10 月 28 日，在广东农工商学院技能大师工作室观摩学生压花艺术作品

　　这些汇集成册的学生优秀作品，有着各自的主题和形式，或直感随性，或理性思辨，或繁复，或简单，宛如多棱镜，在不同的角度折射出不同的光色，尽管未必很完美，但足以显现出属于他们特有的创见和灵感。他们拉开

另一个视角让我们重新认知艺术与社会，务虚与务实的关系！

同时，这些学生优秀作品集锦，也见证了广东农工商学院转制为高职院校十年来追云逐梦的探索史、奋斗史和发展史。这是一扇风光旖旎的窗口，也是一部动人心魄的壮丽乐章。十年磨一剑。这里处处洋溢着"自力更生、艰苦奋斗"的农工商精神，处处展现出"农工商人"对新型办学模式的不懈探索以及对培养高素质技术技能型人才的孜孜以求！

此外，在这组作品中，我们不仅可以感受到学生们在视觉传达和手工制作方面的独特魅力，了解学生们心灵世界和创意灵感的玄妙，体会他们创作青春的狂放与矜持，还能发现和体察广东农工商学院成功转制十年来的轨迹和成果。在艺术欣赏之余，或许还能引发我们对高等职业教育的一些更深远的思考！

这一辑作品可以说只是一个引子，随着学院改革发展，相信会有更多更好的学生作品进入我们的视野，让我们在感悟学生艺术创作之魅的同时，亦见证广东农工商学院发展的每一步铿锵步履！

感谢学院档案科的工作人员为此作出的贡献！祝福农工商学子在追求知识、探索生活之美中创造出新的辉煌！

2019 年 4 月 30 日上午，广东农工商职业技术学院校友会发起人第一次会议

协力提振精神勇担当，开创创业教育新气象

摘要

　　广东农工商学院是省内乃至全国高职院校中最早开展创业教育的院校之一，从 2001 年的校内实习超市，到每月一次的营销沙龙，邀请企业家进校园，分享创业体验，再到 2010 年与团省委、新南方集团共建广东省大学生就业创业实践示范基地等。但在教育部、教育厅等普遍开展创新创业教育示范校建设后，由于各种原因广东农工商学院落后了，作为党委书记，作者有点坐不住了！这可能是学校发展中不应该有的现象！必须引起高度重视，必须提振精神！于是，作者在 2017 年 11 月 24 日学校首期创新创业教育骨干教师培训班上谈了自己的思考及要求，后来还专门给领导班子同志写了一封信。

　　这是党办根据作者在学校首期创新创业教育骨干教师培训班上讲话的录音整理，并于 2018 年以学校文件方式转发给各部门。原题为《不忘初心 牢记使命 努力开创创新创业教育新气象》，此文略有删减。

　　今天是我校首期创新创业教育骨干师资培训班的开班仪式。我首先代表学校党委，祝贺我校创新创业教育导师培训班顺利开班！感谢参加培训的老师们在繁重的教学科研工作中，抽出时间甚至将连续牺牲五六天的休息日，参加学校举办的校级创新创业教育导师培训班。这个培训班能够如期而隆重地举行，还要感谢深圳国泰安公司，感谢招生就业处、教师发展中心各位同志的辛勤工作。

　　今天面对着这么多中层干部和教师骨干，我想这个开班仪式更是我校推进创新创业教育工作的再动员。希望以此将我校创新创业教育提高到一个新的高度，进一步提升我校办学的整体实力，更加深入地推进"一流"院校建设。

　　对于创新创业教育，我一直在思考，也找了很多骨干教师讨论和交流，并带队到山东商职院、大红鹰学院等地调研。教育部、省教育厅对开展创新创业教育工作提出了更高的要求，有关方面也提供了许多相关信息。作为党委书记，我曾经在多次会议上表达了我对创新创业教育工作的看法和要求，并把这项工作当作重点推进工作之一。但目前看，整体成效还不明显。所

2017 年 11 月 24 日，作者在学校首期创新创业
教育前于教师培训班上作动员讲话

以，此时此刻，作为学校管理者，我也想与在座骨干教师分享我对推进创新
创业教育工作是怎么思考的。

2010 年 11 月 3 日，广东省大学生就业创业实训基地揭牌仪式

下面，我以"不忘初心，牢记使命，努力开创我校创新创业教育新气
象"为主题，从上级要求层面去思考，从教育的本源去思考，从我们学校的
定位去思考，从我校教师的"双师"素质培养去思考，具体讲四点意见。

一、深刻领会党的十九大精神，不忘初心，办好人民满意的教育

学习贯彻党的十九大精神和习近平新时代中国特色社会主义思想是我们

的首要政治任务。学习贯彻的关键在于理解、在于落实。如何理解、如何落实，以我们今天的主题，非常清晰。党的十九大报告把创新创业教育提升到民生建设的高度，提出就业是最大民生。要坚持就业优先战略和积极就业政策，实现更高质量和更充分就业；鼓励创业带动就业，提供全方位公共就业服务，促进高校毕业生等青年群体就业和创业。这是党中央的要求，更是全国各地尤其是高校需要落实的事情。

早在 2014 年 9 月夏季达沃斯论坛上，李克强总理发出"大众创业、万众创新"的号召，并强调要坚持创新驱动发展战略，扎实推进"双创"，不断激发市场活力潜力和社会创造力，必须把创新驱动放在更加突出的位置，更多依靠人才资源支撑，以大众创业、万众创新增强发展新动能，促进经济中高速增长、迈向中高端水平。这充分体现了创新创业是国家的意志。

在广东省省委组织部、省委教育工委主办的 2017 年全省高等学校领导干部暑期读书班上，教育部和省教育厅领导很明确地谈到了要全面提升高校创新能力，谈到为什么要举办"互联网+创业"大赛、为什么要推动学生的创业，认为这是让大学生出彩的一个很好的平台，更是让大学生服务国家、服务民族的一个好平台，也可以说是为解决世界高等教育就业难题贡献中国方案的一项重要举措。

2010 年 12 月 20 日，广东农工商学院与团省委、新南方集团等
合作共建大学生就业创业实践基地揭牌

无论从党中央的号召、国家的意志还是教育行政管理部门的要求来说，我们都可以看到，创新创业是全党、全社会的事情。高等院校承担义不容辞的责任，甚至说应该是更有作为的一个主体。党的十九大报告提出，青年兴则国家兴，青年强则国家强。中华民族伟大复兴的中国梦终将在一代代青年的接力奋斗中变为现实。全党要关心和爱护青年，为他们实现人生出彩搭建

舞台。作为高职院校，培养有创新精神和创业能力的优秀青年学生也是我们的责任和担当。

办好高等教育，是我们的初心和使命，创新创业教育是重要组成部分。我希望大家在研读十九大报告的时候，去好好思考这个问题。

二、深刻把握教育规律，牢记使命，推动全方位人才培养工作

通过近几个月的调研思考，我深深地体会到，没有创新创业教育的人才培养方案，是不完善的育人方案；没有适时引导有条件创业的学生去创业，或者没有把具有良好创业基因的学生培养去适时创业或成为成功的创业者，是不成功的高职教育。

为什么这么说？我们应当反思我们的办学。一直以来，我们努力了吗？努力了。成功了吗？还没有，至少还没有完美的成功。我们一直在努力培养高就业质量的优秀毕业生。这是对的。但我要说，这是不完善的或者说是不完美的，至少在教育上存在着短板。因为我们没有及时引导具有很好创业条件的学生去创业，我们没有把具有良好创业基因的学生培养成为成功的创业者。在学生当中，总是有一部分有能力创业的，总是有一部分有很好的创业基因的人；这部分学生在学习的过程当中，没有得到及时的辅导和及时的教育，没有及时地发挥自身的潜能，在适当的时候去创业。这就是我们教育的短板，这就是不完美的地方。事实上，我们学校有优秀创业成绩的毕业生，比如 2011 级的方灿涛团队、2010 级的王楚弘团队等。这些都是非常值得我们点赞的。但实事求是讲，这不是我们系统教育的结果，或者说有一定的自发性、偶然性。

所以，我们要明白，教育要以学生为中心，充分满足各类学生的学业追求；而教育的本源就是要因材施教、因人施教。学生创业成功典型案例给我们许多启示，同时证明了创业教育有需求、有潜力。我们要尽快急起直追，努力把创新创业教育的短板补齐。

三、深刻理解学校办学定位，追求卓越，做高职教育"中国经验"的积极探索者

广东农工商学院的创新创业教育历史悠久。2001 年学院就创办出很有影响力的"学生实习超市"，被誉为"学子的乐园、老板的摇篮"，可以说，是广东省内乃至全国高职院校最早开展创新创业教育的院校之一，有非常好

的创业教育经验积累、专业特色、资源条件和区位优势。所以，最近学校党委决定，两年时间里确保学院成为创新创业教育省级示范校、力争创建国家示范校。

我们要积极响应国家创新创业教育的号召，积极推进我校创新创业教育，实施"高端定位、项目切入、小步快跑"的新政，具体讲有四层含义：

第一个层面，学校从战略发展的高度，尽快建设平台，组建工作团队和项目研究团队，确保场地、经费到位，包括整个校园的众创空间、创业团队的工作室等。一方面可以满足创新创业教育的需要；另一方面为学生创业提供项目活动场所。

第二个层面，要找到我校创新创业教育的特色，要有别于其他学校，我们有自身的特色和亮点，走专而精的道路。我们不需刻意去模仿别人，要拿出自己"响当当"的东西，打造农工商品牌、农工商特色。各职能部门、各教学院系要共同思考。

第三个层面，要加强创业师资团队的建设。我们的目标是要建立学校和院系两级创业师资团队。今天在座的 61 位骨干教师，可以说是首批创新创业师资团队成员。

第四个层面，面向全体学生，分类施教，全面提升学生的创新能力和在创新基础上的创业能力，形成我校"双创"教育特色。一是通过系列专题讲座培养全体学生的创新创业意识和培养创新创业精神；二是通过科学测评选择出有创业基因的学生，通过专门的精英式培训，提高他们的创业综合能力；三是通过校内创业基地进行项目孵化，将学生的商业设想变为现实，打造一批"双创"品牌项目。对学生而言，我们的本意不是要求每一个学生都一定去创业，搞"一刀切"，更不是说创业就是开一个便利店，这都不是创业教育的应有之义。希望我们有此共识。

在与教务、招生就业部门有关同志商讨创新创业项目时，我曾经提出"千百十工程"的目标，即选拔培养出一千名"创新创业苗子"，评出一百个卓越个人或团队，推动十个创业团队成功创业。我认为，创业教育是"通识教育+精英教育"模式。普适性的通识教育，是面向所有学生的教育，这是我们的基本任务。在这个基础上，我们通过"千百十工程"打造出我校"双创"教育的特色。这是我们的核心、亮点。

"一千"，就是全校培育一千名左右的创新创业培养对象。我希望通过二级院系，各培养出一百名左右，全校加起来就有一千名主要培养对象，这些学生应该是有创业"强基因""亚基因"或者一点点创业基因的对象。

"一百"，就是在这一千名主要培养对象的基础上，从中重点筛选出一百个卓越的创新创业个人或者团队。

"一十"，就是在一百个创新创业卓越个人或团队的基础上，每年至少孵化出十个项目，能够带进全省乃至全国创先创业大赛的赛场，能够带进社会，成为我校"品牌""名片"。

一千名主要培养对象，与二级院系工作直接相关；一百个卓越个人或者团队，是校级创业团队的责任；十个成功项目，是创业学院的责任。这个目标的实现，以点带面，特别是通过这次创新创业导师培训和本学期开设的通识教育课程，选拔出优秀的校级导师团队和测评、筛选出首批有创业潜质的学生，发挥示范引领作用。

当然，对于培养学生创新创业意识，我们还要辩证看待这个问题。有意识不等于有能力，有能力不等于有条件，这需要通过大家专业地研究和考量。以上四个层面的构想，要通过全员的参与、全过程的引导和全景式的创业教育，才能开创我们广东农工商学院"双创"的新气象。所谓"全员性"，是从学校领导层和管理架构、专业教师和辅导员看，都有责任，都要关心关注创新创业教育，都要积极主动参与创新创业教育；学校近期要成立创新创业领导小组和创业学院，引入战略合作伙伴，筹建创新创业教育平台，目的就是要通过全员努力推进创新创业教育。所谓"全过程"，就是创新创业教育要融入学生的入学教育、专业教学、就业指导和学生社团活动、各级各类比赛等，这种全过程还是递进式的，特别是组织学生参加省、全国各类创业大赛，是对我校创新创业教育的检验，要高度重视。要大力推动学生参与各种各样的创新大赛。

所谓"全景式"的创业教育，就是整个校园的教育设施、教育环境和文化营造等方面，都要具有创新创业教育的精神文化。当前，要对具有教育功能、实训功能的项目进行整合和升格，使这些项目成为具有创新创业教育元素的项目、具有创新创业功能的平台。比如营养驿站，从实训室教学功能到培养学生掌握操作技能，已经很有意义了，但我希望再进一步将其转化为创新创业的示范项目，能够使参与项目的学生，在其中学习到产品研发、组织管理、成本控制等知识与能力，使

2017 年 7 月 1 日，作者与 2017 届市销毕业生、"互联网+"创业大赛获奖者林俊泽等同学合影

他们走出校园也能成功搞成一个项目。用我们今天的话来讲，就是商业模式的克隆。

所以，不要以为创新创业就一定要有颠覆性的举措，什么都要重新来做。我在别的兄弟院校调研时曾看到，一些旧集装箱柜可以变成很有创意的工作台，3个集装箱柜架起来，就能在空中形成一个很有品位的众创空间。所以说，推进全景式的创新创业教育，需要我们的智慧，需要上下共同推动，需要去努力实践，当然我也非常希望作为战略合作伙伴的专业团队能在帮助我校推进创新创业教育工作过程中，奉献更多的创意和帮助。

最近我在不同场合反复强调"创新创业教育"，是因为感到我校创新创业教育的工作还有差距。之所以感到压力大，就是认为广东农工商学院有近两万名学生，而且是处在"一流"院校的方阵，我们不能在这个领域落后于兄弟院校。

四、深刻树立"双创"意识，敢于担当，做一名出色的创新创业导师

创新创业作为国家的意志、教育的本源、学校的目标，以及学生的创业成功基础，关键在于有优秀的创新创业教育的导师团队。甚至我认为，创新创业教育导师将是高职教育"双师型"教师的 4.0 版，而不是 3.0 版、2.0 版的问题。所以我希望骨干教师们通过系统的培训，全面掌握"双创"教育的课程体系、教学方法、教学模式等，并去积极思考和探索。学校也会提供更多更好的平台培养导师团队，包括选送骨干到国内外调研学习培训。

今天在座各位，是各个专业的骨干力量，有丰富的教学经验，是要承担我校"双创"教育的主要力量。所以我对大家寄予厚望，希望大家能够把本次授课专家讲的东西好好地消化，希望大家在学习过程中互相促进、互相交流，更希望大家学有所思、学有所获、学有所进。同时，我希望招生就业处和教师发展中心把这个培训班

2019 年 11 月 3 日，广东农工商学院获创新创业教育全球联合教研室副理事长单位留影

当作一个班的建制来认真组织好，学习结束后评选出 10 名优秀学员；到 2018 年教师节前，我希望有关部门能够好好谋划，争取评选出学校"双创"教育的"名导师"。

　　同志们，我校创新创业教育迈向新征程已经启航，只要上下共同的努力，我们的目标就一定能够实现。

第八篇
师资队伍是高职院校核心竞争力

　　百年大计，教育为本；教育大计，教师为本。教师是学校发展的第一资源，是"立德树人"的主要力量。换句话说，办学治校的第一要务是建设一支素质高、业务精湛、结构合理、数量充足的师资队伍和一定数量的专业领军人才。正所谓"大学者，非谓有大楼之谓也，有大师之谓也"。广东农工商学院历来重视师资队伍建设，特别是依托农垦系统企业创新建立 20 个师资培养基地和博士服务团队，累计选派 10 多批次 200 多名教师赴垦区海内外企业挂职，培养出全国"五一劳动奖章"获得者教师等。

高职院校核心竞争力与师资队伍建设

摘　要

　　高职院校核心竞争力的认识与打造是目前值得高职院校思考的命题。而师资队伍建设是高职院校核心竞争力的关键因素。高职院校不仅需要一支师德高尚、教育观念新、改革意识强、具有较高教学水平和较强实践能力、专兼结合的教师队伍，更重要的是需要一个建设师资队伍的长效机制。这是高职院校生存的需要、发展的需要。

　　本文是根据学院"十一五"发展研讨会上的发言提纲整理，并在2006年度广东高职教育研究会学术年会上作主旨发言的稿，获广东省高等教育学会2006年高等职业技术教育优秀科研成果一等奖，刊发于《广东农工商职业技术学院学报》2006年第3期，第31—35页。被引量19次。

　　自2003年以来，全国高职高专院校分期分批开展了人才培养工作水平评估工作。这对完善高等教育质量保障体系，加强教学基本建设，提高高职高专教育质量起到了积极的作用。其中，师资队伍建设是水平评估的一项重要指标。许多高职院校能够根据指标体系内涵的考核要求，认真做好"迎评促建"的准备工作。但在具体实践中，也有部分高职院校，只关注生师比、教师职称结构和青年研究生学历比例及其提高，而对如何建立一个建设师资队伍的长效机制往往认识不够，更没有从提升自身的核心竞争力的高度上去思考。需要指出的是，教学水平评估不过是完善高等教育质量保障体系的一个环节、一个手段。今天的师资结构水平只能说明过去努力的结果。而重要的是明天、后天的师资队伍如何建设与保证。特别是高等教育大众化的今天，高职院校如何提升自身的核心竞争力，在竞争中争生存求发展，师资队伍建设是关键。

2006 年 1 月 10 日，作者在"十一五"发展研讨会作"高职院校
核心竞争力与师资队伍建设"发言

（一）高职院校核心竞争力分析

核心竞争力概念的提出不仅是现代企业经营的需要，在高等教育大众化的今天对高职院校的生存与发展也是非常有现实意义的。

1. 核心竞争力是一个组织持续保持优势的源泉

1990 年，美国著名管理学者普拉哈德和哈默尔提出了核心竞争力的概念。他们认为，随着世界的发展变化，竞争加剧，产品生命周期的缩短以及全球经济一体化的加强，企业的成功不再归功于短暂的或偶然的产品开发或灵机一动的市场战略，而是企业核心竞争力的外在表现。按照他们给出的定义，核心竞争力是能使公司为客户带来特殊利益的一种独有技能或技术。这种能力首先能很好地实现顾客所看重的价值，如索尼公司的核心能力是"迷你化"，它给顾客的核心利益是好携带；联邦快递的核心能力是极高水准的后勤管理，它给顾客的核心利益是即时运送。其次，核心竞争力还必须是企业所特有的，并且是竞争对手难以模仿的。这种难以模仿的能力能为企业带来超过平均水平的利润。最后，核心竞争力还具有延展性，能够同时应用于多个不同的任务，使企业能在较大范围内满足顾客的需要。如佳能公司利用其光学镜片成像技术和微处理技术方面的核心竞争力，成功地进入了复印机、激光打印机、照相机、扫描仪以及传真机等 20 多个产品领域。

核心竞争力具有独特性，是企业买不来、偷不走、拆不开、带不走、溜不掉的，是企业发挥持续竞争优势的源泉。现代企业为什么会提出核心竞争力的概念？原因是越来越多的企业感到市场越来越难做：从以产品为中心向以客户为中心转移、从大众化市场向细分化市场转移、从本土化市场观念向全球化市场视野转移、从替多数人制造产品到向每个人定制产品转移、从市场份额和价格竞争向客户份额和客户价值转移等，重视营销个性化与提升顾客让渡价值等。

2. 高职院校的生存与发展取决于自身的核心竞争力

核心竞争力概念引入高职教育是时代的选择。因为，高职院校的发展，同样面临着现代企业所面临的问题。高职院校的生命力是教育质量，教育质量最终体现的是人才培养的质量。今天，对于高职院校人才培养质量的关注，无论是政府主管部门还是受教育主体，都比以往任何时候更加关注。办好让人民满意的教育是当前的主流意识，特别是受教育者的主体意识。因为，随着教育投资体制改革的深化，高等学校的经费来源由主要依靠国家投入，逐步转变成教育成本合理分担。目前，大部分高职院校的经费来源除了国家、行业或企业的投入以外，主要是由学生的家庭来承担教育费用。高职学生既是受教育者，也是消费者，其教育价值的主体地位也日益突现。家长们更加关心子女的学习成绩和毕业后就业与创业持家、贡献社会的能力，关心他们的投入能否得到相应的回报；学生更加关注在校期间的个性教育与超值服务。这是一个买方市场的时代，高职教育也不例外！受教育主体的满意度，将直接影响高职院校的生存与发展。

从院校竞争看，过去五六年，高职院校的发展，靠升格、靠规模，谁先上高职院校、谁有了规模，谁就有发展的空间。但今天或者说未来的十年、二十年，规模效益的竞争必然转向实力的比拼，高职院校必然会出现新的洗牌。特别是，现在的高职院校同质化日趋严重，专业交叉越来越多，冶金职院办商务技术专业、民政职院办艺术设计专业、轻工职院办旅游管理专业、商贸职院办汽车技术专业、交通职院办文秘专业等，而且举办院校对这些专业都非常投入，建设得有声有色！以致今天仅靠学院的名称已无法分辨学院专业特色与主业或是副业。换句话说，今后高职院校的竞争，不靠名称也不靠"出身"，靠自身独特的竞争力，即核心竞争力！

3. 高职院校的核心竞争力集中体现在专业特色

现代社会的市场竞争，最根本的就是核心竞争力的较量，教育竞争同样如此。那么，作为一所大学，什么是它的核心竞争力？哪些是学校自身特有的专长，是"买不来、偷不走、拆不开、带不走、溜不掉"的？企业的核心竞争力体现在品牌，大学的核心竞争力体现在"学科"！因为一个卓越的学科，需要经过相当长的时间甚至几代人的努力才能形成，是大学各项建设水平的综合反映。如清华大学的核科学技术、北京大学的社会学、北京师范大学的教育学等，都是领先于同行的核心专长，这些核心专长确定了其在大学中的地位，也奠定了他们取得竞争优势的基础。

从教育学意义上讲,大学建设实际是学科建设。起于20世纪90年代的中国高等教育领域的"211工程",其中心任务就是学科建设。"一流的大学"就是要有"一流的学科"。学校拥有知名学科就拥有了"品牌"。当然也包含其背后的文化。但笔者认为,不同类型不同层次的学校,对核心竞争力有不同的要求,研究型大学应该是学科特色的凸现,如清华大学的核科学等;而应用型大学,特别是高职院校,它的核心竞争力应该是专业特色。如学数控技术到中德职院、学家具设计到顺德职院、学珠宝鉴定到番禺职院、学绿色食品和市场营销到广东农工商学院等,学生报考院校的选择,确定了高职院校的特色与竞争力。非常务实,广大学生及其家长通过具体专业认识看待一所院校,院校因特色专业而知名!

2006年1月10日,"十一五"发展研讨会讨论

2007年1月,赴东北招聘人才暨考察交流

专业特色就是一所高职院校的特长,是学校获得持续竞争优势的能力。专业特色的作用不仅表现在外部竞争优势中具有标志性作用,而且可以内化推动其他专业的建设。通过重点专业建设、示范性专业建设带动专业群和其他专业的建设,如广东农工商职业技术学院在2001年提出的"一系一专业、一专业一课程"的专业与课程建设思路。通过5年多的努力,学院产生了积极的作用:1个专业被确立为国家级试点专业、4个省级示范性或示范性建设专业、8个专业确立为院级重点专业,并辐射带动全院46个专业的建设,使学院的办学实力与竞争力得到较大的提高!

(二)师资队伍建设是提升高职院校核心竞争力的关键之关键

如果说专业特色是一所高职院校核心竞争力的体现,那么师资队伍建设就是关键。前者是显性的,是外部反映和社会评价;而后者是本质的、隐性的,起决定性作用的。因为:

其一,从办学主体看,教师是高职院校的办学主体。一个社会组织的成功取决于两个因素：它的客户和它的员工。学校的客户是学生和家长；学校的员工包括教师、管理人员和其他服务人员。由于学校的中心工作是教学工作，而教学工作的承担者主要是教师。所以，教师是高职院校的办学主体，是人才培养质量的决定者、优良学风的酿造者、学校声誉的建树者。一所学校的教育的成功取决于教师，而教育的不成功也取决于教师。如果每一个教师能够在思想上和学业上严格要求学生，真正做到为人师表、言传身教，努力完成教书育人的双重责任，那么提高人才培养质量就有了可靠保证。反之，则不然。再者，教师是相对稳定的、弱流动的校园文化主体。教师们的治学治教精神、态度、方法及做人原则等实际代表了学校的文化主流，久而久之固化为学校之风气，即学风。优秀的教师酿造了优良的学风，产生并保持其优良的社会声誉，从而吸引了更多优秀的学生，继而使学校获得持续的成功。这是其一。

其二，从专业建设看，专业建设首先是师资队伍建设。一流的大学看有没有一流的学科或专业，一流的学科或专业看有没有一流的教师。世界一流大学，就应当有世界一流的教师；全国一流的大学，就应当有全国一流的教师；省（市）一流的大学，就应当有省（市）一流的专业和教师；同类院校的一流，也看有没有同类院校中的一流的专业和教师。所以，决定性的条件是师资，关键性的建设是师资队伍建设。这里高度概括了师资队伍建设在专业建设中的地位与作用。事实上，不仅专业建设如此，课程建设也一样。当前，国家、省教育主管部门积极推动的精品课程建设，强调精品课程必须是五个"一流"，即"一流教师队伍、一流教学内容、一流教学方法、一流教材、一流教学管理"，而第一条件仍然是"师资"。正如人们常说的"一名优秀教师带活一个专业"。

其三，高职院校教师队伍是一支特殊的队伍。高职教育是我国高等教育的重要组成部分，但又不同于传统的普通高等教育。它以培养适应生产、建设、管理、服务第一线需要的，德、智、体、美等方面全面发展的高等技术应用型专门人才为目标。高职院校所培养的学生应在具有必备的基础理论知识和专门知识的基础上，重点掌握从事本专业领域实际工作的基本能力和基本技能，以及具有良好的职业道德。这种人才培养模式的特殊性决定了高职教师除了对学历上有一定要求外，特别强调其在生产、建设、管理及服务第一线的工作经历和实践经验。在高职教育教学中，实践教学课时占总教学时数达到甚至超过50%，即使是理论教学也十分强调实际应用。因而，熟悉一线岗位、注重技术的实际应用成为高职院校教师队伍的显著特征。近年来，我国高职院校的师资队伍建设取得了很大成效。但就目前看，由于高职院校大部分是"三改一补"转型而成,原有的教师队伍部分学历偏低;新增教师主要从普通高校教师或应届毕业的硕士、博士中引进,教学经验比较丰富或学历比较高,但实践经验缺乏或动手能力弱,再加上办学规模不断扩大带来教师的短缺等。因此,加强高职院校教师队伍建设迫在眉睫。

(三) 高职院校师资队伍建设的主要对策

根据教育部办公厅《关于加强高等职业(高专)院校师资队伍建设的意见》和广东省教育厅《关于加强高等学校师资队伍建设的意见》精神,结合目前高职院校师资队伍建设的现状,作者认为应该在以下几方面做出努力:

2012 年 11 月,广东农工商学院与茂名农垦局签订师资培养基地 4 个

2012 年 11 月,广东农工商学院与阳江农垦局签订师资培养基地 4 个

一是树立人才强校战略的思想。专业特色是高职院校的核心竞争力,而师资是关键。"百年大计,教育为本。教育大计,教师为本。"教师在学校办学中承担着重要的使命,是教育教学活动的关键要素和依靠力量。高职院校特别是高层管理人员要充分认识新形势下加强教师队伍建设对提升学院核心竞争力的重要性和紧迫性,深入研究教师队伍建设的新情况、新问题,提出解决教师队伍建设的新思路、新办法,着力解决教师队伍建设中的关键性问题,确保教师队伍建设的目标和任务真正落到实处,通过"感情留人、事业留人、待遇留人"等,努力建设一支优秀的教师队伍。这是打造学院品牌、提升核心竞争力的基础与核心。

二是制定师资队伍建设的目标。目标是一切工作想要达到的境地或标准。同样,师资队伍建设必须有长远目标和具体措施。教育部在《关于加强高等职业(高专)院校师资队伍建设的意见》中明确提出,高职(高专)院校师资队伍建设的目标是:按照培养高素质实用性人才的要求,从适应社会主义市场经济发展需要的高度,充分认识全面提高师资队伍整体素质的重要性和迫切性,切实加大师资队伍建设工作的力度,力争经过五年努力,建设一支师德高尚、教育观念新、改革意识强、具有较高教学水平和较强实践能力、专兼结合的教师队伍。高职院校必须根据自身的条件、现状和学校的发展规模，切实制定好师资队伍建设的具体目标。如广东农工商职业技术学院坚持"不求所有、但求所用"和专、兼、聘相结合的师资队伍建设原则，"十一五"期间对专任教师队伍建设提出了"21122 工程"目标，即培养省级（或以上）名师 2 名、校级名师（学科带头人）10 名、副教授职称教师100 名、研究生学历教师 200 名、双师素质教师 200 名。通过五年努力，使学院在存量教师不可能很多的情况下，确保骨干队伍精干、优秀和有影响力。这是学院办学的主体力量。同时，建立兼、聘结合的开放式的师资队伍，选聘具有丰富实践经验的专业技术人员、技术大师、能工巧匠，以及周边院校教师作为兼职教师，实现教育资源共享。

2016 年 10 月 17 日，作者应邀参加 APEC "职业技能系统开发绿色技能" 结题会

　　三是坚持"四个提高四个优先"原则。（1）提高教师的学历层次和专业实训技能，必须加大力度引导与培训，以提高专业动手能力优先。建设一支理论基础扎实、有较强技术应用能力的"双师型"教师队伍，是高职院校的最显著的要求之一。但就目前来说，高职院校教师队伍的专业动手能力是相对比较薄弱的。高职院校要通过积极有效的制度着力抓好"双师型"教师的培养，支持教师参与产学研结合、专业实践能力培训，鼓励青年教师到企业或有关生产部门工作一段时间，加强实际工作能力的锻炼，努力提高中、青年教师的技术应用能力和实践能力，使他们既具备扎实的基础理论知识和较高的学术水平，又具有较强的专业能力和丰富的实际工作经验。（2）提高

教师中高级职称的比例，必须内部培养和外部引进相结合，以现有专任教师培养提升优先。院校内部现有教师队伍，长期服务学院、了解学院、对学院有感情。教师是学院发展积淀下来的一笔财富。如果组织帮助他们缺短板，在岗位上得到提高，就可以增强院校内部的凝聚力。（3）提高教师本专业或行业的参与度，必须拓宽教师来源渠道，以企业、研究所和院校名师引进优先。高职院校要重视从企事业单位引进既有工作实践经验，又有较扎实理论基础的高级技术人员和管理人员充实教师队伍，特别是充实具有副高以上职称的专业带头人和课程负责人，争取主体专业均有名师或在行业中有一定知名度和社会影响的教师，以便加速提升院校知名度。（4）提高教师教学、科研工作热情，必须坚持精神鼓励与物质奖励并重，以师德师风教育优先。目前，高职院校仍然处在一个发展时期，院校合并、升格、队伍激增、整合，以及社会地位相对比较低、工作量相对比较大等。院校在努力加快改变这种状况的同时，要加强师德师风教育，教育、引导教师克服浮躁心理，树立正确的世界观、人生观和价值观，树立团结拼搏、敬业爱岗的精神，做到"崇教厚德、为人师表"。

四是完善教师建设的激励机制。教师队伍建设是一项系统工程，涉及方方面面，除了思想观念、领导意识外，还包括成立师资队伍建设机构、专业培养提升、科研项目资助和教学成果奖励等。高职院校应该成立师资队伍建设的相应机构，加强师资队伍建设领导工作，严格把好教师入口关，确保增量教师队伍的优秀。再者，要加强激励工作。师资队伍的建设不仅要吸引教师，更重要的是要保有与开发教师，因此，加强激励是非常必要的。高职院校除了对一线教师队伍实行"尊师重教、待遇优先"等倾斜政策外，还可以通过实施"教学名师工程"计划带动骨干教师队伍的建设，如对被评为国家、省级名师的教师实行重奖，对评聘为专业负责人、精品课程负责人的教师给予专项科研经费；增加专业改革项目、课程建设项目和科研立项等。通过立项资助，为教师提供更多的学习、交流机会，加速培养、提高教师特别是青年教师的教学能力、教学水平。

五是高职教师的自我管理。高职院校师资队伍的建设与发展有赖于每一位教师的提高和发展。没有个体教师的主动就不可能实现师资队伍建设目标！由于高职院校处于发展时期，相对而言，高职院校教师的社会地位和待遇较低，而工作量较大。这是客观事实。但是，作为高职院校教师选择了高职教育，就只能通过我们自身的努力去改变。《把信送给加西亚》的作者在序言中指出，"世界会给你以厚报，既有金钱也有荣誉，只要你具备这样一种品质，那就是主动"。职场经验也告诉我们，对于组织或事情，你给予它容忍，你就得到益处。你对它的制度给予同情和忠诚，你就会得到报偿。高职院校的发展需要教师，需要教师的忠诚与主动，所有的高职院校都在需求"能把信送给加西亚的人"；而我们个人也需要在社会组织中奠基事业生涯，通过组织成功实现个人价值！可以说，院校与教师、教师与院校是一荣俱荣一损俱损的结伴。因此，每一个高职教师都应该有这个认识，加强自我管理，在探索实践中不断提高自己、发展自己。也只有这样，高职院校师资队伍建设才能形成长效机制！

2018 年 11 月 17 日，第四届广东高校（高职）青年教师教学大赛总决赛评委暨广东农工商学院获一等奖 5 位教师合影

以身立教，为人师表

　　每年9月广东省教育厅开展"师德师风建设教育月活动"及征文比赛，农工商学院教师在活动中颇有成绩，更重要的是涌现出一批敬业爱岗、品德高尚、专业精湛的骨干教师，是身边的榜样！为此，党办组织编写了校内教师《师德感悟文集》。

　　这是2010年9月为《师德感悟文集》作的序。

　　2010年7月，党中央国务院召开了全国教育工作会议，并正式颁布实施《国家中长期教育改革和发展规划纲要（2010—2020年）》。这是21世纪以来召开的第一次全国教育工作会议，也是改革开放三十多年来第四次全国教育工作会议。这次全国教育工作会议一个突出的亮点是非常重视师资队伍建设，重视师德教育建设，提出要"努力建设一支师德高尚、业务精湛、数量充足、充满活力的教师队伍"。

　　教育大计，教师为本；教师素质，师德是核心。师德，在中国源远流长。早在春秋战国时期，孔子、荀子等思想家、教育家就对教师的权利与责任，在理论上作了许多论述，并付诸实践。伟大的人民教育家陶行知先生也说过"在教师手里操着幼年人的命运，便操着民族和人类的命运"，提出了"千教万教教人求真；千学万学学做真人"的名句。教师担负着全面提升国民素质的重任，直接关系到广大青少年的健康成长以及国家和民族的未来。近年来，党和政府高度重视师德建设，反复强调师德建设的重要性，其着眼点正是对国家可持续发展的战略考量，是振兴中国教育事业的希望所在。

　　师德的内涵精深，思想宏富。师德的核心是如何认识"师"，如何在认识世界中认识自己，是真、善、美的统一，是中国人民兴教治国思想与智慧的结晶，在精神文明建设中具有强劲的生命力和巨大的推动力。随着改革开放向深层次、宽领域、全方位的方向发展，社会价值多元化使教师面临着价值选择多样化的重大考验，教师队伍的师德建设面临许多新情况、新问题。"切实加强师德师风建设，引导教师回归教书育人的本职工作"，进一步激励教师坚定共产主义和中国特色社会主义的理想信念以及教书育人的职责使命，树立为人师表的优良品德以及崇高的教师职业理想，全面提高教师的师德素质和教育教学能力，就尤为重要。

从 1952 年的华南垦殖局机务学校建校，到 1984 年的广东农垦管理干部学院，再从 2000 年转制为普通高校系列，几十年来，学院广大教师以教书育人为己任，传承南泥湾精神，"艰苦奋斗，自强不息，难中求进，进中求优"，积极投身教育教学改革，忠于职守，辛勤耕耘，为人师表，无私奉献，为学院教育事业的改革发展作出了积极贡献。"一所'农'味学校引来热捧"，赢得了广大大学生、同行及社会的赞誉！那么，作为教师的他们，在长期"教书育人"工作中有何感怀？又如何发扬与传承？

适逢 2009 年 9 月广东省启动师德建设首个主题教育月活动，我萌生了"人人谈师德感悟"的想法，动员全体教师、辅导员等撰写师德体会。而策划编辑《师德感悟文集》的具体初衷是，既响应广东省教育厅《关于在全省教育系统开展师德建设主题教育月活动的通知》（粤教师〔2009〕82号）——"从 2009 年开始，每年 9 月为广东省教育系统师德建设主题教育月"的精神，又以我们身边的、活生生的人与事作为启迪、激发并自勉、自律，同时为学院转制十周年献礼。后由于工作繁忙等种种原因曾经想过放弃，但当细读品味一篇篇老师们沉甸甸的从教心得时，我被深深地吸引着、感动着！心在颤动、思绪被感染！一种强烈的使命感，一种力量，驱使我们一定要认认真真整理出来供大家分享，欲罢而不能！

教师的责任重大而光荣！本册子收集了我院教师关于"以身立教、为人师表"的感悟片段。在这里，"农工商人"把自己的责任和追求体现在教书育人生活中的一些细节、小事和感悟中。虽然，或许语言并不华丽、事例并不轰轰烈烈，但崇高的师德在这里不再是空中楼阁，更不是遥不可及的乌

2018 年，李秀平博士荣获"全国五一劳动奖章"

托邦，而是实实在在的行动，以及最真诚的心声！教育的乐趣在于分享。真诚地希望，能够借这本小册子让我们共同品味"农工商人"关于师德的思考与感悟！

恪尽师责忠职守，厚德载物育桃李

摘 要

随着事业发展，学院每年新进大批教职工（这里统称"新教师"）。自2008年起，学院每年暑期举办新教师培训班并形成制度化。作为党委书记就有了一份职责，为新教师讲讲广东农工商学院精神与师德建设，让新教师更多地了解学院的过去及愿景，更多地了解学院所思所想及要求，使他们能够尽快"定好位、上好岗、走好路"，融入农工商大家庭。2010年8月25日，以《恪尽师责忠职守，厚德载物育桃李》为题，对新教师及部分职能部门管理骨干谈了自己对以身立教、为人师表的理解。

这是在2010年新教师培训班上"开班动员与师德建设"的专题发言提纲，根据录音整理。

今年是引进人才较多的一年，也是首次批量公开招录全日制硕士研究生担任辅导员工作的第一年。作为党委书记，期待大家早日成为各岗位业务骨干，早日成为广东农工商学院事业发展的中坚力量！因而有些话想借此机会和大家交流。

2008年8月22—25日，广东农工商学院举办2008年度新教师岗前培训班

一、农工商精神与愿景目标

广东农工商学院前身是创办于1952年的华南垦殖局机务学校，传承着

南泥湾"艰苦奋斗、勇于开拓"的红色基因，形成了"艰苦奋斗、自强不息"的农工商精神。数十年来，学院始终坚持"教书育人，以人为本"的办学宗旨，历代教职工自觉践行"教书育人、管理育人、服务育人"，积极探索"生活即教育""社会即学校""教学做合一"的教育理念，并贯穿于人才培养工作的全过程，先后被授予"全国农垦先进教育集体""广东省师德建设先进集体""广东省职业教育先进集体""广东省文明单位"，以及全国高职高专院校人才培养工作水平评估优秀院校等。

举办高等职业教育以来，学院确立了依托农垦、兼顾各行、面向广东、服务区域的办学理念；构建了以高等职业教育为主体，学历教育与职业培训相结合、国内与国际合作教育相结合的办学格局；探索了"核心知识＋核心技能"的高素质技能人才培养模式；形成了"以农为体，工商为用"的办学特色，以及"'农'字做优做特，'工'字做大做强，'商'字做名做精，兼顾人文艺术协调发展"的专业建设定位；营造了健康、和谐的育人氛围，通过门类较全的学生学术刊物和社团活动，全面提高学生的综合素质。

近年来，尤其是《教育部关于全面提高高等职业教育教学质量的若干意见》（教高〔2006〕16号）（简称"16号文"）颁发以来，中国高等职业教育进入全新的发展时期，观念更新快，改革力度强，呈现新一轮的"洗牌"，大有"小进则退，不进则亡"之势，迫切要求全院上下牢牢树立强烈的忧患意识，以建设和谐校园统揽全局，以实施内涵发展和精细管理战略为指引，以改革创新为动力，以争创示范性院校为重点，以强化院级领导班子的决策驾驭能力和校区系部处室班子执行力建设为抓手，以实行目标考核管理为手段，以负重拼搏的精神，努力完成"十二五"各项工作，努力打造"省内一流、全国知名、东南亚有影响"的示范性高职院校；远景目标是打造同类卓越的百年高等学府。基于此，学院广招人才，欢迎有志之士加入农工商团队，也期盼一代又一代的新农工商人能"一年熟悉业务、三年胜任岗位工作、五年成为部门骨干"，不辱使命、增创辉煌！

二、师德规范与学院期盼

唐代文学家韩愈在《师说》中开宗明义地指出教师的三大任务——"传道、授业、解惑"，其中"传道"居首位。以当代师德观来看，可以用"师爱为魂、学高为师、身正为范"来概括教师职业道德的内涵。树立正确的师德观，可以使人清醒自励，从内心深处喷涌出一股教书育人的强烈责任感。

于此，我有几点认识与新教师们分享，也先提醒大家注意：进入广东农工商学院的每一个教职工，在学生的心目中，你都是光荣的人民教师！请认真珍惜这个称谓！换句话说，无论你是专业课程的传授者，还是学生日常生活的辅导员；抑或是机关行政、后勤服务人员，只要你走在校园里，家长和学生都认为你就是老师；你的每一个行为举动，都代表着学院教育的形象，也决定了学生未来对母校的价值判断。正是这样，我们这几年新入职的教职工培训都用"新教师培训"，希望大家能够理解、珍惜。

2019 年 7 月，广东农工商学院中层干部赴浙江大学学习期间与陶正平、董斌、刘家林、廖福保、蔡锋奎、罗俊伟等合影

1. 教师是学院办学的主体

教育大计，教师为本。广大教师和教育工作者是推动教育事业科学发展的生力军。广大高校教师要切实肩负起立德树人、教书育人的光荣职责，关爱学生，严谨笃学，淡泊名利，自尊自律，加强师德建设，弘扬优良教风，提高业务水平，以高尚师德、人格魅力、学识风范教育感染学生，做学生健康成长的指导者和引路人。

我国著名教育家陶行知说过，"在教师手里操着幼年人的命运，便操着民族和人类的命运"，提出"千教万教教人求真、千学万学学做真人"。这是因为，教育是心灵与心灵的沟通，灵魂与灵魂的交融，人格与人格的对话。教师向学生传递着人类物质文明和精神文明，培养学生高尚的审美情趣，发展学生强健的体魄。因而教师这一角色，直接关系着教育的成与败，关系着青少年的成长、家长的期望、国家和民族的未来。

教育工作是由一个个教师个体来完成的。各个教师的教学工作质量决定了人才培养的总体质量，同时教师个体的教学工作质量又与其自身的态度、学识与能力密切相关。因此，就一所院校而言，教育的成功取决于教师，而教育的不成功也取决于教师。如果每一个教师能够在思想上和学业上严格要求学生，真正做到为人师表、言传身教，努力完成教书育人的双重责任，那么提高人才培养质量就有了可靠保证。反之，则不然。再者，教师是相对稳定的、弱流动的校园文化主体。教师们的治学治教精神、态度、方法及做人原则等实际代表了学校的文化主流，久而久之固化为学校之风气，即学风。优秀的教师酿造了优良的学风，产生并保持其优良的社会声誉，从而吸引了更多优秀的学生，继而使学校获得持续的成功。

教师对人才培养质量和院校事业发展的重要性，决定了各级教育主管部门及各院校加速教师的培养与选拔，有"千百十工程人才培养对象""珠江学者""特聘教授"，以及"全国教学名师""全国优秀教师"和"省级教学名师""南粤优秀教师"等，具体到学院还有"专业带头人""专业负责人""十佳教师""优秀教师"等。学院过去几年新进并成长起来的教师中，有许多值得我们去了解与学习，如李秀平博士等。

这里我把一些老同志、老教师和骨干教师在《师德感言文集》中道出为心的真诚感悟摘录下来，与大家一同分享，也是抛砖引玉，引发大家思考和讨论。

2. 为人师表在于全员笃行

经验告诉我们，一流的教师是教书育人，二流的教师是只教书不育人，三流的教师则既不会教书也不会育人。相信大家都是立志于做"一流的教师"。

做"一流的教师"，按照《广东省高等学校教师职业道德规范》要求，必须做到五个方面十条：第一方面是遵纪守法、为人师表；第二方面是爱岗敬业、乐于奉献；第三方面是教书育人、爱护学生；第四方面是求实创新、严谨治学；第五方面是团结协作、关心集体等。

作为一名教师，恪尽职守，首先要依照职业道德规范，爱岗敬业、教书育人。希望我们的教师既要教书更要育人，既要言传更要身教，增强教书育人的责任感和荣誉感，关爱每一个学生，教好每一位孩子，以自己的学识与人格魅力教育、感染学生，做学生健康成长的指导者和引路人。其次，志以教育为职业，有教育情怀和淡泊名利、刻苦勤敏的精神。这里需要说明的是，教师有一定的名利是应该的，如晋升副教授、教授职称，以及获得教学名师称号等，因为"名"是获得社会、组织的承认，"利"是生活工作的条件。这既是个人的需要也是学院组织的需要。所以，个人努力于一定的名利是没有错的，但不能"太功利"，特别是以学生利益去追逐个人名利、学术造假等违背师德师风的行为是坚决反对的！

教育的发展有其自身的规律。一个好老师可以教出一批好孩子；一个好校长，可以成就一所好学校；一批教育家，可以影响国家和民族的未来。这实际说明了一个道理：教育的成功是教师。教师是个整体，包括教师（整体中的主体）教辅人员、管理人员和总务后勤服务人员等。

学院历来强调"教书育人、管理育人、服务育人"。因此，为人师表必须是学院教职工全员笃行。我们既强调广大教师，要增强教书育人的责任感和使命感，把教学作为首要任务，自觉加强师德建设，大力弘扬优良教风，努力提高业务水平，积极探索和实践教育教学规律，自尊自律，严谨笃学，关爱学生，全心全意帮助学生全面发展，做学生健康成长的指导者和引路人，也希望学院各级各部门领导干部，要用主要精力抓好人才培养和内部管理，改进工作方式，充分信任与尊重教师，真心实意帮助解决教师后顾之忧，有效激发和保护教师投身教育改革创新、推动事业发展的积极性、主动性、创造性；各类管理服务人员切实树立"教学第一""以学生为中心"的理念，努力为师生提供优质服务，以卓越的工作水平赢取教师、学生乃至家长的信任和支持。

2008 年 11 月 14 日，广东农工商学院热作与管理工程系
教职工在学院第 14 届田径运动会上合影

三、职业定位与执着坚守

新教师入职，特别是刚刚从院校毕业入职的教职工，希望有"四个度"的思考：

一是职业定位要有高度。教师从事的是创造性工作。教师富有创新精神，才能培养出创新人才。只有定好位，才能上好岗、走好路。第一，既要有长远规划，也要有近期目标。近期希望大家，能够按照"一年熟悉、三年胜任、五年成教学（管理）骨干"的目标要求，努力做一个实践型的理论家或做一个理论型的实干家；远景讲，希望有志当教育家的情怀。第二，适应教师专业化要求，提高对未来教师职业定位的认识和从教能力，力求职业化、专业化、专家化。第三，着力练好基本功，努力达到强化课程创新、优化教材处理、简化教学思路、细化课中活动、诗化教学语言、美化教学手段的"六化"要求。第四，以教研、社会服务促进教学。教师要甘于寂寞但又不沉溺于寂寞，在用心、潜心日常教学工作的同时，深入社会、服务企业，积极摸索、掌握专业发展趋势与人才培养规律，希望能够是"挖一口深井、筑一个高台、成就一个领域"；对于即将进入行政或教辅服务岗位的同志，同样希望是在追求专业化服务管理的同时，能够关心、关注教育教学改革，了解高职教育人才培养模式，做有教育理论的管理工作者。

二是专业研究要有深度。教师是知识的重要传播者和创造者，要有强烈的专业精神。必须明白只有专业，才有价值。做到：审问慎思，永怀对知识的尊重与对真理的崇尚；敢于求是与牺牲，精细化耕耘，实现影响力与话语权。要有终身学习的习惯。硕士、博士毕业不是学习的终结，而是新的学习的开始。特别是，高职教育正处于大改革、大发展时期，"教书育人、德育为本""以服务为宗旨，以就业为导向，走产学结合发展道路""以学生为中心""以学生为主体，教师为主导"等，许多课题对所有高职人来说都是挑战，尤其是对新入职的高职人来说更是挑战中的挑战！希望大家树立终身学习的理念，不懈努力、不耻下问，学习高职教育文件、高职理论，虚心向老教职员工学习，向兄弟院校学习，向社会专业人士、能工巧匠学习。

三是事业构建要有纬度。思想指挥大脑，理念指导行动；精品的教育采自先进的教育思想，优质的教学来自有效的教学理念。我们每个人都希望改变自己的现状，都希望成功，都希望自己过得更有意义、活得更有价值。怎么做？立足当下、努力未来。工作，有时是可以自控的，抓住可能就是机会；而有时可能是无奈的，但要敢于面对。对于工作，我的体会是"做即有，做即好!" 少说多做，小事做起，只有做才能解决问题，以行动让自己更阳光。人生最遗憾的是 "有想法有计划就是不能坚持"。学院的教学、科研、辅导员，以及行政、后勤岗位，都是教育工作者。这里还想再强调的是，高职教育，教师需要有更多的实践工作体验，希望教师特别是刚从高校毕业入职的新教师要尽快争取机会到企业调研及挂职锻炼。即使是行政后勤管理岗位的工作人员，不仅要处理好日常的管理服务工作，也要注意在学术上的发展，学术上的研究也应成为我们工作的重要组成部分。"上学历、上职称" 在高校事业中也是必需的。

四是敬业爱岗要有温度。有温度：是对待工作 "爱心、耐心和真心" 的集合体。只有爱，才会有投入，才会执着、才会坚守。请记住：能赢得学生爱戴的老师，才是合格的教师；能让学生为自己的行为负责的教师，才是出色的教师。树立 "校兴我荣，校衰我耻" "学院靠我做贡献，我靠学院展价值" 的观念，通过学院事业发展提升自身价值，在学院发展的舞台上积极实现自我价值，实现个人理想。

综上所述，作为一名教师或一名教育工作者，我们必须始终以勇于进取的创新精神、淡泊名利的奉献精神、锲而不舍的治学态度、协同合作的团队精神，始终刻苦钻研业务、积极进行课改教改、不断提高科研能力，提高职业定位的高度、拓展专业研究的深度、拓宽事业构建的宽度、提升敬业爱岗的温度。希望大家以此为目标，严谨笃学，刻苦钻研，做学生的表率。几天时间的培训是短暂的，希望大家认真学习、主动交流、积极思考，尽快转换角色，以勤奋严谨、敬业奉献的精神，投入到广东农工商学院的各项事业中来!

2019 年 7 月，广东农工商学院中层干部赴浙江大学学习期间与陆璐明、巢居鹏、李向阳、廖福保、熊畅、陈倩媚、盛希希等同事合影

高校教师深入社会调研的探索

摘　要

　　从事高等教育工作三十多年，始终坚信大学教师尤其是高校文科类专业教师必须深入社会调研。这是三十年前的一篇文章，原题为《成人高校教师深入社会调研的探索》，获 1991 年度广东农工商学院学术研讨会优秀论文一等奖；刊发于广东农工商管理干部学院《教学与管理》1991 年第 2 期，第 32—36 页。

　　这虽是三十年前的文章，而且是关于成人高校教师队伍建设方面的思考，对于高职院校师资队伍建设有何意义？回答是肯定的，这一方面是作者对高校文科类教师自身建设的感悟和一直坚守的理念，另一方面读者只需要将文章里的"成人高校"四个字全部改成"高职院校"，就完全是一篇观点鲜明的关于高职院校师资队伍建设的论文。因而选入，以飨读者。

　　最近，国家体改委发出通知，要求经济管理干部院校（培训中心）要组织教师深入企业，以加强实践能力的培养。根据这一精神和成人教育的特点，结合自己的教学体会，本文试谈几点浅见。

一、充分认识进行社会调研的必要性

　　深入社会调研是贯彻理论联系实际的原则，走与工农相结合道路的有效途径。我们党历来强调"一切从实际出发，实事求是""理论联系实际，与工农相结合"。这是我们党革命七十年的经验总结，也是我们党的好传统、好作风，我们必须继承和发扬。管理干部学院教师深入企业实践，进行社会调研，有利于了解企业管理人

2019 年 4 月，作者应邀为广东财经大学师生作"粤港澳大湾区建设背景下'三农'发展展望与战略"讲座

员素质状况及其培训需求，有利于按需施教，教用结合，并帮助企业改善经营管理，提高教育服务于社会，服务于经济的效用功能。更主要的是，教师特别是青年教师在参与企业实践中，可以学习到工农群众艰苦创业、忘我劳动的精神，掌握经营管理经验，提高自身的政治业务素质；有利于树立面向企业，服务企业的思想，为经济管理干部教育更好地发扬抗大精神，更好地贯彻四项基本原则，全面落实党关于改革开放的方针、政策、法规奠定扎实的基础。

深入社会调研，丰富教学内容是成人教育规律所决定的。管理干部学院的学员大多数是在职人员，有一定的工作经验和社会阅历，理解能力强，善于理论联系实际。他们所学的专业是经单位或自己慎重选择的，所以很重视知识的实用性。他们期望获知更多富有创意的信息，期望知道现代企业家是怎么当的？期望知道自己该怎么学？将来又该如何做？而不是只知道书本上怎么说，有多少条。学习与工作，专业与生存密切相关，越来越成为他们奋发努力的主因。他们这种求知的特点要求课堂教学必须引证更多的实例。为此，为人师者就必须深入社会调研，深入企业实践。

深入社会调研是企业管理理论教学的内在要求。教育是一门科学，也是一门艺术，企业管理理论的教学更是如此。基础学科往往偏重逻辑的推理、公式的运用、数字的清算，强调师者的知识水平，而企业管理学科却没有一个常规的模式，需要师者有管理理论知识，更需要师者有真实经历并有所创造。这是因为企业管理具有很大的实践性、随机性和可变性。在实践活动过程中，管理者所遇到的许多问题都是非规范的，是无法从书本上找到现成答案的。正是这样，世界许多著名的高等学府里，许多企业管理学科的教授本身就是商人、企业家或企业高级顾问，如美国加州大学洛杉矶分校管理学教授、《Z理论》作者威廉·大内，国际知名的企管理顾问、《一分钟经理人》作者之一，肯尼斯·布兰佳博士等。当今我国正处在一个改革开放年代，从经济责任制到承包经营责任制，从经理负责制到经理任期目标责任制，从租赁制到股份制，从下放企业自主权到兼并企业、组建集团公司，从内向型经济到外向型经济等，课题不断更新，使得上学期的事例到这个学期就是"落令货""滞销品"。而我们有的教师（包括我自己）从学校到学校未当过一天商人，也从未参与企业经营管理工作，有时即使可以从报纸杂志中间接得到企业实践材料，但毕竟是经过他人的加工、总结，具有明显的时差和作者个人的主观成分。自身不是管理专家，没有丰富经历，却要讲授企业管理理论，就难免会出现离开教材便无话可说或脱离实践的现象。弥补的办法，唯有深入社会，向企业家们请教，了解管理新动态，丰富实践经验，提高自身的管理能力。

深入社会调研是实现教学改革的必要一环。当前，我国大力发展外向型经济，建立参与国际分工的经济结构和产业结构。经济要转型，企业要转向，教学也要改革。正像郭绍昌同志在《深化教育改革，走外向型办学道路》一文中指出的："企业逐步由内向型经济转向外向型经济的同时，客观上要求管理干部学院的办学重点逐步转移到为外向型经济服务，培训外向型人力，走外向型办学的道路上来""因而改革专业结构、课程设置，教材内容、更新教师知识，已成为迫在眉睫的事情"。那么如何改革教学呢？我认为，发展外向型经济是以国际市场为导向，安排生产和销售；同样的道理，成人教育的改革，也必须以社会人才需求为导向，设置与调整专业及课程；以企业实践为导向，充实教学内容，改进教学方法，增强针对性和实用性，让学生能一只眼睛"啃"书本，一只眼睛看社会。这里关键的一环是要教师走出校门，深入社会，接触企业，与时代共脉搏，改革自身的知识结构，做到能一手教理论，一手教实践。

深入社会调研，有助于提高自身的学术水平。经常进行社会调研，掌握实际材料就愈多，也就愈能激发人去思考、去探索。同时，也可以检验自身知识水平的深度与广度，强迫自己去钻研专业及其有关的理论，在研究中不断充实自己，提高自己。就拿我自己来说吧，从读师范数学专业到商业企业管理专业，由政工干部转行搞理论教学，跨度大，专

1988 年 6 月，作者赴揭阳大坪农场、潮州庵埠镇等调研杂果加工产业

业起步晚，且攻读学历时间短，只能一边学一边干，深入调查研究，锻炼与提高分析问题的能力和写作能力。几年来，先后在《营销管理》《中国金报》《中国农垦》《管理与教学》《广东农垦经济》《特区农垦企业》等刊物上发表论文和调查报告 15 篇，负责和参与完成调研课题 5 项，其中，《农垦商业营销策略之思考》一文被选入《1990 年全国农垦经济学术研讨会论文选编》；先后讲授了"商业企业管理""商情预测""营销策略""外向型经济与管理"等课程。这期间，我们业务能力和教学水平也有较大提高。

基于上述五点认识，我认为，作为企业管理学专业教师，很有必要进行

多形式多、渠道的社会调研，为丰富课堂教学、培养"四有"新人做充分的准备。

二、社会调研的渠道方式

方式之一：日常观察，触发灵感。商业企业经营管理工作的一大特点是与生活联系密切。平时上街购物，陪亲朋老友逛商场、宾馆，只要稍微用点心，都可以捕捉到许许多多生动而熟悉的例子，从中既可以印证书本上的理论，还可将实践中创新的做法带回课堂，加以升华、补充。譬如，为什么广州友谊商场、华厦公司以及燕岭大厦商场等，都把盆景花卉、化妆品柜设在商场的入口处或正厅？原来这些艳丽多姿、气味芳香、包装精美的商品，可以起到增强商场美感、吸引顾客的作用。又譬如，为什么大部分商场的金银首饰、钟表仪器柜都配置了聚光灯，卫康药材商店、友谊商场等商场内的墙壁及货架顶端都配置大幅镜屏，为什么"东百""南百""华厦""友谊""太白"等商场内都不时播放一些轻柔舒缓的乐曲？这一切，商家的用意何在？理论依据又是什么？教材里介绍商场售货工作现场的设计形式有线条式、岛屿式、陈列式三种，而气派豪华、设计新颖的友谊商场却是层层不同、柜柜有别，成不规则的排列，令顾客进商场如入迷宫。商家莫非是想让顾客多走几个柜面，在东转转西走走中触发购买之欲望，使商场每个角落都成为旺销地带？以上这些我在观察中体会，将体会上升到理性认识，并授之于课堂。后来在指导学生完成"店址选择与营业场所设计"的见习作业和组织学生交流体会时，也收到出乎意料的好的教学效果。

方式之二：专题调研，有点有面。日常观察可捕捉灵感，但这种方式所得到的信息毕竟是零碎的。换句话说，对于那些需要深究问底的问题，除日常观察外，还要找企业管理者请教。我们农垦商业从无到有，从小到大，迅速发展，经济效益不断提高；然而也有的农垦企业连年亏损，行将倒闭，原因何在？应该如何正确看待农垦商业的地位、作用、优势，面临的问题及其发展方向？带着这些问题，我专访了广东农垦商业公司、海南农垦商贸公司、西联农场商贸公司、黄岭农场联营公司等，既聆听了垦区商业企业家们的经营管理体会，又考察了当地市场环境，从而充分认识到农垦商业企业应立足垦区，面向社会，服务生产和满足消费，积极参与市场调节，在激烈的竞争中争生存，求发展。又如1988年暑假，为了适应外向型经济教学的需要，我自选课题进行专题调研，走访了获评全国中外合资企业"十佳"之榜首的广州美特容器有限公司，以及花园酒店、东山宾馆、中联国际租赁有限公司、享联有限公司、广州市外经委等。这些单位有从事生产加工的、有从事租赁投资的，有从事旅游贸易的，还有他们的主管部门，合资企业的中方，有地方的，有农垦的，还有部队的。调查内容包括基本情况、营销管理、人事管理、财务管理、未来设想以及企业对人才的需求等。从而对这几家中外合资企业的经营管理有一个比较完整的认识。

方式之三：定点联系，双向反馈。到企业调查，总的来说是去学习，是去请人家指教，要带着感激的心情去，诚心诚意地去，要不耻下问，并在到实地之前，应尽可能间接了解调查点的情况，多一分了解心里就多一分亲切感，容易获取对方的支持与帮助。我自己是这样做的，也是这样指导学生去调研的。同时，要想得到对企业有所反馈：用面谈或信函的形式，向企业提一点建设性的意见；帮助企业规划经营方案、制定公司章程、改善经营管理，为企业做恰当的公共宣传等。这是我们感谢企业最好的、唯一可"送"的"礼物"，也是我们应该学、必须做的事。正因为如此，现在我仍与汕头市京汕商场等数家企业保持联系，企业也不定期地向我提供资料，对我们的教学工作给予很大的支持和帮助。如南方大厦百货商店公关部在给我的来信中说："希望您能继续向我们提出宝贵的意见和建议。今后，我们将向您提供我们店实施的营销策略措施等方面的信息。"在这当中，还增进了社会对我们学院的了解。

方式之四：多听学术报告，开阔视野。学术报告主讲人大部分是国内外权威人士或著名专家学者，其内容都是最新的政策法规或研究成果，反映了当前企业管理理论研究的新动态。所以，听学术报告也可以说是一种"间接"的调查方式，同样起到丰富课堂教学内容的效果，甚至是更高层次的"调查"。如1988年暑假，在广东"企业之家"，我听了香港中文大学工商管理学院院长闵建蜀教授的"论如何参与国际竞争"的学术报告后，对我国参与国际竞争的优、劣势及其战略目标有较新的认识，为后来讲授"外向型经济与管理的理论"打下了基础。

方式之五：挂职实习，兼任企业顾问，或参与企业管理咨询服务。这些方式，既可为社会服务，为企业效力，更重要的是能培养分析判断能力，组织指挥能力。系统地把握企业经营管理活动的全过程，是理论教学与企业实践相联系的最佳途径。目前，应完善这方面的制度，建立激励机制，让教师在挂职中真正得到锻炼与提高。

以上五种调研方式，可以说是相互联系、步步深入的，而把调研所得运用于教学才是最终的目的。

2019 年 6 月 15 日，广东农工商学院机关二支部党员赴蕉岭县帮扶贫困学生

三、调研体会在教学中的运用

运用丰富的企业实践实例，把课讲深、讲透、讲活。如讲授某行业、某学科的地位、作用和意义，学生最怕听那些枯燥而无味的几条几点唯理论的说教。对此，我从中山市近几年经济迅速发展，成为广东的"四小虎"之一，而中山市纺织品公司等批发部、商场的销售额却呈下降趋势的反差现象谈起，利用调查资料阐明国营商业应如何摆脱困境，以及应如何看待国营商业的地位作用等，以"亨联"广告策略，讲解外向型企业的产品促销；以"广州美特"的成功，分析办好中外合资企业的关键，启发学生寻找教材与实践两者间的接触点和联系。这样讲课有根有据，既贴切又丰富，深受学生的欢迎。据部分学生反映，这样的实例想多听，要求多讲；有些学生则说，上这样的课好像在听故事。学生喜欢听，希望多听，就意味着课堂教学效果已初见端倪，正像教育前辈们所说的："教育的艺术是使学生喜欢听你所教的东西。""一个能够动听、明晰地教学的教师，他的声音便像油一样浸入学生的心里，把知识一道带进去了。"

利用调研材料，进行企业管理实践活动的模拟练习，鉴于大部分学生从未搞过企业经方案，而这又是将来工作的重要内容，因此，在商业企业计划管理的教学中，我安排了一次编写经营方案的练习作业。具体做法是，先介绍中国香港某公司的概况，根据市场行情分析，该公司将在广州成立一个分支机构（代理商），以扩展业务。现就筹建这个分支机构事宜，请学生作为一位该机构未来的主管，向公司领导提出一份合理化建议书（即初步方案），内容包括分支机构在公司中的角色及其今后业务展望，雇员构成及其职务说明、薪资、福利，业务方案及其推销佣金比例，奖罚条例、考勤制度、雇佣合约书等。对此，学生的脑、口、眼、腿等同时运转，独立思考、相互讨论、查找资料，甚至跑到类似的公司分支机构进行调查。然后，将学生所编制的建议书与该公司分支机构将要实施的经营方案进行比较分析评价。这次模拟练习，尽管不能说很成功，但毕竟是一次尝试，一次对是否学而有得、是否学而会用的检验。换句话说，是一次知识与能力的冲击，给学生留下较深刻的印象。部分学生说，这类练习切合实际，有益于今后的工作，只是平常太少接触，以至于感到无从下手。后来事实证明，一些学生毕业回到工作岗位后，第一件事就是被安排制订公司的经营方案及各项规章制度。因为有过模拟练习，他们感到心里踏实许多，还来函索取这方面的材料。

深入社会调研，意在充实教学，增加课堂信息量，从而避免了照猫画虎或脱离现实的书斋式教学。但值得注意的是，在课堂教学中，不能为了追逐多信息，过多地联系实际，削减理论知识的教学。而应当在保持学科理论体系完整性的基础上，围绕教材的基本观点，引进材料，深化论点，阐述问题，增强可信度，才能达到预期的教学效果。

2019 年 10 月，广州市乡村振兴"百团千人科技下乡"专家到广东友路科技公司调研

砥砺奋进数十载，立德树人谱新篇

摘　要

每年教师节，学校都举行庆祝教师节暨表彰先进大会，自己作为校党委书记也都会就"树典型、学先进、强师德、展未来"作一个主题报告。这是广东农工商学院的传统，即使是后来压减会议规模及会议次数也都保持不变，目的是感恩全体教职工负重前行，激励新人薪火相传、谱写新篇章。筚路蓝缕、感恩有您！

2018年9月10日，作者在庆祝第34个教师节大会上讲了以下一段话，内容根据讲话提纲及录音整理。

时维九月，天高气爽，佳果飘香，在这个美好的季节，我们刚刚迎来6000多位新生，又迎来了第34个教师节。在此，我首先代表学校党委，向奋战在教学、管理、学生工作和后勤管理一线的广大教职员工，以及各位离退休老教师老同志致以节日的问候！向受表彰的优秀教师、先进工作者、先进模范以及今年入选的南粤优秀教师表示热烈祝贺！

庆祝第34个教师节暨表彰大会

2018年正值改革开放40周年，是贯彻党的十九大精神的开局之年，是决胜全面建成小康社会、实施"十三五"规划承上启下的关键之年，是教育系统实施"奋进之笔"年，学校创办、改革与发展已进入第66个年头，在各上级部门的正确领导下，全校上下团结一心，与时俱进，真抓实干，使学校发生了翻天覆地的变化。66年来，学校涌现了一批又一批爱生如子、呕心沥血、教书育人、严谨治学，爱校如家、艰苦创业、默默耕耘、无私奉献的广东农工商人。今天同时还将举行一个特别的颁奖仪式：授予30位来校工作服务满30年的教职工一份特别的荣誉。来校工作30年对广东农工商人来说是一个光荣的里程碑，坚守30年更是难能可贵，他们为学校的建设和发展奉献了全部青春和力量。30年虽是弹指一挥间，可他们曾经走过的岁月，曾经流过的汗水，将永远镌刻在广东农工商教育的沃土上！筚路蓝缕、感恩有您！

数十年间，学校经历了创业与再创业的艰辛和喜悦，从华南垦殖局机务学校发展为管理干部学院的成人高校，改制为普通高等职业院校，到如今通过省级示范性院校验收、确定成为广东18所"一流院校"立项建设单位，正是有一批批广东农工商人的艰苦奋斗，才取得这样一个又一个跨越式的发展。2018年，学校"一流院校"项目建设进入中期验收阶段，建设成效逐步显现，取得了许多可喜的成绩。

一方面，办学综合实力不断提高：

根据中国科教研究院等共同评价，我校在全国1386所高职院校中，排名第154位，比2017年上升27位，广东省87所高职院校中，我校保持着第11位的排名。《2018中国高等职业教育质量年度报告》的高职院校教育质量50强榜单中，我校同时进入教学资源、服务贡献、国际影响力"三个全国50强"。这是学校质量提升展示的一个缩影，是学校优秀业绩的具体表现，是学校"一流院校"建设的阶段性成果，为进一步推进学校内涵建设、服务能力以及国际影响力奠定了坚实的基础。

2017年学校创新强校考核得分位列全省A类规划高职院校第14位，获得了广东省财政厅的"2018年完善职业教育资金"2038万元奖补资金。2017年学校获评为全国农业农村信息化（技术创新型）示范基地、第三批"职业院校数字校园建设实验校"等。

学校2018年招生就业持续保持"进出两旺"。普高招生共完成计划7154人，招生类别包括三二分段、自主招生、学业考试等。除退役士兵和部分省外计划，其余类别的招生计划完成率为100%；文科、理科、3+证书最低录取分数分别为436分、355分、275分，分别高于省线221分、205分、115分。就业方面，截至9月1日，2018届毕业生共6276名，初次就业率超过97%，专业对口率超过80%。

学校"一带一路"教育行动持续推进，与东南亚国家教育领域合作不断加深，与马来西亚砂捞越科技大学实现了教师互派交流，与泰国中国桥有限公司成立"国际教育基地"。与 11 所泰国职业院校签署了合作备忘录，"牵手"践行"一带一路"倡议；2018 年年初迎来了首批马来西亚留学生等。

教师服务农垦的力度不断加大，广东农垦智库的作用日益彰显。2018 年暑期派出 24 位教师分别赴湛江、茂名、阳江、汕尾等垦区企业挂职，其中教授 4 人、副教授 5 人、博士 3 人，服务垦区热情深入每个教职工的心里！甘蔗高新科技示范园项目推广服务成效突显；热带农林学院与垦区农场共建共管的 100 亩菠萝和凤梨产业基地，在面临滞销大背景下实现产品逆市热销，凤梨产品被伊藤忠、京东、百果园等大型商家订购，作为明星产品参加湛江—东盟农产品交易博览会，并接受 CCTV7 采访，产业基地的案例新闻被广东省教育厅官网、中国高职高专网转载。此外还有服务广东农垦剑麻产业、广东农垦橡胶产业等项目也逐渐显示出了成效。

另一方面，教师队伍不断提升优化：

学校拥有高职称、高学历教师已超过 200 名，其中荣获全国五一劳动奖章 1 人，新入选高等职业教育专业领军人才培养对象 2 名，南粤优秀教师 2 名。袁利鹏、袁荣京两位副教授获增城高层次青年后备人才项目，获得 10 万元经费资助。

教师主持科研项目新突破。刚成立的马克思主义学院的《弘扬中华优秀垦殖文化研究》《新时代下高校"课程思政"改革的探索与实践》，双双获得教育部"2018 年度高校示范马克思主义学院和优秀教学科研团队建设项目"立项，资助经费共 30 万元，在全国高职院校中排名 14 位；基于湛江高新科技示范基地申报的《广东农工商职业技术学院 2018 年度雷州半岛全程机械化高糖甘蔗新品种的引种、繁育及栽培示范项目》获得广东省乡村振兴第一批专项资金项目，获资助经费 40 万元等。

教师信息化教学大赛成绩继续保持省内领先。2018 年广东省高职院校信息化教学设计比赛，我校共获教学设计赛项一等奖 5 项、二等奖 2 项、三等奖 3 项，课堂教学赛项一等奖 2 项、二等奖 3 项、三等奖 2 项。

再一方面，创新创业工作呈现新局面：

2017 年以来，学校积极探索符合农工商特色的创新创业教育之路，本着"高端定位、小步快跑"原则，以"省内一流，力争全国示范"为目标推进学校创新创业工作，成立了创业学院，遴选了首批双创指导师 51 人，评选出"十佳"双创指导师，创新创业工作呈现了新局面，2018 年获"挑战杯—彩虹人生"广东职业院校创新创效创业大赛特等奖、全国大赛一等奖；"挑战杯·创青春"广东大学生创业大赛金奖 1 项、银奖 3 项、铜奖 7 项等。

但是，我们也要看到不足。我曾多次在大会上讲到"只有看到不足，坚持问题导向，才能把握住工作的主动权"。学校虽然已进入省"一流院校"建设单位，但只代表过去，不意味着未来，要进入全国优质院校还需要更多的拼搏。特别是我们珠江学者、万人计划教学名师等培养还有差距，还存在着合力推进社会服务不强、高水平专业建设不均衡等问题。

全体教职工特别是各级领导干部必须居安思危，清醒地认识到当前职业教育领域"小进就退步"的竞争态势，我们不仅面临着传统强校的全力推进，还面临着后起之秀的奋力追赶，比如最近公布的国家教学成果奖名单中，省内建校刚满 5 年的广东环保职院获得两个一等奖；汕尾职院在地方财政支持下迅速发展，获得博士后工作站进驻，以及教育部 28 所之一的"AI+智慧学习"共建人工智能学院项目试点学校等。因此，我校唯有保持奋斗意志不减、奋勇向上激情不褪，兢兢业业、坚持不懈，才能一步一步地向更高目标迈进。

老师们，教育是开发生命的事业。教育活动关注的是人的潜力如何最大限度地调动起来并加以实现，以及人的内部灵性与可能性如何充分生成。这样的教育，才是真正的教育。做这样的教育、做这样的教师才是我们共同的使命和追求。

2018 年教师节的主题是：弘扬高尚师德，潜心立德树人。2018 年初，中共中央、国务院印发《关于全面深化新时代教师队伍建设改革的意见》（以下简称"意见"），为新时代教师队伍建设提供了有力指导。我们要以习近平新时代中国特色社会主义思想为指引，把贯彻落实"意见"作为一项重大的政治任务和推动学校改革发展的重大契机，全面开启新时代建设高素质教师队伍的新征程，将学校教育事业的发展推向新的高度。在此我对学校的人才培养、教师队伍建设、内涵建设提几点要求：

第一，以习近平新时代中国特色社会主义思想为指引，把握社会主义办学方向，全面提升人才培养质量。

一要坚持党的领导，把握社会主义办学方向，落实立德树人根本任务。要深入学习贯彻习近平新时代中国特色社会主义思想，全面落实党的十九大精神，牢固树立"四个意识"，坚定"四个自信"，坚持党对教育工作的领导，坚持社会主义核心价值观导向，落实立德树人根本任务，把立德树人的成效作为检验学校一切工作的根本标准，把立德树人内化到学校建设和管理各领域、各方面、各环节，做到以树人为核心，以立德为根本。

二是构建农工商特色育人体系，全面提升人才培养质量。要积极构建富有农工商特色的思想政治体系育人体系，充分挖掘教学工作蕴含的育人元素和育人功能，把社会主义核心价值观的要求融入课程教学之中，将思想政治工作贯穿于学校课程教学，构建大思政教育格局。要探索成立"课程思政研究中心"，选择试点专业，对课程思政的实施路径和方法进行研究和实践，探索实施思想政治理论课创新实验班教学模式改革。发挥优秀的思想政治课教师、优秀的辅导员的作用，探索成立"思想政治工作名师工作室""思想政治教育宣讲团"，为学校思想政治教育工作教师培育、教学研究提供重要的平台。要积极构建"农垦精神""农工商精神"等优秀文化育人体系。农工商人传承和发扬"自力更生、艰苦奋斗"的南泥湾精神、"艰苦奋斗、勇于开拓"的农垦精神，形成了我们特有的"艰苦奋斗、自强不息"的农工商精神。"农垦故事""农工商故事"已经成为农工商特色文化育人体系的重要组成部分，撰写完成传承红色基因的《农垦精神》校本教材，在垦区建立了4个思政课教学实践基地，要继续讲好"农垦故事""农工商故事"，不断挖掘优秀育人文化，丰富农工商文化育人体系的载体。

第二，弘扬高尚师德，潜心立德树人，全面加强师德师风建设。

习近平总书记在北京大学师生座谈会上说："师者，人之模范也。"在学生眼里，老师是"吐辞为经、举足为法"，一言一行都给学生以极大的影响。师德是深厚的知识修养和文化品位的体现。对学生而言，教师不仅是知识的传授者，更是道德的守护者、价值的引领者和精神的塑造者，是学生一生的标杆。

我们要正心修身，以高尚的师德师风成为学生的楷模。希望每一名教职工都能够静心沉潜，累积育人之道。树立崇高的职业理想，把人才培养作为自己毕生的事业去追求，从教学、科研、服务的点滴做起，以饱满的工作热情、强烈的工作责任心和荣誉感，积极投身到学校的教育事业之中。我们要练就高尚的道德修养，多一些阳光情怀，少一些追名逐利的浮躁与冲动，在传授知识和技能、提供管理和服务的同时，潜移默化地教会学生做人做事的态度和方法，帮助学生树立正确的世界观、人生观和价值观；我们要注重师者人格魅力的提升，使学生能够"亲其师、信其道"，用真情去关心、爱护学生，用真诚去与学生沟通、交流，用真心去帮助学生发展、激励学生成长、鼓舞学生奋进，努力成为学生的良师益友，成为学生成长成才的领路人和助推者。

我们要潜心育人，以精湛技艺满足学生成长的需要。在教学中要坚持"求新"，适应现代教育形势的需要，更新观念，转变思路，从单纯的教育者成为学生学习的构建者、引导者，培养学生创新思维和实践能力，着力推动教学改革，从教学理念到教学模式，从教学方法到教学手段，从教学环节设置到考核评价办法，都用心斟酌，仔细打磨；在科研中要坚持"求真"，始终站在知识发展和科技进步的前沿，凝练科研方向，刻苦钻研、扎实探索，不断充实、拓展和提升自己，将最新的科研成果应用于教学，为学生提供最有效的指导和最新的知识；在管理服务中坚持"求细"，广泛接触，深入了解学生，及时帮助学生解决学习和生活中遇到的困难和问题，及时掌握学生的思想动态，使管理和服务工作更加具有针对性，将育人工作贯穿于管理服务全过程，增强育人效果。

我们要尽心履职，在平凡的工作岗位上成就不平凡的事业。全国教书育人楷模黄大年、太行山上新愚公李保国，以及我们身边的师德典型——全国"五一劳动奖章"获得者李秀平博士等，无不是在平凡岗位上追求尽善尽美，让平凡的工作大放异彩。今天我们表彰的既有一线专任教师，又有管理服务岗位上的人员，既有中层干部，又有基层教职员工，无论从事何种岗位，他们都在不断追求卓越，以实际行动为学校发展做出了重要贡献，为全校教职工树立了榜样。没有平凡的工作，只有平庸的态度，我们要以先进典型为榜样追求卓越，自觉主动工作，忠于职守，在平凡的岗位上做出不平凡的成绩。

第三，强化思想政治素质、聚焦专业化，全面提高教师队伍建设水平。

教师为"强校之本、竞争之基、发展之要"，教师队伍素质直接决定着学校的办学能力和水平。建设政治素质过硬、业务能力精湛、育人水平高超的高素质教师队伍是学校建设的关键性工作。

一是要以教师党建为引领，强化教师思想政治素质。教师思想政治状况具有很强的示范性，教育者先受教育。我们要用习近平新时代中国特色社会主义思想武装头脑，充分发挥教工支部教育管理监督党员和宣传引导凝聚师生的战斗堡垒作用，充分发挥党员教师的先锋模范作用。要推动实施教师党支部书记"双带头人"培育工程、"头雁工程"，选优配强教师党支部书记，选拔党性强、业务精、有威信、肯奉献的优秀党员教师担任教师党支部书记。引导党员教师增强政治意识、大局意识、核心意识、看齐意识，自觉爱党护党为党，敬业修德，奉献社会，争做"四有"好教师的示范标杆。健全把骨干教师培养成党员，把党员教师培养成教学、科研、管理骨干的"双培养"机制。要以实施党建三年行动计划为抓手，加快推进二级学院试点改革，着力培养一批专职组织委员，为学校发展建设储备青年骨干。

二是要深化综合改革，建立人才队伍提升发展良好制度氛围。要以实施《关于广东省深化高等教育领域简政放权放管结合优化服务改革的实施意见》作为推进学校综合改革、科学治理的重大契机，系统推进学校岗位管理、考核评价、收入分配制度改革，推进构建现代大学制度，为人才队伍提升发展良好制度氛围，确保改革在一流院校建设中发挥作用。要以绩效管理改革为突破口，系统推进人事制度改革，完善激励制度，增强全校教职工育人服务的意识，让热爱学校事业、关爱学生成长的人有平台，让埋头苦干、甘于奉献的人得实惠，让敢于担当、勇于开拓的人受尊重。要建立健全的考核评价制度，按照教师的岗位特点制定考核评价指标体系，坚持德才兼备、全面考核，突出教育教学实绩，引导教师潜心教书育人。要使用好职称评聘的自主权，确保更多教育教学业绩突出、师德表现好的优秀教师能脱引颖而出，促进学校高水平教师队伍的发展。

三是要聚集高素质专业化，打造一流教师团队。聚焦教师专业素质培养，推进"专业领军人才、专业带头人、骨干教师、普通教师"四层次教师梯队建设机制，实施"教师企业实践工程、以老带新培养工程、人才引进强校工程、双语教师建设工程、在岗继续教育工程、兼职教师建设"等六项强师工程，着力提升教师的教学信息化能力、实践教学能力、双语教学能力、育人能力、科研创新能力和社会服务能力。

加快自身的发展建设，为人才搭建施展才能的舞台，确保高层次人才"引得进来，培养得出来，留得下来"。当前必须加快学校资源整合，有针对地发展一批全省乃至全国有影响力的专业，搭建一批重大科研创新、社会服务平台、建设一批重点教学团队，让人才真正感觉到有发展"前途"，有"平台"依托，能干出"事业"。

第四，夯实内涵建设，巩固良好发展态势，为实现百年农工商奋斗。

习近平总书记在报告中曾说："一代人有一代人的使命，一代人有一代人的担当。"历史赋予了我们机遇，也赋予了我们责任。岗位代表着一种承诺，在什么岗位我们就应尽什么样职责，要敢于担当，脚踏实地，奋发有为，在新时代做出新作为。

当前，学校处于全面深化改革加快发展、服务广东"四个走在全国前列"、服务"国家农业队"广东农垦、服务乡村振兴战略、服务"粤港澳大湾区"建设的重要时期，放眼未来，我们面临着许多重大的机遇。2018年，广东省教育厅启动了职业教育提升三年行动计划的研究制定工作，提出围绕高端产业和产业高端，建设国家级高水平高职院校和专业（群）；对接重点产业、龙头企业，打造一批产教深度融合、社会认可度高的省级高水平高职院校和专业（群）。为此，我们要以迎接新的"行动计划"为契机，面向社会需求，明确定位，加强规划，推动学校在新的起点上实现新一轮提升发展。要把握内涵建设的"三个抓手"：依托农垦、面向乡村振兴、服务大湾区，敢于争先、早做准备，积极寻求对接区域重点产业、支柱产业和战略性新兴产业，高端产业和产业高端的专业切入点，优化专业设置、改善办学条件、强化办学特色、提升办学水平、增强办学实力，在人才培养、技术研发、社会服务等方面全面增强服务产业发展能力，努力建设一批示范带动力强、影响辐射力大、人才培养质量优的省级高水平专业，力争建设5~8个推动和引领重点支柱产业发展的国家级高水平专业，争创全国优质院校。

值得一提的是，一个专业是否办得好要从三方面衡量：一是在国家级专业层面要有话语权，二是在全省同行乃至全国要有影响力，三是有一定的办学实力。对此，要牢牢抓住内涵建设核心——教学的主战场、课堂的主阵地，促进专业发展的快速提升。专业资源库、精品开放共享课程、专业标准、教学成果是专业发展的重要标志，对专业影响力具有决定性作用，要重视这些方面的建设和积累，才能增加专业的影响力和话语权。

实现"师生幸福，社会认同"的"百年农工商梦"的美好愿景，需要每个人的付出与努力，需要不忘初心的信念、百折不挠的韧劲、众志成城的力量。只有每位农工商人与学校共命运、同呼吸、齐步伐，我们的百年蓝图才能实现。让我们再接再厉，为实现百年农工商梦而努力奋斗！

2017年教师节，时任广东农垦集团公司（农垦总局）党组书记、董事长、局长陈少平，总经理、副局长支光南，纪检组长蔡向东等为广东农垦系统先进教师颁发证书

第九篇
党建品牌建设引领人才培养

为党育人、为国育才，是高职院校的根本任务。而办人民满意的高职院校，党的领导是关键。高职院校党建工作是党的建设的重要组成部分。高职院校注重党建品牌建设是创新引领育人、提升人才培养质量的根本保证。

以科学发展观进一步夯实学校党建工作

摘　要

　　传承红色基因，坚持党的领导，努力做好"一二三四五"，即从坚守"一个阵地"、培养"两支队伍"、抓好"三项建设"、做好"四个结合"、突出"五个一"等，创出广东农工商学院党建工作的新思路、新特色。此文刊发于《广东农工商职业技术学院学报》2009年第4期，第1—6页，此处有删减。

　　党的十七大报告指出，"中国特色社会主义事业是改革创新的事业。党要站在时代前列带领人民不断开创事业发展新局面，必须以改革创新精神加强自身建设，始终成为中国特色社会主义事业的坚强领导核心"，号召全党要"以改革创新精神全面推进党的建设新的伟大工程"。高校党的建设工作是全面推进党的建设新的伟大工程的重要组成部分。近年来，我校党委认真学习贯彻党的十七大精神，认真贯彻落实全国、省高校党建工作和省委的决策部署要求，坚持围绕发展抓党建，抓好党建促发展，为推进学校教育事业发展提供了坚强的思想、政治和组织保证。

一、坚定信念、勇于实践，创出农工商学院党建工作的新思路、新特色

　　高校是培养人才的场所。培养德智体美全面发展的中国特色社会主义合格建设者和可靠接班人，是我国高校的根本任务，也是高校党建的根本任务。近年来，我校党委本着对党的教育事业高度负责的态度，以更好更多地培养社会主义建设者和接班人为己任，以服务广东区域经济社会和农垦事业发展为具体目标，坚持"立德树人"办学理念，坚持围绕发展抓党建，抓好党建促发展，使学校党建工作取得了成效、创出了特色。

（一）坚持"一个阵地"——理论学习阵地

　　加强理论武装是党的根本，是学校科学发展的坚强的思想基础和政治保障。多年来，我校党委充分发挥自身理论学习宣传的优势，始终把理论学习

2012 年 5 月 11 日，广东省第十一次党代会期间，作者与时任省教育厅厅长罗伟其合影

作为一项重中之重的工作来抓，用中国特色社会主义理论体系武装广大党员干部，探索并完善了学校理论学习"五个坚持"制度：一是坚持两周一次的学校党委扩大中心组学习制度，每次一个专题，理论学习与解决实际问题相结合，校级领导中心发言与四至五个相关部门负责人专题发言及其他与会同志即席互动发言相结合，"请进来"（专家讲座）与"走出去"（先进单位考察）相结合。在此基础上，2009 年开始，增加了系部处室党总支（直属支部）中心组学习制度。二是坚持每月一次党支部政治学习和部门教职工理论学习制度。三是坚持每位党员每年至少提交一篇理论学习心得。四是坚持党支部工作目标考核制度。五是坚持每年召开一次党建政工会议，研究解决一两个实际问题。此外，三年来先后在全校范围内开展了落实保持共产党员先进性教育活动整改、继续解放思想大讨论和开展学习实践科学发展观活动等。

通过专题学习、理论培训和主题活动等形式，引导帮助广大党员干部深化了对新形势新任务的认识，深化了对科学发展观的理解，深化了对现实问题的思考，切实提高了广大党员特别是领导干部运用科学理论解决实际问题的能力和贯彻科学发展观的本领。

（二）加强培养"两支队伍"——党员干部队伍和思想政治工作者队伍

发展中国特色社会主义，关键在党。搞好高校党建工作，关键在人，关键在于有一支高素质的干部队伍和思想政治工作者队伍。2007 年，学校党委提出了"以评估整改推动内涵建设为契机，以北校区建设与发展为平台，以争创示范性院校为目标，实施新的创业"的目标。一是培养党员干部队伍。我校党委按照党管干部、德才兼备的原则，积极探索与建设一支"讲政治、精业务、能创新、敢管理、干成事"的干部队伍。近三年，学校先后举办了两期副科长以上干部培训班，培训专题包括"科学发展观专题辅导""强化责任意识，提高执行力"
"树立终身学习理念，提
高干部学习力和创新力"
"依法办事、清正廉洁，
自重、自省、自警、自
励"等。在对学校中层干
部第一期培训班问卷调查
中，参培人员 100% 认为
是非常必要的、96% 人认
为内容安排比较丰富、针
对性强。有同志在培训学
习体会上写道，首期中层
干部培训班，学校三位正

2010 年 10 月 29 日，时任广东省教育厅副厅长、博士生导师魏中林教授作教育改革和发展规划纲要专题辅导报告

副书记亲自授课，并且理论联系实际，言之有物；校领导、党委委员亲自担
任学习小组组长并且大会汇报，效果甚佳；授课教师内外结合，务虚与务实
结合，政治教育与人文关怀结合，授课与讨论结合，安排合理，等等。先后
进行了三次处级干部公开竞岗活动，并组织了学校首次中层干部任期届满考
核与调整续任等工作。近三年来，新提拔干部 74 名，其中学校校级 1 名、
中层正职干部 13 名、科级干部 60 名。学校新提拔副处以上干部全部为共产
党员，科级干部 70% 为共产党员。经过培养、选拔了一批优秀的年轻干部，
党员干部队伍整体素质在思想上政治上更加成熟和坚强。二是培养思想政治
教育工作队伍。立德树人是
高校的中心工作，而建设一
支专兼结合的高素质的大学
生思想政治工作干部队伍，
是全面加强高校党的建设、
加强大学生思想政治工作的
必然要求。学校党委一方面
充分发挥各级党组织、领导
干部在思想政治教育工作中
的领导作用，成立了直属学
校党委的思想政治课教学
部；落实了党委统一领导、
党政工团齐抓共管、各部门

2012 年 5 月 11 日，广东省第十一次党代会期间，作者与谭一鸣副秘书长、杨健副部长等合影

各负其责的机制；学校分管领导定期召开专题会议，及时解决思想政治教育的热点和难点问题；离退休党支部和关工委老干部、老专家积极参与讲党课，与学生谈心等；思想政治理论课教师参与学生思想工作制度等，形成了全员育人、全方位育人、全过程育人的良好局面。另一方面，注意建设了一支专业化、职业化、素质高、作风硬、能力强、肯奉献的专职辅导员队伍。近三年，学校除了思想政治理论课教师坚持严格资格准入制度外，在选拔辅导员上也坚持高标准，并不断完善了辅导员的选拔、培养、激励、保障机制，使全校辅导员队伍的个体素质和整体素质都得到全面提升。

（三）抓好"三项建设"——党的作风建设、基层党组织建设和党务工作制度建设

如果说加强理论学习是做好高校党建工作的思想基础，培养队伍是做好高校党建工作的必要条件，那么党的作风建设、基层党组织建设和党务工作制度建设是加强高校党建工作的根本保障。

在"三项建设"中制度建设为根本。首先，学校党委根据各个时期的工作任务和要求，每年初就提出当年的"党建和思想政治工作要点"，内容包括"指导思想""工作要求""中心组学习安排"，以及"党员活动和教职工政治学习安排"等，加强党建工作的科学性、现实性、指导性和制度性。

其次，坚持党员联系点工作制度。我校教职工党员特别是机关处室党员和离退休党员职工比重比较高，而发展新党员的任务主要是学生，并都集中

2012 年 6 月，广东高职院校党委书记赴河北省部分高职院校考察党建工作

在各教学系。为此，学校党委积极探索了"党员联系点工作制度"，采取机关各处室党支部和离退休各党支部与各系学生党支部挂钩联系，帮助讲党史、讲党课和交心谈话等，充分发挥老党员传、帮、带的作用，取得了较好的效果。

此外，还建立、健全了中层干部任职前谈话、廉政教育制度，以及每年一次纪律教育月活动等，为党风廉政建设发挥了应有的作用。

（四）做好"四个结合"——与校园文化建设相结合、与加强大学生思想政治课教学相结合、与校园安全稳定工作相结合、与促进毕业生就业工作相结合

大学阶段是青年学生世界观、人生观和价值观形成的重要时期，也是对青年学生进行正确的世界观、人生观和价值观教育的关键时期。如何抓住这一关键时期，对青年学生进行思想政治教育，从某种意义上讲，关系到我们教育的成败。对此，我校党委认真总结经验，充分发挥自身优势，以党建工作为核心，全面加强学生思想政治工作，提出并做好"四个结合"：

1. 党建工作与校园文化建设结合

学校通过门类齐全、丰富多彩的校园文化活动，教育人、培养人、激发人，包括一年一度"教职工迎新文艺晚会"、离退休教职工"庆祝党的生日文艺晚会"、教授论坛、科技讲座、一专一技大赛、"感动校园、一室一言""社团文化节""我与祖国共奋进""寻找大学生自强之星大赛"、社团才艺展示晚会，以及"构建和谐学院""文化校园""书香校园"为主题的校园文化活动等。学校多彩的文化生活、高雅的艺术情趣、浓厚的学术氛围、科学的人文精神、优良的校风学风，形成催人奋进的校园精神、科学进步的价值理念和积极向上的舆论氛围。近三年来，在国家级、省级各类比赛中荣获奖励180多项，其中，"学生周末舞会"荣获2007年广东高校（高职高专）十大校园文化品牌项目。多年的实践与体会，党建和思想政治工作通过校园文化活动将更加鲜活、更加生动、更加教育人。这也是我们必须坚持与发扬的。

2. 党建工作与加强大学生思想政治课教学相结合

学校党委积极探索学生思想政治工作的新载体、新方法，大力推进学生思想政治工作进课堂、进网络、进宿舍、进社团等"四进"活动，学校领导坚持参与课堂教学，带头为学生上思想政治课；创新探索了"双向参与"的大学生思想政治教育模式：把思政课理论考试成绩和学生行为准则分结合起来，其中任课教师评定的理论考试成绩占70%，辅导员评定的学生日常的操

行评定分数占30%，两者相加作为学生的思政课考试总成绩。把大学生日常行为纳入思政课的考核，不仅调动了学生参与校园文化建设的积极性，也体现了思政课考核的科学性、合理性和创新性，从而实现"教书育人、管理育人"的双目标。这富有创造性的做法得到了教育主管部门和专家的充分肯定，不仅我校思想政治理论课建设评估获得广东省"优秀"等级，而且一些省级大学生思想政治教育活动也先后在我院举办。

3. 党建工作与校园安全稳定工作相结合

社会的稳定看高校，高校的稳定在于服务、在于教育、在于疏导。学校注重校园安全，关注学生心理健康和特殊群体学生教育，成立了大学生健康教育领导小组、大学生健康教育教研组，开设了心理咨询室，通过开设选修课、专题讲座、心理咨询等活动，建立心理健康安全预防体系，教育帮助、引导学生身心健康成长。同时，我们体会到，校园的安全稳定，学生宿舍是关键。在日常工作中，突出抓好学生宿舍文明安全服务与管理，注意发挥学生党员的模范带头作用，具体讲，深入开展"党员形象在宿舍"活动，每一栋楼由学生党员任楼长，具体负责各楼层的管理工作；学生宿舍楼制作党员承诺公示栏，主题："我是党员我领先，有事请找我"，将每个党员的承诺事项、房号、电话向同学们公布；学生党员自己动手出版专栏——宣传关于宿舍管理达标和争创"星级宿舍"的实施细则。在此基础上，以评比检查带动宿舍管理工作，以评比检查发挥学生党员在宿舍管理中的模范作用，带头整理宿舍内务，营造出舒适向上的宿舍文化氛围。

4. 党建工作与促进毕业生就业相结合

学校党委始终把毕业生就业工作摆在突出位置，做到"四早""五加强"。"四早"：早起步、早动员、早开展、早落实。"五加强"：一是加强就业指导工作，成立就业指导教研室。二是加强就业典型教育，学院开展了举办高职以来的"百名就业（创业）之星"推选活动，用鲜活的典型激励在校生。2009年全国"评选百名中国高等职业教育就业、创业之星"活动，2002届毕业生梁英豪、王俊标获得提名。三是加强就业市场调研，校院系领导亲自带队各地调研，走访历届校友。四是加强就业平台建设，每年举办一场高职高专毕业生招聘专场，吸引100多家企业提供2000多个就业岗位，为毕业生搭建就业平台。目前已举办了八届供需见面会。五是加强引导与鼓励毕业生到农垦基层就业，2007年开设农垦招聘场，2008年高职应届毕业生到农垦基层农场就业实现"零的突破"，有4位同学到湛江、茂名农垦农场，为此学校给予每位到农垦基层就业的毕业生资助2000元，《广州日报》2008年12月10日对此进行了报道。2008年11月，广东省高校就业工作督查组到我校现场督查就业情况，受到好评。2009届扩大到有20多人到农垦就业。尽管面临金融危机影响，但学院重新调整了毕业生就业工作责任制，使应届毕业生就业率仍然达到历史最高水平。

（五）突出"五个一"——办好一所业余党校、树立一面党员旗帜、唱响一个时代强音、奉献一片爱心、弘扬一种精神

经过长期实践，我校党委努力创新党建工作载体，形成了自身的工作特色，集中体现在"五个一"：

1. 办好一所业余党校

以业余党校为平台，从新生入学开始，学校就制定教学计划，按初级班和高级班分期进行定期培训。学校领导亲自为学员上课。严格培训班的教学管理。近三年来，业余党校已举办7期，结业学员9219多人。发展党员1868多人，其中学生党员1841人，教工党员27人。

2. 树立一面党员旗帜

党委坚持以党风正校风，以校风促教风，以教风带学风。在党员中树立"一个党员一面旗帜"，发挥党员"六带头"：带头宣传党的政策；带头参与奉献服务；带头做好学生"自我学习、自我教育、自我管理"；带头帮扶困难学生；带头参与和谐校园建设；带头开展"宿舍示范岗""党员奉献日""为党旗增辉"等活动。另外，在学生党员中广泛开展"三个在"活动，即党员形象在校园、党员形象在课堂、党员形象在宿舍。党员都是优秀分子已经成为为师生的共识。近三年来，获得广东省高等学校"千百十工程"校级培养对象11人，全部为党员教师，体现了党员先进性与模范带头作用；85.8%的在校学生都积极递交了入党申请书，毕业生中党员比例达15.1%。

3. 唱响一个时代强音

学校坚持把社会主义核心价值观念教育和和谐校园建设融进一系列的主题活动中，通过"三月学雷锋活动月"、庆祝"五四""七一"、国庆、"嫦娥奔月""神七"飞天、改革开放30周年、中华人民共和国成立60周年等主题系列活动为切入点，进一步唱响共产党好、社会主义好、改革开放好、伟大祖国好、各族人民好的主旋律，帮助教职员工找准爱国主义的时代坐标。2009年，天河区兴华街办授予我院"文化工作先进单位"。

4. 奉献一片爱心

弘扬"博爱、人道、奉献"精神是时代要求，也是我校师生员工的共同追求。在为四川省汶川地区抗震救灾捐款活动中，全院募集捐款近43万元，全院共有988人交纳了"特殊党费"。在抗震救灾面前，党员率先挺前；退

休党支部从 2005 年起发动党员自愿捐款资助了 4 批 7 位贫困同学；获得国家奖学金的 40 名 2009 届毕业生，自愿捐出本年度 10%的奖学金资助在校贫困生；学生们通过募捐、举办慈善拍卖会、义卖和服务老人院等形式，为孤寡老人送温暖等。学校先后被评为被韶关市、韶关乐昌市评为"十百千万"干部下基层驻农村工作先进单位；广东省、韶关市"十百千万"干部下基层驻农村先进驻村工作组；驻村干部 9 人次被评为广东省和韶关市"十百千万"干部下基层农村优秀干部。北校区青年志愿者协会获得 "2008 年为"增城市" 2014 年撤市设区志愿服务先进集体"的称号。

5. 培育一种精神

发挥党员"传、帮、带"的作用，党员特别是党员领导干部坚持"艰苦奋斗、自强不息"的农工商精神，坚持"以德为魂、学会做人，以能为本、学会做事"的育人宗旨，把敬业奉献作为工作的出发点，培育了教职员工"四种精神"：解放思想、勇于创新的精神；知难而进、一往无前的精神；艰苦创业、务求实效的精神；淡泊名利、无私奉献的精神。近三年来，学院有 4 个基层单位和 10 多名党员教职工受到省级以上表彰，有 4 名学生被评为广东省"三好学生""优秀学生干部"；6 名学生被评为省团委"优秀团干"和"优秀团员"等。

二、以科学的发展观为指导，再创学院党建工作新局面

学校传承了老农垦—南泥湾人精神，热爱党、坚定共产主义信念，在长期的党建工作实践中积累了经验、形成了特色，但我们也清醒看到自身的不足，主要是新提拔党员干部多但党务知识培训不，学生党建有成效但理性提炼与推广不够，工作制度有创新但行动不平衡和个别党员干部党性党纪观念不强、模范带头不够等。针对以上问题，我校党委提出，进一步坚定政治信念，紧密联系高等教育改革发展的实际，进一步夯实学校党建工作，完善新机制、凝练新特色、创造新经验、开创新局面，促进全面提升人才培养质量。

2013 年 6 月，广东省高职院校党委书记赴浙江省考察高职院校党建工作

（一）明确目标，重在实践

2009年"五四"青年节前夕，国家领导人在与中国农业大学师生代表座谈时，语重心长地寄语当代大学生，要把爱国主义作为始终高扬的光辉旗帜，把勤奋学习作为人生进步的重要阶梯，把深入实践作为成长成才的必由之路，把奉献社会作为不懈追求的优良品德。这既是青年大学生成长和发展的目标，更为加强高校党建工作和改进大学生思想政治教育指明了方向，我们要用科学发展观的要求来审视学院党建工作，明确学校党建工作的中心任务与阶段性目标，增强工作的责任感、使命感，认真把握学校党建工作与外部环境的关联性、互动性，继续探索学院党建工作的内在规律，完善新机制。在深化自身工作特色的同时，着力创新大学生思想政治教育工作的新载体、新途径，进一步提高大学生思想政治教育工作的质量与成效。

（二）着力培养，建好队伍

一支素质过硬的专业化、专兼职相结合的党务和思想政治工作队伍，是学校党建工作和大学生全面发展、健康成长的组织保障。首先，要坚持把各级领导班子的思想建设摆在首位。有了一个讲政治、坚持"三个代表"重要思想，深入贯彻落实科学发展观的坚强领导集体，学校党建和思想政治工作才不会"想起来重要，忙起来不要"，从根本上解决"一手软、一手硬"的问题。其次，要着力建设一支高水平的党务和思想政治工作队伍。按照有利于党组织发挥作用、有利于党员教育管理的原则，积极探索党组织设置的有效方式，不断优化组织设置。同时，按照政治强、业务精、纪律严、作风正的标准，加强对党务工作者、辅导员的选聘配备与培养，保证这支队伍做到"平时工作看得出来""关键时刻站得出来""危难之中豁得出来"。最后，要进一步强化党建和思想政治工作理论阵地

2019年9月22日下午，学校中层以上干部赴中共三大会址纪念馆接受革命传统教育

第九篇　党建品牌建设引领人才培养

353

建设。除坚持现有的政治理论学习制度外，充分发挥业余党校的主阵地辐射作用，加强党务知识培训，增强党性党纪观念。

2008 年 1 月 17 日，商务系全体学生党员合影

（三）培育特色，创建品牌

学校党建工作有特色、有经验，还需要进一步总结论证和挖掘工作亮点与特色，认真组织学习交流，积极推广好做法（包括"四进""四结合""三个在"）、好经验，以推动整个工作向纵深发展；进一步完善"思想政治教育理论课教师与辅导员双向参与"项目，创出新经验；进一步加强学生党员发展工作，以学生党建带动学生思想政治工作；进一步凝练"大学生党员示范岗"和"学生宿舍文化建设"新特色，发挥示范作用。与此同时，结合实践，积极组织开展党建和学生思想政治教育工作的课题研究，力争拿出一批有理论、有实践和指导性、操作性强的科研成果。

（四）加强规范，重在执行

没有绝招，只有规范。这是做好一切工作的根本要求。要继续做好党组织规范化建设，进一步落实党内学习、党内生活和党组织活动制度，确保"三会一课"、组织关系管理、发展党员、党费收缴、民主评议党员等制度规范落实；要按照"从严治党"要求从严管理干部。从严管理干部，事关学校事业发展和师生员工利益，也是对干部真正的关心爱护。下学期，学校将结合干部队伍建设工作进一步完善岗位责任制，建立和完善问责制，健全考核评价体系，进一步促使干部正确履职、秉公用权、认真负责。对那些敢于负责、工作得力、作风务实、群众满意的干部，要表彰奖励；对那些敷衍了事、工作不力、群众不满的干部，要坚决调整下来。同时，把学生党建工作作为辅导员的重要职责，列为日常培训和考核重要内容，引导辅导员把党建工作融入学生思想教育的全过程，以良好的素质和道德风范影响教育学生。

（五）弘扬精神，环境育人

运用精神激励人、文化熏陶人、环境教育人，是现代大学培养高素质人才的重要途径。而以优秀的校园文化来丰富党建和学生思想政治工作内容是我院的成功经验。我院一方面要进一步丰富、凝练广东农工商学校的精神文化和大学校园文化品位。在继续开展创建优良校风、教风、学风活动的同时，统筹兼顾各方利益，充分体现尊重人、理解人、关心人和发展人的价值取向，激发全校师生对学校目标、准则的认同感和作为学院一员的使命感、归属感，形成强烈的向心力、凝聚力和创造力；另一方面，既要继续传承现有的校园文化，进一步加强农工商学院校园文化的解读，加强形象识别系统的宣传，加强校歌、校徽、校训的使用，坚持统一标识、统一标准字、标准色等，又要借建设新校区的契机，对校园楼宇、道路、树木、景点和学生宿舍等赋予一定的文化内涵，将大学理念、农工商精神、南亚风情、生态元素融为一体，以打造新的优秀校园文化进一步丰富党建和学生思想政治工作内容，开创人才培养工作新局面。

"艰苦奋斗、自强不息"背景下的校园文化建设创新

摘要

　　每年为在校生做一场"农垦事业发展与大学生成长"的专题报告，也都离不开一个关键词"艰苦奋斗、自强不息"。因为，这不仅是农工商学院办学精神的核心，也是农工商学子"绿遍天涯"的精神支柱。同时，在不同的场合，个人都不遗余力宣讲"艰苦奋斗、自强不息"内涵与意义，并依规于2015年写入修订的《广东农工商职业学院章程》。这是在2011年度广东省高职院校党建研究会上发言的主要内容，根据提纲及录音整理。

　　党的十七届六中全会确立了建设社会主义文化强国的宏伟目标，高校作为传播社会主义先进文化、培养社会主义先进文化建设者的主阵地，承担着文化传承创新的重任。"提高校园文化建设水平，引导高校凝练和培育大学精神"是教育部学习贯彻十七届六中全会精神的10项重点工作之一。"全面提高高等教育质量，必须大力推进文化传承创新。高等教育是优秀文化传承的重要载体和思想文化创新的重要源泉。要积极发挥文化育人作用，加强社会主义核心价值体系建设。"这对高校的文化建设指明了方向、提出了要求。作为隶属广东农垦的一所高职院校，我院在校园文化建设中始终彰显"艰苦奋斗、自强不息"农工商人的精神品质。下面，我就我院的校园文化建设的基本情况作简要汇报。

2018年12月26日，海南黄岭农场知青50年相聚广州

一、对校园文化核心精神"艰苦奋斗、自强不息"的理解

我院校园文化的核心精神归结为：艰苦奋斗、自强不息。这是对我院原有"艰苦奋斗、自强不息、难中求进、进中求优"十六字表述的进一步提炼。

1. "艰苦奋斗、自强不息"的历史意义

"艰苦奋斗"是南泥湾精神的集中反映，是垦殖文化在特殊年代的价值体现，也是我院对多年来办学精神的高度提炼。"自强不息"出自《周易·乾》的"天行健，君子以自强不息。"本意是"自觉地努力向上，永不松懈"。它反映出我院长期积累的文化底蕴和办学思想，具有指导形成健康校园文化氛围，树立正确的价值取向，激励人的意志的作用。"艰苦奋斗、自强不息"作为我院发展当中的一笔宝贵的历史财富，将成为我院办学精神的结晶、基石和灵魂。

2. "艰苦奋斗、自强不息"的当代内涵

进入 21 世纪以后，中国高等教育迎来了大众化时代，高等职业教育除了强调技能教育外，更应该重视文化素质教育，努力提升人格品位。"艰苦奋斗、自强不息"的办学理念具有当代性、前瞻性的文化内涵，它不仅将"以人为本"作为办学理念的核心，还强调树立精品意识、高质量办学的价值追求。现代教育的目的已不局限于传道、授业、解惑，更要培养健全的人格。"艰苦奋斗、自强不息"是在当代语境下对育人品格的一种追求。

学院以育人为本，"艰苦奋斗"体现了一种敢于迎难而上的勇气和开拓创新的精神，即一种在条件不充分的情况下，勇于提出挑战性目标并创造条件突破现存局限性而完成目标的精神。这一精神内涵有利于激励全校师生无论在学校发展还是在个人发展中都能不畏艰险、迎难而上、从而突破创新。纵观世界许多成就伟大事业的组织发展历程，艰苦奋斗的精神始终是贯穿其中的。而"自强不息"反映在当下是追求卓越。这既是一种理想追求，也是一种工作标准。它表明农工商人不甘平庸、善于在平凡的工作中创造奇迹的精神品质，表达了学院高质量办学的工作标准和价值追求。

二、做好顶层设计，为打造"百年农工商"建构校园文化根基

一个梦想。"不谋全局者不能谋一域，不足谋万世者不足谋一时。"在我心里一直有个"百年梦想"，就是要把广东农工商学院建设成"百年学府"。

在学院庆祝建党 90 周年大会上我曾向全体师生表达过这个理念：要打造百年高等学府。要实现这一愿景，办好广东农工商学院，教好每一个学生，凝聚每一位教职工，就要最大限度地调动一切积极因素，最大限度地增加校园幸福元素，最大限度地创造农工商品牌质素。这是办好一所大学应该有的自觉承载与使命。

一种自信。如何在重视完善创新体系和优化发展环境的同时实现这一使命，实现广东农工商学院的可持续发展，我想，就是要首先进行顶层设计和宏观布局，就是要把校园文化建设看作一项系统工程，看作一项需要进行自上而下进行系统谋划的工程；以传承农垦人的"艰苦奋斗"的优良作风为根本，以繁荣校园文化为着眼点，以丰富师生精神生活为立足点，保持校园文化发展的价值、动力、推力和作用力。这里所谓价值，就是打造"百年农工商"、构建"幸福农工商"，动力来自"自强不息，全面提高教育质量"，推力在于学院师生不断增长的文化和精神需求，作用力就在各类文体活动、技能竞赛上。这些表现出来的其实就是一种校园文化自信。

一个工程。在刚刚召开的学院第五次党代会上，新一届党委明确将"校园文化建设工程"作为实现我院"省内一流、全国知名、东南亚有影响，具有南亚热带产业特色的高等职业院校"的目标的十大工程之一，明确要加强校园景观和文化设施建设，构建绿色生态校园，体现农字特色；加强文化铸造，努力提炼和发展农工商文化，在农工商人身上打上"艰苦奋斗，自强不息"的精神烙印；加强校园文化活动的设计与组织。在我院《中长期改革发展规划》中，将"创新素质教育模式，培育积极向上的校园文化"作为中长期发展目标的主要保障措施之一，并将"教书育人、管理育人、服务育人"的理念寓于良好教风、学风与校风的形成之中。

三、统筹中观布局，为实践"幸福农工商"把好校园文化脉搏

1. 将校园文化建设作为学院中心工作来抓

在我院今年年初党发 1 号文《2011 年党建和思想政治工作要点》中，党委将 2011 年确定为管理建设年，号召全院大兴调研之风，确保规范管理、目标管理、精细化管理，向管理要效益，全面提升学院的管理水平，其中蕴含着农工商人"追求卓越"的具体要求。管理建设年的推进，就是学院领导班子、党委成员牵头挂帅，在扎扎实实做好调研的基础上，切实做好七个方面的重点调研工作，"校园文化建设与学校品牌打造"就是其中之一。为此，院领导组织有关部门的人员进行了多次校园文化建设与学校品牌打造调研

会、研讨会，确立了调研思路和校园文化规划建设各子项目建设。

2. 将校园文化建设列为党委中心组学习议题

在党委、党总支两级中心组学习的安排中，"学习六中全会精神，加强大学精神培育"是其中一项主题。在这一主题的党委中心组学习会上，5位同志围绕高职院校如何培育大学精神、如何加强校园文化建设、什么是现代大学精神、怎样培育农工商大学精神等进行了中心发言与讨论。此外，"学习贯彻两会精神，实现'十二五'良好开局""围绕学院科学发展，扎实开展创先争优""加大团队建设力度，塑造学院特色品牌"等议题的设置，都在充分考虑校园文化、和谐校园、幸福农工商的建设与发展。力图充分发挥党委中心组学习作为解读和贯彻上级精神，部署、落实学院中心工作这一重要平台的作用。

2019年3月9日，马克思主义学院团队赴深圳参观"大潮起珠江"展览

四、强化微观参与，为创建 "特色农工商" 找准校园文化基调

社团文化。我院党委高度重视校园文化建设在 "幸福农工商" 建设的重要地位和作用，鼓励学生成立各类社团，鼓励学生充分发挥自我服务、自我教育、自我管理的意识和能力，着力打造特色第二课堂。全院学生已成立了学生社团 55 个，自办内部交流刊物 8 种；作为基层党建的《商务系党报》颇具特色，计算机系 ITeam 学生专业社团建设也有声有色。以营销协会为例，12 月 11 日举办了 10 周年庆祝晚会，多年来所举办的营销案例大赛、大学生职业规划讲座、"十大金牌营销人" 等活动已在学生校园生活中产生巨大影响力。浓厚的社团文化使学生历年来在全国和广东省大学生各类竞赛中获奖不计其数。仅 2011 年，就获全国性比赛奖项 85 个、省级奖励 130 余项。

值得一提的是，刚刚结束的 2011 年第三届全国大学生电子商务 "创新、创意、创业" 挑战赛全国总决赛上，我院商务系学生组合、在校创业参赛项目 "网店连锁经营模式——广州秀扬贸易有限公司创业方案" 斩获一等奖。目前该项目网店（公司）已完成 580 万元的销售额。还有学生在第四届全国大学生广告艺术大赛的广东赛区荣获 31 个奖项，其中有一位同学荣获全国一等奖并被邀请参加伦敦国际广告节、亚太广告节，表现出学生和教师追求卓越的精神品质。

体育文化。"艰苦奋斗，自强不息" 的文化精髓在竞技赛场上也得到了充分的体现，我院运动员在省第八届大运会上，在训练场地紧缺甚至没有的情况下，取得丙组团体总分第一、金牌总数第一、奖牌数第一，成为省高职高专院校的 "体育神话"，为我院赢得了美誉、树立了品牌。田径健儿自 2006 年以来连续五届在广东省大学生田径锦标赛问鼎团体冠军；足球队自 2003 年以来在各类省级比赛中保持前三名。在竞技赛场取得一个又一个冠军的同时，群众性体育运动与活动也在师生中间生根发芽，参加体育俱乐部人数占全院学生 80% 以上，"阳光长跑" 活动与清华大学并列全国第一；自 2007 年我院 "周末舞会" 获广东高校十大校园文化品牌项目以来，该活动到目前仍在粤垦路校区保持青春活力，北校区更是如火如荼。

志愿者文化。我院青年志愿者成员常年保持在 800 人以上。广大学生在暑期 "三下乡"、经常性看望孤寡老人、新生入学等活动中体现了良好的志愿者文化氛围，让学生在实践中接受教育、提高能力、增强社会责任感。特别是在去年的 16 届亚运会、亚残运会上，我院有 5000 余名学生承担了亚运会 64 个站点的志愿者服务工作。我院志愿者工作在亚组委志愿者部工作简

报中被通报表扬 6 次，我院同时作为高等院校的唯一代表在亚运城市志愿者服务赛时运行工作会议上做经验发言，志愿者接受包括新华社在内的校外媒体机构的报道宣传 6 次。广东省、广州市及天河区等颁发给我院 6 项集体荣誉和 454 人次的个人奖励，其中 4 位同志被评为"广州亚运会、亚残运会志愿者工作贡献奖""广州亚运会、亚残运会志愿者工作先进个人"。

精品文化。"自强不息"，体现在创新上。我们深知，只有不断创新，以新思维创造新的方式、带动新的活动，才能实现"年年有精品"，才是校园保持生机盎然的关键所在。"十佳教师"的评选、"教授、博士"论坛、"大学生学术科技节""大学生校园文化艺术节"等活动的长期积淀和凝练，已形成农工商的精品文化特色。近期举办的"感动校园"十六领航人物的评选，得到了师生的喜爱，通过评选年度自强人物、年度领袖人物、年度博学人物、年度志愿人物、年度科技人物、年度爱心人物、年度环保人物、年度艺术人物、年度体育人物、年度创业人物等，集中展现我院青年学子的精神风貌，打造新时代大学生的精神标杆。

五、"十二五"广东农工商学院校园文化建设的设想

编写"艰苦奋斗、自强不息"的校史故事；建设数字博物馆和重新征集校歌，充分体现"艰苦奋斗、自强不息"的精神风貌；统一学院 VI（Visual Identity）视觉设计；以网络"校友故事"的形式及时宣传校友在职业生涯各个阶段的成就，用以激励在校学生传承"艰苦奋斗、自强不息"的精神；完善文化基础设施，彰显文化基础设施建设与"垦殖历史"的对接和南亚风情的营造等。

2018 年 11 月 2 日，部分二级学院党总支书记考察智能工程学院教师党员活动室

坚定理想信念，争当精神楷模

摘 要

2011年11月24日，根据广东农工商学院院团委安排，结合学院第五次党代会精神学习宣传要求，以"坚定理想信念　争当精神楷模"为主题，为学院第二期团校暨"青马工程·领航计划"活动作主题报告。

2011年11月24日，作者作"坚定理想信念　争当精神楷模"主题报告

　　培养一大批坚定的青年马克思主义者，是党的事业兴旺发达、薪火相传的要求，是广大青年坚定理想信念、健康成长发展的需要，是共青团组织最重要、最基本的职能和首要政治任务。因此，学院团委组织的"青马工程·领航计划"我认为意义深远，活动的指导思想与培养目标明确，培养对象与活动内容针对性强，"四个原则"科学合理、可操作性强，我希望全体同学尤其是院、系两级团学干部、学生社团骨干要"坚定理想信念、争当精神楷模"，通过积极参与、自我实践，不仅要把自己培养成为理想远大、信念坚定、品德高尚、意志顽强、视野开阔、知识丰富，开拓进取、艰苦创业的青年学生，而且用自己的思想和言行影响、带动其他青年学生。同时，我也希望学院各级领导、各部门及全体教职工更多地关注、关心、关爱与支持"青马工程·领航计划"活动，更多地关心帮助青年学生成长。

　　为了使活动更具针对性，结合学院实际，借此机会，我传达学院第五次党代会的主要精神并强调几点要求。

2011年10月22日，学院召开了第五次党代会。与会的各位党代表认真听取、审议并通过了我代表学院第四届党委所作的报告，大会选举产生了学院新一届党委委员和纪委委员。大会总结经验，展望未来。

学院过去的五年，是学院牢记历史责任，肩负社会使命，为人才的锻造、知识技能的传播、社会价值的传承而不懈努力、奋勇前行的五年，是农工商人同心同德、开拓创新、共同建设和谐校园的五年，是学院各项事业蓬勃发展、综合办学实力显著提高、社会影响日益扩大的五年等。

学院未来的五年，将是高职教育观念日益更新、高职院校竞争日趋激烈，具有中国特色的现代职业教育体系逐步构建形成的关键五年，因而是学院承前启后，继往开来，和谐发展的关键五年。

未来五年学院的总体目标是：努力建设与广东区域经济和现代大农业产业体系发展相匹配、与社会充分就业相适应、富有生机活力的现代化高等职业院校。作为新型办学模式的探索者，将学院建设成为广东省高端技能型、技术应用型人才的重要培养基地，中国南亚热带产业重要的人才培养和技术推广基地，广东高职教育的示范基地，国际先进高职教育理念的推广基地，综合实力的主要指标稳居广东高职院校前列，为学院向更高层次发展打下坚实的基础。

党代会指出，学院今后的发展，要明确一个目标，即省内一流、国内知名、东南亚有影响，具有南亚热带产业特色的高等职业院校；要坚持两项方针，即以特色建设为核心，以质量保障为生命线；要坚持三位一体，即以普通全日制学历教育为主体，社会培训和成人学历教育为两翼的"三位一体"办学格局；要强化四种意识，即强化忧患意识、责任意识、宗旨意识、廉政意识。

为实现发展目标，学院新一届党委将致力于实施十大工程，即党建和思想政治工作建设工程、人才培养质量提升工程、品牌建设工程、体制机制创新工程、人才强校工程、科研建设工程、数字化校园建设工程、国际交流合作拓展工程、校园文化建设工程、幸福农工商建设工程。

在此，我希望全体同学能够牢记国家领导人在2011年清华大学百年校庆重要讲话中对青年学生提出的希望：把文化知识学习和思想品德修养紧密结合起来，把创新思维和社会实践紧密结合起来，把全面发展和个性发展紧密结合起来；能够按照学院第五次党代会提出的"把学院建设成为省内一流、国内知名、东南亚有影响，具有南亚热带产业特色的高等职业院校"的目标和要求，振奋精神、积极作为、创先争优；学生党员、学生干部，要发挥先锋模范作用，服务同学，团结同学，接受监督。下面，我就广大同学学习贯彻学院第五次党代会精神以及今后的学习生活向大家提四点希望和要求。

2011 年 12 月 30 日，作者与"感动南粤校园"（2011）广东大学生 10 位年度人物之一 ——庄霞同学交流

2017 年 6 月，作者为暑期"三下乡"活动师生授旗

第一，为率先垂范，自觉践行，认真学习领会宣传好学院第五次党代会精神

各学生党支部、团支部、学生会、班委会以及学生社团，要引导广大大学生通过树立"三个意识"，践行"三项工程"。

一是树立"学生是学院品牌形象最生动、最直接的体现"的意识，为党代会确定的"品牌建设工程"贡献自己的力量。引导广大同学树立品牌意识，与学院同呼吸共命运，广泛联系已经就业的师兄师姐，传播和塑造学院形象，通过自身的努力塑造学院品牌。

二是树立"以精品构建校园文化"的意识，为学院党代会确定的"校园文化建设工程"贡献自己的力量。引导广大同学继承和弘扬学院的优良传统，通过各类文体活动、技能竞赛等，构建富有青春气息的农工商特色校园文化，营造高尚健康的现代大学人文气息，努力在优良校风、学风、班风的构建中体现自身的作用。

三是树立"学院是幸福的依托载体"的意识，为学院党代会确定的"幸福农工商建设工程"贡献自己的力量。各位学生党员和学生干部要有上进心、责任感和服务意识，把学院的发展与自身的学习、进步统一起来，为广大同学服务，共同营造积极向上的氛围。

第二，步调一致，形成合力，共同开创学院美好前景

全体同学都应该为学院美好而宏伟的蓝图共同努力。每一名党、团员、

学生干部和普通学生，都是广东农工商大家庭的重要一分子，全体同学都应该为我们的家园变得更美好而作出自己的一份贡献，让农工商大家园因为你们的存在而变得更美好，让农工商大家庭因为你们的朝气蓬勃而更加绚丽多姿。

各学生党支部要按照《中国共产党普通高等学校基层组织工作条例》的要求，充分发挥自身的战斗堡垒作用，"成为引领大学生刻苦学习、团结进步、健康成长的班级核心"，带领同学们宣传和执行学院党委的政策和决议。

各团支部、学生会、班委会以及学生社团，在各自服务、管理与开展的各项活动中，要以多种形式鼓励全体学生齐心协力，凝聚和团结全体同学，使广大同学与学院整体发展的要求和步调相一致。

第三，坚定信念，树立旗帜，通过加强自身发展促进学院党建发展

每位共产党员，都要积极投身学习型党组织建设。学生党员要积极加入构建党员经常性学习教育体系，不断加强自身的经常性学习教育，探索建立健全保持学生共产党员先进性的长效机制，不断通过参观爱国主义教育基地、参加互帮互助活动、深入农垦基层、深入企业行业实习等形式，完善教育阵地建设，使每名学生党员都能真正成为牢记宗旨、心系同学的先进分子；不断增强学生党员的党性修养，充分发挥党员的典型示范作用，以点带面，影响和带动周围同学，促进全体同学全面成长进步。

每个学生党支部，都要加强制度建设，完善组织生活。学生党员要坚持参加党的组织生活，切实提高组织生活质量，严肃组织生活纪律，尤其是建立健全加强三校区、三个年级学生党员的组织生活机制，加强对每一名共产党员的服务、管理与思想政治教育，发展好每一名入党积极分子。在加强学生党员队伍建设的同时，创新组织活动方式，开展特色工作，支持、指导和帮助团支部、学生会、班委会以及学生社团根据学生自身特点开展工作，筑牢学院党建根基。

第四，学会学习，懂得思考，在幸福农工商走出无悔的道路

大学是知识的殿堂，是广大青年学子求知的理想场所。作为一名大学生，要在大学期间学会学习，学习做人、学习知识、学习做事，在课堂上向老师学，在生活中向同学、朋友和长者学，在未来的工作中向同行学。

每一名大学生，在学习过程中要首先学会做人，树立高尚的道德品格和价值观念。要学会尊重他人，懂得包容与接纳；学会谦虚谨慎，懂得虚怀若谷；学会感恩，懂得回报家人、学校与社会；要留心、细心、用心去学习。

每一名大学生，要永远保持对知识的渴望与追求，始终保持对知识的敬畏与执着，致力于获得终身学习的意识与能力。要带着对未来的憧憬与梦想

去学习，带着严谨与认真去学习，带着踏实与自信去学习；要在学习过程中不断思考，努力培养主动学习、独立思考的探究精神和创造能力，培养开阔的思维和国际化视野。

同学们，作为学院的一名主要领导，我将坚持以人为本、以学生为中心的办学理念，带领广大师生共同推动学院健康可持续发展；作为一名有着20多年党龄的党员，我将与同学们共同信守党的誓言，为学院党的建设，提高学院党建科学化水平贡献力量；作为一名在从教30多年的教师，我将与同学们共同坚守"艰苦奋斗、自强不息"，"难中求进、进中求优"的农工商精神，共同见证幸福农工商的大发展。

同学们，正如1957年11月17日毛泽东主席在莫斯科大学接见中国留学生和实习生时所说的："世界是你们的，也是我们的，但是归根结底是你们的。你们青年人朝气蓬勃，正在兴旺时期，好像早晨八九点钟的太阳。希望寄托在你们身上。"让我们年轻的大学生牢记他的教导：朝气蓬勃，谦虚谨慎，奋发向上！

2013年10月22日晚，作者为2013级208名学生干部作"农垦事业发展和个人成长"报告

2013年11月15日晚，作者为师生作《吹响全面深化改革的号角——学习宣传十八届三中全会精神》动员报告

高校党建工作机制的构建与创新

摘　要

　　党建工作机制对于党建工作的健康发展具有基础性和根本性的保障作用。在高校党建工作机制建设中，通过创建"书记亲自抓"的领导机制、多部门协作的联动机制、程序完善的党员培养教育管理机制、特色鲜明的党建工作品牌机制，以及符合"四有"标准的党建工作保障机制，能够使高校党建工作在内外条件发生变化时自动迅速地作出反应，及时调整和优化已定的策略和措施，以促进实现"培养中国特色社会主义事业合格建设者和可靠接班人"的战略目标。

　　此文刊发于《江苏建筑职业技术学院学报》2013年第2期，第67—70页。

　　"机制"一词最早源于希腊文，原意是指机器的构造和动作原理，现已广泛应用于自然现象和社会现象，指其内部组织和运行变化的规律。高校党建工作是一项复杂的系统工程，其中党建工作机制具有基础性和根本性的保障作用。党的十八大报告指出："以增强党性、提高素质为重点，加强和改进党员队伍教育管理，健全党员立足岗位创先争优长效机制，推动广大党员发挥先锋模范作用……健全党员能进能出机制，优化党员队伍结构。"在经济建设不断推进，社会飞速发展的今天，有了良好的党建工作机制，就能够使高校党建工作在内外条件发生变化时自动迅速地作出反应，及时调整和优化原定的策略和措施，以促进实现"培养中国特色社会主义事业合格建设者和可靠接班人"的战略目标。

2011年4月28日，作者主持召开广东省高校党建研究会高职高专分会行业院校党委书记座谈会

2011年12月29日，作者当选省高职院校党建研究分会第二届理事长工作交接合影

一、创建"书记亲自抓"的高校党建工作领导机制

火车跑得快，全靠车头带。党建工作领导机制就是高校党建工作的火车头。坚持"书记亲自抓"党建工作，是高校在新形势下强化党要管党、从严治党方针的根本要求，既是高校党委书记、总支书记和支部书记在党言党、在党为党的职责所在，更是做好高校党建工作的关键所在。在党建工作中实施"书记亲自抓"方略，主要是做好"三抓"（抓认识，抓规范，抓两端），以"三抓"促进"三化"（责任强化，运行优化，中间转化）。

1. 抓认识，促进责任强化

高校党建工作做得是否到位，首先就要看领导认识到不到位，是否能够真正做到思想上深刻认识，行动上高度重视。

书记亲自抓，就是宣示于包括自己在内的全体党员干部，抓好党建是恪尽职守，履行本职；不抓党建是玩忽职守，失职渎职；抓不好党建是未尽职守，勉为其职。失职或不称职就要追究责任，实行一票否决，书记也不

2011 年 10 月，作者代表第四届党委作工作报告

例外。对此"书记抓"和"抓书记"是统一的。因此高校党建工作就是要由书记牵头，统一思想，提高认识，分工到人，责任到位。

2. 抓规范，促进运行优化

高校党建工作的规范化和科学化是培养合格建设者和可靠接班人，推进中国特色社会主义事业健康发展的保证。书记亲自抓，就是要抓好高校党建工作的制度化建设，实现规范化管理，让高校党建工作有章可依，有章必依，遵章必严，违章必究。同时，要注意提升党务干部素质，提升党建活动效能，提升服务发展质量等，在全面提升中前进，在重点突破中发展，努力提高高校党建工作科学化水平。

3. 抓两端，促进中间转化

高校党建工作面对的是差异化的个体，因而开展党建工作的方式、方法也应该具有差异性。书记亲自抓，就是要坚持重心下移、力量下沉，抓两端、促中间。抓两端，即一端是抓好先进，让身边的先进人物发挥模范带头

作用，产生鲜活的示范效应和无穷的榜样力量；另一端是抓好落后，促其转变，彰显其正能量，消除负面影响。抓好两端，将使高校党建工作事半功倍，同时促进中间向先进转化。

二、创建多部门协作的高校党建工作联动机制

高校党建工作是一项复杂的系统工程，需要在校党委统一领导下，各有关部门通力合作，形成联动长效机制，以整合相关的人力、物力、智力、信息等资源，增强高校党建合力。

1. 形成共识，目标联定

高校党建工作的根本任务是"培养中国特色社会主义事业合格建设者和可靠接班人"。这既是时代赋予的神圣使命，也是社会的共识和期盼。高校党建工作作为学校整体工作的重要组成部分，其目标也是学校工作目标的一部分。因此党建工作应当在学校统一的工作目标下，按照"细化、量化、科学"的原则，由校党委会同各部门在形成共识的基础上联合制定部门具体的工作目标，充分发挥各部门的积极作用和联动效能，找准学校党建工作的重点、难点、结合点和切入点，以实现各个突破，带动全局。

2. 分工合作，责任联负

在高校党建工作中应当不断强化部门的责任意识。不同部门虽然各司其职，各有分工，但要在同一目标下紧密合作，按照"重在培养、立足教育、确保质量、重点推进"的工作思路，形成党委统一领导，组织部门牵头，学生工作部门及相关部门相互配合，院系党总支贯彻落实的一级抓一级、一级促一级的发展党员工作格

2012 年 4 月 25 日，广东农工商学院组织学工、审计骨干赴深圳信息职院考察学习

局，构建党委、党总支、党支部三级相互衔接、分工负责的责任体系。

3. 重在落实，效果联评

在高校党建工作中应当建立健全联评机制，以督促各部门党建工作的落实，提高党建工作成效。所谓"联评"，一是上级评下级，即党委评总支、

总支评支部。校党委要对各部门总支的党建工作实施规范考核与评比，各总支要经常对所属支部工作进行检查与评比。二是部门评部门，即各部门要对党建工作进行自评与互评，从中查找问题，总结成绩，共同提高。此外，还要高度重视上级部门对学校党建工作的评估，以及本校师生对学校党建工作的评价等。

三、创建程序完善的党员培养教育管理机制

加强党员的培养、教育和管理既是高校各级党组织的重要职责及增强学校党组织凝聚力和战斗力的重要举措，也是加强高校党员队伍建设、提高党员素质，充分发挥党员先锋模范作用的重要途径。

1. 健全预备党员选拔和考察机制

对预备党员的选拔与考察是高校发展党员的源头性工作。为了调动大学生的入党积极性，吸收优秀分子加入党组织，在对预备党员选拔和考察时必须按照《中国共产党章程》和《中国共产党发展党员工作细则》有关规定，结合学校具体实际，制定适用于预备党员选拔考察的操作性强的量化考评标准，本着公开、公平和公正的原则，把那些政治立场坚定、学习态度端正、一贯遵纪守法、积极追求上进的同学真正选拔上来。

2. 健全高校党员教育和培训机制

要坚决贯彻中共中央《关于加强党员经常性教育的意见》指示精神，注重建设学习型党员队伍，提高师生党员培训的参训率、覆盖面，构建科学务实的党员教育培训长效机制。要做到"三个坚持"：一是要坚持理论联系实际，加强教育培训的针对性和实效性；二是要坚持以正面教育为主，在党员中形成学习先进、争当模范、奋发向上的良好风气；三是要坚持集中培训和自我教育相结合，重在自我教育。

3. 健全高校党员管理和服务机制

当前高校党建工作普遍存在着重入党前教育和审查，轻入党后的管理和服务的问题，严重影响了党员先进性的发挥。因此必须重视和加强高校党员的管理与服务工作。首先，要以教育部党组《普通高等学校党建工作基本标准》为依据，规范"三会一课"活动，即定期召开支部党员大会、支部委员会、党小组会，按时上好党课；其次，要密切党组织与党员的联系，支委成员要分工联系本支部的党员，及时了解他们的思想、学习、生活和身体情况，经常沟通联系，对需要解决的问题给予关心和帮助。同时要推进党组织"进学生公寓""进学生社团"等工程，对党的基层组织进行覆盖式的管理和服务。

四、创建特色鲜明的党建工作品牌机制

在党建工作中进行常规的培训、教育和管理只是保证高校党员质量的基础性工作，在新形势下进一步提升大学生党员质量，还需要通过营造独具特色的校园文化，打造特色鲜明的党建活动品牌等工程进行持续推动。

1. 创建红色校园文化，打造党建文化品牌

红色文化作为我国社会主义文化的主体，以马克思主义理论为指导，以革命战争年代与和平建设时期的纪念地、标志物及其所承载的革命历史、革命事迹和革命精神为基础内容，体现了集体主义原则、艰苦奋斗精神、群众利益至上和崇高的社会理想，是中华民族文化宝库中极为珍贵的精神财富，也是社会主义大学创建新型校园文化必须大力弘扬的主旋律。在新的历史时期和社会发展的大趋势下，高校要因势利导、顺势而为，充分调动各种积极因素，以红色文化为主题开展丰富多彩、形式多样的活动，使全校师生员工广泛参与，受其熏陶，为之感染，产生深刻的共鸣共识。譬如，可以在教室、走廊、宿舍及校园主要活动场所以宣传栏、名人哲言警句牌等方式设置"红色地带"，诲人于无声，育人于无形；还可以通过文艺演出、文章征集、专题报告、摄影展示、演讲辩论，以及参观红色纪念馆、历史博物馆等活动，使青年大学生的人生观和价值观得到洗礼和升华，进而增强其历史使命感和社会责任感。学生党员要在红色校园文化创建活动中发挥积极作用，不仅当好忠实的受教育者，更要承担起红色文化的宣传和组织工作，当好校园红色文化热情的推动者。同时，学校要对红色校园文化活动及时进行总结和经验提炼，引导其不断提升品质，形成独具特色的党建品牌，使红色校园文化活动得以持续开展，并产生巨大的辐射效应。

2. 丰富党建实践载体，打造党建活动特色品牌

提高大学生党员的党性不仅要进行思想教育、文化熏陶，还要坚持实践锻炼。由于大学生的主要任务是进行专业学习和实训，参加党建实践活动锻炼党性的机会不多，因此要在校内外广为搭建党建实践平台，丰富党建实践载体，为大学生实践锻炼创造条件，切实提高大学生党性锻炼效果，努力打造党建活动特色品牌。首先，可以通过在校内设立党员活动岗的方式，让大学生党员在实践锻炼中发挥模范带头作用。这些岗位包括学习帮扶同学岗、文明寝室示范岗、志愿服务爱心岗，等等。其次，开展形式多样的校外党性实践锻炼，让大学生党员在为社会服务的实践活动中深入透彻地理解党的性质和宗旨。校外党性实践主要利用寒暑假及周末课余时间组织学生党员带着

任务走进企业、村镇，乃至百姓家中，利用自己所学所长全心全意地为民服务。有了这样的实践平台，既有利于促进大学生党员进一步解放思想，凝聚共识，转变观念，增强党性，也有助于激励他们争先创优，争当信念执着、品德优良、本领过硬、勇于担当的先进和模范。

2010 年 6 月 23—24 日，广东省高职高专院校纪念中国共产党成立 89 周年座谈会

五、创建具备四有标准的党建工作保障机制

为进一步夯实高校党建工作基础，解决党建工作的后顾之忧，提升党建工作水平，有必要建立健全以"四有"（有人理事、有钱办事、有地方议事、有制度管事）为基本标准的高校党建工作保障机制。

1. 确保党建工作有人理事

高校党建工作要做到有人理事，即确保有人管事并管好事。首先是要选好配强党总支和党支部书记，按照德才兼备、以德为先的要求，把忠诚党的事业，政治觉悟高，热心党的工作的干部选拔为学校各级党组织书记。同时，要加强后备人才培养，建立高校党组织书记后备人才储备库，以保证事业后继有人。其次，要按照要求配齐学校基层党务干部，保证有人做事、做好事。要以提升能力素质为重点，建设一支政治立场坚定、人员数量充足、比例结构合理、富有生机活力的学校基层党务干部及辅导员教师队伍，充分发挥基层党组织的战斗堡垒和领导核心作用。

2．确保党建工作有钱办事

高校要加大对党建资金投入力度，确保有钱办事。为此要拓宽筹资渠道，逐步形成以财政投入为主，自筹资金和社会支持为补充的学校党组织经费保障和稳定增长机制，保证学校各级党组织开展活动所需的经费，并落实好学校基层党组织阵地建设配套资金。同时，加强对党组织运转和活动经费使用的监督与管理，确保其规范使用。另外，要逐步提高学校基层党务工作者的经济待遇，尤其是辅导员老师的收入，充分调动其干事创业的积极性，激发基层组织的活力。

3．确保党建工作有地方议事

高校要统筹党建工作活动场所，确保有地方议事。首先，要规划建设专门的党建工作活动空间，对于党员达到一定数量的教学区、公寓区、学生社团、实习基地等，要创造条件，建立党组织办公场所和党员活动室。其次，加强党组织活动场所配套设施的建设与维护，要着眼于完善功能、优化服务，为党组织活动提供必要的硬件服务设施，并有效发挥其服务功能。同时要抓好党组织活动阵地形象化建设，如建立高校党建工作室，设置教师指导岗，开展辅导讲座，配备必要的报纸杂志、影像资料等，营造党建文化氛围，扩大党建工作影响。

4．确保党建工作有制度管事

高校要逐步实现党建工作的规范化，确保有制度管事。首先，要建立健全基本制度，如高校党组织职责分工、任期规划、"三会一课"、党务公开、

2018 年 9 月 28 日，广东农工商学院组织党总支书记、专职组织员等到广东轻工职院考察学习党建工作

坐班值班等工作制度，以及党员发展、民主评议、党内关怀、党员表彰等党员教育管理与激励制度，做到"用制度管人，按制度办事"，规范对党组织领导班子建设、党员队伍建设、党组织活动开展的管理。其次，要完善党组织档案，建立健全党组织工作档案的收集、鉴定、保管、销毁、利用制度，规范对党建工作文书档案和实物档案的管理。

六、结语

加强党建工作机制的创新建设并确保其顺利运行，是做好新时期党建工作的关键。我们要在党的十八大精神指引下，严格按照党章要求抓好党建，从严治党，在党建机制创新建设的基础上进一步建立健全党员退出机制，真正实现党员队伍的优进劣出，确保党员特别是大学生党员的先进性，以推动实现"培养中国特色社会主义事业合格建设者和可靠接班人"的战略目标。

规范基层组织建设，树立特色党建品牌

摘 要

　　高校党建工作品牌化建设是推动高校党建工作创新发展、提升高校党建科学化水平的有效途径。从广东农工商职业技术学院"五大党建品牌"的主要特色可以看出，加强党建品牌建设，围绕精神起源、主题引领、主体建设、理论学习、管理监督等原则，从价值、文化和个性入手，强化品牌意识，明确品牌目标定位，实施项目化运作，塑造品牌形象，从而促进党建工作与教育教学工作深度融合。此文刊发于《广东农工商职业技术学院学报》2018 年第 4 期，第 1—5 页。被引用 1 次，下载 392 次。

　　根据世情、国情和党情新变化，《中共中央关于加强和改进新形势下党的建设若干重大问题的决定》提出了提高党的建设科学化水平的战略任务。各级党组织要认真学习中央文件精神，以创新的理念推动党建工作，进一步提升党建工作水平。中共广东省委《广东省加强党的基层组织建设三年行动计划（2018—2020 年）》中强调，全面铺开党建特色品牌活动。广东省委办公厅、省教育工委先后出台了《关于在省直机关中开展模范机关创建活动方案》（2018—2020 年）（以下简称"模范创建"）、《全省高校贯彻落实〈广东省加强党的基层组织建设三年行动计划（2018—2020 年）〉实施方案》（以下简称"党建三年行动方案"）等，对贯彻落实新时代党的建设总要求提出了具体行动方案与要求，实施"对标争先"计划，做好对标自查、争先创建、选树培育和推广运用工作。组织开展"万名党员下基层，城市乡村党旗红"大学生党员暑期社会实践活动和"党支部风采展示"系列活动。深入开展青年大学生传承红色基因主题实践活动，进一步坚定青年大学生理想信念。开展"学习型、服务型、创新型党支部"创建评选和党支部组织生活创新案例评选活动，发挥示范和引领作用，等等，为我校基层党支部建设特别是创建品牌提供了很好的指引。

　　从"模范创建""党建三年行动方案"中我们可以看出，现在全省正在推进一系列的举措，推动学校建设党建工作品牌，谋划党建特色活动，打造党建工作亮点。而品牌化建设，对基层组织进一步落实党建工作主体责任、强化二级学院党的领导、加强党支部建设，增强基层组织的影响力、吸引力和感召力，发挥示范和引领作用，具有积极的意义。事实上，多年来我校坚持党的全面领导，基层党建工作持续创新并积极坚守，"每年一主题"等党建制度形成品牌，得到广泛交流与高度评价。在2018年初广东省教育工委、省直机关工委和农垦系统党建工作考核中，均获得"优秀"或靠前。当前，面对新的形势、新的要求，我们将结合"模范创建""党建三年行动方案"的要求，同部署同落实，推动全面从严治党向基层延伸，促进党建工作与教育教学工作深度融合。

2019年1月9日，作者参加年度全省高校党委书记抓党建述职

一、深刻认识党建工作品牌化的意义

高校党建工作品牌化建设对于推动高校党建工作创新发展、提高高校党建科学化水平具有重要的理论和实践意义。品牌是市场营销领域非常重要的概念。一个企业拥有了品牌就拥有了一定的市场竞争力，是企业极其重要的无形资产，也是企业长期努力并形成的一种文化，反映了社会公众对该企业及其产品的高度认可。党建工作品牌与企业品牌有相同性，即都具有长期性、专属性、无形性和价值性等，但更有特殊性，表现在规范性与创新性的统一，是在规范上创新而形成的特色，是通过规范工作流程、规章制度及特色载体在长期坚守中发挥引领、示范作用，并获得了各级党组织的高度评价及广泛认可。

其次，党建工作品牌也不同于常规党建工作，强调的是特色。高校党建工作品牌体现在：第一，品牌的价值定位。科学定位品牌价值是高校党建工作品牌培育的核心问题，以提高党的执政能力、建设党的优秀基层组织、保持党员的先进性和纯洁性，服务师生的价值定位在校园和社会公众心目中建立起感知清晰的核心价值外化形象，并不断巩固，强化。第二，品牌的工作理念。工作理念是承接价值定位与工作实践的桥梁，工作理念主要解决党建品牌的顶层设计问题，主要从紧跟时代、特色鲜明、方法创新方面入手，筹谋党建工作具体工作实践资源，策划党建工作品牌项目，合理进行党建工作品牌推广等。第三，品牌的载体。品牌的培育除了在价值和理念上闪烁着高校党建精神的光辉，更需要的是将这些思想和设计落到实处，那就必然需要物质载体、队伍载体、实践载体的保障。物质载体主要是品牌培育所需要的场地、设施、媒介与阵地等。按照党员活动室的规范标准是"六有"，即有设施、有标志、有党旗、有资料、有制度和有台账，而作为党建工作品牌建设的阵地则在"六有"上还要有创新、有特色；队伍载体是指党建工作品牌实施中的软实力，包括党建专家点拨、教师指导、学生实践等；实践载体是指党建工作品牌的特色项目，项目可以是长效型、系列型，也可以是亮点型。做到有别于其他高校，人无我有、人有我优、人优我特。第四，品牌的预期效果。党建工作品牌是需要有效果的，在校园内营造出良好的工作氛围，以点带面，最大化发挥示范引领，有一种氛围，以个体带动群体。对于外，有较高的认知度和品牌效应、美誉度。通过上级党组织的认可，兄弟院校的借鉴，在校级间得到推广。

"品牌最持久的含义是其价值、文化和个性。"党建工作品牌的价值在于通过品牌建设，推动党建工作方式方法创新，提升育人质量和水平。党建工作品牌的文化在于通过品牌建设，彰显党建活力，形成以品牌号召力和品牌价值提升为中心的文化管理模式，营造良好的党建文化氛围。党建工作品牌个性在于通过品牌建设，积极挖掘自身文化资源中与众不同的部分或元素，也包括在此基础上文化资源及其衍生产品的改造、完善和创新，从而实现自身特色资源的品牌化。

二、深刻把握学校党建"五大品牌"特色

秉承"军垦人"的党建光荣传统，学校干部党性强、校园党"味"浓，逐步形成了学校特有的"五大党建品牌"：坚持弘扬南泥湾传统，坚持年度工作主题，坚持"八个一"党建制度，坚持两级中心组学习，坚持"双目标"考核等。"五大党建品牌"，从精神起源、主题引领、主体建设、理论学习、管理监督等方面，相互作用、相互渗透，形成整体合力，进而从全局

上推动学校党建工作创新发展、提高学校党建科学化水平。具体表现在：

一是弘扬南泥湾传统——铸精神。源于"自力更生、艰苦创业"南泥湾精神和"艰苦奋斗、勇于开拓"农垦精神的"艰苦奋斗、自强不息"的农工商精神，是学校党建和思想政治工作"活的灵魂"。66 年来广东农工商人艰辛创业、逾越艰难、实现梦想，靠的就是这个精神与文化。近些年来农工商党建工作不断彰显活力，持续创新制度并坚守数年，所支撑的无疑也是这个精神与文化的"再铸"。实践证明，农工商精神是支撑我院全面发展走得更高更远的精神支撑。事业发展有赖于文化自信。支撑一所学校走得更远的根本推动因素，是师生员工的精神气质。这是因为各方面改革的要求总会发展变更，但我们的精神文化是永恒不变的。百年后农工商的地位如何，向世人集中展现什么，更应以文化的软实力助推硬实力的提升；百年后的农工商在日益变革的时代如何体现大学价值和使命，更在于给师生一种精神、一种文化，这是使一个人立于天地间，始终向上、向善、向前，实现自身价值的根本。学院第六次党代会报告向全体师生党员、干部群众发出"为实现百年农工商梦而奋斗不息"的号召，提出百年农工商梦的基本内涵是"师生幸福，社会认同"，坚持将红色传统文化和革命精神融入学校党的建设和思想政治工作，坚持走农工商人的办学特色之路。党的十九大召开后，学院党委以习近平新时代中国特色社会主义思想为指导，按照新时代党的建设总要求，坚定不移全面从严治党，不断加强党的建设和思想政治工作，继续弘扬南泥湾红色传统，将"艰苦奋斗、自强不息"的农工商精神落实到各项工作，自觉践行"做就有、做即好"，将党建工作融入中心、服务育人。

二是坚持年度主题——促引领。学院党委坚持每年"一主题"，并在年度党的工作要点和党建思想政治工作要点中予以明确，提高科学性、针对性、引领性，使全校各部门、全体教职工聚焦中心、突破重点、形成效力。回顾近十年年度工作主题分别是：2009 年为"质量建设年"、2010 年为"制度建设年"、2011 年为"管理建设年"、2012 年"内涵建设年"、2013 年为"协同创新年"、2014 年为"服务改革年"、2015 年为"依法治校年"、2016年为"规范管理年"、2017 年为"务实创新年"、2018 年为"奋发有为年"等。这十个主题在实际工作中体现的是创新性、前瞻性，在默契与超前中成为工作的必然，给学校事业改革发展、提质升级带来了一些意想不到的效果。例如 2012 年主题是"内涵建设年"，学院直接立项为第二批广东省示范性高职院校建设单位并顺利通过建设方案论证；2015 年主题是"依法治校年"，学院当年迎来了第二轮依法治校验收并顺利通过；2018 年跨入新年学校就提出"奋发有为年"，在随后教育部、广东省教育工委年度工作部署上要求全国、全省高校"2018年写好'奋进之笔'"。对此学院年度工作目标与上级要求高度吻合并得到很好的执行。多年实践证明，年度工作主题的确定在一定程度上起到了很好的引领作用，促进学校内涵建设发展，确保学校人才培养科学化、管理工作精细化、服务工作规范化。

三是"八个一"党建制度——强建设。多年来，学院党委在工作中不断规范和坚持党委会会议制度、党支部和党员评议制度、党委和党总支中心组学习制度、工作通报制度等，形成党建工作"八个一"制度：一是坚持每年"一主题"，提升思想教育和管理水平促进内涵建设发展。二是坚持每年一次"双目标"考核，用刚性要求对党支部、党员进行考核。三是坚持每年一次通报会，向党员代表、离退休教职工、教师代表、民主党派人士通报学校党的建设和改革发展情况。四是坚持每月至少一次党委会，定期研究学校改革发展重大事项。2018年起每月两次或以上党委会，定时每月第二周、第四周的周一，每次第一议题是学校党建工作专题。五是坚持每两周一次党委理论学习中心组学习，交流心得、研究工作。六是坚持每三周一次党总支理论中心组学习；七是坚持每月一次党员、教职工政治学习。八是坚持每名党委领导班子成员至少联系一个二级学院，并落实"双重"组织生活会制度，坚持以普通党员身份参加支部生活。

2017年7月3日，作者与小学同学邓旭旗时隔半世纪同窗于中央党校学习留念

四是两级中心组制度——深学习。学院党委坚持把扎实推进党委理论学习中心组、党总支理论学习中心组作为党建制度化规范化、加强政治学习和思想政治教育的切入点。

（1）以"四个结合"强化政治建设和思想教育。党委始终坚持把政治建设放在统领位置，把思想教育放在党的建设重要位置，以推动中心组学习为平台，坚持"四个结合"：一是将务虚和务实相结合，二是将学习中央和省委要求与研究学校发展问题相结合，三是将理论学习、专家辅导与专题研讨相结合，四是将理论学习与实践教学相结合。努力把中心组学习作为"关键少数"的中层以上骨干学习贯彻上级精神、剖析形势动态、研究理论政策、研讨工作思路的一个有效方式，在思想上达成共识，强化理论武装和思想教育。

（2）以"三个学"深化学习。一是提高认识深化学。以党委中心组扩大会议的形式，邀请上级领导和专家学者等作专题辅导和政策权威解读。二是领导示范带头学。党委班子成员坚持从自身做起，带头学习，体现为"五个带头"：带头自学、带头坚持学习制度、带头做学习辅导、带头写心得体会、带头调查研究。三是明确纪律严格学。每次对学习人员作严格考勤，明确党委理论学习中心组成员因公、因私请假不能参加集中学习的，须请示报告党委书记，同时向党委理论学习中心组学习秘书（党委办公室主任）报备，个人撰写书面专题发言。各党总支和直属党支部要做好考勤和专门学习记录，确保全员出席，保证学习效果。

（3）以"两级制"规范学习。强化党委、党总支两级中心组学习制度。每年年初"学校党建工作和思想政治工作要点"，确定全年党建主题，详细安排全年的党委、党总支两级中心组学习计划。一是党委中心组每月一个主题，确定五名中心发言人；二是每月一个机动主题，邀请上级领导、专家做专题报告或现场学习交流；三是根据学习主题需要，扩大参加学习人员；四是学习前提交发言提纲、学习结束记录建档。

（4）继续深化学习制度改革。学院党委针对党总支理论学习中心组，进行了进一步改革，强化理论学习中心组建设。改革要求如下：一是明确党总支书记是党总支理论学习中心组学习第一责任人，七项主要职责是：传达落实党委理论学习中心组的学习内容和要求，审定本单位学习计划、确定学习主题、提出学习要求、主持集体学习研讨、进行学习讲评、指导督促中心组成员学习等。二是党总支理论学习中心组学习不能用党总支领导班子会议、部门领导班子会议、教学管理会议或其他形式代替中心组集体学习研讨。三是党总支理论学习中心组学习不少于四次。四是严格执行学习会议前、会议后情况报送制度。

五是"双目标"考核——优管理。基层党建工作"双目标"考核制度已经实行十多年。以支部组织生活会民主评议党员，对党员进行量化目标考核，学院党委成立检查组交叉互评，对党支部进行量化目标考核，在此基础上推选优秀党支部和优秀党员的候选名单。2017年进一步深化"双目标"考核工作：一是对教工党支部和学生党支部在基层党支部建设方面考核标准统一化，适当区分教工和学生支部建设的差异。二是严格按照《广东农垦党的建设工作考核办法（试行）的通知》和学院党委的有关要求，进一步加大对党支部的考核力度，从思想政治建设、组织建设、廉政建设、党建项目建设等四个方面20条标准进行细化考核，形成一级抓一级、层层抓落实的党建工作格局。

三、新时代着力打造新一批基层党建品牌

党的十九大报告指出，中国特色社会主义进入新时代，我们党一定要有新气象新作为。我们必须毫不动摇地把基层党的建设建得更加扎实、更加坚强有力。围绕"模范创建""党建三年行动方案"，就我院党建品牌创建工作，突出"四个着力"的要求：

2019年7月15日，广东农工商学院中层及以上干部赴浙江大学参加领导干部综合能力提升研修班合影

一是着力强化品牌意识。强化师生员工特别是党务工作人员的品牌意识，是高校党建工作品牌化建设的根本前提，也是提升高校建设党建工作品牌价值的先决条件。"党建三年行动方案"指出，全面对标习近平新时代中国特色社会主义思想、党的十九大精神、新时代党的建设总要求、总书记重要讲话精神，"全面推进我省高校党建工作标准化、规范化、信息化和品牌化建设"。学院党委按照上级要求，也制定了学院的《加强党的基层组织建

设三年行动计划（2018—2020年）实施方案》，明确三年的具体行动计划及其38项具体内容。围绕"党建三年行动方案"，各党支部要把打造工作品牌作为支部建设创新的重要目标，以此引导党支部建设工作向长期战略指向的视野发展；要将品牌作为加强和改进党支部建设工作的重要抓手，统率党支部建设的各项工作，以之作为党支部建设各项工作统一行动的指针；要把创新理念贯穿于品牌建设的始终，争取在组织创新、活动方式创新、服务创新、制度创新等方面取得实效；要树立规范理念，党建工作要按照规范化要求完善工作流程，健全规章制度，充分发扬民主，实现党支部建设工作的规范化、制度化、程序化；要将党建品牌凝聚为全体教职工和大学生共同的价值取向与精神追求，使之积极参与、身体力行，形成党支部建设的凝聚力和向心力。

二是着力明确品牌目标定位。这是高校党建工作品牌化建设的关键所在。根据品牌做好模型。在品牌定位上，首先，要明确创建什么样的特色党支部，如何增强凝聚力和战斗力？其次，每个党支部要结合专业特色、人才培养目标和资源条件等，在详细比较中找准自身定位。学院现设有11个党总支、4个直属党支部和28个党支部。在党支部中，有机关干部党支部也有是教学一线党支部，有教师党支部也有是学生党支部，有在职教职工党支部也有是离退休教职工党支部等。尽管岗位不同、业务不同、身份不同，但党的建设要求是一致的。在创建党建工作品牌过程中，每个党支部都应该认真分析内外部条件以及加强建设工作的优劣势，从而确立品牌主题与载体，策划品牌名称与标志，提炼品牌内涵与要义等。

三是着力推进项目化运作。基层党支部创建党建品牌的成功经验是选择恰当的载体。东莞理工学院的党建品牌是突出社区党建，通过"一廊三室""一社区一特色"，实现价值引领生活化、素质养成场景化；而广东轻工职院通过线上线下两手抓，实现党建工作"全覆盖"。这是值得借鉴的工作经验。《三年行动计划》要求构建党建工作品牌化建设长效机制，增强基层组织吸引力。在落实省教育工委党建品牌活动的基础上，我们要结合学校的实际，大胆创新、积极创新，构建具有农工商学校特色的党建工作品牌化长效机制。项目化运作是构建长效机制的重要保障，各党支部在党建工作品牌化建设过程中，要从党支部建设工作实际出发，突出党建工作品牌的个性化、特色化。运用经济工作中项目化管理办法，把一个个党建工作品牌作为解决党建工作中遇到问题的具体项目，在遵循党建工作共性化规律的同时，创建不同的党建工作品牌，建设不同的项目，解决不同的问题，使推进党建工作的方式方法更加科学、更具有针对性。

四是着力塑造品牌形象。塑造良好的党建工作品牌形象，需要广大党员同志乃至全校教生员工的共同努力。在处理好共性与个性、继承传统与时代创新的关系的前提下，我院要对党建工作自身的诸多信息进行整合，通过制定合理的育人理念、提高育人质量与水平、葆有古老而又常新的大学精神、提炼与弘扬规范而又富有特色的党支部品牌、培育具有深厚文化底蕴的党建文化、设计个性鲜明的品牌形象、借助新媒体技术宣传引领等，做到党建工作有形与无形的有机统一和相互融合，并做到持之以恒、久久为功。

　　总之，目前高校党建工作品牌建设还是一个新鲜事物，还缺乏系统的理论和可以直接照搬的经验。对此我们可以选择把党建品牌和其他品牌的建设工作结合起来，既要充分发挥自己的创造精神，加强党建工作的创新性，又要把各党总支、党支部创建党建工作品牌的特色活动联系起来，实现资源和信息共享，在品牌建设过程中互相学习借鉴，共同推进，相信必将开创我院党建工作的新局面。

　　2019年9月26日，广东农工商学院离退休教职工"庆新中国成立70周年"文艺演出合影

第十篇
教学质量提升是高职院校内涵发展的核心标准

　　教学质量是大学一切工作的生命线；提高教学质量是大学不断深化教学改革的理由和不懈追求的目的。办学治校必须在提高教学质量上下功夫，必须在规范教学管理上下功夫，必须在自我监控、自我诊改上下功夫。广东农工商学院从转制之初就把夯实教学、规范管理作为突破口，形成独特的流程化管理，取得了较好的成效。

实践先进文化代表，扎实提高教育质量

摘　要

时代的需要和高等教育的职能表明，高等学校应当成为中国先进文化发展的典范。随着高等教育的日趋大众化和我国加入WTO，高等学校必须以发展为主题，以教学改革为切入口，以教学基本建设为基础，构建新的教学规范管理与运行机制，扎扎实实提高教育质量，加速培养创新优质人才，以实际行动来实践先进文化代表。

2002年6月，在全省高校教学工作会议上，广东农工商学院与中山大学、华南理工大学三所高校作教学规范管理经验介绍，其中，广东农工商学院是高职院校唯一代表。这是大会经验交流发言提纲，刊发于《广东职业与成人教育》2002年第11期，第10—13页。

"我们党要始终代表中国先进文化的前进方向，就是党的理论、路线、纲领、方针、政策和各项工作，必须努力体现发展面向现代化、面向世界、面向未来的民族的科学的大众的社会主义文化的要求，促进全民族思想道德素质和科学文化素质的不断提高，为我国经济发展和社会进步提供精神动力和智力支持。"发展中国先进文化是新时期赋予我党的任务，也是高等学校不可推卸的责任。高等学校如何成为中国先进文化发展的典范，如何实现大学职能，保质保量培养社会急需人才，为社会经济发展和社会进步提供精神动力和智力支持，是值得深思的课题。

一、从政治的高度，深刻领会高等学校应该成为中国先进文化发展典范的现实意义

先进文化主要是指科学的、健康的符合最广大人民群众的根本利益的、代表未来发展方向和有利于社会的文化。先进文化是人类文化进步的结晶，也是人类精神文明的载体。高等学校是承传民族文化、融合世界文化、创新优秀文化的基地，具有深厚的文化底蕴。它在推进先进文化发展中起着极其重要的作用，甚至深刻影响着一个国家和民族的精神状态与历史进程。高等学校的特殊环境，使其成为思想文化相互激荡最激烈的场所，是新思想、新

文化的交汇和集散地，置身其中的知识分子，往往把自己视为公共价值的代表者，他们常常以批判的眼光、超脱的姿态对待现实，总是能够保持思想意识的前卫性，对于全社会的思想文化有很大的影响；高等学校所培养的高素质人才，在社会上起到传播和辐射先进文化的作用。

当代中国先进文化的前进方向，就是努力提高中华民族的思想道德素质和科学文化素质，培养一代又一代有理想、有道德、有文化、有纪律的公民。高等教育的根本任务是培养具有创新精神和实践能力的高级专门人才，发展科学技术文化，促进社会主义现代化建设。随着科技革命迅猛发展，国际竞争日益激烈，促进全社会对高素质人才资源的迫切需求，以及人民群众接受更高层次和更好水平教育愿望的提升，从而使高等教育在经济和社会发展的基础性、先导性和全局性的地位更加凸现，现代经济和社会发展，对教育特别是高等教育的依靠程度，从来没有像今天这么迫切。高等教育正在从经济和社会发展的边缘走向中心，它的改革和发展已成为社会关注的热点和焦点。与此对应，高等教育所肩负的使命也正在发生悄然而深刻的变化，概括起来就是，高等教育将由适应经济和社会的发展，转变为对经济和社会发展起牵制和拉力作用，由单一的学历教育转变为提高国民素质，满足人民群众追求自我完善的需要。

时代的需要和自身功能的所在表明，高等学校应当成为中国先进文化发展的典范，并且在改革与发展中努力实践。

二、高等学校代表先进文化，核心是扎实提高教育质量，加速培养创新优质人才

高等学校既是承传、融合和创新文化的基地，更是培养社会主义建设者和接班人的摇篮。可以说，一定时期高级人才培养的数量与质量，直接反映了高等学校根本任务的完成状况，而人才培养的核心环节是教学工作。因此，教学工作是学校的中心工作和主旋律，提高教育质量是高等学校永恒的主题，在高等教育快速发展而日趋大众化的今天，必须更高地举起质量的旗帜，扎扎实实地提高教育质量，确保高等教育快速、持续、健康地发展，从而使高等学校真正成为中国先进文化发展的典范，为发展先进文化发挥创造、辐射和带动作用。

（一）教育质量在高等教育发展体系中居于中心地位

高等教育的发展，不仅包含数量的增长，还有质量、结构、效益等多种

因素。高等教育发展体系是一个由数量、结构、质量、效益组成的相互依存、相互协调的概念，只有在教育规模扩大的同时，实现质量、规模、结构、效益的有机统一，才算实现了高等教育的完整发展。从高等教育规模、质量、结构、效益的内在联系以及发展的整体效益来看，四个发展要素并不是并列关系，其中必须以质量为中心，把教育质量摆在首位。没有教育质量的规模越大，造成的教育资源浪费也就越大；没有教育质量的结构，即使教育结构是合理的，也无法实现人才的社会适应性；人才的数量与质量是教育产出的基本指标，若失去了教育质量也就失去了教育效益。因此，质量是高等教育发展中的永恒话题。

（二）提高教育质量，是高等学校参与国际竞争的需要

随着我国加入世界贸易组织，我国将全面履行包括高等教育在内的服务贸易对外开放的承诺，即允许其他成员国来华开办合作办学。这就意味着国内高等教育市场将迎来国际优质高等教育资源及举办者。当然，也包含我国高等教育走出去。新的市场竞争在所难免。国内高等学校必须提高自身的国际竞争力：一是提高办学实力，以高信誉、高水平赢得国际认可；二是所培养的人才为社会急需，不仅外语好，而且懂得国际规则等。而这一切，都以教育质量为基础。

（三）提高教育质量是人民群众的普遍愿望

近年来，随着教育投资体制改革的深化，高等学校的经费来源由主要依靠国家投入，逐步转变成教育成本合理分担，除了国家、社会的投入以外，还要由学生或其家庭承担部分教育费用，并且承担的比例近年来还在不断提高。学生既是受教育者，也是消费者，其教育价值的主体地位也日益突现。这样，必然引起人民群众心理上的变化，他们会因此而更加关心子女的学习成绩和毕业后创业持家、贡献社会的能力，关心他们的投入能否得到相应的回报。这种期求回报的强烈程度当与他们负担学费的多少成正比。因此，高等学校要从"讲政治"的高

2000年7月，广东农工商学院中层干部赴海南农垦调研

第十篇 教学质量提升是高职院校内涵发展的核心标准

度，努力实践先进文化代表，把提高教育质量摆在教育工作的突出位置。既要千方百计地提高更多的教育机会，积极推动高等教育大众化，以满足人民群众日益增长的教育需求，又要加大力度关注教育质量，切不可因扩招而牺牲质量，确保数量与质量统一协调发展。

教育质量始终是高等学校的生命线。如果一所高等学校办学质量高，所培养的学生受社会欢迎，竞争力强，学校的知名度、美誉度和认可度社会将大大提高。反之，一所学校的办学质量得不到保证，所培养的学生就会在社会竞争中处于不利地位，就会被社会淘汰，而学校的信誉也就因此而大大降低，也就不可能有发展，生存也将成为问题。因此，无论从高等学校的责任，还是从时代的需要，或者学校的生存与发展来看，高等学校都必须注重教育质量、注重人才培养质量。

三、高等学校提高教育质量，必须以发展为主题，以教育观念创新为先导，以教学改革为切入口，以教学基本建设为重点，构建新的教学管理规范

高等教育的质量是一个综合性、多层面的概念。不同类型、不同层次的高等学校和不同时期的同一所高等学校，其教育质量标准、人才培养规格是不尽相同的。以广东农工商学院为例，建院初期，学院作为一所管理干部学院，教育培养目标或主要任务是帮助大中型企业管理干部队伍进行文化素质的提升，培养目的是使其具有丰富的经营管理经验和熟练的生产技术。而现在，学院作为一所职业技术学院，以招收生产经营管理和服务第一线人员为主调整为普通高中毕业生为主。根据《教育部关于加强高职高专教育人才培养工作的意见》精神，高等教育必须按照党的教育方针和我国社会主义现代化建设的要求，培养适应生产、建设、管理、服务第一线需要的、德、智、体美等方面全面发展的高等技术应用型专门人才。这是我院教育的培养目标，也是它的质量标准。

1999年以来，学院承担了高校扩招任务，在校生规模连续三年递增30%以上，一方面是办学规模急速扩大，另一方面是办学模式、教学理念、教学内容、教学方法和培养对象等全方位进行改革与调整，压力是巨大的。学院党委认真学习贯彻《中共中央、国务院关于深化教育改革全面推进素质教育的决定》，尤其是近一年来，以"三个代表"重要思想和《中共中央关于加强和改进党的作风建设的决定》为指导，全面落实广东省高等学校教学工作会议精神，以发展为主题，以教育观念创新为先导，以教学改革为切入口，

以教学基本建设为重点，坚持"练好内功，严格管理，以质取胜"的办学方针。变压力为动力，与时俱进完成自身的转型，努力办出农工商职业技术学院特色。为此，学院着重抓好以下几项工作：

一是抓教育观念创新。办学模式、教学内容与方法的更新有赖于教育观念的创新。教育观念，是提高教育质量的思想基础。为了让全体教职工尽早转换观念，熟悉高等职业教育的办学规律、培养目标和教学模式，学院成立教改领导小组，深入调研，寻找差距，强化质量意识。并提出《关于加强教学管理提高教学质量的意见》，编写《高职教育参考资料》；开展全院性的研讨活动，包括两场专题报告会和三场学术研讨会，通过主讲和研讨的结合，使全院上下对高职教育有一个较深入的思考；组织系、教研室及部分骨干教师前往省内外职业技术学院进行观摩、学习；学院主办公开出版发行的学报也开设专栏，发表了 10 多篇有一定的新见解和理论深度的文章；成立由企业家、技术专家及政府行政管理部门领导组成的多个专业委员会，加强在专业建设、课程设计、实习实训、学生就业等方面的指导。通过以上活动，全院管理层和教师对当前国内外高职教育的发展有了较清晰的认识，树立了信心，逐步形成了新的教育观念，为搞好学院的教学改革实践，办好具有广东农工商学院特色的高等职业教育打下良好的思想基础，创造了良好的条件。

广东农垦管理干部学院 1985 级商管班同学毕业 30 周年同学聚会留影

二是抓教学改革。学院按照"每系一专业，每专业一课程"的专业与课程调整改革和建设的思路，加大力度推动教学改革的理论研究和创新实践，制定出新的专业建设与改革方案，其中有 1 个专业——绿色食品加工与管理专业被批准为第三批教育部高职高专教育专业教学改革试点，3个专业改造为新专业，2个专业调整了专业方向，15个专业重新修订了教学计划，14个专业进行了专业内容和课程结构改革，3个专业被撤销或合并。积极发展现代流通业、信息业和涉外经济相关的应用性专业，2002年已获批准招生的新专业4个：计算机软件、通信工程、涉外会计和国际金融等专业。另外，新专业——商务信息技术专业已完成市场调查及人才需求预测，计划申报2003年招生；有6个教学改革课题被列为院级教改项目，其中两项（高职高专市场营销专业技能培养的理论与实践、构建适应高职高专的现代教学体系）被确立为新世纪广东省高等教育教学改革工程项目。这在同类院校中，学院也是获省立项教改课题较多的院校之一。

2003年1月9日，广东农工商学院第二届教学管理学生信息小组合影

三是抓师资队伍建设。多年办学经验告诉我们，教师是高等学校的生产力，是教学改革的主体力量，广大教师积极性、主动性和创造性的发挥是高等学校教学质量提高的关键。为此，需要既注重现有师资的培养提高，坚持教书育人、管理育人、服务育人，通过传帮带，不断教育，培养新教师，又积极引进高素质人才，充实队伍。过去一年，学院重新修订师资队伍建设计划并出台一系列优惠政策，鼓励教师及管理人员在职攻读高层次的学历教育或到企业挂职锻炼。至今有30多名教师获取各类职业资格（或省劳动厅职业资格考评员）。

四是抓教学设施建设，投入近200万元的校园网，提前一年完成二期工程，提供1200多个信息点，使大部分宿舍都设有校园网点，追加投入800

多万教学仪器设备，装配6个多媒体室、2个语音室、1个电子阅览室、1个校园泄漏式英语广播电台，以及院内仿真、模拟实验室等20余个。新建校外实习基地20多个，基本保证了院内外实践教学的需要。2002年，是学院举办高等职业教育的第三年，也是有首届毕业生的头一年。据统计，这批高职毕业生不仅全部参加了企业半年或以上的实践，而且全部获得了相应的职业资格证书，其中30%的毕业生获取两个以上的职业资格证书。

五是建立学生教学信息员制度。为了贯彻教学以教师为主导，学生为主体的思想，学院从2001年9月起，组建了一支由学生会干部、班长和一般学生等构成的学生参与教学管理和制度建设的队伍，采取一年一聘的方式，每月召开一次座谈会，公开教学信息热线电话、信箱和电子邮箱，组织教学管理学生信息员到兄弟院校学习交流等。近一年来，累计收到各类信息或建议600多条。

六是建立淘汰机制，严把出口关。从2001年4月起，学院根据教育部办公厅《关于加强高等学校考试管理和考风建设的通知》（教电〔2000〕432号）的精神，重新修订考试管理规定，并重申学籍管理条例，严格执行，新学年一开学，学院对缺课多、课程考核不及格或作弊者，按学籍管理有关规定分级进行了严肃处理。其中，2000级被劝退2人，淘汰率0.2%，留级19人，占同级在校生的1.7%；2001届不能如期毕业45人，占应届毕业人数的5.4%。此举，由于少了人情，多了规则，在院内师生中震动很大。考风正了，学风好了，教学质量就有了保证。

七是抓教材建设，优化教学内容。仅过去一年，学院教师主编、参编公

2018年10月13—14日，1968届农垦技术专业校友返校，毕业50周年相聚

开出版发行的各类教材就有 10 多本。其中，主编、参编的全国高职高专统编教材有 4 本：《商务谈判》《市场营销》《营销心理学》和《数据库技术》；广东省内统编教材 3 本：《网络技术》《电工基础》《新英美文学概论》。

八是建立教学管理流程，加强教学广州的科学性、导向性、现实性、规范性和可操作性。如《2002 年教学工作要点及 2001—2002 学年度第二学期教学管理流程》（简称"教学管理流程"院函〔2002〕1 号），于上学期结束前就发到各系、教研室，依此指导今年和本学期的教学工作。"教学管理流程"的主要内容是，高举邓小平理论的伟大旗帜，实践"三个代表"，认真贯彻《中共中央国务院关于深化教育改革全面推进素质教育的决定》和广东省教育工作会议精神，围绕"一条主线"（教育质量年），突出"两个重点"（部级专业改革试点和省级教改项目），实施"三项改革"（专业调整改革、教学方法改革和教学管理改革），加强"四项建设"（教研室建设、实践教学基地建设、师德与学风建设、教学管理制度建设），并明确了全学期各周的教学管理工作重点以及教学检查评估的进度，要求全院上下共同努力，提高教学质量和水平，确保学院办学规模、质量、效益协调持续发展。

结束语

展望新世纪，广东农工商学院将按照广东省省委、省政府和省教育厅的工作部署，明确办学思路，坚持教学工作的中心地位不动摇，坚持教学改革的核心地位不动摇，坚持教学基本建设的优先地位不动摇，不断提高教学质量，为广东经济建设和社会发展作出新的贡献。

高职院校教学质量自我控制的认识与实践

摘 要

　　高职院校加强教学质量的自我控制，对推进高职教育的健康发展是极为重要的。高职院校必须充分发挥主体作用，强化质量意识，营造组织氛围；明确自身的定位，推行目标管理；适度控制，刚性与灵活性相结合；建立教学质量评价系统，及时反馈与改进；完善激励机制，促进教学运行良性循环。

　　本文获广东省高等教育学会 2003 年高等职业技术教育优秀科研成果一等奖，刊发于《中国职业技术教育》2003 年 10 月中旬刊，第 45—46 页。

一、对教学质量自我控制的认识

　　教育部 2001 年 4 号文件指出，高等学校要根据新世纪人才培养的要求，不断深化教学管理制度的改革，优化教学过程控制。对优化教学过程控制问题，我们有如下认识：控制是管理四个基本职能——计划、组织、领导、控制的一项重要职能，控制的目的是确保管理的效率和质量。教学过程控制，就是对教学各个环节的作业活动进行有效的调节和控制；其目的是对教学过程中直接影响教学质量的各种因素进行直接干预，限制和排除不利因素，以确保与提高教学质量。

　　高等教育的质量保障体系是多元的，包括政府的督导，高校的自律和社会评估等，但时下的政府教育行政管理部门在致力推动高等教育大众化之中，需要管理的事很多，只能

2019 年 12 月 29 日，作者在广东商业教指委年会"职教 20 条"推进会作主旨发言

重点解决办学条件的资格审查，而不可能对每所院校的教学过程及办学质量进行全面监控管理；另一方面，我国高等教育真正意义的社会评估机构目前尚未建立，基本处于缺位状态。因此，高等学校作为质量保障的主体，必须对自身的教学质量进行自我控制和自我评价，不断调整内部的自我发展、自我约束，使自身处于不断优化和完善的良性运行之中。

高等职业教育是高等教育的重要组成部分。但它既不同于学科教育，也不同于技工教育。既不是本科教育的压缩，也不是专科教育的翻版，而需要构建全新的人才培养方案，需要适应经济社会发展需要，不断调整和创新教学过程。因此，对高职教育的教学质量要进行自我控制。而且，这种控制是全过程、全方位的，从教育目标定位、专业设置、教学计划、教学组织、教学辅助、教学效果监督检查，到毕业生质量跟踪反馈，周而复始，进入下一个循环。

二、教学质量自我控制的实践

广东农工商学院前身是广东农垦管理干部学院，培养目标或主要任务是帮助大中型企业管理层进行文化素质的提升。1999年高校扩招，学院首次承担高职教育任务，开设了8个高职专业，招收学生1006人，招生对象调整为以应届高中毕业生为主，为培养社会急需的高等技术应用型专门人才。目前，首批高职学生已毕业，分布在各行各业，社会评价较好。总结经验，主要是在教学质量自我控制方面进行了有益的实践。

1. 抓控制关键，解决办高职教育过程的难点

通过分析排队，学院突出了专业设置、教学计划修订、教学大纲编写、师资队伍建设、教学工作规程完善、教学方法与内容调整、实践教学组织和毕业生就业推荐工作等八个关键问题。如新专业的设置，坚持以市场为导向，深入调查研究，把握经济社会发展的要求，调整专业结构，开设了绿色食品加工与管理、商务英语、涉外会计、计算机软件等一批新兴、现代和复合型的特色专业，每年新增3~4个专业，都有较高的报考率。如2002年，新设的涉外会计、国际金融、计算机软件三个新专业，平均招收新生100名，而且实现"两高"（录取分数线高、报到率高）。又如实习基地建设，我院依托农垦，立足广州，面向社会各行各业，建立起近百个实习基地，仅每年的春秋两次中国商品出口（广州）交易会，学院就有600多人次参加相应职业岗位的实习。在教学过程中，按照职业岗位要求，确定人才培养方案，调整课程结构，改革教学方法，使学生不仅专业知识扎实，而且动手能

力较强。2002 届（首届）毕业生一次性就业率达到 92.32%，高出全省平均数 6 个百分点；从毕业生就业及单位反馈情况来看，学生得到社会的普遍认可和欢迎，用人单位对广东农工商学院学生质量的满意率达 86%。

2. 抓前馈控制，制定标准，规范教学及管理工作

控制的三要件是标准、信息和措施。其中标准是对教学活动实行有效控制的基础。制定标准，就是要确定调节、控制教学活动需要的各种标准。广东农工商学院为确保教学质量，根据学院教学质量方针、质量目标和有关工作规范标准，制订了各类理论教学、实践教学工作规程，包括年度教学工作要点和学期教学管理流程、教学运行规程、新进（聘）教师考核录用工作规程、授课计划制订规程、课堂教学工作规程、教材选用工作规程和学生成绩考核工作规程等。特别是每学期的教学管理流程，事前深入调查及广泛征求系、教研室的意见，结合教育部、广东省教育厅要求及高职教育教学改革发展需要等确定管理重点，并且是下学期的教学管理流程在本学期结束前就下发至系、教研室，加强教学管理工作的科学性、现实性和导向性。

3. 抓同期控制，做好检查、监督和信息交流

在制定了教学及其管理工作各项标准后，学院加强检查、监督和信息交流。每学期除了日常教学常规性管理工作外，一般都安排了三至五项大的教学活动交流检查，如教案交流检查、教学日志登记与教学系、专业教研室审阅检查、作业布置及批改检查、试卷命题评卷分析、课堂教学质量学生意见调查、院系及教研室领导听课等。对教与学活动中出现的问题及时发现、调整。这样做，既确保了制度的推行、落实，又能因应环境条件变化及时作出调整。此外，及时传达教育部及广东省教育主管部门的新要求，注意借鉴兄弟院校教学管理的先进经验及做法，不断提高教学管理水平，有效提高教学质量。

2012 年 8 月 9 日，作者代表行指委向喀什财贸学校捐赠书仪式

2017 年 8 月 16 日，广东农工商学院部分教师赴扎兰屯职业技术学院考察交流

4. 抓反馈控制，衡量成效，纠正偏差

信息畅通是实行有效控制的关键，为此，学院不仅每学期定期进行课堂教学质量调查与评估，而且建立了教学质量管理学生信息小组，随时对教学进度实况和教师的教学态度、教学水平提出建议或意见，教务处及时归纳整理，向有关人员反馈，研究改进措施。这一方面较好地反映学生对教学工作的意见与要求；另一方面，在教学、学习、管理三者之间建立了快速通道，信息及时可靠，而且这些学生成为学院联系广大学生的纽带、教学质量监控反馈的骨干力量。此外，加强与企业的沟通，做好毕业生跟踪调查，听取社会意见，以此改进学院的教学工作。

2011 年 4 月 23 日，"心系毕业生，情牵农工商"广东农工商东莞校友座谈会

2011 年 4 月，广东农工商学院首届高职毕业生、1999 级商务英语专业的凌湘平等 9 位校友回母校参观

三、教学质量控制应注意的问题

实践证明，高职教育教学质量的自我控制是必要的。它能把对教学工作产生重要影响的教学管理活动有机结合起来，形成标准导向、信息获取及时、反馈迅速之机制，保障和提高教学质量。同时，有几个问题值得注意与进一步探索完善。

1. 强化质量意识，营造组织氛围

高职院校要比以往任何时候更加重视教学质量，以优质服务树立品牌。但是，完善的教学质量控制体系的构建，离不开全体师生的共同参与，上至高层管理者下至普通学生，都是质量监控的必不可少的参与者。高职院校要努力营造重视教学质量的组织氛围，树立全面质量观。

2. 明确自身的定位，推行目标管理

一所院校，属于什么类型的高校，肩负什么样的使命，培养什么样的人才，从高层管理者到一般教职工都要有统一、明确的认识，认真把握本校的培养目标和发展途径，并制定科学、具体、可操作性强的教学质量控制指标体系，严格规范一切教育服务活动，使每项工作特别是教学工作始终处在有效的控制和监督下，在实践中不断深化改革，不断提高教学质量和办学效益，走一条既符合市场需要，又尊重教育规律的路子。

2019 年 12 月 29 日，广东商业教指委年会"职教 20 条"推进会合影

3. 适度控制，刚性与灵活性相结合

教学活动过程控制，既要强调制度的刚性，也要给予一定的灵活性。因为，任何事情变是绝对的，不变是相对的。教学工作也不例外。教学运行管理规定，教学工作必须按照教学大纲和授课进度计划进行，严格控制课表变更；但由于社会人才需求的变化，或由于教学活动赖以进行的教学资源条件变化等，如企业某职业岗位对新技术知识有新要求，需要调整课程结构及教学内容，或企业接受学生实习时间有特殊要求，需要临时调整课程教学进度等，都要求院校必须作出一定的调整。因此，教学活动过程的控制在基本原则不变的前提下，要有一定的灵活性。

4. 建立科学的教学质量评价系统，及时反馈与修正

教学质量评价，包括教师教学质量、专业建设、课程建设、教学工作等进行评价。评价的信息，是整改和建设的重要依据，是实行有效控制的前提，要制度化、标准化、系统化。信息的采集和反馈是多方面的，如随堂听课直接获取课堂教学的第一手材料，掌握教学动态，及时研究和解决教学中的问题；听取教师、学生对教学质量的反映；建立学生信息小组，直接快捷沟通、反馈教、学、管的信息。重视教学过程和结果的测评，尤其要重视高

职学生就业率和社会认可度，找出高职教育教学过程的薄弱环节，采取措施提高教育效率和质量。

5. 完善激励机制，促进教学运行良性循环

通过评价，优劳优酬，从正面进行有效引导。把教学工作质量作为教师和教学管理人员考核、评聘、晋升和选优的重要依据。对于教学效果较差、学生反映较大的教师，院校应有相应的措施暂停或取消其授课资格，并及时更换教师。

从评估整改成效看高职院校的建设与发展

摘　要

为了更好地促进高职院校"以评促建"工作，巩固人才培养评估工作成效，教育部、省教育厅组织专家对被评院校进行了回访。个人受省教育厅委派多次带队回访。此文结合回访工作体验，分析了广东12所高职院校经过评估整改取得的成绩和存在的问题，提出了院校进一步建设与发展的建议，此文刊发于《广东农工商职业技术学院学报》2007年第4期，14—16页。

评估整改是高职高专人才培养工作水平评估的重要环节，只有扎扎实实抓好整改，巩固评建成果，才能切实达到"以评促建、以评促改、以评促管"的目的。2007年9月，广东省教育厅组织专家对近年来接受评估的高职院校进行了评估回访，考察各院校整改工作的落实情况。作者有幸参与了本次评估回访，就评估整改的进展，院校建设与发展取得的成绩和尚存在的问题谈一点粗浅的看法。

一、广东省高职院校评估回访概况

此次评估回访对2004年至2006年接受评估的12所院校进行了考察。回访专家组通过听取学院整改工作汇报、进行专业剖析、个别访谈、召开师生座谈会和考察校园设施设备等途径，主要考察学院根据评估专家意见制定整改方案、开展整改工作的情况，以及学院在加强内涵建设、深化教育教学

2011年8月24日，广东外语艺术职业学院人才培养水平评估工作合影

改革方面所做的工作及取得的成绩。各院校因历时长短不同，整改取得的成效目前还不尽一致。但总体而言，各院校都非常重视评估整改工作，根据评估专家组的意见制定了内容全面、切实可行的整改方案，采取有力措施扎实推进整改工作，在改善办学条件、师资队伍建设、实训基地建设、专业建设与课程改革等方面取得了明显的成效或一定的进展。

二、广东省高职院校评估整改进展与成效

1. 评估时专家组提出的问题与建议

在各院校接受评估时，评估专家组提出的问题与建议可大致分为五类（表1），分别是：加强师资队伍建设，加大投入与加强教学基础设施建设，加强人才培养模式与教育教学改革，加强高职教育理论的学习和研究，提高管理水平。由表1可见，专家建议应"加强师资队伍建设"的院校达到12所（占100%），主要表现在师资数量不足、职称学历结构不够合理、缺少有影响力的专业带头人和骨干教师等方面；专家建议应"加大投入与加强教学基础设施建设"的院校达到11所（占92%），主要表现在办学经费不足、教学用房较紧张、实验实训设备数量不足等方面。其次，有7所院校（占58%）应当"加强人才培养模式与教育教学改革"，3所院校（占25%）应当"加强高职教育理论的学习和研究"，3所院校（占25%）应当"提高管理水平"。

表1 评估专家组提出的问题与建议

问题与建议	院校数	比例（%）
加强师资队伍建设	12	100
加大投入与加强教学基础设施建设	11	92
加强人才培养模式与教育教学改革	7	58
加强高职教育理论的学习和研究	3	25
提高管理水平	3	25

由此可见，专家组现场考察评估的结论表明，师资队伍建设、办学经费投入与教学基础设施建设是各院校普遍存在的薄弱环节，同时在内涵建设方面各院校还有相当差距。

东软教育教学质量评估专家组在东软信息技术学院
中国 南海 2004年11月

2004年11月，东软教育教学质量评估专家组在东软信息技术学院

2. 院校整改进展与成效

各院校整改进展情况见表2。

表2 院校整改进展与成效

整改内容	成效明显		取得一定进展	
	院校数	比例（%）	院校数	比例（%）
师资队伍建设	9	75	3	25
办学经费与加强教学基础设施建设	7	64	4	36
人才培养模式与教育教学改革	5	71	2	29
高职教育理论的学习和研究	3	100	–	–
提高管理水平	2	67	1	33

可以看出，评估整改有力地促进了院校的建设与发展，主要体现在五个方面。

一是师资队伍建设取得明显成效。多数院校的师资数量得到充实、质量明显提高、结构进一步优化，初步形成了一支结构合理、素质优良的师资队伍。有的学院设立人才引进和教师培养的专项经费，有的学院实施高层次人才培养计划，实施"名师工程"和"双师型"教师培养工程，完善专业带头人和骨干教师的引进选拔制度，规范并落实教师下企业实践的制度，聘请企业行业技术专家担任兼职教师。某学院评估以来共引进和培养教授8人，博士4人，硕士39人，副高职称54人，从企业引进技术人员和能工巧匠38人。

2005年12月26日，广西职业技术学院人才培养水平评估工作合影

二是教学基础设施及办学条件明显改善。学院举办方积极支持，纷纷增加经费投入，改善学院办学条件。某学院评估以来已投入2.1亿元，完成了新校区一期工程建设并投入使用，新增校舍建筑面积12.06万平方米，新增教学用房5万多平方米，新增教学仪器设备总值3546.1万元，新增校内实训室31个。某学院评估以来不到一年时间获得政府投资1.12亿元，为学院加强教学基础设施建设及改善办学条件提供了经费保障。某学院评估以来，年经费投入总额由2004年的7724万元增加到2006年的12213万元，新增42个实训室。

2006年11月13日，广西国际商务职业技术学院人才培养水平评估工作合影

三是各院校积极贯彻落实"教高〔2006〕16号"文件精神，质量意识普遍提高，更加注重内涵建设，在人才培养模式改革、专业建设、课程建设、教育教学改革方面取得可喜成绩。某学院评估以来，新增9个专业，新

增 4 个省级示范性专业、5 个省级示范性建设专业，新增 2 门国家级精品课程、6 门省级精品课程，18 部教材入选国家"十一五"规划教材。各院校积极探索"工学结合"人才培养模式改革，有的学院制定了《关于制定"工学结合"人才培养方案的原则意见》等文件，进行"工学交替"式、"顶岗式""订单式""课程置换式"等模式探索；有的学院提出"四个一体化"，即人才培养"学校与企业一体化"、教学内容"理论与实践一体化"、实践教学"校内与校外一体化"、教学场地"教室和实训室一体化"。这些都是对创新工学结合的人才培养模式进行的积极有益的探索。

四是高职教育理论学习与研究得到更加重视，促进了高职教育理念的广泛确立。评估时没有高职教育研究专职机构或机构不完善的院校，通过整改都成立了相应研究机构，完善了人员配备，制定了相应制度，积极开展高职教育理论的学习研究。有的已取得了显著成绩。例如某学院评估以来，获市高等学校优秀教学成果特等奖 1 项、一等奖 1 项，获广东省职业技术教育综合改革推进计划重点项目立项 6 项，获市教育科学"十一五"规划重大课题、中国高等教育学会"十一五"教育科学研究规划、中国高职教育研究会"十一五"规划以及广东省高等教育教学改革项目的立项 19 项，发表了一批高水平研究论文。

五是学院教学管理更加规范，整体管理水平进一步提高。有的学院明显增强了质量意识，教学管理规章制度建设，教学计划、教学大纲等基本教学文件的管理进一步规范，积极探索建立了教学质量保障体系；有的学院加强领导班子和中层干部队伍建设，调整人员结构，增加强学习和培训，使学院和中层干部队伍的领导力和执行力明显提高；有的学院两级管理体制进一步理顺，充分调动了教学基层单位的积极性和主动性。

2005 年，山东英才职业学院人才培养水平评估工作合影

三、问题与建议

各院校根据评估专家组的意见和建议，在整改阶段扎扎实实进行建设和改革，取得的成绩是令人振奋的，也说明评估的确起到了"促进发展"的作用。但是，在回访过程中，我们也发现一些不容忽视的问题。例如，有的院校根据专家组的意见制定了整改方案，但执行力度不大，还没有落实到位，进展缓慢；有的院校满足于整改已取得的成绩，没有更高的目标，发展后劲不足；有的院校在整改和发展过程中更关注硬件建设，对内涵建设重视不够。这些问题的存在，有的是受到方方面面因素的制约，有的是因为认识还不到位。我们认为，评估整改特别是内涵建设不是一蹴而就的，更不是一劳永逸的，而是院校长期的、永无止境的建设与发展过程。评估应当推动院校良性循环发展，不断迈向新台阶。高职高专评估实行五年一轮的制度，其重要原因也正在于此。随着国家示范性高等职业院校建设计划的实施，高职教育发展已进入新一轮的重要机遇期，各院校应当在巩固评建成果的基础上，以《国务院关于大力发展职业教育的决定》和《关于全面提高高等职业教育教学质量的若干意见》（教高〔2006〕16号）的精神为指导，以着力提高高职教育教学质量为重点，不断改革创新人才培养模式，在精品课程建设、大力推行工学结合等方面做出新的成绩，为我国高等职业教育的发展做出贡献。

第40期高校领导干部进修班合影

红英山翠中新天蓝，治学育人天高云淡

摘要

2014 年，广东农工商学院迎来建院 30 周年。新时代，按照"热情、简朴"要求，学院没有宴请，开放校门、校区，每位校友凭"校园怀旧饭票（纪念版，价值 12 元）"可到各校区各学生饭堂用餐，数千名校友齐聚母校、感谢恩师、畅叙友情。整个"30 年庆典"支出 3 万多元，也算是创新、奇迹！此文为庆贺学院建院 30 周年而作，刊发于《广东农工商职业技术学院学报》2014 年第 4 期，第 1—4 页。

三十载沧桑砥砺，三十载风雨兼程。岁月如歌，由成人高校改制而来的广东农工商职业技术学院迎来了三十岁华诞。三十载挥汗耕耘，培育的是枝繁叶茂；几代人心血凝聚，换来的是春色满园。

2010 年 7 月 23 日，作者向学院名誉董事长、原广东省省长卢瑞华汇报学院发展情况

历经三十年风雨洗礼，农工商人白手起家，矢志开拓，在广州天河红英岗这片热土上挥汗水、献青春，书写了"艰苦奋斗、自强不息"的璀璨华章，唱响了广东农工商职业技术学院历久而弥坚的高亢音律。

如今的广东农工商学院已发展成为一所办学条件优良、师资力量雄厚、教育质量过硬、教学环境幽雅、社会声誉良好、南亚热带特色鲜明的现代化高等职业教育院校。

犹记得，从五马岗迎风驶来

三十年前的初春，一群沧桑的农垦干校人，从四会的五马岗走来，为着光明的教育事业，在广州天河的红英岗上启航。

1983 年 8 月 29 日，广东省人民政府同意筹建"广东农垦管理干部学院"。9 月 1 日，广东省农垦总局决定由郭绍昌、肖敬平、李永昌、苏均、邹经汉等同志组成筹建领导小组。

1984 年 2 月 3 日，国家领导人王震为"广东农垦管理干部学院"题写校名。

1984 年 4 月 1 日，广东省人民政府同意正式成立"广东农垦管理干部学院"，60 多名农工商人以提升农垦系统企业管理干部队伍文化素质为目标，开启了"第一次创业"的征程。

2007 年春节前夕，向中共七大代表、学院名誉副董事长王维副主任汇报学院发展情况

1984 年 9 月 1 日，首批成人高等教育 119 名新生入学。

1989 年 6 月 2 日，农业部批复增挂"农业部华南农垦干部培训中心"牌子。

1999 年 9 月 16 日，首批普通高等教育 1034 名新生入学。

几经易名后，2000 年 6 月 22 日，经国务院授权、广东省人民政府批准，学院改制为"广东农工商职业技术学院"，正式纳入省属普通高等院校系列，农工商人迎着新世纪的曙光，以全国高校扩招为契机，以"培养数以千万计的应用型高技能人才"为根本，以办学规模与办学效益协调发展为目标，开启了"第二次创业"的征程。

2003 年 8 月 28 日，与小新塘村合作的东校区历经 10 个月建设落成，不仅迅速解决了办学空间的困境，而且"借风行船"的模式被教育界誉为奇迹。

2004 年 9 月，广东省原省长卢瑞华为"广东农工商职业技术学院"题写校名。

2009 年 9 月 26 日，喜迎中华人民共和国成立 60 周年与学院第一任党委书记郭绍昌合影

2005 年，获得教育部高职高专院校人才培养工作水平评估"优秀院校"。

2006 年 10 月 18 日，自我积累、自我建设的北校区破土动工，农工商人以评估获优与整改为契机，以新校区建设与发展为平台，以争创示范性院校为目标，开启了"第三次创业"的征程。

2012 年 8 月 24 日，学院顺利通过广东省示范性高等职业院校建设院校的建设方案与项目预算的论证，正式进入全面建设示范性院校的行列。

2014年9月6日，与嘉应学院协同共育"四年制应用型本科人才培养创新班"首批51名新生入学。

学院建院以来，先后获得"广东省成人高等教育先进学校""广东省职业教育先进单位""广东省文明单位""广东省依法治校示范校""广东农垦先进单位""全国模范职工之家"等称号。

2003年7月，迎校庆20周年暨走访校友
（海南新进农场许培亮校友等）

击楫破浪，是改革创新之舟

30年弹指一挥间，农工商学院从无到有。20世纪80年代的广州东郊，天河红英岗，只有一条小道，杂草丛生。抱着对党的教育事业的热情和提升农垦管理干部队伍文化素质的使命，一批双手长满老茧的农垦干校人冒严寒斗酷暑，在乱石岗中开垦出一片片平地，一砖一瓦一梁一木搭建成教学楼、图书馆、礼堂、食堂、学生宿舍等校舍。

1983年，邓小平同志提出了"教育要面向现代化，面向世界，面向未来"。1985年，在全国教育工作会议上邓小平同志明确指出："我们国家，国力的强弱，经济发展后劲的大小，越来越取决于劳动者的素质，取决于知识分子的数量和质量。一个十亿人口的大国，教育搞上去了，人才资源的巨大优势是任何国家比不了的。有了人才的优势，再加上先进的社会主义制度，我们的目标就有把握达到。"

正是凭着对党的教育事业的热情，对教育责任、使命的理解，广东农工商学院掀起了一波又一波的发展高潮。在党的教育发展的新时期，乘着改革开放的东风，农工商人昂首阔步，迈开腿脚，大步向前，先是在成人高等教育领域独占鳌头，后又在高等职业教育这片处女地上精耕细作，成为广东省示范性高等职业院校立项单位的建设者。广东农工商学院不仅为广东农垦，更为广东经济社会发展，献出一分力。高等学历教育全日制在校生规模从1984年的119人发展到目前的近2万人规模，招生专业由建院初期的"农业企业管理"一个专业，发展到目前涵盖农林牧渔、财经、旅游、电子信息、艺术设计与传媒、文化教育、土建、法律、公共事业、轻纺食品、制造等 11 大类 57 个专业，形成"以农为主导，带动工商两翼，三者融合发展"的专业建设格局，构建起以高等职业教育为主体，学历教育与职业培训相结合、国内与国际合作教育并举的办学格局。同时，学院瞄准市场需求，坚持产学研相结合，以就业为导向、以能力为主线，全面实施"双证书"制度的人才培养模式。

2014 年 10 月 18 日，校庆 30 周年作者与殷子胜校友合影

30 年艰苦奋斗、自强不息，学院的办学条件不断改善。特别是 21 世纪以来，广东农工商学院更是加速了规划与建设，先后兴建、改建、扩建了图书馆、培训楼、学生饭堂、学术报告厅、教科楼，乃至"借船出海"，低成本创办了东校区，实现了学院办学规模和办学质量的新跨越。尤其是 2006 年 10 月，位于广州市增城的北校区破土动工后，一幢幢高楼拔地而起：建筑面积超过 22 万平方米，包括面积达 1.5 万多平方米的新图书馆；五栋实训楼近 200 间实验室；一座 8000 平方米集具有排球、羽毛球、乒乓球等训练功能和达到竞赛标准的游泳池等于一体的现代化体育场馆，以及占地 1 万多平方米的高标准塑胶运动场；可以容纳 1.5 万人的学生宿舍。整个校园规划逐步建成热作、香料、南药、水果、棕榈等 26 个南亚名优珍稀植物标本园。

鸣笛扬帆，是一支优秀队伍

有了大楼，更有大师。建院初期，全院教师中，副教授只有 3 人，讲师（含农艺师、工程师、兽医师、会计师）共有 18 人；而目前，一支拥有享受国务院特殊津贴专家 1 人、"全国五一劳动奖章获得者" 1 人、全国优秀教师 1 人、广东省教学名师 1 人、南粤优秀教师 6 人、广东省高等学校"千百十"培养对象省级 1 人、校级 33 人，教授（含研究员等）26 人，副教授 111 人，博士 21 人，硕士 349 人的素质优良、业务精湛、结构合理的教师团队，正成为"百年农工商"的支柱。他们取得的教学科研成就更是绚烂夺目：近 10 年，先后获得教育部"高等职业学校提升专业服务产业发展能力项目"重点专业 2 个，省级示范专业 4 个，省级重点专业 8 个；建有校内各类实训场所 220 间，其中，国家级实训基地 3 个，省级实训基地 6 个；建成校外实习基地 1000 多家；建设了国家级精品资源共享课程 1 门、国家级精品课程 1 门，省级精品资源共享课程 12 门、省级精品课程 9 门；获国家级教学成果二等奖 1 项，省级教学成果一等奖 2 项、二等奖 5 项；承担省级以上教改及科研项目 433 项；累计发表各类学术论文 2840 篇，其中"四大索引"收录 73 篇；出版著作和教材 348 部，其中普通高等教育国家级规划教材"十一五" 4 本、"十二五" 19 本；发明专利 28 项；《广东农工商职业技术学院学报》跻身中国高职高专核心期刊。高等职业教育研究所、思想政治教育研究所、计算机应用研究所、通信技术研究所的设立，更是学院作为一所大学进行科学研究和文化传承的责任体现。

有了本土优势，更需要国际视野。地处改革开放前沿，广东农工商学院发展的引领者以更加独特的眼光和更加宽广的视野，勇于引进国外先进教育理念，致力于培养跨国人才。2002 年初，学院与英国爱德思考试委员会合作至今的 BTEC 教育项目，已迈进第三个"五年计划"，被英方确定为大中华地区办得最好、规模最大的

2012 年，曾经工作在农工商学院的部分校友考察新校区

BTEC 中心，并成为英方授权的大中华地区唯一一个 BTEC 师培基地。自 2002 开始的德国"F+U"实习已使 15 批 200 多名学生接受了国际性、异域风情的职业教育。通过开设泰语、柬埔寨语等东南亚语种课程，加速培养农垦"走出去"人才已初见成效，首批 10 名分赴广垦橡胶集团泰国乌隆府公司和沙敦公司实习的学生圆满回国。

利用良好办学条件和资源优势服务垦区和地方。农业部华南农垦干部培训中心每年举办各类培训班 20 余期，培训人数达 2000 人。30 年来，学院为全国农垦系统培养培训 5 万多人次，形成了特有的职业教育培训品牌。在职业教育实力的带动下，广东农工商学院与知名标杆企业——广州百货企业集团有限公司合作的、被称为商界"黄埔军校"的"广百商学院"，自 2007 年以来，已经为广百集团培养了近千名中高层管理人员。

广东农工商学院联合了 34 家企业、科研院所、涉农院校等单位组成了

集人才培养、教学科研、农业产业开发于一体的广东省南亚热带农业职业教育集团；先后与农垦企业合作成立了广东农垦农产品质量检测检验中心、广东热带农业工程规划研究院（筹）、燕岭旅游酒店管理学院等，进一步密切了产教融合；以留日农学博士、我院骨干教师在湛江农垦百亩土地高产糖甘蔗育种攻关这一项目为代表，广东农工商学院专业教师越来越多地主动参与垦区和省内外多家企业的新产品开发和技术改造项目，先后与广东农垦科技中心、燕塘乳业公司、广东农垦收获罐头厂、广州市妇女儿童用品公司等单位合作，从事涵盖科技生产、营销策划、信息管理等项目开发，为企业发展注入了科技生产力。通过培训企业员工、合作开发项目等，学院进一步提升了服务社会、服务产业的能力。

荡漾出彩，是莘莘学子

优雅的校园、个性化的教育，为励志成才的学子提供了一处勤奋探求科学奥秘和强化职业技能的平台。清晨，当城市还沉浸在睡梦中时，广东农工商学院早已奏响了激越的进行曲。操场上，学子们身影跃动；旗台边，五星红旗在国旗护卫队手中冉冉升起；教室里，绿树下，朗朗晨读声声声入耳。校园里，展现着一道道生动亮丽的风景线……

红英岗、小新塘、中新城是人才成长的摇篮。广东农工商学院始终将"农工商精神、大学品格、南亚风情、绿色生态"元素融为一体，通过核心价值引领、典型榜样带动、校园景观熏陶，培养具有健全人格的技术技能型人才。三十年来，广东农工商学院培养了近六万名学子，遍布长城内外，大江南北，他们在各自的岗位上默默耕耘，努力奉献，谱写了广东农工商学院一页又一页的辉煌篇章。

在就业竞争激烈的今天，广东农工商学院"进口旺，出口畅"，抢占了招生就业的制高点。每年高考录取分数线节节攀升，高出省线数十分甚至100分，是农业院校中的一颗"绚丽奇葩"。文、理科录取分数线，2011年分别高出省线15分和34分；2012年分别高出省线20分和35分；2013年分别高出省线47分和55分。2013年"3+"证书高出省线103分；2014年录取分数线遭遇调整中又作出了新的思考……

广东农工商学院致力于服务现代农业与中小企业，累计举办高校毕业生招聘会专场14届，提供就业岗位4万多个。本院毕业生就业率稳居同类院校前列，学院就业工作在广东全省高校毕业生就业工作评估中被确认为"优秀"。

编纂《就业创业之星》一书时，编者为众多在各行各业中奉献青春的无数农工商学子感到自豪的同时，也感到为难：一个个普普通通毕业生的背后，都有一段鲜为人知的经历，都留下了一串串闪光的足迹，都奏响了一曲曲激动人心的壮歌。薄薄的一本书，如何能容纳下他们的丰富多彩人生画卷？

2009 年 6 月 16 日 "感恩母校、祝福母校"
——1989 届毕业生毕业 20 周年回母校留影

2009 级房地产班庄霞同学作为唯一一名高职院校学生，获 "感动南粤校园" 2011 广东大学生 10 位年度人物之一，同时荣获特别奖，并作为年度人物代表被电视台现场采访。

2009 级游戏专业学生雷浪声在校期间就对手机软件产生了浓厚的兴趣，与他的创业团队研发出第一款产品 "刷机精灵"，被腾讯巨资收购。

2010 级电子商务专业学生王楚弘团队在校期间就创建了广州秀扬贸易公司，年销售额超 1000 万元，并获第三届全国大学生 "三创" 大赛一等奖。

2011 级软件专业在校学生方灿涛、王增煌、朱景辉等同学组建的 "AIB515 团队"，研发出自主运营产品 "小麦优惠"，获得了广东网跃投资创业有限公司的 "天使投资"，毕业前就创办了广州橙希网络科技有限公司。

在农工商学院展览厅，我们看到了无数的奖杯、奖牌。近年来，学生在全国和省级各类专业技能竞赛、文体比赛中，获得一、二等奖 300 多项。沉甸甸的奖牌之后，是辛勤付出的农工商学子和深爱着他们的老师们，一起熬夜、一起分享、一起经历、一起哭、一起笑的结晶。

舳舻相继，是农垦精魂

一路前行中，农工商人时刻铭记王震将军从 "自力更生、艰苦奋斗" 的南泥湾精神中凝结的 "艰苦奋斗、勇于开拓" 的农垦精魂，作为事业发展的不竭精神动力。农垦人的艰苦奋斗、勇于开拓，使一支垦荒植胶的农业队逐步转变为国际化、现代化、农工商一体化经营的国家农业队，农垦事业的斐然业绩让春秋绚烂、山河增色。而农垦人丰富广阔的精神世界，不但令六十多年农垦文化生机勃勃、独具特色，更以润物无声、潜移默化的影响力，充盈着每一个农工商人的心灵角落。源自农垦人的自强不息、永不懈怠，更使农工商人的蓝图得以绘就，事业梦想得以开创。在新的发展起点上仰望未来，农工商人继承与发展了"艰苦奋斗，勇于开拓"的意义，形成了"艰苦奋斗、自强不息"的农工商精神。"艰苦奋斗、自强不息"体现出农工商人的创业奋斗、百折不挠、自强自立精神，这已经内化为一代代"农工商人"内在的气质。

2013 年春节前夕，作者代表学院慰问全国"五一劳动奖章"获得者、原学院党委书记兼院长符坚

2013 年春节前夕，作者代表学院慰问"省劳动模范"、学院第二任院长区晋汉

正是凭着"艰苦奋斗、自强不息"，农工商人创造了一个又一个奇迹。无论是面对创办之初所面临的师资、场地等困难，抑或是发展提升过程中所面临的"是公办院校却没有财政拨款"之尴尬和资金困窘，甚至陷入因部分办学条件不达标被教育部亮"黄"牌的境地，农工商人始终秉持质朴厚重、坚强有力的"艰苦奋斗、自强不息"的办学精神，不仅是学院上下勒紧裤带办教育，"勒"出一片新天地的气概，而且创造了通过"少花钱、多办事""少人多干活、一人多岗"，自筹 3 亿多元建起一座新校区，使国家教育资产增值 8 亿多元的奇迹。这种"自我积累，滚动发展"的办学意志力，必将指引全院上下在未来的道路上，继续创造新的发展奇迹。

三十年薪火相传，三十年桃李芬芳。以农垦文化为养分的农工商精神，继承与发展了南泥湾精神与农垦精神，激励着一代又一代农工商人不囿于现状，不沉浸于过往，必将成为农工商事业持续远航的不竭动力！

圆梦百年大学，再启航

三十年勤奋执着，30 年务实求进。农工商人一步一个脚印：2008 年

"精细管理年"、2009 年"质量建设年"、2010 年"制度建设年"、2011 年
"管理建设年"、2012 年"内涵建设年"、2013 年"协同创新年"、2014 年
"改革服务年",学院党委始终坚持培养社会主义事业建设者和接班人为己
任,始终坚持立足农垦、面向广东、服务社会,始终坚持解放思想、主动应
对,始终坚持抓班子、带队伍、理思路、谋发展,不仅使学院各项事业健康
快速发展,而且使全体教职员工收入稳步增长、工作生活条件进一步提升,
确保了全体农工商人共享事业发展成果。

"几岁生成为大树,一朝缠绕困长藤。谁人与脱青罗帔,看吐高花万万
层。"站在新的起点上,广东农工商学院将在"协同创新"上下功夫,切实
推进示范性院校建设,进一步夯实办学内涵;在"教育体系"构建上下功
夫,争取"上下延伸,内外拓展",进一步提升办学层次;在专业打造与凝
练特色上下功夫,力求进入"国家队",进一步提高社会影响与引领作用;
在拓展校园空间上下功夫,为新的创业打基础,进一步推动学院人才培养规
格上层次、质量上水平、发展上后劲,努力实现"省为一流、全国知名、东
南亚有影响,具有南亚热带产业特色"的高等院校的愿景。

放眼未来,九万里风鹏正举。30 年的积淀,让我们有理由相信,广东农
工商学院一定会跃马扬鞭、开拓创新,为党的高等教育事业尽心尽职,让每
个学子"都有人生出彩机会"。

圆梦,"百年农工商"!

三秩,再启航!

2006 年 1 月,与教育部原高教司副司长朱传礼教授等赴海南农垦企业考察留念

校友相伴，弦歌不辍

摘 要

简朴的校庆、热情的校友、真心的祝福。这是作者在建校 30 周年上的讲话，也是建院 30 周年庆典大会前夜的习作。

2014 年 10 月 18 日，广东农工商学院校庆 30 周年

金秋十月，是一个成熟的季节，一个收获的季节，对于"农工商人"来说，这更是一个感恩的季节。10 月 18 日，是学院建院 30 周年开放日，而八年前的今天，是我院新校区——北校区奠基之日。这是历史巧合更是吉日。在这喜庆的日子里，我院历届校友重返母校、欢聚一堂、见证发展、共谋未来。或许，这将成为我们学院发展史上又一座里程碑。谨此，我代表学院党委及近 2 万名师生员工，向前来参加学院 30 周年校庆开放日的各位校友（尤其是远至新疆、云南、海南的各位校友）表示热烈的欢迎和衷心的感谢！我代表学院领导班子向一直以来关心支持学院事业发展的各位校友和全体师生员工，以及虽然今天没能来参加 30 周年开放日的各级领导、各界人士、全国各省区百余所兄弟院校领导致以崇高的敬意和衷心的感谢！感谢校庆办同志辛勤准备。

学院 30 年薪火相传，精诚共进。30 年前，学院在叶剑英、王震等老一辈革命家的关怀下建院，是一所经广东省人民政府批准、广东省农垦总局主管，以南亚热带农业类专业为特色、工商类专业为两翼，信息、外语、文化、艺术类专业并举的培养高素质技术技能人才的央属普通高等院校。30年来，在省委、省政府的亲切关怀，广东省教育厅和省农垦总局的正确指导下，在广大校友的关心支持下，在历届学院领导班子和全院教职员工的共同努力下，学院立足农垦、面向广东、服务社会，先后被授予"广东省优秀成人高校""广东省高教系统教书育人先进集体""广东省师德建设先进集体""广东省职业教育先进集体""广东省文明单位""教育部高职高专院校人才培养工作水平评估优秀院校""广东省依法治校示范校""广东农垦先进单位""全国模范职工之家"等称号；先后被《光明日报》《南方日报》《广州日报》《羊城晚报》和广东电视台、南方电视台、广东电台、南方网等三流媒体报道，得到社会广泛关注与赞誉。

学院30年艰苦奋斗、自强不息。无论是创办之初所面临的师资、场地等困难，或是发展提升过程中所面临的"是公办院校却没有财政拨款"之尴尬，甚至陷入因部分办学条件不达标被教育部亮"黄"牌的境地，农工商人始终秉承"艰苦奋斗、自强不息"的办学精神，创造出一个又一个奇迹；10个月时间与小新塘村合作建设东校区，为万人大学奠定基础；9个月零25天时间自筹资金完成新校区首期工程，为两万人大学提供条件。学院自我积累、滚动发展，使国家教育资产达到8.2亿元。我们可以豪迈地说，今日的农工商学院，办学实力得到进一步提升，办学空间得到进一步扩大，办学层次得到进一步提高，办学品牌影响力得到进一步增强。

2016年7月，汕尾农垦局校友合影

学院 30 年桃李芬芳、绿遍天涯。30 年来，学院以学生为本、立德树人，累计为广东乃至华南地区培养各类管理及专业技术人才逾 10 万人次。还记得，15 年的成人高等教育培育出一批市县、农垦局等党政领导，以及广东、海南两省垦区 30% 的场级领导干部和 70% 的科级干部，成为农垦事业发展的中坚力量，学院由此也被盛誉为垦区的"黄埔军校"；如今，15 年的普通高等教育培养出一批创业者、管理骨干、研发精英、技术能手，在校创业办公司年销售额超千万，毕业靠专业知识与技能实现个人资产逾百万、千万，对农工商学子已不是神话！走在广州、走在珠三角、走在南粤大地上，在各行各业里，随处可见农工商学子的身影；一批批百名就业之星、创业之星，都显示着农工商学子已经或正在某个特定的领域创造出一个属于自己的事业天地，服务社会、奉献国家。这是每一个农工商人的骄傲。

学院 30 年校友相伴，弦歌不辍。校友是学院的骄傲，也是母校的重要资源。30 年间，广大校友不仅相互支持、相互帮助，传递着同门友情、同窗友谊，流淌着农工商的血脉，而且广大校友情系母校、关心母校、支持母校，为母校新校区建设慷解囊捐资赠物、美化校园，金额已达百万元；为母校教学研究、社会服务提供平台、提供方便；为母校招生宣传、培训办班推荐生源；为母校优秀贫困生助学解难；为母校师弟师妹提供实习与就业机会。可以说，母校过去的成就凝结着每位校友的贡献，学院今天的发展仍期待校友们的关心和支持。在这里，向各位校友再道一声谢谢！

学院 30 年不懈追求、心存感恩。从我第一次拾级百步梯、第一次驻足在迎客松前、第一次沉浸于红英书苑起，转眼间，我个人也在这学习、工作、生活近 30 个年头（差 3 个月就整 30 年）。而此时此刻，也是我个人感恩之时。借 30 周年校庆开放日机会，请允许我向大家致三礼：第一礼，是作为广东农工商学院的一名学子，向曾经的师长、领导致敬，感谢师长、领导的谆谆教导、细心呵护！第二礼，是作为广东农工商学院的一名教师，向全体学子致敬！感谢学子们对我和我的同事教学与管理工作的理解、包容和认可！第三礼，是作为广东农工商学院的一名管理者，向全体教职工致敬，感谢全体教职工的爱校如家、团结协作、努力拼搏和毕生奉献。

老师们、同学们、校友，朋友们，

回顾历史，我们倍感创业艰难；展望未来，我们更觉任重道远。因为学院毕竟年轻，30 年的建设与发展，与百年大学相比还有很大的差距；实现了中央财政生均拨款，还只是较低水平的标准；即使新校区全面建成，其空间与办高水平大学相比还有明显不足；学院的师资队伍培养、学生实习与就业等渠道还有待拓展……但我们相信，在党的教育路线方针指引下，有你、有

2014 年 10 月 18 日，广东农工商学院 1989 级商管班同学齐回母校相聚

我、有大家的关心、支持与努力，学院实现"省内一流、全国知名、东南亚有影响，具有南亚热带产业特色"的百年高等学府的愿景一定能够实现！

最后，再次感谢校友们情系母校，欢迎校友们常回来看看，祝校友们一路顺风、吉祥如意！祝各位老师家庭幸福、工作顺利！祝各位同学身心健康、学业进步！祝我们共同的家园——农工商学院明天会更好！

广东农工商学院校友广场

不懈追求，心存感恩

摘 要

2019 年 10 月 21 日晚，在与大埔县签订乡村振兴战略协议归程途中，接到学院党办转来的广东省委组织部通知，次日下午将宣布个人退休并要求个人作 3 分钟的讲话。尽管任职届满已超数月，但真正接到通知还真有点"感慨"！除了表态"坚决拥护省委的决定、热烈欢迎新书记加入农工商大家庭"外，作了以下 3 分钟感言，根据录音整理。

2019 年 11 月 6 日，与办公室工作人员作退休话别

2019 年是我到农垦工作的第 44 个年头，也是到广东农工商学院工作的第 33 个年头，从专业教师、班主任、专业负责人、团总支书记、学报编辑、科研办主任、招生办副主任、教务处副处长、处长，历经了 13 个岗位，和大家一起经历了学院的扩招、转制、评估、创示范、建一流，在党委书记任上也整整 13 年，应该说，回首任上岁月，心存感恩，感恩农垦的精神和文化养育了我，感恩学院事业平台成就了我，感恩上级党组织和历届党委班子对我的关心和培养，感恩我们学院几任的班子成员和全体教职员工对我的包容和支持，也感恩曾经分管过的部门同志和所带领的专业团队无私的奉献与真诚的配合，感恩家人因为我所做出的牺牲；还要感恩社会各界人士和广大校友这么多年来对我工作的关心、关注和帮助。13 年来，我和大家一起面对各种困难与挑战，一起挑大事、解难事、破急事，或许我们永远都不会忘记，新校区落成迎来首批新生的前夜，我们通宵达旦地清扫校园马路；不会忘记节假日期间，我们一起奔走在胶林、蔗地、乡村，奔走在振兴乡村的路上；也不会忘记我们刚刚度过的十几天，为落实国务院扩招 100 万，奔走在省内各地；当然，我想我们也不会忘记，曾经发生的一些令我们憔悴的棘手

事……13年间，一个新校园的建设和完善、两轮内涵（省示范校、省一流院校）冲刺、三次学校党代会的筹办、四届中层干部届满考核与选聘、五年事业单位分类持续改革、六次主题教育活动、七批教师赴垦区挂职锻炼、八个亿多教育净资产的增加，以及一系列树特色、创品牌项目，为省、区域培养七万多名人才，这都饱含着我们团队各位的辛劳和付出。多年来，我自己视学院的事业为生命的重要组成部分，如履薄冰、尽心尽责！尽管努力，但仍有遗憾，也有感悟。遗憾的是，没有在任上完成产学研大楼，没有履行给教授、专业带头人一个工作室的承诺……有时也在困惑，有愿景、有资源，但没达成。对于这些遗憾，我相信在我们新的班子的领导下，能更好地发挥作用，因为我相信做就有，做就好，相信：道固远，笃行可至；事虽巨，坚为必成。相信有广东省委、省政府的正确领导，有我们总局党委和垦区各级的大力支持帮助，新一届党委班子能够带领大家励精图治、再创辉煌。这里借转一位领导在国家"双高"院校公示前给我的微信：下来还有机会，你们努力冲进去，为广东争光，我们一起加油。是此，我想说，百年农工商不是梦，祝福农工商事业，祝福农工商人幸福、安康，祝福我们的祖国繁荣昌盛，谢谢各位！

2010 年 10 月 2 日，作者与突击队队友在曾经共同抚管的胶园合影

2017 年 12 月，作者与高中时代同桌在广东农工商学院新校区合影

后 记

40 多年前，作为一名海南农垦黄岭农场第一突击队队员、21 连的战士，南渡江边、尖岭山上，近乎原始森林里，砍芭、开荒、挖穴、种植胶树……在"活着一分钟、战斗六十秒""两个六点半、中午加一班""流泪、流汗、流血"年代，做梦都没想到自己能当上一名人民教师，更不会想到能成为大学二级教授。人生如梦、激情燃烧，绚丽多姿！因为水库游泳救溺水的高中同桌本早定格在 16 岁的人生，却还有幸经历 10 多个岗位，特别是从事农垦高职教育事业时间最长、体验最丰富，并期待有一天能形成文字，以此感谢农垦老领导、老同事，向职教界同仁汇报。

2020 年初春，正值全国上下抗击疫情，政府号召"非常时期，不出门、不聚集！"自己刚退休赋闲于陋室，肢体活动空间变小，但思想活跃增加，特别是反思从事高职教育 20 多年来的探索实践，萌发了撰写系列专著的热情。2020 年 3 月，完成了《解码高职院校国际化探索创新》书稿，同年 8 月由广东高等教育出版社正式出版，并被出版社以"秋日况味，与好书相遇"为题进行新书推介，深受读者欢迎，推广至全国 300 多所职业院校，还被推荐为"职业院校校长治理能力提升专题研讨班"学习参考书使用。本书作为《解码高职院校国际化探索创新》的姊妹专著，以《解码高职院校创新发展与治理》为题，以在广东农工商职业技术学院办学实践为背景，收录已在各类学术刊物上发表的相关文章，部分则是根据讲话录音整理、首次刊发的文章，书稿初稿于 2020 年 5 月完成，但由于 6 月出任广州东华职业学院校长后，全情投入在引领团队实施"第二次创业"，工作一直处于加班加点状态，耽搁近一年后才重新修正定稿。

全书，共分 10 个篇章：第一编，致力促进完善高职教育政策环境是责任担当；第二编，因势利导实施高职院校蓝海发展战略；第三编，优化治理赋能办学高效发展；第四编，校企合作是高职院校办学的必由之路；第五编，专业建设是高职院校特色发展的重要抓手；第六编，课程资源建设是人才培养质量的重要基础；第七编，学生能力培养是高职院校办学的根本指向；第八编，师资队伍是高职院校核心竞争力；第九编，党建品牌建设引领人才培养；第十编，教学质量提升是高职院校内涵发展的核心标准。

本书，之所以以"创新、治理"为核心词，是因为职业教育全面贯彻落实"职教20条"精神，深入推进"提质培优"，高层聚焦职业院校现代治理体系构建与治理能力提升，"创新治理"成为关键；其次，高职教育近20年大变革、大发展，创新探索积累了丰富的经验。自己作为其中亲身经历的高职教育管理实践者，一直在"热爱高职、研究高职、奉献高职"，有许多的实践与感悟，从理念到战略、从创新到治理、从育人到服务、从规模到质量……尤其是2011年10月，到国家教育行政学院参加高职院校第一期书记校长培训班（戏称"黄埔一期"），一个月的学习，中间还赶回学校主持召开中国共产党广东农工商职业技术学院第五次党代会。但就在段时间里，个人参加三个座谈会："部长座谈会"、"司长座谈会"、"全国人大委员会教育科学卫生委员会教育室《职教法》修订稿座谈会"）；一次大会主题发言；数份阶段性作业均公开发表，并得到高度认可。如今转眼也十年，回想看来自己曾经是"蛮拼"也"蛮不错"的，且或许多少可以给年轻的职业教育工作者一点启发，于是成笔。同时，由于部分内容已在姊妹篇《解码高职院校国际化探索创新》中论述，但考虑发展战略与治理体系完整性，在此采取大幅删减后适当再现部分篇章。

原广东省政协常委、人口资源环境委员会主任、广东农垦总局局长颂诗仁一直很关心我的工作，特别是在任职党委书记期间给予悉心指导和帮助，现在又为《解码高职院校创新发展与治理》一书亲自作序。我非常感谢他的重视与厚爱！

董刚校长是2004年教育部首期评估专家班学友，交流较多。他是第九、十届国家督学，第三届"黄炎培杰出校长"奖获得者，曾经是政府教育主管部门官员，华丽转身执政我国首批职业大学——天津职业大学，并将该校打造成首批国家示范校。他有丰富的职教理论和办学治校经验，是我学习的典范而常讨教于他。出任全国职业高等院校校长联席会议主席后，他虽工作繁忙但仍"有求必应"，关心支持农工商学院发展，我铭记于心，感恩于怀！

感谢广东农垦工会主席王元，以及熊焰、熊嘉逸、李法春、陆璐明、刘家林、洪升、刘彬、黄文伟、邓辉、罗晓哲等同事的帮助，完善与校正资料。

诚请职业教育同仁及同事朋友批评指正，自当继续努力学习。

杨群祥

2021 年 8 月 16 日夏湾拿